심리상담적 개입을 위한

이상심리학

양지웅

KNOWLEDGE COMMUNITY 공동체

서 문

현대 사회에서 정신장애는 더 이상 개인의 문제로 국한되지 않는다. 급변하는 사회구조, 복잡한 인간관계, 그리고 기술 발전으로 인한 심리적 부담이 증가하면서 정신장애는 개인과 사회가 함께 해결해야 할 중요한 과제가 되었다. 이러한 상황에서, 우리는 정신장애를 어떻게 이해하고, 어떤 방식으로 접근하며, 효과적으로 개입할 수 있을지를 고민해야 한다. 기존의 정신장애 개입은 주로 의학적 접근에 의존해 왔다. 정신장애의 원인을 신경생물학적 요인으로 보고 약물치료를 중심으로 개입하는 방식은 많은 경우 증상 완화에 효과적이었다. 그러나 인간의 정신건강은 단순한 생물학적 기전만으로 설명될 수 없다. 내담자의 경험과 정서, 인지적 패턴, 사회적 환경 등을 고려하는 심리상담적 접근은 단순한 증상 관리에서 벗어나 개인의 회복과 성장을 도울 수 있는 중요한 대안이 된다. 이 책은 바로 이러한 배경에서 출발하였다. 본서는 정신장애에 대한 심리상담적 개입의 중요성을 강조하며, 상담사가 실제 상담 현장에서 활용할 수 있는 다양한 이론적 토대와 실무적 접근법을 제공하는 것을 목표로 한다. 특히 정신장애를 단순히 '치료해야 할 문제'로 보는 기존의 시각을 넘어서, 내담자의 회복과 웰빙을 돕는 과정으로 심리상담적 개입을 이해할 필요성을 강조하고 있다. 본서에서는 ADHD, 우울장애, 양극성 장애, 불안장애, 강박장애, 섭식장애, 조현병, 자살 및 비자살적 자해, 그리고 외상 후 스트레스 장애와 같은 대표적인 정신장애를 다루며, 각 장애에 대한 심층적인 이해와 함께 심리상담적 개입 방법을 제시하면서 상담사가 내담자의 증상을 진단하는 것에 그치지 않고 그들의 경험을 전인적으로 이해하고 개입하는 과정을 강조한다.

본서는 크게 세 가지 핵심 가치를 기반으로 구성되었다. 첫째, 과학적 근거에 기반한 상담 개입을 제공한다. 정신장애 개입에 대한 최신 연구와 실증적 데이터를 활용하여, 상담사가 근거 중심 상담을 실천할 수 있도록 돕는다. 둘째, 실무 중심의 접근을 강조한다. 이론적 논의를 넘어, 실제 상담 장면에서 활용할 수 있는 개입 기법과 사례를 제공하여 상담사가 현장에서 즉시 적용할 수 있도록 한다. 셋째, 상담사의 전문성과 역할을 재조명한다. 심리상담은 단순히 정신장애를 치료하는 행위를 넘어, 내담자의 삶의 질을 향상시키고 그들의 강점과 잠재력을 발휘할 수 있도록 지원하는 과정이다. 또한 본서는 상담사뿐만 아니라 정신건강에 관심 있는 연구자, 학생, 그리고 실무 종사자들에게도 유용한 자료가 될 것이다. 특히 정신장애를 바라보는 기존의 시각을 확장하고, 보다 통합적인 개입 모델을 적용하는 방향을 제시함으로써 심리상담이 정신건강 분야에서 수행할 수 있는 중요한 역할을 재조명하고자 한다.

정신장애를 겪는 내담자들은 단순히 약물로 해결될 수 없는 깊은 심리적 어려움을 경험하며, 그들은 공감적이고 전문적인 상담을 통해 변화의 기회를 찾을 수 있다. 이 책이 상담사들에게 보다 효과적인 개입 전략을 제공하고, 내담자의 삶에 실질적인 변화를 가져오는 데 기여할 수 있기를 바란다.

2025년 6월

양지웅

목 차

제 1 장

서 론

제 1 장

서 론

현대 사회에서 정신장애의 발생률은 점점 증가하고 있으며, 그 양상 또한 매우 다양하다. 정신장애를 이해하고 해결하기 위해 다양한 평가 및 분류 방법이 개발되었으며, 그 결과물로 현재는 DSM-5가 정신장애의 진단 및 분류에서 표준으로 자리 잡고 있다. 그러나 이러한 정신장애에 대한 개입은 의학적 접근과 심리상담적 접근으로 크게 나뉘며, 두 접근은 각기 다른 목표와 방법론을 가진다. 심리상담적 접근은 약물치료와는 달리, 인간의 심리적·정신적 기능 회복과 성장을 목표로 한다. 이는 내담자와 상담사 간의 상호작용을 통해 이루어지는 과정으로, 내담자의 문제를 해결하는 동시에 정신건강을 증진시키는 데 초점을 맞춘다. 특히 정신건강을 단순히 장애의 부재로 정의하지 않고 개인의 전반적인 웰빙과 행복을 포함한 다차원적 개념으로 이해하는 것이 중요하다. 최근 긍정심리학의 발전은 정신건강 증진을 위한 새로운 관점을 제시하며, 기존의 이분법적 사고를 넘어서 접근법을 요구하고 있다.

이 책은 심리상담 분야의 전문가들이 정신장애를 다루는 데 필요한 이론적 토대와 실질적인 개입 전략을 제공하는 것을 목적으로 한다. 이를 통해 상담사들이 정신장애를 치료하는 데 있어 의학적 접근을 대체하거나 보완할 수 있는 중요한 역할을 수행할 수 있음을 보여주고자 한다. 또한 심리상담이 내담자의 삶에 긍정적 변화를 이끌어 낼 수 있는 강력한 도구임을 입증함으로써, 상담사의 전문성을 강조하고자 한다. 이를 위해 이 책에서는 다양한 정신장애 중에서 주의력결핍 과잉행동장애(ADHD), 우울장애, 양극성 장애, 불안장애, 강박장애, 섭식장애, 조현병, 자살 및 비자살적 자해, 그리고 외상 후 스트레스 장애(PTSD) 등 아홉 가지의 주제를 다룰 것이다. 이 아홉 가지 정신장애는 현대 사회에서 발생 빈도가 높고, 심리상담을 통한 효과적 개입이 가능한 대표적 사례들이다.

정신건강과 정신장애 : 다차원적 이해의 필요성

정신장애는 개인의 인지, 감정조절, 행동에서 임상적으로 유의미한 장애를 초래하는 심리적, 생물학적, 발달적 기능의 문제를 의미한다(권석만, 2024). 이는 단순히 '정신적으로 병든 상태'를 뜻하는 것이 아니라, 사회적 기능과 일상생활에 광범위한 영향을 미친다. 반면, 정신건강은 단순히 질병의 부재를 의미하지 않으며, 개인의 전반적인 심리적 안정과 사회적 안녕을 포함하는 다차원적 개념이다. 세계보건기구(WHO)는 정신건강을 "정신적 장애의 부재뿐만 아니라 개인의 심리적·사회적 웰빙"으로 정의하며, 이는 긍정심리학이 제시하는 행복과 웰빙의 관점과 맥락을 같이한다. 그러나 여전히 많은 사람들, 심지어 상담사들조차도 정신건강과 정신장애를 이분법적으로 이해하는 경우가 많다. 이러한 제한적 사고를 극복하기 위해, 정신건강을 다차원적이고 통합적으로 이해하는 관점이 필요하며, 이는 정신장애를 다루는 상담사의 접근 방식에도 중요한 영향을 미친다.

정신장애의 분류와 기술

정신장애는 매우 다양한 형태로 나타나며, 현재 약 300여 개의 장애가 DSM-5에 수록되어 있다. DSM-5는 정신의학과 심리학 전문가들이 정신장애를 진단하고 분류하는 표준화된 도구로, 불안장애, 기분장애, 섭식장애, 성격장애, 정신병적 장애, 외상 관련 장애 등 주요 범주로 구성되어 있다. 이 분류 체계는 정신장애를 체계적으로 이해하고 연구하며, 적절한 개입 전략을 수립하는 데 중요한 역할을 한다. 그러나 분류 자체가 양날의 검을 지니고 있음을 인식해야 한다. 한편으로는 체계적인 진단과 치료를 가능하게 하지만, 다른 한편으로는 낙인 효과나 각 내담자의 독특한 상황을 간과할 위험도 존재한다. 이러한 위험을 보여주는 대표적인 연구는 Rosenhan(1973)의 "On being sane in insane places"이다. 이 연구의 실험을 위해 준비된 가짜 환자들은 진단명을 받고 정신과 병동에 입원한 후에 '정상적 행동'을 보였음에도 불구하고, 여전히 정신장애 진단을 받으며 퇴원에 어려움을 겪었다. 이를 통해, 이 연구는 정신장애 분류와 진단이 개인의 행동뿐만 아니라 사회적 맥락과 전문가의 고정관념에 얼마나 크게 영향을 받는지를 보여주었다. 이것은 정신장애를 다룰 때 진단에만 의존하지 않고, 내담자의 경험과 맥락을 포괄적으로 이해하려는 접근이 필요함을 시사한다. 이에 따라 최근의 연구들은 전통적인 분류 방식을 넘어, 정신장애를 인간의 심리적·사회적 맥락에서 이해하려는 노력을 강조하고 있다. 예를 들어, 긍정심리학에서는 정신장애의 제거뿐 아니라 개인의 회복과 웰빙을 중시하며, 이를 통해 기존의 이분법적 관점을 넘어 보다 통합적인 접근이 필요하다는 점을 제안한다. 이러한 관점은 상담사가 내담자의 고유한 경험을 포괄적으로 이해하고, 맞춤형 개입 전략을 개발하는 데 유용하다.

정신장애 개입의 다양한 접근법

정신장애에 대한 개입은 크게 의학적 접근과 심리상담적 접근으로 나눌 수 있다. 의학적 접근은 약물을 활용하여 정신장애의 증상을 관리하거나 완화하는 데 초점을 맞춘다. 약물치료는 주로 뇌의 생화학적 불균형을 조정함으로써 비정상적인 행동을 억제하거나 개선하는 방식으로 작동한다. 특히 우울증이나 불안장애와 같은 흔한 정신장애에서 선택적 세로토닌 재흡수 억제제(SSRIs)와 같은 약물이 널리 사용된다. 그러나 약물치료는 단기적으로 효과를 보일 수 있지만, 장기적인 부작용이나 약물 의존성 문제가 제기되고 있다. 예컨대, Vittengl(2017)의 연구는 항우울제가 단기적으로는 도움을 줄 수 있으나 장기적으로는 내담자의 상태를 악화시킬 가능성이 있음을 보여준다. 이는 약물치료가 내담자의 증상만을 다루는 데 국한될 수 있음을 시사하며, 정신장애 개입에서 내담자의 적응과 성장을 위한 심리상담적 접근이 중요한 역할을 할 수 있음을 보여준다. 우울증은 현대 사회에서 가장 흔한 정신장애 중 하나로, DSM-5 기준에 따르면 식욕과 수면의 변화, 에너지 감소, 자존감 저하, 집중력 문제와 같은 증상이 특징적이다. 이러한 증상을 완화하기 위해 우울증 치료제, 특히 SSRIs가 사용되며, 프로작, 팩실, 졸로프트와 같은 약물이 대표적이다. 그러나 이러한 약물의 효과는 항상 긍정적인 결과를 보장하지는 않는다. 일부 연구에 따르면, 항우울제의 효과는 가짜약(플라시보) 효과를 크게 초과하지 않으며, 심각한 부작용을 유발할 수 있다(Breggin & Cohen, 2007). 특히 중독성 문제와 함께 장기 복용 시 내담자의 심리적·신체적 상태를 더욱 악화시킬 가능성이 존재한다. 따라서 약물치료의 한계를 보완하기 위해 심리상담적 개입과의 병행이 추천되며, 이는 내담자의 증상뿐만 아니라 정신건강 전반을 향상시키는 데 기여할 수 있다. 심리상담은 약물치료가 다룰 수 없는 내담자의 심리적 경험과 행동 패턴을 변화시키는 데 중요한 역할을 한다.

다양한 정신장애 약물과 그 한계

정신장애 치료에서 약물은 다양한 장애에 따라 세분화되어 사용된다. 조현병 치료제는 자이프렉사, 리스페르달, 아빌리파이와 같은 약물이 대표적이며, ADHD 치료에는 리탈린, 암페타민 등 흥분제가 주로 사용된다. 또한 불안장애와 불면증 치료를 위해 벤조다이아제핀 계열의 안정제와 수면제가 처방된다. 이러한 약물들은 부적응 행동을 억제하는 데 효과적일 수 있으나, 심각한 부작용과 높은 중독 가능성을 동반할 수 있다. 예를 들어, 지연발생성 안면마비나 파킨슨병과 유사한 운동장애는 장기 복용 시 발생할 수 있는 부작용으로 보고된다(Glasser, 2003). 특히 약물은 문제행동을 억제하는 데는 기여하지만, 이를 대체할 긍정적인 행동을 이끌어 내는 데는 한계가 있다. 따라서 약물치료의 실효성을 극대화하기 위해서는 약물 사용에 대한 신중한 계획과 함께 다른 형태의 심리적 개입이 병행되어야 한다.

약물치료와 심리상담의 근본적 차이

약물치료와 심리상담은 정신장애를 다루는 두 가지 주요 접근법이지만, 그 초점과 방식에서 근본적으로 차이가 있다. 약물치료는 주로 신경생물학적 요인에 초점을 맞추며, 두뇌의 화학적 불균형을 조정하여 비정상적 행동을 완화하거나 억제하려 한다. 그러나 일부 연구에 따르면, 많은 약물의 효과는 플라시보 효과를 크게 초과하지 않으며, 장기적 관점에서 상태를 악화시키는 경우도 적지 않다(Vittengl, 2017). 반면 심리상담은 내담자의 심리적・정서적・행동적 변화를 도모하는 것을 목표로 한다. 상담은 내담자의 사고와 행동 패턴을 분석하고, 이를 보다 긍정적으로 변화시키는 데 초점을 맞춘다. 상담적 개입은 체계적이고 일관된 과정을 통해 내담자의 정신적 성장과 문제해결을 지원하며, 특히 내담자와의 인간적 상호작용을 통해 이루어진다. 이러한 차이는 심리상담이 단순히 증상 완화를 넘어 내담자의 전반적인 삶의 질을 향상시키는 데 기여할 수 있는 이유를 잘 보여준다.

심리상담적 개입의 핵심 원칙과 방향

심리상담은 정신장애를 다룰 때 내담자의 문제를 단순히 제거하는 것을 넘어서, 내담자가 정신적 성장을 이루고 삶의 질을 향상하도록 돕는 데 초점을 둔다. 상담 과정에서 내담자의 문제행동은 충분히 수용되고 공감받아야 하지만, 그 기저에 있는 잘못된 인식이나 왜곡된 사고는 점진적으로 교정될 필요가 있다. 상담사는 내담자의 수준과 환경을 고려하여 문제행동을 대체할 긍정적인 행동과 사고방식을 형성하도록 지원해야 한다. 특히 문제행동에 초점을 두기보다 내담자의 잠재력을 계발하고, 웰빙을 증진시키는 방향으로 접근하는 것이 중요하다. 이는 긍정심리학의 관점과도 일맥상통하며, 상담사가 내담자의 행복과 웰빙을 위한 동반자로서의 역할을 강조한다.

내담자의 맥락에 맞는 개입 전략

효과적인 상담 개입은 내담자의 고유한 상황과 맥락을 반영해야 한다. 예를 들어, 공황장애, 조현병, 우울장애 등 각기 다른 정신장애는 각 장애의 특성에 맞는 맞춤형 접근을 필요로 한다. 공황장애를 겪는 내담자에게는 불안을 다루는 기술과 점진적 노출 치료가 효과적일 수 있고, 조현병 내담자에게는 증상을 관리하며 현실 검증 능력을 강화하는 접근이 필요하다. 우울장애를 겪는 청소년 내담자에게는 자기, 타인, 세상에 대한 비관적이고 역기능적인 그들의 신념이 합리적 신념으로 변화되도록 돕는 심리적 개입이 중요하다. 이러한 개입 과정에서 상담사는 내담자의 경험을 존중하고, 치료적 관계를 통해 신뢰를 형성하는 것이 필수적이다. 이처럼, 상담은 개별화된 접근을 통해 내담자의 강점을 강화하고, 문제를 해결하며, 긍정적인 변화를 유도할 수 있다.

심리상담의 한계와 가능성

심리상담은 정신장애를 다루는 데 있어 강력한 도구지만, 모든 내담자에게 동일한 효과를 보장하지는 않는다. 내담자의 동기, 문제의 복잡성, 환경적 요인 등이 상담의 결과에 영향을 미칠 수 있다. 또한 약물치료와의 병행 여부나 다른 전문가와의 협력도 상담의 효과를 결정짓는 중요한 요소다. 그럼에도 불구하고, 심리상담은 약물치료가 해결하지 못하는 정서적·행동적·심리적 문제를 다룰 수 있는 강점을 지닌다. 특히 내담자와의 인간적인 관계를 통해 이루어지는 변화는 상담의 고유한 강점으로, 내담자의 삶에 지속적인 긍정적 영향을 미칠 수 있다. 상담사는 이러한 가능성을 극대화하기 위해 자기 성찰과 지속적인 학습을 통해 전문성을 강화해야 하며, 내담자에게 적합한 개입을 설계하고 실행해야 한다. 결론적으로, 이 책은 정신장애를 단순히 질병으로 보는 관점을 넘어, 심리상담을 통해 개인의 성장과 웰빙을 추구하는 통합적 접근을 제시하고자 한다.

제 2 장

정신장애에 대한 기본적 이해

제 2 장

정신장애에 대한 기본적 이해

이상심리학은 정신장애를 연구하는 대표적인 학문 분야로 비정상적인 심리적 기능과 행동을 과학적으로 탐구하여 이를 설명하고 예측하며 변화시키는 데 목적을 두고 있다. 이는 단순히 '정상'과 '비정상'을 구분하는 데 그치지 않고, 인간 행동의 복잡한 양상을 이해하며, 이를 통해 개인과 사회에 긍정적인 영향을 미칠 수 있는 개입 방법을 모색하는 것을 목표로 한다. 그러나 '정신장애'라는 개념은 문화와 역사적 맥락에 따라 상대적이고 가변적이기 때문에, 이를 정의하는 데에는 여전히 논쟁이 존재한다. 과거에는 사회적 규범에서 벗어난 행동이 단순히 장애로 간주되었으나, 현대 정신장애 연구는 이러한 행동이 개인의 심리적·사회적·생물학적 맥락에서 어떤 의미를 가지는지에 초점을 맞추고 있다.

정신장애의 주요 특성 : 3Ds

정신장애는 주로 일탈(Deviance), 괴로움(Distress), 기능장애(Dysfunction)의 세 가지 주요 특성으로 설명된다. 일탈은 특정 사회나 문화에서 받아들여지는 규범적 행동에서 벗어난 극단적이거나 기이한 행동을 의미한다. 이는 시대와 장소에 따라 다르게 해석될 수 있으며, 특정 상황에서는 일탈로 간주되었던 행동이 시간이 지나면 정상으로 인정되기도 한다. 괴로움은 개인이나 타인에게 심리적 불편이나 고통을 유발하는 상태를 지칭하며, 이는 정신장애를 정의하는 중요한 요소로 작용한다. 그러나 모든 정신장애가 괴로움을 동반하는 것은 아니기 때문에 괴로움을 특성으로 정신장애를 정의하기에는 한계가 있다. 기능장애는 일상생활에서 개인의 역할 수행 능력이 현저히 저하되는 상태로, 정신장애가 실제로 삶에 미치는 실질적 영향을 보여주는 요소이다. 더불어, 위험성(Dangerousness)도 때로 정신장애의 속성으로 논의되지만, 이것은 정신장애에 대한 심각한 낙인을 불러올 수 있기 때문에 매우 예외적인 경우로 간주된다. 이처럼 정신장애를 정의하고 진단하는 기준은 구체적 상황과 맥락에 따라 변하며, 이는 단순한 이분법적 사고를 넘어선 포괄적인 이해를 요구한다.

정신장애의 복잡성 : 문화적 맥락과 논쟁

정신장애는 '정상'과 '이상'이라는 단순한 이분법적 기준으로 정의할 수 없는 복잡한 개념이다. 사회적 맥락과 문화적 차이는 정신장애의 정의와 판단에 큰 영향을 미친다. 예를 들어, 한 사회에서는 병리적으로 간주되는 행동이 다른 사회에서는 독창적이거나 심지어 긍정적으로 평가될 수 있다. 이러한 상대성은 정신장애 연구가 특정 문화나 규범에 고정되지 않고, 다양한 관점을 수용해야 하는 이유를 보여준다. 심지어, Szasz(2011)는 정신장애라는 개념이 유별난 사람을 사회적으로 통제하기 위해 사회가 만든 '신화'라고 주장하며, 정신장애의 개념 자체에 의문을 제기하기도 하였다. 이처럼 정신장애는 명확한 정의가 어려운 개념이며, 이는 연구와 개입에서 더 많은 성찰과 융통성을 요구한다는 것을 시사한다.

정신장애의 다차원적 이해와 설명 모델의 필요성

정신장애는 단순히 개인의 생물학적 요인이나 사회적 맥락만으로 설명할 수 없는 복합적인 현상이다. 정신장애의 정의와 판단이 사회적·문화적 요인에 따라 달라진다는 점은 이를 단일한 관점에서 이해하려는 접근의 한계를 보여준다. 정신장애를 다루기 위해서는 생물학적·심리적·사회문화적 요인들이 상호작용한다는 점을 인식하고 통합적인 이해가 필요하다. 이러한 다차원적 접근은 정신장애가 단순히 개인의 병리적 상태가 아니라, 개인의 경험과 환경, 그리고 생물학적 취약성 사이의 복잡한 상호작용의 결과임을 강조한다.

20세기 초중반까지만 해도 정신장애에 대한 설명은 특정 이론이나 모델에 편중되는 경향이 있었다. 그러나 현재는 정신장애를 이해하기 위해 다양한 설명 모델이 함께 고려되고 있다. 생물학적 모델은 뇌의 구조와 신경화학적 과정에 주목하고, 심리적 모델은 개인의 인지와 정서적 경험을 강조하며, 사회문화적 모델은 환경적 요인과 사회적 관계를 중요한 요소로 본다. 이처럼 정신장애는 다양한 관점에서 이해될 수 있으며, 각각의 모델은 정신장애의 일부 측면을 설명하는 데 기여한다. 최근 생물학적 모델은 정신장애의 신경생물학적 요인을 규명하며 치료의 과학적 기반을 제공하고 있지만, 이를 절대적 진리로 여길 경우 인간의 정신과 행동의 복합성을 간과할 위험이 있다.

생물학적 모델과 정신장애의 이해

생물학적 모델은 정신장애를 신체의 해부학적 구조나 생화학적 과정의 이상에서 비롯된 질병으로 간주한다. 이 모델은 뇌의 구조적 이상과 신경전달물질의 불균형에 초점을 맞추며, 대표적으로 세로토닌과 도파민의 활동이 특정 정신장애와 밀접하게 연관되어 있음을 보여준다. 예를 들어, 우울증 환자에게서 세로토닌 농도가 낮게 나타나고, 조현병 환자는 도파민의 과도한 분비가 환각과 망상을 유발할 수 있다. 또한 쌍생아 연구와 가족 연구를 통해 유전적 요인이 양극성 장애, 조현병 등의 발병에 큰 영향을 미친다는 결과가 보고되었다. 이러한 발견들은 정신장애와 관련된 생물학적 요인을 과학적으로 규명하고 치료 방법을 개발하는 데 기여했지만, 생물학적 모델이 인간 행동의 전체를 설명하지는 못한다는 한계를 내포하고 있다.

생물학적 치료법과 그 한계

생물학적 관점을 바탕으로 한 치료법은 주로 약물치료, 전기경련치료(ECT), 정신외과 수술로 구분된다. 약물치료는 1950년대 항정신성 약물이 발견되면서 급격히 발전했으며, 우울증에는 선택적 세로토닌 재흡수 억제제(SSRIs), 조증에는 리튬, 불안장애에는 항불안제가 사용된다. 이러한 약물은 정신장애의 증상 완화에 효과적이지만, 심각한 부작용과 의존성을 동반할 수 있다. 예를 들어, 항정신병 약물은 지발성 안면마비와 같은 부작용을 일으킬 수 있으며, 약물의 중단 시 증상이 재발할 위험도 존재한다. 전기경련치료는 약물치료에 반응하지 않는 우울증 환자에게 적용되지만, 기억력 손상과 같은 부작용이 문제로 지적된다. 이처럼 생물학적 치료법은 증상 관리에는 효과적이지만, 근본적 원인 해결이나 내담자의 심리적 회복, 나아가서 내담자의 성장을 돕는 데는 한계가 있다.

생물학적 모델의 평가와 통합적 접근의 필요성

생물학적 모델은 정신장애를 이해하는 데 중요한 기여를 했으며, 특히 약물치료를 통해 많은 내담자의 고통을 완화해 왔다. 그러나 이 모델은 지나치게 단순화된 관점으로 모든 정신장애를 생물학적 요인만으로 설명하려는 경향이 있다. 인간의 정신생활은 생물학적 요인뿐만 아니라 심리적·사회적 요인이 상호작용한 결과로 나타나며, 이들 요소를 통합적으로 이해해야 더 완전한 접근이 가능하다. 이를 반영하는 취약성-스트레스 모델은 생물학적 취약성(유전적 요인, 뇌 화학적 문제)에 스트레스 요인(환경적·심리적 요인)이 결합될 때 정신장애가 발현된다고 본다. 따라서 정신장애에 대한 개입은 생물학적 치료를 보완하는 심리상담적 접근과 사회문화적 이해가 함께 이루어져야 하며, 이를 통해 내담자의 증상 관리뿐 아니라 전반적인 회복과 성장까지 도울 수 있을 것이다.

심리적 모델 : 정신장애의 이해

심리적 모델은 정신장애를 개인의 내적 요인인 정서, 사고, 학습 경험, 그리고 자아 개념에서 기인한다고 설명하는 접근법이다. 이 모델은 정신장애의 원인을 생물학적 결함이나 사회적 환경의 결과로만 보지 않고, 개인의 심리적 과정과 경험에 집중한다. 주요 심리적 모델로는 정신분석적 모델, 행동주의적 모델, 인지적 모델, 그리고 인본주의적 모델이 있으며, 각 모델은 정신장애를 다루는 독특한 이론적 틀과 치료적 접근을 제공한다.

정신분석적 모델은 정신장애의 원인을 무의식적 갈등과 억압된 경험에서 찾는다. Freud(1917/1963)는 인간의 정신이 원초아(id), 자아(ego), 초자아(superego)로 구성되며, 이들 간의 불균형이 정신장애를 초래한다고 주장했다. 예를 들어, 과도한 초자아의 지배는 죄책감과 불안을 유발할 수 있고, 원초아의 충동이 통제되지 않으면 반사회적 행동이나 충동조절장애로 이어질 수 있다. 정신분석 치료는 이러한 무의식적 갈등을 의식화하여 해결하는 것을 목표로 하며, 자유연상과 꿈 분석과 같은 기법이 대표적이다. 이러한 접근은 개인의 과거 경험과 심리적 방어 기제를 탐색하는 데 효과적이지만, 치료 과정이 길고 주관적 해석에 의존한다는 비판도 있다(Westen, 1998).

행동주의적 모델은 정신장애를 학습된 행동의 결과로 설명한다. Watson과 Skinner는 인간의 행동이 조건화를 통해 학습된다고 주장했으며, 특정 정신장애는 부적응적 행동이 강화되거나 적응적 행동이 학습되지 않은 결과로 나타난다고 보았다. 예를 들어, 공포증은 특정 자극과 부정적 반응이 조건화된 결과이며, 이러한 반응은 시간이 지나면서 더욱 강화될 수 있다(Watson & Rayner, 1920). 치료는 잘못 학습된 행동을 수정하고 새로운 적응적 행동을 학습하는 데 중점을 둔다. 대표적인 치료법으로는 체계적 둔감화(Wolpe, 1958)와 같은 점진적 노출 치료와 강화 기반의 행동 수정이 있다. 행동주의적 접근은 실험적 증거에 기반한 실질적인 변화를 제공하지만, 개인의 내면적 경험이나 사고를 충분히 반영하지 못한다는 한계도 존재한다.

인지적 모델은 정신장애의 원인을 비합리적 사고와 인지 왜곡에서 찾는다. Aaron Beck은 우울증 내담자의 사고 패턴을 분석하며, 이들이 자신, 세계, 미래에 대해 부정적이고 역기능적인 신념을 가지고 있다는 점을 발견했다. 이를 인지삼제(cognitive triad)라고 하며, 이러한 부정적 사고 패턴이 우울증을 지속시키는 핵심 요인으로 작용한다고 설명했다(Beck, 1967). 인지적 치료는 이러한 왜곡된 사고를 인식하고 교정하도록 돕는 것을 목표로 한다. 예를 들어, 인지행동치료(CBT)는 인지적 왜곡을 수정하면서 동시에 적응적 행동을 학습하는 접근으로, 우울증과 불안장애에서 그 효과가 입증된 치료법이다(Hofmann et al., 2012). 인지적 모델은 정신장애의 치료에 있어 개인의 사고와 행동의 변화를 함께 다룬다는 점에서 의미가 있다.

이처럼 심리적 모델은 인간의 내면적 경험과 학습된 행동, 사고 패턴의 중요성을 강조하며 정신장애의 원인을 심층적으로 탐구한다. 정신분석적 접근은 무의식과 과거 경험을 중시하며, 행동주의와 인지적 접근은 실험과 증거 기반의 실질적 변화를 추구한다. 각각의 모델은 정신장애를 설명하는 데 기여하는 바가 다르지만, 상호 보완적으로 활용될 때 더 효과적인 이해와 개입이 가능하다.

심리적 모델의 통합적 접근

심리적 모델의 통합적 접근은 정신장애의 원인과 치료에 있어 정신분석적, 행동주의적, 인지적, 그리고 인본주의적 관점을 결합하여 내담자의 상태를 보다 포괄적으로 이해하고 개입하는 방식이다. 각각의 심리적 모델은 독자적인 시각과 장점을 제공하지만, 단일 모델만으로는 정신장애의 복잡한 양상을 충분히 설명하거나 해결하기 어렵다. 통합적 접근은 다양한 심리적 요인들이 어떻게 상호작용하는지를 고려하면서 내담자의 개별적 특성과 상황에 맞춘 치료 전략을 제공한다.

정신분석적 모델과 행동주의적 모델의 결합은 무의식적 갈등과 학습된 행동 패턴이 함께 정신장애를 유지시킬 수 있다는 점을 반영한다. 예를 들어, 강박장애(OCD) 내담자는 무의식적 불안을 해소하기 위해 반복적인 강박행동을 학습했을 수 있다(Freud, 1917/1963; Rachman, 2002). 이 경우 정신분석적 접근을 통해 불안의 근원을 탐색하면서도, 행동주의적 기법인 노출 및 반응방지치료(ERP)를 통해 부적응적 강박행동을 중단하도록 돕는 통합적 개입이 효과적이다. 이처럼 심리적 통합 접근은 과거 경험과 현재의 행동 패턴을 동시에 다룸으로써 보다 근본적인 변화를 도모한다.

인지적 모델과 행동주의적 모델의 통합은 가장 널리 활용되는 심리치료 접근법 중 하나로, 인지행동치료(CBT)를 대표 사례로 들 수 있다. 인지행동치료는 인지적 왜곡과 부정적 사고 패턴을 교정하는 동시에 적응적 행동을 학습하게 함으로써 정신장애를 치료한다(Beck, 1967; Hofmann et al., 2012). 예를 들어, 우울증 내담자는 "나는 실패자다"와 같은 비합리적 신념을 가지고 있을 수 있으며, 이러한 신념이 무기력한 행동을 강화하는 악순환을 만든다. 인지행동치료는 이러한 비합리적 사고를 인식하고 교정하면서, 동시에 작은 행동 변화(예 일상 활동 참여)를 통해 긍정적 감정을 경험하게 함으로써 우울 증상을 완화한다.

인본주의적 접근과 통합적 치료는 내담자의 내적 자원을 강화하고 자아실현을 목표로 한다는 점에서 중요한 의미를 가진다. Carl Rogers는 내담자 중심 치료에서 무조건적 긍정적 존중, 진실성, 공감적 이해를 제공하는 치료적 환경이 개인의 성장과 회복을 촉진한다고 보았다(Rogers, 1951). 이러한 접근은 인지행동치료와 결합하여 내담자의 부정적 사고 패턴을 교정하면서도, 그들의 강점과 잠재력을 활용하여 회복을 돕는 방식으로 확장될 수 있다. 예를 들어, 외상 후 스트레스 장애(PTSD) 내담자의 경우, 외상에 대한 인지적 재구성과 함께 인본주의적 접근을 통해 자기 이해와 수용을 촉진하면 보다 지속적인 회복이 가능하다(Joseph & Linley, 2006).

결론적으로, 심리적 모델의 통합적 접근은 무의식적 갈등, 학습된 행동, 인지적 왜곡, 자아 성장이라는 다양한 심리적 요인들이 상호작용하여 정신장애를 유발하고 유지한다는 점을 반영한다. 이러한 통합적 접근은 내담자의 주관적 경험, 행동 변화, 사고의 교정, 내적 성장을 동시에 다루며, 맞춤형 치료를 통해 정신장애의 근본적 문제를 해결하는 데 기여한다. 심리적 모델의 통합적 실천은 정신장애 치료의 효과성을 높일 뿐만 아니라, 내담자의 전반적인 삶의 질을 개선하는 중요한 기반을 제공한다.

사회문화적 모델과 정신장애의 이해

사회문화적 모델은 정신장애를 개인의 심리적·생물학적 요인에 국한시키지 않고, 사회적·문화적 환경이 개인의 행동과 정신건강에 미치는 영향을 강조하는 접근법이다. 이 모델은 정신장애가 개인을 둘러싼 가족, 지역사회, 사회구조와의 상호작용 속에서 발생한다고 보며, 이를 통해 정신장애의 근본적 원인을 보다 넓은 맥락에서 이해하려고 한다. 예를 들어, 가족체계이론은 가족의 구조와 의사소통 양상이 정신장애 발병과 밀접하게 연결되어 있다고 설명한다. 유착된(enmeshed) 가족구조에서는 구성원 간의 경계가 모호해지며 개인의 독립성과 자율성이 억압될 수 있고, 반대로 분리된(disengaged) 가족구조에서는 심리적 지지와 정서적 유대가 부족해 구성원이 고립될 위험이 크다. 이러한 가족 내 상호작용의 문제는 우울증, 불안장애, 조현병과 같은 다양한 정신장애를 악화시키거나 유지시키는 요인으로 작용할 수 있다.

더불어, 사회문화적 모델은 정신장애의 발생과 지속에 있어 사회적 네트워크와 지지체계의 중요성을 강조한다. 연구에 따르면, 정서적 지지와 안정적인 사회적 관계를 가진 개인은 스트레스 상황에서도 심리적 회복력을 보이는 반면, 고립된 개인은 정신장애에 더 취약하다. 특히 빈곤, 실업, 차별과 같은 사회적 불평등이 심각한 정신장애를 유발하거나 악화시킬 수 있다는 점이 여러 연구를 통해 밝혀졌다. 예를 들어, 경제적 불안정에 놓인 집단이나 소수민족은 정신장애의 발생률이 높으며, 이는 불리한 사회적 조건이 심리적 스트레스를 증대시키기 때문이다. 한편, 특정 문화에서는 정신장애가 병리적으로 규정되기보다 영적 경험이나 공동체적 이슈로 해석되기도 한다. 이는 정신장애의 이해와 치료가 문화적 다양성을 존중하고 반영해야 함을 시사한다.

또한 사회문화적 모델은 정신장애가 종종 사회적 낙인과 편견에 의해 악화될 수 있음을 지적한다. Rosenhan의 1973년 연구 "On Being Sane in Insane Places"는 정신장애 진단이 내담자의 모든 행동을 병리적으로 해석하게 만드는 경향을 비판했다. 이 연구는 정신장애라는 라벨(label)이 내담자의 경험을 왜곡하고 사회적 낙인을 강화할 수 있음을 보여준다. 특히 사회적으로 불리한 위치에 있는 사람들(예 여성, 이민자, 소수집단)은 정신장애에 대한 편견으로 인해 적절한 치료를 받지 못하거나 더욱 고립되는 결과를 초래하기도 한다. 따라서 정신장애를 이해하고 개입할 때 사회문화적 요인을 고려하는 것은 개인의 문제를 넘어선 구조적이고 집단적인 해결책을 마련하는 데 중요한 시사점을 제공한다.

이처럼 사회문화적 모델은 정신장애를 개인 내적 결함이 아닌 사회적 관계와 환경의 산물로 바라보며, 가족·사회·문화적 요소가 정신장애에 미치는 영향을 강조한다. 이러한 관점은 정신장애를 병리화된 개인의 문제로 보는 기존 접근을 보완하며, 내담자의 주변 환경과 사회적 관계를 변화시켜 지속적인 회복과 웰빙을 도모할 수 있는 근거를 제공한다.

문화와 정신장애 : 상대성과 다양성

문화는 정신장애의 정의, 진단, 그리고 표현 방식에 지대한 영향을 미친다. 정신장애는 특정 사회나 문화의 규범에 따라 정상과 비정상을 구분하는 기준이 달라지기 때문에 상대적 개념으로 이해될 수 있다. 한 사회에서 병리적이라고 여겨지는 행동이 다른 문화에서는 정상적이거나 심지어 긍정적으로 평가되기도 한다. 예를 들어, 서구 사회에서는 조현병 내담자의 환청이 정신병리적 증상으로 간주되지만, 일부 아프리카나 아시아 문화에서는 이를 영적 체험이나 초자연적 존재와의 소통으로 해석하기도 한다(Luhrmann et al., 2015). 이러한 사례는 정신장애의 진단과 치료가 문화적 다양성을 충분히 반영해야 함을 시사한다.

문화는 또한 정신장애의 증상을 표현하는 방식에도 영향을 미친다. Kleinman(1988)은 '문화적 신드롬(cultural syndromes)'이라는 개념을 제시하며, 특정 문화에서만 나타나는 정신적 증상과 패턴을 설명했다. 예를 들어, 중국과 같은 동아시아 문화에서는 우울감이나 불안감을 신체 증상(예 피로감, 소화불량)으로 표현하는 경우가 많으며, 이는 서구에서의 정서적 호소와는 다른 양상을 보인다. 반면 서구 문화에서는 감정 상태를 직접적으로 표현하는 경향이 강하다. 이러한 차이는 정신장애 진단기준(DSM-5, ICD-11 등)이 서구 중심으로 개발되었다는 비판과 함께, 문화적 민감성을 반영한 진단과 치료의 필요성을 강조한다.

정신장애의 문화적 상대성은 단순히 문화적 다양성에 국한되지 않고, 구조적 불평등과 사회적 차별의 맥락에서도 고려되어야 한다. 연구에 따르면 빈곤, 실업, 차별과 같은 사회경제적 요인은 정신장애의 발생률을 높이는 주요 요인 중 하나다(González et al., 2010). 예를 들어, 경제적 불안정에 처한 계층이나 소수민족은 우울증과 불안장애에 더 취약하며, 이들이 겪는 정신건강 문제는 구조적 불평등 속에서 심화되기도 한다. 또한 특정 문화권에서는 정신장애에 대한 낙인과 편견이 강하게 작용해 내담자의 고립과 치료 접근성을 저해한다(Corrigan, 2004). 이는 정신장애를 개인의 문제로만 바라보는 시각에서 벗어나, 사회적·문화적 요인의 개선을 통한 구조적 개입이 필요함을 시사한다.

결국, 정신장애를 문화적 맥락에서 이해하려는 시도는 보편성과 특수성 사이의 균형을 찾는 과정이다. 정신장애의 특정 증상과 패턴이 문화에 따라 다르게 표현될 수 있지만, 동시에 인간의 기본적 경험(예 불안, 슬픔, 고립감)은 문화적 차이를 넘어 보편적으로 존재한다. 따라서 상담사는 진단과 개입 과정에서 내담자의 문화적 배경과 경험을 존중하면서도, 정신장애의 보편적 원인과 증상을 함께 고려하는 문화적으로 민감한 접근이 필요하다. 이를 통해 정신장애를 더 포괄적이고 공감적으로 이해하며, 내담자의 고유한 경험과 맥락에 맞춘 치료 전략을 개발할 수 있을 것이다.

사회문화적 모델의 치료적 접근

사회문화적 모델은 정신장애를 개인 내적 문제로 국한하지 않고 사회적 관계와 환경의 영향을 함께 고려하는 치료적 접근을 강조한다. 이 모델의 핵심은 정신장애를 이해하고 개입할 때 내담자의 가족, 지역사회, 그리고 더 넓은 사회문화적 맥락을 반영해야 한다는 점이다. 대표적인 치료적 접근으로는 가족 치료, 커플 치료, 지역사회 치료가 있으며, 각 접근은 내담자의 주변 환경과 상호작용을 변화시킴으로써 보다 지속적이고 근본적인 회복을 목표로 한다.

가족 치료는 정신장애가 가족의 역동적 상호작용 속에서 발현되거나 심화될 수 있다는 점에 주목한다. 가족체계이론에 따르면, 특정 구성원의 정신장애는 가족 전체의 불균형을 반영하는 결과일 수 있다. 예를 들어, 유착된 가족구조에서는 개인의 자율성과 독립성이 억압되며 심리적 갈등이 증가할 수 있고, 분리된 가족구조에서는 구성원 간의 정서적 지지가 부족해 고립감이 심화된다(Goldenberg et al., 2016). 가족 치료는 이러한 구조적 문제를 해결하기 위해 가족구성원 간의 의사소통을 개선하고, 가족의 기능적 역동을 회복하는 것을 목표로 한다. 이를 통해 내담자뿐만 아니라 가족 전체가 함께 변화하며 문제를 해결하는 공동체적 접근이 가능해진다.

지역사회 치료는 정신장애의 예방과 치료를 위해 개인의 생활 환경과 지역사회를 적극적으로 개입의 대상으로 삼는다. 이 접근은 탈시설화(deinstitutionalization) 운동 이후 중요성이 강조되었으며, 정신장애 내담자가 지역사회 내에서 자립적으로 생활할 수 있도록 지원하는 다양한 프로그램을 포함한다(Nelson et al., 2001). 예를 들어, 정신건강센터나 지역사회 기반의 재활 프로그램은 내담자가 필요한 정신건강 서비스를 접근하기 쉽게 만들고, 지역사회의 사회적 지지를 강화하는 역할을 한다. 특히 정신장애의 1차 예방(primary prevention)을 강조하는 지역사회 개입은 정신건강 교육, 조기 개입, 스트레스 관리 등을 통해 정신장애의 발생을 사전에 차단하려는 노력을 포함한다.

문화적 민감성을 반영한 치료는 사회문화적 모델의 중요한 부분으로, 내담자의 문화적 배경과 가치체계를 존중하는 개입을 의미한다. 문화권에 따라 정신장애의 표현 양상과 치료에 대한 기대가 다를 수 있기 때문에, 치료자는 내담자의 문화적 특성을 충분히 이해하고 이를 치료 과정에 반영해야 한다. 예를 들어, 일부 문화에서는 정신장애를 영적 문제나 공동체적 갈등으로 해석하기도 한다(Kirmayer & Bhugra, 2009). 이러한 문화적 관점을 존중하면서 상담과 치료를 진행하면 내담자의 저항을 줄이고 치료 동기를 높이는 데 도움이 될 수 있다. 또한 언어적·문화적 장벽이 있는 내담자를 위해 문화통역사나 다문화 상담 전문가를 활용하는 것도 효과적이다.

이처럼 사회문화적 모델의 치료적 접근은 정신장애를 개인의 문제로만 한정하지 않고, 그를 둘러싼 가족, 지역사회, 문화적 환경과의 상호작용 속에서 이해하며 개입한다. 이를 통해 내담자가 지속가능한 변화와 회복을 이룰 수 있도록 돕는 동시에, 정신건강을 보다 통합적이고 협력적인 관점에서 다룰 수 있는 토대를 마련한다.

사회문화적 모델의 평가와 한계

사회문화적 모델은 정신장애를 이해하고 개입하는 데 있어 개인의 내적 요인뿐만 아니라 사회적 관계와 환경적 요인을 통합적으로 고려했다는 점에서 큰 의의를 가진다. 이 모델은 정신장애를 개인의 병리적 문제로 국한하지 않고, 그 사람이 속한 가족, 사회구조, 문화적 환경 속에서 정신장애의 원인과 유지 요인을 탐색한다. 특히 정신장애와 관련된 낙인과 편견, 사회적 불평등, 문화적 다양성을 강조함으로써 기존의 생물학적·심리학적 모델이 간과해 온 부분을 보완했다. 예를 들어, 사회적 지지 부족이나 경제적 빈곤은 우울증과 불안장애의 발병률을 높이는 주요 위험요인으로 작용하며, 이는 정신장애가 단순한 개인의 문제가 아니라 구조적 문제임을 시사한다(González et al., 2010). 또한 사회문화적 모델은 내담자의 문화적 배경과 경험을 존중하며 치료적 개입에 문화적 민감성을 반영할 수 있도록 방향을 제시한다.

그러나 사회문화적 모델에는 몇 가지 한계도 존재한다. 첫째, 인과관계의 모호성이 지적된다. 예를 들어, 가족의 부적응적 의사소통이 조현병을 유발한다는 가설은 실제로 가족 내 갈등이 원인인지, 아니면 조현병의 증상이 가족 갈등을 심화시키는 것인지 명확하게 구분하기 어렵다(Goldenberg et al., 2016). 이는 사회문화적 요인이 정신장애에 영향을 미친다는 연구들이 주로 상관관계에 기반하고 있어 인과관계를 입증하는 데 한계가 있음을 보여준다.

둘째, 동일한 사회적 환경과 조건에서도 모든 사람이 정신장애를 경험하지 않는다는 점에서 개인적 요인의 중요성을 간과할 위험이 있다. 예를 들어, 동일한 빈곤 환경에 처한 두 사람 중 한 사람은 우울증에 취약하지만, 다른 사람은 그렇지 않을 수 있다. 이는 생물학적 취약성(예 유전적 요인)이나 개인의 심리적 회복력과 같은 요소가 사회적 요인과 상호작용하여 정신장애를 발현시킨다는 점을 간과할 수 있음을 의미한다. 따라서 사회문화적 모델이 더욱 정교해지기 위해서는 개인 내적 요인과 환경적 요인의 상호작용을 통합적으로 이해하는 접근이 필요하다.

셋째, 사회문화적 모델은 특정 집단의 정신장애 발생률이 높다는 사실을 강조하면서도, 개별 차이를 충분히 설명하지 못할 때가 있다. 예를 들어, 같은 소수집단이나 빈곤층 내에서도 정신장애를 경험하는 개인과 그렇지 않은 개인 사이에는 분명한 차이가 존재한다. 따라서 사회문화적 모델은 특정 환경이나 조건만으로 정신장애를 단정 짓기보다는 다차원적 모델과 결합하여 개인별 특성과 환경 요인을 함께 고려해야 한다.

그럼에도 불구하고, 사회문화적 모델은 정신장애에 대한 낙인 제거와 정신건강 정책의 개선에 기여하는 중요한 역할을 한다. 사회적 차별과 불평등 해소를 위한 구조적 개입, 정신건강 교육과 같은 예방적 접근, 문화 민감성을 반영한 치료 프로그램 등은 사회문화적 모델의 실질적 성과로 평가될 수 있다. 특히 취약계층과 소외된 집단에게 정신건강 서비스를 접근 가능하게 하는 지역사회 기반 치료는 이 모델이 제공하는 가장 큰 강점 중 하나이다. 따라서 정신장애의 원인을 보다 완전하게 이해하고 개입하기 위해서는 사회문화적 모델을 생물학적·심리학적 관점과 통합한 다차원적 접근이 필요하다.

모델의 통합 : 다차원적 접근의 필요성

정신장애의 원인과 치료를 이해하는 데 있어 단일 모델만으로는 한계가 명확하다. 인간의 정신과 행동은 생물학적 요인, 심리적 요인, 그리고 사회문화적 요인이 상호작용한 결과로 나타나기 때문에, 이를 통합적으로 접근하는 것이 필수적이다. 취약성-스트레스 모델(vulnerability-stress model)은 이러한 통합적 관점을 대표적으로 보여준다. 이 모델은 개인이 가진 생물학적 취약성(예 유전적 요인, 신경전달물질 불균형)과 외부 환경에서의 스트레스 요인(예 심리적 트라우마, 경제적 불안정)이 결합될 때 정신장애가 발현된다고 설명한다(Zubin & Spring, 1977). 예를 들어, 양극성 장애의 경우 유전적 취약성을 가진 개인이 극심한 스트레스나 환경적 변화를 경험했을 때 증상이 발현될 가능성이 높다. 이는 정신장애가 단순히 생물학적 문제로만 환원될 수 없으며, 내적·외적 요인 간의 상호작용 속에서 이해해야 한다는 것을 시사한다.

다차원적 접근이 강조되는 이유는 정신장애의 복잡성과 개별성 때문이다. 같은 진단명을 가진 환자라 하더라도 발병 원인과 유지 요인은 다를 수 있으며, 이에 따라 치료 접근법도 달라져야 한다. 예를 들어, 우울증의 경우 일부 환자는 세로토닌 불균형(생물학적 요인)이 주요 원인이지만, 다른 환자는 가족 내 갈등이나 직장 내 스트레스와 같은 환경적 요인이 중심 문제일 수 있다(Monroe & Simons, 1991). 이런 상황에서 생물학적 접근만을 고집하거나 사회적 요인만을 강조할 경우, 환자의 상태를 완전히 이해하거나 적절한 개입을 제공하기 어렵다. 통합적 모델은 이러한 한계를 극복하며, 다양한 요인들이 환자에게 어떻게 영향을 미치는지를 총체적으로 평가하는 틀을 제공한다.

또한 통합적 접근은 정신장애의 발병과 유지 과정뿐만 아니라 예방 측면에서도 중요한 의미를 가진다. 정신장애의 초기 징후를 포착하고 다차원적 개입을 통해 이를 예방하는 것이 가능하기 때문이다. 예를 들어, 특정 유전적 취약성을 가진 개인에게 심리교육을 제공하고 스트레스 관리 훈련을 병행함으로써, 환경적 요인이 증상 발현으로 이어지는 것을 방지할 수 있다(Insel & Cuthbert, 2015). 이와 같은 통합적 접근은 정신장애의 치료를 넘어, 예방과 정신건강 증진이라는 더 넓은 목표를 실현하는 데 기여한다.

결론적으로, 모델의 통합은 정신장애를 이해하고 다루는 데 필수적이며, 생물학적·심리적·사회문화적 요소의 상호작용을 탐구하는 다학문적 협력을 요구한다. 이를 통해 환자의 개별적 상황과 환경을 반영한 맞춤형 치료가 가능해지고, 정신장애의 지속가능성을 줄이며 전반적인 삶의 질을 향상시킬 수 있다. 정신건강 전문가들은 통합적 모델을 바탕으로 더욱 정교하고 유연한 치료 전략을 개발해야 하며, 이를 통해 정신건강 분야의 근본적 발전을 도모해야 할 것이다.

통합적 치료 접근의 실천

통합적 치료 접근은 정신장애를 생물학적·심리적·사회문화적 요인이 상호작용한 결과로 이해하고 이를 바탕으로 다차원적인 개입을 실천하는 치료 방식이다. 이 접근법은 특정 한 모델에 의존하기보다 다양한 모델의 장점을 결합해 개인의 증상과 상황에 맞춘 맞춤형 치료를 제공한다는 데 의의가 있다. 예를 들어, 우울증 환자에게는 약물치료를 통해 신경전달물질의 불균형을 조절하면서 동시에 인지행동치료를 통해 부정적 사고 패턴을 교정하고, 사회적 지지를 강화하는 환경적 개입을 병행할 수 있다(Beck, 2011). 이러한 접근은 증상의 완화에만 그치지 않고, 환자의 정신적·정서적 성장과 환경적 적응을 함께 도모한다.

통합적 치료의 실천은 환자의 고유한 개별성을 강조한다. 동일한 진단명을 가진 환자라도 발병 원인과 유지 요인이 다를 수 있기 때문에, 치료 과정에서는 환자의 개인적 맥락을 철저히 고려해야 한다. 예를 들어, 조현병 환자의 경우 도파민 불균형을 교정하는 항정신병 약물을 사용하면서도, 가족 치료를 통해 가족 간의 부적응적 의사소통을 개선하거나 사회기술훈련을 통해 사회적 기능을 회복할 수 있다(Falloon, 2003). 불안장애 환자의 경우 약물치료를 단기간 활용하면서 점진적 노출 치료와 마음챙김 기반 스트레스 감소법(MBSR)을 병행하면 치료 효과가 극대화될 수 있다(Kabat-Zinn, 1990). 이처럼 통합적 치료는 환자의 생물학적 특성과 심리적 취약성, 환경적 맥락을 동시에 반영한 총체적 접근을 가능하게 한다.

또한 통합적 치료 접근은 치료의 지속가능성을 높이는 데 기여한다. 약물치료만으로 증상이 일시적으로 호전되더라도, 재발 방지를 위해서는 심리적 회복력 강화와 사회적 환경의 개선이 필수적이다. 예를 들어, 알코올 중독의 치료에서는 생물학적 개입(해독과 약물치료)뿐만 아니라 심리적 개입(동기강화치료, 인지행동치료)과 환경적 개입(재활 프로그램, 자조 모임 참여)이 종합적으로 이루어질 때 가장 효과적인 결과를 얻을 수 있다(Miller & Rollnick, 2013). 통합적 접근은 환자가 증상 개선 이후에도 삶의 전반에서 긍정적 변화를 유지하도록 돕는 장기적 관점을 제공한다.

결론적으로, 통합적 치료 접근은 정신장애의 복합적 원인을 다각적으로 탐색하고, 환자의 개별적 필요에 맞춘 다층적 개입을 통해 치료 효과를 극대화한다. 이를 위해 정신건강 전문가들은 생물학적 모델과 심리학적 모델, 그리고 사회문화적 접근을 통합적으로 적용할 수 있는 협력적이고 유연한 치료 전략을 개발해야 한다. 이와 같은 통합적 치료는 정신장애의 근본적 해결과 더불어 환자의 전반적인 삶의 질을 향상시키는 중요한 도구로 자리 잡을 것이다.

미래를 위한 통합적 모델의 발전

정신장애에 대한 통합적 모델은 생물학적·심리적·사회문화적 요인이 상호작용한다는 전제하에 발전해 왔으며, 앞으로의 연구와 실천은 이를 더욱 정교화하고 확장하는 방향으로 나아가야 한다. 현대의 과학기술 발전, 특히 신경과학과 유전체학의 진보는 정신장애의 생물학적 취약성을 보다 정확하게 이해하는 데 기여하고 있다. 예를 들어, 특정 정신장애(우울증, 조현병 등)의 유전적 취약성을 사전에 탐지하는 연구가 진행되고 있으며, 이를 통해 맞춤형(precision) 치료가 가능해질 것으로 기대된다(Insel & Cuthbert, 2015). 동시에, 이러한 생물학적 정보를 심리적 요인(정서적 경험, 인지적 패턴)과 사회문화적 요인(가족관계, 사회적 지지)과 통합함으로써, 정신장애의 예방과 치료에서 더 포괄적이고 다차원적인 접근이 가능해질 것이다.

미래의 통합적 모델은 예방적 접근을 핵심 목표로 삼아야 한다. 정신장애가 발병한 후의 치료뿐만 아니라, 발병 이전에 위험요인을 조기에 탐지하고 개입하는 것이 중요하다. 예를 들어, 스트레스나 트라우마에 대한 심리적 회복력을 높이는 프로그램은 유전적 취약성이 있는 개인이 환경적 스트레스 요인에 노출되었을 때 정신장애가 발현되는 것을 예방할 수 있다(Masten, 2001). 아울러, 학교, 직장, 지역사회와 같은 환경에서 정신건강 교육과 스트레스 관리 프로그램을 도입함으로써 사회적 보호망을 강화하고 정신장애의 발병률을 낮출 수 있다. 이는 통합적 모델이 치료의 틀을 넘어 정신건강 증진과 예방 중심으로 확대되는 과정에서 중요한 기반이 될 것이다.

또한 미래의 통합적 모델은 디지털 기술과 인공지능(AI)의 발전과 결합될 가능성이 크다. 최근에는 정신건강 데이터를 수집하고 분석하기 위해 웨어러블 기기, 모바일 앱, AI 기반 플랫폼이 적극적으로 활용되고 있다. 이러한 기술은 개인의 심리 상태와 행동 패턴을 실시간으로 모니터링하고, 정신장애의 초기 신호를 포착해 조기 개입할 수 있는 기회를 제공한다(Torous et al., 2021). 예를 들어, AI 기반 상담 챗봇은 경미한 우울감이나 불안 증상을 가진 사람에게 즉각적인 지원을 제공하고, 필요시 전문가와의 연결을 돕는 중간 역할을 수행할 수 있다. 그러나 이러한 기술의 활용은 윤리적 문제와 데이터 프라이버시 보호를 고려하면서 발전해야 할 과제가 남아 있다.

결론적으로, 미래의 통합적 모델은 과학기술의 진보, 예방적 접근의 강화, 그리고 개인 맞춤형 치료를 중심으로 발전해야 한다. 생물학적·심리적·사회문화적 요인을 통합하는 다차원적 접근은 정신장애를 보다 정확하고 체계적으로 이해하고 개입할 수 있는 기반을 마련한다. 이를 통해 정신장애에 대한 낙인을 줄이고, 개인과 사회 전체의 정신건강을 증진하는 새로운 패러다임을 제시하게 될 것이다. 정신건강 전문가들은 다학문적 협력을 통해 이 모델을 발전시키고, 변화하는 시대에 맞는 혁신적 치료 전략을 지속적으로 개발해야 한다.

정신장애의 진단과 분류 : 개요와 모델

정신장애는 특정한 증상, 행동 패턴, 그리고 심리적 요인을 기준으로 진단되고 분류된다. 가장 널리 사용되는 진단 체계는 DSM-5(Diagnostic and Statistical Manual of Mental Disorders)와 ICD-11(International Classification of Diseases)이다. DSM-5에서 일부 내용을 수정한 DSM-5-TR은 정신장애를 22개의 주요 범주로 분류하며, 각 범주는 증상 및 증후군의 패턴을 기준으로 정의된다(APA, 2022). 이러한 체계는 정신장애를 진단하고 분류하는 데 있어 범주적 접근과 차원적 접근을 통합한 모델로 발전하였다. 예를 들어, 범주적 접근은 정신장애를 특정 진단명으로 분류하는 데 초점을 두고, 차원적 접근은 증상의 심각도와 기능 손상을 평가하는 데 도움을 준다(First & Wakefield, 2015). 이를 통해 DSM-5-TR은 개인의 증상을 보다 세밀하고 정교하게 평가할 수 있는 틀을 제공한다.

ICD-11은 세계보건기구(WHO)에 의해 개발된 국제 표준으로, DSM-5-TR과 유사하게 정신장애를 분류하지만, 글로벌 건강 시스템과의 통합성을 강조한다. ICD-11은 특히 문화적 맥락을 반영하여 진단기준을 보다 유연하게 적용할 수 있도록 설계되었다(Reed et al., 2019). 예를 들어, 특정 문화권에서 나타나는 증상 표현 방식이나 전통적 이해를 고려하여 진단이 이루어질 수 있다. 이러한 접근은 정신건강 전문가들 간의 국제적 의사소통을 원활히 하고, 다양한 사회적·문화적 맥락에서 활용할 수 있는 진단 체계를 제공한다는 점에서 중요한 의의를 가진다.

또한 DSM과 ICD 체계는 지속적으로 업데이트되며, 정신건강 연구와 임상 실천의 최신 정보를 반영하고 있다. 예를 들어, DSM-5의 텍스트 수정본(DSM-5-TR)에서는 기능적 손상과 증상 경과에 대한 새로운 정보를 포함하였으며, 이는 내담자의 상태를 보다 총체적으로 이해하는 데 기여한다(APA, 2022). 이러한 체계는 정신장애에 관하여 축적되는 과학적 지식과 사회문화적 합의를 반영하고, 진단의 신뢰도와 타당성을 높이기 위한 것이다.

정신장애 분류의 이점과 한계

정신장애의 분류 체계는 정신건강 전문가들 간의 공통 언어를 제공하며, 연구와 치료에서 표준화된 접근을 가능하게 한다는 점에서 중요한 역할을 한다. 특히 DSM-5-TR과 ICD-11은 증상과 증후군을 체계적으로 정리하여, 진단의 신뢰도와 타당도를 높이고, 다양한 임상 환경에서 활용할 수 있도록 설계되었다(APA, 2022; Reed et al., 2019). 예를 들어, DSM-5-TR은 차원적 평가도구를 도입하여 내담자의 증상 강도와 기능 손상을 세밀히 측정할 수 있도록 했다. 이는 동일한 진단명을 가진 환자들 사이에서도 개별적인 차이를 구체적으로 평가할 수 있게 해준다. 또한 분류 체계는 치료 효과를 평가하거나 새로운 치료법을 개발하기 위한 임상 연구에서 필수적인 기반이 된다.

그럼에도 불구하고, 정신장애 분류 체계는 여러 가지 한계를 지닌다. 첫째, 분류 체계가 주로 범주적 접근에 의존한다는 점이다. 범주적 접근은 정신장애를 특정 진단기준에 따라 "있다" 또는 "없다"로 구분하는 이분법적 방식을 취한다. 이는 정신장애가 연속적인 스펙트럼 위에서 나타날 수 있다는 사실을 간과하며, 경계선에 있는 환자들을 적절히 다루지 못할 가능성을 내포한다(First & Wakefield, 2015). 예를 들어, 경계선 성격장애(Borderline Personality Disorder)는 DSM-5-TR에서 명확히 정의되었지만, 그 증상이 경미하거나 진단기준을 일부 충족하지 못하는 경우, 환자가 적절한 치료를 받지 못할 위험을 가지고 있다.

둘째, 낙인 효과의 문제가 존재한다. 진단은 내담자의 상태를 체계적으로 이해하는 데 도움이 되지만, 동시에 특정 진단명이 내담자에게 고정된 정체성을 부여하고, 사회적 낙인으로 이어질 수 있다(Corrigan, 2004). 예를 들어, 조현병 진단을 받은 환자는 자신을 '정신적으로 아픈 사람'으로 간주하게 되며, 이는 스스로의 회복 가능성을 과소평가하게 만들 수 있다. 또한 사회적 편견으로 인해 환자가 차별과 고립을 경험할 가능성도 커진다.

셋째, 분류 체계는 문화적 다양성을 충분히 반영하지 못할 수 있다. DSM-5-TR과 같은 서구 중심의 진단 체계는 특정 문화에서 나타나는 증상 표현 방식을 과소평가하거나 병리화할 위험이 있다(Kirmayer & Bhugra, 2009). 예를 들어, 아시아 문화권에서 우울증은 신체적 증상(예 피로감, 두통)으로 주로 표현되는 경우가 많지만, DSM-5-TR 기준은 이를 정서적 증상으로 평가하지 못할 수 있다. ICD-11은 문화적 민감성을 강화하려는 노력을 기울였지만, 여전히 문화적 맥락을 완전하게 통합하는 데 한계가 있다.

결론적으로, 정신장애 분류 체계는 임상적 유용성과 학문적 중요성을 제공하지만, 범주적 접근의 한계, 낙인 효과, 그리고 문화적 다양성의 부족과 같은 문제를 동반한다. 이러한 한계를 극복하기 위해서는 분류 체계의 지속적인 개선과 함께, 상담사 및 치료자가 내담자의 개별적인 경험과 맥락을 고려한 유연한 접근을 병행하는 것이 필수적이다.

상담사 관점에서의 진단 체계 활용

상담사가 정신장애 분류 체계를 활용할 때, 단순히 내담자의 증상을 진단명으로 분류하는 것을 넘어, 치료의 출발점과 협력적 도구로 활용해야 한다. DSM-5-TR과 ICD-11 같은 체계는 내담자의 증상을 체계적으로 이해하고 치료 계획을 수립하는 데 유용하지만, 상담사의 역할은 진단 내리는 것이 아니라 내담자의 고유한 맥락과 경험을 반영하여 개입하는 것이다. 진단 체계는 내담자의 상태를 정량화하고 치료 목표를 명확히 설정할 수 있는 근거를 제공하지만, 상담사는 이를 내담자와의 신뢰 관계 속에서 적절히 적용해야 한다(Joseph & Linley, 2006).

첫째, 상담사는 진단 체계를 활용하여 내담자의 증상과 기능 손상을 이해하고, 그에 따른 맞춤형 개입 전략을 수립할 수 있다. 예를 들어, 우울증으로 진단된 내담자라면 DSM-5-TR의 차원적 평가도구를 사용해 우울증의 심각도와 주요 영향을 구체적으로 파악할 수 있다. 이러한 정보를 기반으로 내담자의 개인적 목표와 선호를 반영한 치료 계획을 설계할 수 있다(APA, 2022). 특히 상담사는 진단 체계를 활용해 내담자의 강점과 잠재력을 발견하고, 치료 과정에서 이를 강화하는 데 중점을 둔다. 이는 정신장애를 단순히 제거해야 할 문제로 보는 관점을 넘어, 내담자의 성장과 웰빙을 증진하는 접근으로 확장할 수 있다(Linley & Joseph, 2004).

둘째, 상담사는 진단이 내담자에게 미칠 수 있는 심리적 영향과 낙인 효과를 고려해야 한다. 정신장애 진단은 내담자에게 자신의 상태를 이해하고 문제를 해결할 수 있는 명확한 틀을 제공하지만, 동시에 자기 충족적 예언이나 낙인의 위험을 동반할 수 있다(Corrigan, 2004). 예를 들어, '조현병'이라는 진단명을 받은 내담자는 스스로를 병리적 정체성으로 규정하거나, 사회적 차별로 인해 부정적 경험을 겪을 수 있다. 상담사는 이러한 문제를 예방하기 위해 진단을 내담자에게 설명할 때 비판단적이고 공감적인 태도를 유지하며, 진단을 내담자의 증상과 어려움을 이해하고 해결하기 위한 도구로써 강조해야 한다.

셋째, 상담사는 진단 체계를 활용할 때 한국 사회와 내담자가 처한 사회문화적 맥락을 반드시 고려해야 한다. 한국 사회에서는 정신장애에 대한 낙인과 편견이 여전히 강하게 작용하며, 이는 내담자가 자신의 증상과 문제를 표현하는 방식에 영향을 미칠 수 있다(Kim et al., 2015). 예를 들어, 한국에서는 정신장애를 공개적으로 인정하는 것을 꺼리거나, 신체적 증상(피로, 두통)으로 심리적 어려움을 대신 표현하는 경향이 나타날 수 있다. 상담사는 이러한 맥락을 이해하고, 내담자가 자신의 경험을 보다 안전하게 표현할 수 있는 환경을 제공해야 한다. 또한 내담자가 처한 직장, 가족, 지역사회와 같은 구체적인 환경적 요인들을 진단 과정에서 통합적으로 반영하는 것이 중요하다. 특히 한국의 교육 체계나 직장 문화에서 발생하는 스트레스, 가족 간의 상호 의존적인 관계 등이 정신장애의 발병과 유지에 어떤 영향을 미치는지 이해하고 이를 개입 과정에 포함해야 한다. 이러한 접근은 단순히 진단기준에 맞춰 내담자를 분류하는 것을 넘어, 내담자의 삶의 맥락과 문화적 특성을 반영한 치료를 가능하게 한다. 예를 들어, 우울증 진단을 받은 내담자가 가족 간의 기대와 책임으로 인해 심리적 어려움을 겪는다면, 상담사는 이 관계적 요인을 이해하고 내담자가 스스로의 감정을 표현하고 경계를 설정할 수 있도록 지원할 수 있다. 이를 통해 진단 체계는 상담사와 내담자 간의 협력적 관계를 기반으로 내담자의 고유한 경험과 맥락을 포괄적으로 반영하는 도구로 발전될 수 있어야 한다.

결론적으로, 상담사는 진단 체계를 활용하여 내담자의 증상과 기능을 명확히 평가하고, 그에 따른 치료 계획을 수립하는 데 도움을 받을 수 있다. 그러나 진단이 내담자의 개인적 경험과 맥락을 간과하지 않도록 유연하고 문화적으로 민감한 태도를 유지해야 한다. 무엇보다 진단 체계는 상담사와 내담자가 공동으로 문제를 이해하고 해결하는 과정의 도구로 활용되어야 하며, 내담자의 강점과 회복 가능성을 강조하는 데 초점을 맞춰야 한다.

치료에서 웰빙으로의 확장

정신장애 치료는 전통적으로 증상 감소와 기능 회복을 목표로 삼아왔다. 그러나 최근 상담 및 심리치료 분야에서는 치료의 범위를 확장하여 웰빙(Well-being)을 중요한 목표로 설정하고 있다. 웰빙은 단순히 증상의 부재 상태를 넘어, 개인이 삶의 의미와 가치를 발견하고, 긍정적인 정서 경험과 사회적 유대감을 증진하며, 자아실현을 이루는 것을 포함한다(Ryff & Singer, 1998). 이러한 관점은 정신장애 치료가 개인의 심리적 회복과 함께 삶의 전반적인 질을 향상시키는 데 기여해야 한다는 점을 강조한다.

첫째, 긍정 심리학과 웰빙의 접목은 정신장애 치료를 웰빙 증진의 과정으로 전환하는 데 중요한 역할을 한다. Seligman(2011)은 긍정적 정서(Positive Emotion), 몰입(Engagement), 관계(Relationships), 의미(Meaning), 성취(Accomplishment)로 구성된 PERMA 모델을 제시하며, 웰빙을 이루는 다섯 가지 핵심 요소를 설명했다. 이 모델에 따르면, 내담자는 자신의 강점을 인식하고 활용함으로써 더 큰 만족감과 성취감을 경험할 수 있다. 예를 들어, 상담 과정에서 내담자가 자신의 강점을 발견하고, 이를 일상생활에서 실천하도록 돕는 것은 정신장애 치료를 넘어 지속적인 웰빙을 증진할 수 있는 효과적인 방법이다(Rashid & Seligman, 2018).

둘째, 웰빙 중심의 치료는 성장 중심 접근(Growth-Oriented Approach)을 통해 내담자가 역경을 극복하고, 새로운 기회를 발견하며 심리적 탄력성을 강화하는 데 초점을 맞춘다. 이는 전통적 치료 모델에서 강조하는 '손상 복구'를 넘어, 내담자가 삶의 도전과 기회를 활용하여 더 높은 수준의 성취를 이룰 수 있도록 지원한다. 예를 들어, 불안장애를 경험한 내담자가 불안의 기능적 측면을 이해하게 되면 건강한 수준의 불안을 통해 미래를 대비하면서 오히려 자기 성장을 위한 기회로 활용할 수 있게 된다.

셋째, 웰빙 증진은 사회적 연결과 지원 네트워크를 강화하는 데에서 중요한 의미를 가진다. 연구에 따르면, 사회적 지지와 유대감은 정신장애의 회복 과정에서 중요한 보호 요인으로 작용한다(Cohen & Wills, 1985). 상담사는 내담자가 가족, 친구, 지역사회와의 연결성을 회복하거나 강화하도록 돕는 데 중요한 역할을 할 수 있다. 이를 통해 내담자는 심리적 안정감과 소속감을 느끼며 웰빙을 경험할 수 있다. 특히 한국 사회에서는 가족 간 상호 의존적 관계가 내담자의 정서적 안정과 회복에 미치는 영향을 고려하여, 가족 상담이나 지역사회 기반 프로그램을 통합하는 것이 효과적일 수 있다.

결론적으로, 정신장애 치료에서 웰빙으로의 확장은 단순히 증상을 감소시키는 것을 넘어, 내담자의 삶의 질을 전반적으로 향상시키는 데 중점을 둔다. 이를 위해 상담사는 긍정 심리학의 원리를 통합하고, 성장 중심의 접근을 활용하며, 사회적 연결을 강화하는 방식으로 내담자가 자신의 삶에서 지속가능한 웰빙을 경험할 수 있도록 지원해야 한다. 이러한 접근은 상담이 단기적 치료를 넘어 장기적인 삶의 만족과 성장을 이끄는 전환점이 될 수 있음을 보여준다.

목표 설정과 웰빙의 연결

웰빙을 증진하기 위해 상담 과정에서 목표 설정은 핵심적인 도구로 활용될 수 있다. 목표는 내담자의 행동을 구조화하고 동기를 강화하며, 성취감을 통해 긍정적 정서를 유발한다는 점에서 웰빙과 밀접하게 연결된다(Locke & Latham, 2002). 특히 명확한 목표를 설정하고 이를 달성하기 위한 과정을 체계적으로 계획하는 것은 내담자의 삶에서 의미와 목적을 찾는 데 중요한 역할을 한다. 이러한 목표 지향적 접근은 내담자가 단순히 문제를 해결하는 것을 넘어, 장기적인 성장과 삶의 만족을 도모할 수 있도록 돕는다.

첫째, 목표 설정은 내담자가 단기적 실천 과제와 장기적 비전을 연결하도록 돕는다. 목표 이론(goal-setting theory)에 따르면, 목표는 구체적이고 도전적일수록 동기를 자극하며, 성취를 통해 웰빙을 증진시킬 가능성이 높아진다(Locke & Latham, 2002). 예를 들어, 우울증 내담자가 "매일 한 가지 새로운 활동에 참여하기"와 같은 작은 목표를 설정하고 이를 지속적으로 달성하면, 점진적으로 자기효능감이 향상될 수 있다. 이 과정에서 작은 목표의 성취는 내담자가 장기적으로 자신이 원하는 삶의 방향과 연결된 비전을 달성하는 데 필수적인 발판이 된다.

둘째, 상담사는 내담자가 자신의 가치와 목표를 일치시키는 과정을 도와야 한다. 목표가 내담자의 내적 가치와 불일치할 경우, 동기가 약화되고 웰빙 증진 효과가 감소할 수 있다. 따라서 상담 과정에서는 내담자가 자신의 삶에서 중요하게 여기는 가치를 탐색하고, 이에 부합하는 목표를 설정하도록 지원해야 한다. 예를 들어, 내담자가 "가족과의 관계를 강화하고 싶다"는 가치를 중요하게 여긴다면, "주말에 가족과 함께 시간을 보내는 활동을 계획하기"와 같은 구체적인 목표를 설정할 수 있다. 이는 내담자가 자신의 삶에서 의미와 목적을 발견하며 웰빙을 증진시키는 데 기여한다(Sheldon & Elliot, 1999).

셋째, 목표 설정 과정에서 유연성과 진전(progress) 감각이 중요하다. 웰빙 연구에 따르면, 목표 달성을 위한 과정에서 느끼는 성취감은 개인의 행복에 큰 영향을 미친다(Carver & Scheier, 1998). 그러나 목표가 과도하게 엄격하거나 비현실적일 경우, 실패 경험이 내담자의 동기와 자신감을 저하시킬 수 있다. 따라서 상담사는 내담자가 변화와 도전에 유연하게 적응하며, 진전 감각 자체를 즐길 수 있도록 돕는 역할을 해야 한다. 예를 들어, 내담자가 목표 달성 과정에서 예상치 못한 어려움에 직면했을 때, 이를 회복의 기회로 재구성하고 작은 성공 경험을 축적하도록 도울 수 있다. 이는 내담자가 목표 달성을 통해 지속적으로 성장하고 웰빙을 유지하는 데 중요한 기반을 제공한다.

결론적으로, 상담 과정에서 목표 설정은 내담자의 웰빙을 증진하는 강력한 도구로 활용될 수 있다. 명확하고 가치 지향적인 목표는 내담자의 행동을 구조화하고, 성취감과 의미를 제공하며, 장기적으로 웰빙을 지속가능하게 만드는 데 기여한다. 상담사는 내담자가 자신의 목표를 재구성하고, 유연성과 진전 감각을 통해 변화와 도전을 수용하도록 지원해야 한다. 이를 통해 상담은 단순한 문제해결을 넘어, 내담자가 자신의 삶을 보다 능동적으로 설계하는 과정으로 확장될 수 있다.

적응과 대처 : 웰빙 유지의 핵심과 정신장애 상담에서의 적용

웰빙을 유지하기 위해서는 변화와 스트레스에 효과적으로 적응하고, 문제를 해결하기 위한 대처 전략을 개발하는 것이 중요하다. 이는 특히 정신장애를 경험하는 내담자에게 필수적인 요소로, 상담 과정에서 적응과 대처는 내담자가 자신의 증상과 문제 상황을 관리하며 삶의 질을 회복하도록 돕는 중요한 도구로 작용한다(Folkman & Lazarus, 1988). 정신장애 치료에서 적응과 대처는 단순히 증상을 감소시키는 것을 넘어, 내담자가 자신의 환경과 관계에서 웰빙을 지속적으로 유지할 수 있는 능력을 개발하는 데 중점을 둔다.

첫째, 정서적 대처와 문제 중심 대처의 균형은 정신장애 상담에서 중요한 개입 전략이다. 예를 들어, 불안장애를 겪는 내담자는 과도한 걱정과 스트레스 상황에 직면할 때 정서적 대처 전략(예 심호흡, 명상)을 통해 즉각적인 심리적 안정감을 얻을 수 있다. 이후 상담사는 문제 중심 대처를 활용하여 내담자가 스트레스의 근본 원인을 분석하고, 실질적인 해결책(예 일상 구조화, 회피행동 감소)을 실행하도록 지원할 수 있다. 이러한 균형은 내담자가 증상 관리와 동시에 문제해결 능력을 강화하며, 웰빙을 유지할 수 있도록 돕는다(Carver & Scheier, 1998).

둘째, 심리적 탄력성은 정신장애를 경험한 내담자가 회복과 성장을 이루는 데 필수적인 요소다. 심리적 탄력성은 내담자가 역경과 스트레스 상황에서 자신의 강점과 자원을 활용하여 안정감을 되찾고, 새로운 도전을 받아들이는 능력을 의미한다(Masten, 2001). 상담 과정에서 탄력성을 강화하기 위해, 상담사는 내담자의 과거 성공 경험을 탐색하고, 이를 현재의 도전 과제와 연결시킬 수 있는 기술(예 문제해결 기술, 정서조절 기술)을 학습하도록 지원한다. 예를 들어, 우울증으로 고통받는 내담자가 과거에 극복한 어려움을 재해석하고, 현재 상황에서 긍정적 변화의 가능성을 찾도록 돕는 것은 회복과 웰빙 유지에 크게 기여할 수 있다.

셋째, 습관화(habituation)와 적응적 평가(reappraisal)는 정신장애 상담에서 증상 관리와 웰빙 증진을 동시에 달성하는 중요한 과정이다. 예를 들어, 공황장애 환자는 반복적으로 발생하는 공황발작의 두려움에 익숙해지는 습관화를 경험하며, 발작이 생명을 위협하지 않는다는 점을 학습할 수 있다. 상담사는 이러한 과정을 지원하기 위해 체계적 둔감화 기법이나 노출 치료를 활용할 수 있다. 동시에, 적응적 평가는 내담자가 부정적인 사건을 새로운 관점에서 해석하여 심리적 유연성을 키우는 데 도움을 준다(Folkman, 1997). 예를 들어, 직장에서의 실패를 단순히 좌절의 경험으로 받아들이기보다, 이를 자기 성장과 배움의 기회로 재구성하도록 돕는 것은 내담자가 웰빙을 유지하는 데 중요한 역할을 한다.

결론적으로, 적응과 대처는 정신장애 상담에서 내담자가 증상 관리와 함께 웰빙을 유지하며 삶의 전반적인 질을 향상시키는 데 필수적인 요소다. 상담사는 정서적 대처와 문제 중심 대처를 병행하며, 심리적 탄력성을 강화하고, 습관화와 적응적 평가를 통해 내담자가 변화와 도전에 유연하게 대응할 수 있도록 지원해야 한다. 이러한 접근은 내담자가 정신장애를 극복하는 것을 넘어, 웰빙을 지속적으로 증진할 수 있는 기반을 마련하는 데 도움이 될 것이다.

| 요약 |

정신장애에 대한 기준은 문화적 맥락과 사회적 규범에 따라 다르게 적용될 수 있으며, 정신장애 개념은 시대에 따라 변화해 왔다. DSM-5-TR과 ICD-11은 정신장애를 분류하는 주요 체계이지만, 서구 중심적 기준이 반영되어 있다는 한계가 있다. 정신장애의 원인을 설명하는 주요 접근으로는 생물학적·심리적·사회문화적 모델이 있다. 생물학적 모델은 신경전달물질, 뇌 구조, 유전적 요인에 초점을 맞추며, 약물치료를 중시하지만, 정신장애를 지나치게 생물학적으로만 해석하는 한계를 가진다. 심리적 모델은 정신분석, 행동주의, 인지치료, 인본주의 접근을 포함하며, 개인의 내면적 요인과 학습된 행동 패턴을 강조한다. 사회문화적 모델은 정신장애를 개인의 문제로 국한하지 않고, 가족, 경제적 환경, 문화적 요인과 같은 외부 환경의 영향을 강조한다. 정신장애에 대한 심리적 치료에서 상담사는 단순히 진단을 내리는 것이 아니라, 내담자의 삶의 맥락을 고려한 유연한 개입을 해야 한다. 치료의 목표는 단순한 증상 감소를 넘어서, 내담자가 장기적으로 웰빙을 유지하고 의미 있는 삶을 살아갈 수 있도록 지원하는 것에 있다.

제 3 장

주의력결핍 과잉행동장애 (ADHD)

제 3 장

주의력결핍 과잉행동장애 (ADHD)

주의력결핍 과잉행동장애(이하 ADHD)가 학계에 보고된 것은 1902년 소아과 의사인 George Frederic Still이 처음으로 자신의 임상실험에서 관찰한 20명의 아동이 나타낸 공격적이고 적대적이며 반항적인 특성에 대하여 설명하면서 '도덕적 통제력이 부족한 아동'이라고 표현하면서 비롯되었다. Barkley(1990)는 이것을 의학의 보편적 관심이었던 '신체'가 아닌 아동의 '행동'에 대하여 연구하면서 의학과 교육 분야에서 관심을 두기 시작했다. 우리나라에서도 국민건강보험공단의 2023년 자료에 따르면 ADHD로 병원을 찾는 환자가 급증하고 있으며, 연령대별로는 9세 이하가 23.8%, 10대가 41.3%이다. 9세 이하와 10대 환자가 많은 것은 통상 유치원이나 초등학교 입학 후 진단되는 경우가 많고, 진단 후 단기적으로 치료가 소멸하는 것이 아니라 수년간 치료적 개입을 해야 하기 때문이다. 그리고 초등학교 저학년 때에는 '크면 나아질 것이다'라는 생각으로 지켜보다가, 고학년이 되어 학업이나 또래 관계에서 어려움을 보여 진료를 시작하는 경우도 많다는 것이다. 또 과거에는 아동이 성인이 되어가면서 증상이 호전되고 나아진다고 알려졌지만, 장기적인 추적 연구에 따르면 60% 이상이 성인이 되어서도 증상을 경험하는 것으로 알려졌다. ADHD는 적절한 치료가 이루어지지 않을 경우, 증상으로 인해 학교 및 직장 생활 적응의 어려움, 대인관계에서의 어려움, 건강 관리의 어려움, 재정 관리의 어려움 등 삶의 여러 영역에서 어려움을 겪는 경우들이 나타난다. 그리고 ADHD 아동의 행동이 주변인들의 생활에 부정적인 영향을 미치기 때문에 아동과 주변인들과의 상호작용이 부정적으로 악순환되고 이것은 아동의 발달에 더욱 나쁜 요인으로 작용하게 된다. 그러므로 ADHD를 지닌 사람들과 함께 사는 세상에서 어떻게 이들을 공감하고 이해하며 그들에게 긍정적 강화를 통하여 양질의 삶을 영위해 나갈 수 있도록 도울 수 있는지를 상담사로서 생각해 볼 필요가 있다.

ADHD의 정의

1. 정의

주의력결핍 과잉행동장애(ADHD : Attention－Deficit Hyperactivity Disorder)는 주의력결핍, 과잉행동 및 충동성을 특징으로 하는 아동기의 대표적인 신경발달장애로, 일반적으로 기대되는 연령 또는 발달 수준에 비해 주의력과 행동통제력이 부족하여 일상생활에 지장이 생긴 상태를 말한다. 이는 정신과를 방문하는 소아, 청소년 환자의 약 50%를 차지할 만큼 아동기에 많이 나타나는 장애이다. ADHD는 초기 아동기에 발병하여 성인기까지 지속적인 영향을 미치는 증상으로 적절한 치료가 이루어지지 않으면 아동기 내내 학업 수행이나 또래 관계, 사회적 기능 등 여러 방면에 부정적인 영향을 미쳐 어려움이 지속되고, 일부의 경우 청소년기와 성인기가 되어서도 증상이 남는다.

2. 현황

DSM－5에서는 평균적으로 ADHD 아동은 약 5%, 성인은 약 2.5%로 보고된다. 건강보험심사평가원(2024)의 자료에 따르면 국내 ADHD 환자 수는 약 145,000명으로, 2018년 약 60,000명과 비교해 큰 폭으로 증가하여 최근 4년간 환자 수가 2.4배 가까이 늘어났다는 점은 국내 ADHD 증가 추세가 심각하다는 것을 나타낸다. ADHD 환자의 연령대별 비율을 살펴보면 10대 이하 아동과 청소년이 전체의 65%로 가장 많으며, 일반적으로 남아가 여아에 비해 2배 정도 더 많은 것으로 추정된다. 증상 표현 방식에서 남아는 과잉행동과 충동성이 두드러지며, 여아는 주의력 부족과 산만함이 더 많이 나타난다. 대한소아청소년정신의학회에 따르면 국내의 경우 유병률은 10% 정도로 추정되지만, 건강보험공단 자료상 ADHD 진단, 유병률은 0.8%에 불과한데 ADHD 아동 중 치료를 받는 아동이 10% 수준으로 그만큼 사회적 인식이 부족하다는 뜻이다. 게다가 현재 특수교육지원센터에서는 ADHD만을 가진 아동은 원칙적으로 특수교육 대상에서 배제되어, ADHD 아동이 특수교육 대상자로 선정되고 지원받기에는 법적·행정적으로 어려움이 많다.

ADHD의 증상

1. 주의력결핍

다른 사람들이 자신에게 하는 말에 주의를 기울이지 않고, 주의가 쉽게 분산되며, 한 과제에 집중하지 못하고 활동을 쉽게 바꾸고, 물건을 잘 잃어버리고, 백일몽에 빠진다. 그들은 또한 계획을 세우는 것에 어려움을 겪고 조직화되어 있지 않으며, 시간관리를 못하고, 정신을 차리는 것이 어렵다. 그러나 이들의 어려운 특성 중 하나는 아동이 어떤 때는 주의를 기울이거나 주의를 집중하기가 매우 어려워 보이다가도, 또 어떤 때는 몇 시간이고 꼼짝하지 않고 앉아서 그림을 그리거나 블록을 쌓기도 한다는 사실이다. 아동이 흥미를 느끼거나 어떤 식으로든 동기유발이 되었을 때는 정상적으로 주의를 기울이는 것 같지만, 어떤 일이 지루하고 반복적이거나 노력을 많이 기울여야 할 때 또는 과제 수행 시 옆에 어른이 없을 때는 문제가 생긴다.

① **선택적 주의** : 여러 자극이 동시에 발생할 때 특정 자극에 선택적으로 집중하는 능력
② **주의적 각성** : 즉각적으로 주의를 기울이는 능력
③ **지속적 주의** : 산만한 가운데서도 하나의 활동을 실행하는 데 필요한 시간 동안 집중하는 능력
④ **집행적 주의** : 서로 상충되는 자극을 감시하거나 어떤 반응을 억제할 필요가 있는 과제에서 중요한 부분을 집중하는 능력

▸ 주의력결핍의 예는 다음과 같다.
- 학교나 일터에서 부주의한 실수를 한다.
- 다른 사람이 말을 하면 듣지 않는 것 같다.
- 지시나 일과를 순서대로 따라 하지 못한다.
- 활동을 조직화하는 데 어려움이 있다.
- 외부의 자극에 의해 방해를 받는다.

2. 과잉행동과 충동성

1) 과잉행동

언제나 뛰어다니고, 가만히 있지를 못하며, 안절부절못하고 얌전히 앉아 있지 못하는 것으로 묘사된다. 이 아동은 신체를 크게 움직이고 자기 자신이나 다른 사람에게 말을 지나치게 많이 한다. 교실에서 이들은 자리에 앉아 있지 않고, 팔과 다리를 계속 움직이며, 과제와 상관없는 일을 한다. 아동은 자신의 행동을 상황에 맞게 조절하거나 억제하는 데에 어려움을 겪는 것으로 보이며, 특히 쉬는 시간이나 체육 시간과 같은 상대적으로 자유로운 시간보다 읽기나 수학 시간과 같은 구조화된 상황에서 훨씬 두드러지게 나타난다.

2) 충동성

충동성의 핵심은 행동의 억제, 유보 또는 행동 통제력의 결여로서 '생각하지 않고 행동하는 것'으로 나타난다. 이러한 아동은 다른 사람을 방해하거나 줄 서 있는 사람들 사이로 끼어들거나 생각 없이 위험한 행동을 할 수 있다. 참을성을 필요로 하거나 제약이 있는 활동은 제대로 수행하지 못한다. 그래서 사람들은 때로 이 아동이 조심성이 없고, 무책임하며, 미성숙하고 게으르고 불손하다고 생각하게 된다. 충동성은 정지-신호 과제를 잘 수행하지 못하는 운동 반응억제 결함과도 관련이 있는 것으로 보인다.

▸ 과잉행동-충동성의 예는 다음과 같다.
- 손이나 발을 가만히 두지 못하거나 자리에 가만히 앉아 있지 못한다.
- 부적절하게 뛰어 돌아다닌다.
- 지나치게 말을 많이 한다.
- 자기 순서를 기다리지 못한다.
- 다른 사람을 방해하거나 침해한다.

3. 기타 영역

1) 운동기술

ADHD 아동의 절반 정도는 행동이 서투르고 운동발달 지표가 늦게 나타나는 어려움을 보이는데, 이들은 가벼운 신경학적 징후와 미세한 운동조정과 타이밍에 결함이 있으며 행동의 조직화와 조절 같은 상위 통제과정에도 어려움을 겪는다.

2) 지능과 학업성취

ADHD 아동에게 매우 두드러지게 나타나는 특징으로는 낮은 학업성취도, 유급, 특수학급 배정, 고등학교 졸업 실패 등이 있다. 하지만 ADHD 아동은 지능검사에서는 일반아동과 큰 차이를 보이지 않는 것으로 나타나는데, 그런데도 읽기, 수학 등의 학업 영역에서 특정한 학습장애를 나타내는 이유는 지능이 아니라 다른 문제 때문인 것으로 보인다.

3) 집행기능

집행기능이란 자신이 목표한 행동에 도달할 수 있도록 스스로 통제하고 조절하는 상위 인지 기능을 말한다. ADHD 아동은 억제 능력의 손상으로 필요한 자극에 선택적 주의를 기울이거나 지속적으로 주의를 유지하는 데 어려움을 지니고 있으며 충동적인 성향으로 인해 과업을 수행하는 경우 계획을 세우거나 어려움이 생겨도 해결책을 찾거나 새로운 대안을 찾는 행위 자체를 힘들어하는 등의 문제를 가질 확률이 높다. ADHD 아동에게 나타나는 가장 큰 집행기능의 결함으로는 반응억제, 경계, 작업기억, 계획 능력이 있다.

4) 적응기능

ADHD 아동은 그들의 지능 수준에 비해 일상적인 적응행동의 많은 영역에서 문제를 나타내고 있고 자신의 능력 수준보다 더 미성숙하게 행동하는 경우가 많다. 일상생활에 필요한 기술을 제대로 학습하지 못하는 것도 문제지만 이미 알고 있는 기술을 제대로 수행하지 못하는 것이 더 치명적인 문제이다.

5) 사회적 행동과 사회적 관계

ADHD 아동·청소년이 보이는 사회적 행동의 손상에는 두 가지 행동유형이 있다. 첫째 유형은 과도한 움직임과 많은 말로 타인을 방해하는 행동이고, 둘째 유형은 다른 사람에 대한 신체적·언어적 공격성 및 규칙을 어기거나 적대적이고 타인을 조종하려는 행동의 부정적인 사회적 상호작용 유형이다. 하지만 모든 ADHD 아동이 사회적 문제를 보이지는 않으며 ADHD 복합형 유형의 일부 아동·청소년은 자신에 대한 긍정적 자기편향을 가지고 있어 이를 자각하기 어렵다.

6) 또래 및 교사와의 관계

학령기 ADHD 아동의 50% 이상이 또래에게 거부당하고 있으며, 교사 또한 ADHD 아동과 상호작용할 때 지시적이고 통제적인 경향이 있다. 이는 ADHD 아동이 보이는 충동적이고 과잉행동적인 측면과 주의산만 및 사회적 기술 부족이 대표적인 요인으로 꼽힌다.

7) 가족관계

ADHD 아동은 학령 전기부터 가족과 부정적 상호작용이 일어나며 일반적으로 부모들이 자녀에게 주는 보상이 줄고 부정적이고 지시적인 태도를 보이게 된다. 부모의 부정적인 상호작용은 아동의 반항적인 행동과 깊은 관계가 있다.

8) 건강 및 사고

ADHD 아동은 일반적으로 그렇지 않은 아동보다 사고로 인한 부상이 더 잦다고 보고되고 있다. 이는 ADHD 아동의 특성 중 주의력결핍, 충동성과 관련성이 높아 위험한 상황에서 부주의하며 행동의 결과에 대해 생각하지 못하기 때문이다. 이와 함께 운동조절장애, 반항적이고 공격적인 행동, 부모의 부적절한 감시도 요인에 포함될 수 있다.

공존 질환

공존 질환이란, 다른 질환이 ADHD와 함께 존재한다는 뜻이다. 여러 연구에 따르면, 대체로 ADHD로 진단되는 경우의 67~80%에서 다른 정신과 질환이 하나 이상 동반된다고 한다. 게다가 공존 질환이 2개, 3개로 늘어날수록 여러 가지 기능적 문제가 심각해지고 정신건강 서비스 이용도 늘어난다고 한다. 순수하게 ADHD만 있는 경우가 20~33%에 불과하다는 것은, 만약 ADHD로 진단된다면 혹시 동반되는 다른 질환이 없는지 철저하게 평가해야 한다는 것을 뜻한다.

흔히 ADHD에 동반되는 질환으로는 적대적 반항장애, 품행장애 및 물질관련장애, 불안장애, 우울장애, 틱장애 등이 있으며, 이 외에도 학습장애, 언어장애, 지적장애, 자폐범주장애, 양극성 정동장애, 외상 후 스트레스 장애, 수면장애, 유뇨증, 성격장애 등이 많이 동반되는 것으로 밝혀졌다. 이 중에서도 수면장애나 자폐범주장애는 ADHD가 뚜렷이 진단되기 전에 대개 진단되며, 학습장애와 유뇨증은 ADHD로 진단될 무렵에 같이 문제가 나타나는 경우가 많고, 나머지 대부분의 공존 질환은 ADHD가 진단된 다음에 이차적으로 나타나는 경우가 많다고 한다. 이 외에도 공존 질환으로 진단하기에는 부족하지만 가족갈등, 학습문제, 친구와의 갈등, 걱정 성향, 특정 버릇, 사회기술의 부족, 감정조절의 어려움, 공격성, 충동성, 짜증 같은 문제들도 놓치지 말아야 한다. 공존 질환과 이러한 문제들을 놓친다면, ADHD를 치료하더라도 다른 문제가 여전히 남아서 본인이나 가족들이 고통스러워하거나 치료 효과가 별로 없다고 판단하게 될 것이다. 따라서 ADHD로 진단되었다면 공존 질환이나 다른 문제가 없는지 잘 살펴보고, 만약 있다면 해당 문제마다 치료 계획을 수립해야 한다.

1. 적대적 반항장애

자주 욱하고, 짜증 내고, 화내고, 말다툼하고, 어른의 요구를 무시하고, 일부러 타인을 귀찮게 하고, 비난하고, 앙심을 품는 행동이 6개월 이상 나타나고 그 정도가 또래에 비해 빈번하고 심하며, 생활하면서 문제가 될 때 진단하는 장애이다. ADHD 아동・청소년 중 복합형이나 과잉행동 충동형의 경우 적대적 반항장애를 동반하는 경우는 흔하게 보고된다.

2. 품행장애

남을 괴롭히고, 싸우고, 무기를 사용하고, 사람과 동물에게 잔인한 행동을 하고, 강도, 성폭행, 방화, 파괴, 무단침입, 사기, 절도, 외박, 가출, 무단결석 같은 행동 중 세 가지 이상을 1년 이상 보일 때 진단하는 장애이다. ADHD 아동・청소년이 품행장애를 동반할 확률은 20~40% 이상으로 보고되며, 이들은 성인기 반사회적 인격장애 및 물질남용위험을 경험할 가능성이 높아 적대적 반항장애보다 더 큰 어려움을 겪을 것으로 추정된다. ADHD가 적대적 반항장애가 되었다가 다시 품행장애로 진행될 수 있으며, 적대적 반항장애와 품행장애의 증상들이 함께 발생하기도 한다. ADHD만 있는 아동에 비해 공존 장애가 있는 아동은 ADHD 증상과 품행문제 양쪽에서 더 심한 장애와 기능 손상을 나타낸다. 이러한 아동의 경우 행동상의 문제들이 더 일찍부터 나타나서 계속 유지될 가능성이 크고, 결과는 더 부정적이다. 품행문제를 동반하는 ADHD는 대개 강압적인 부모-자녀 상호작용, 부모의 정신과적 증상과 약물남용, 삶의 역경과 더 강한 관련성이 있는 것으로 보였다.

3. 불안장애

ADHD 아동・청소년이 불안장애를 동반할 확률은 20~47%로 보고되며, 불안장애가 동반될 경우 충동성 증상은 잘 드러나지 않고 주의산만 증상이 두드러지게 나타난다. ADHD와 불안장애의 동시 발생은 양육자의 불안과 자녀의 자율성을 제한하는 과보호적인 양육태도와 관련이 있을 수 있다. 그리고 불안의 문제를 동반하는 아동들은 과잉행동 및 충동성, 그리고 품행문제를 상대적으로 덜 나타내는 경향이 있다.

4. 우울장애

ADHD 아동・청소년이 우울장애를 동반할 확률은 12~50%로 보고되며, 특히 주의력 결핍형 ADHD 경우 우울장애를 동반할 확률이 높으며 자살 가능성 또한 높은 것으로 나타났다. ADHD와 우울증이 함께 있으면 둘 중 어느 한 가지 장애만 있을 때에 비해 결과가 더 나쁜데, 특히 여아의 경우 사회적 기능 손상이 더 크고 자살 위험성이 더 높은 비율로 나타난다. ADHD는 다양한 경로를 통해 우울로 진행될 수 있으며, 최근 가설은 욕구좌절에 대한 낮은 참을성과 정서조절의 어려움이 ADHD와 우울 간의 연합에 기여한다는 것이다. ADHD와 우울의 동시 발생은 가족구성원들이 두 장애를 모두 가질 확률이 높은 것뿐 아니라 가정의 더 큰 스트레스, 병리와 관련이 있다. 또한 ADHD가 우울장애를 경험하는 경우 27.6%의 확률로 양극성 장애로 전환될 수 있는 것으로 보고된다.

5. 틱장애

틱은 자신도 모르게 갑작스럽게 근육을 수축시키는 행동이 반복되는 것을 말하며 틱이 심하여 일상생활에 문제가 되면 틱장애라고 한다. 대개 눈 깜빡이기, 코 찡긋하기, 얼굴 찡그리기, 고개 까딱하기, 어깨나 배 움찔하기 등의 운동틱과 '음음, 킁킁' 등 소리를 내는 음성틱으로 구분하며, 운동틱과 음성틱이 함께 나타나면서 일상생활에 문제가 되면 뚜렛 장애라고 한다. ADHD 아동・청소년이 틱장애를 동반할 확률은 55~70%로 보고되며 틱장애를 경험하는 ADHD는 더 많은 외재화, 내재화 문제와 사회적 부적응에 대해 어려움을 겪는다고 나타났다.

6. 학습장애

읽기장애(난독증), 쓰기장애(난서증), 산술장애(난산증)로 구분해서 불렀던 것으로, 현재는 이를 모두 합쳐서 특정 학습장애로 부르고 있다. 지능이 정상이고 적절한 교육을 받는데도 읽기, 쓰기, 계산 같은 기초적인 학습 기술이 따라가지 못하고 현저하게 떨어질 때 진단되는 장애이다. ADHD 아동·청소년이 학습장애를 동반할 확률은 11~35%로 보고되며, 학습장애가 동반되는 경우 학교생활에 적응하는 데 심각한 어려움을 겪는다고 나타났다. 학습문제가 ADHD에 기여하는지, ADHD의 핵심 증상이 학습에 영향을 미치는지, 아니면 하나의 공통 요인이 두 장애의 발달에 기여하는지는 명확하지 않지만 ADHD와 학습문제의 연합은 주의력결핍이 더 관여하는 것으로 보인다. ADHD와 학습장애 아동·청소년들이 ADHD만 있는 아동·청소년들에 비해 더 심한 기능 손상을 보인다.

7. 수면장애

폐쇄성 수면무호흡증후군 및 하지불안증후군, 주기성 사지운동장애 등과 같은 수면장애는 종종 ADHD와 연관되거나 주의력결핍, 과잉행동 및 충동성의 증상을 나타낸다. ADHD의 불면증 진단을 위해 부적절한 수면 위생(예 일관성 없는 취침 및 기상 시간, 침실 내 전자제품, 카페인 사용), ADHD 약물의 영향(수면시간 감소, 불면 증가), 동반 정신질환과 관련된 수면 문제, 수면-각성 패턴의 일주기 기반 단계 지연(수면이 오래 지속되고 아침에 깨기가 어려워짐) 등을 확인해야 한다. 일반아동과 비교할 때, 공존 질환이 없고 치료를 받지 않은 ADHD 아동·청소년은 잠들기 힘들어하고 더 빈번한 야간 각성을 나타내며, 일부는 원발성 수면장애(Primary Sleep Disorder, 뚜렷한 신체적·정신적 원인이 없이 발생하는 불면증)가 없는 경우에도 낮 동안 조는 행동이 증가하기도 한다.

8. 외상 후 스트레스 장애

ADHD 아동은 종종 위험감수 행동으로 인한 사고와 체벌을 포함한 외상 위험이 크다. 또한 외상 후 스트레스 장애와 일부 유사한 증상을 나타내는데, 아동에 따라 외상은 일회성 또는 지속적으로 노출된 사건일 수 있으며 외상에 노출되면 외상 장애 및 주의력결핍과 같은 ADHD 증상이 야기되거나 악화될 수 있다. 따라서 ADHD 평가 시 외상 이력을 파악하고 외상에 따른 손상반응 지표 선별이 필요하며, 외상 병력은 대안적 진단과 외상 중심 치료 의뢰 및 학대 의심 보고를 포함한 치료 및 중재에 영향을 미칠 수 있다.

진단기준

ADHD는 아동기 초기 발병과 지속적 발달 과정으로 특징지어지는 신경발달장애로 분류한다. 이 장애는 흔히 언어, 운동, 사회적 발달에서 미묘한 지연을 동반하며 신경발달에서의 영구적 변화와 연합되기 때문에 이런 특징들을 공유하는 자폐스펙트럼장애, 학습장애와 같은 다른 장애들과 함께 묶이게 되었다가 DSM-5에서 주의력결핍과 과잉행동-충동성의 두 요인을 인정하고 되고 '주의력결핍 과잉행동'이라는 명칭을 사용했다. 여기에서는 현재 ADHD 진단 시 가장 널리 사용되는 DSM-5-TR의 진단기준과 ICD-11의 진단기준에 대해 설명한다.

1. DSM-5-TR

DSM-5-TR에서의 ADHD 진단기준은 다음과 같다.

주의력결핍 과잉행동장애(ADHD)의 진단기준
A. 기능 또는 발달을 저해하는 지속적인 부주의 및/또는 과잉행동-충동성이 (1) 그리고/또는 (2)의 특징을 갖는다.

1. 부주의 : 다음 9개 증상 가운데 6개 이상이 적어도 6개월 동안 발달 수준에 적합하지 않고 사회적, 학업적/직업적 활동에 직접적으로 부정적인 영향을 미칠 정도로 지속됨.
   주의점 : 이러한 증상은 단지 반항적 행동, 적대감 또는 과제나 지시 이해의 실패로 인한 양상이 아니어야 한다. 후기 청소년이나 성인(17세 이상)의 경우에는 적어도 5가지의 증상을 만족해야 한다.
   a. 종종 세부적인 면에 대해 면밀한 주의를 기울이지 못하거나, 학업, 작업 또는 다른 활동에서 부주의한 실수를 저지름(예 세부적인 것을 못 보고 넘어가거나 놓침, 작업이 부정확함).
   b. 종종 과제를 하거나 놀이를 할 때 지속적으로 주의집중을 할 수 없음(예 강의, 대화 또는 긴 글을 읽을 때 계속해서 집중하기가 어려움).
   c. 종종 다른 사람이 직접 말을 할 때 경청하지 않는 것처럼 보임(예 명백하게 주의집중을 방해하는 것이 없는데도 마음이 다른 곳에 있는 것처럼 보임).
   d. 종종 지시를 완수하지 못하고, 학업, 잡일 또는 작업장에서의 임무를 수행하지 못함(예 과제를 시작하지만 빨리 주의를 잃고 쉽게 곁길로 샘).
   e. 종종 과제와 활동을 체계화하는 데 어려움이 있음(예 순차적인 과제를 처리하는 데 어려움, 물건이나 소지품을 정리하는 데 어려움, 지저분하고 체계적이지 못한 작업, 시간관리를 잘하지 못함, 마감 시간을 맞추지 못함).
   f. 종종 지속적인 정신적 노력을 요구하는 과제에 참여하기를 기피하고, 싫어하거나 저항함(예 학업 또는 숙제, 후기 청소년이나 성인의 경우에는 보고서 준비하기, 서류 작성하기, 긴 서류 검토하기).
   g. 과제나 활동에 꼭 필요한 물건들(예 학습 과제, 연필, 책, 도구, 지갑, 열쇠, 서류 작업, 안경, 휴대폰)을 자주 잃어버림.
   h. 종종 외부 자극(후기 청소년과 성인의 경우에는 관련이 없는 생각들이 포함될 수 있음)에 의해 쉽게 산만해짐.
   i. 종종 일상적인 활동을 잊어버림(예 잡일하기, 심부름하기, 후기 청소년과 성인의 경우에는 전화 회답하기, 청구서 지불하기, 약속 지키기).
2. 과잉행동—충동성 : 다음 9개 증상 가운데 6개 이상이 적어도 6개월 동안 발달 수준에 적합하지 않고 사회적, 학업적/직업적 활동에 직접적으로 부정적인 영향을 미칠 정도로 지속됨.
   주의점 : 이러한 증상은 단지 반항적 행동, 적대감 또는 과제나 지시 이해의 실패로 인한 양상이 아니어야 한다. 후기 청소년이나 성인(17세 이상)의 경우, 적어도 5가지의 증상을 만족해야 한다.
   a. 종종 손발을 만지작거리며 가만두지 못하거나 의자에 앉아서도 몸을 꿈틀거림.

b. 종종 앉아 있도록 요구되는 교실이나 다른 상황에서 자리를 떠남(예 교실이나 사무실 또는 다른 업무 현장, 또는 자리를 지키는 게 요구되는 상황에서 자리를 이탈).
c. 종종 부적절하게 지나치게 뛰어다니거나 기어오름(주의점 : 청소년 또는 성인에서는 주관적으로 좌불안석을 경험하는 것에 국한될 수 있다).
d. 종종 조용히 여가 활동에 참여하거나 놀지 못함.
e. 종종 "끊임없이 활동하거나" 마치 "태엽 풀린 자동차처럼" 행동함(예 음식점이나 회의실에 장시간 동안 가만히 있을 수 없거나 불편해함, 다른 사람에게 가만히 있지 못하는 것처럼 보이거나 가만히 있기가 어려워 보일 수 있음).
f. 종종 지나치게 수다스럽게 말함.
g. 종종 질문이 끝나기 전에 성급하게 대답함(예 다른 사람의 말을 가로챔, 대화 시 자신의 차례를 기다리지 못함).
h. 종종 자신의 차례를 기다리지 못함(예 줄 서 있는 동안).
i. 종종 다른 사람의 활동을 방해하거나 침해함(예 대화나 게임, 활동에 참견함, 다른 사람에게 묻거나 허락을 받지 않고 다른 사람의 물건을 사용하기도 함, 청소년이나 성인의 경우 다른 사람이 하는 일을 침해하거나 꿰찰 수 있음).

B. 몇 가지의 부주의 또는 과잉행동-충동성 증상이 12세 이전에 나타난다.
C. 몇 가지의 부주의 또는 과잉행동-충동성 증상이 2가지 또는 그 이상의 환경에서 존재한다(예 가정, 학교나 직장, 친구들 또는 친척들과의 관계, 다른 활동에서).
D. 증상이 사회적, 학업적 또는 직업적 기능의 질을 방해하거나 감소시킨다는 명확한 증거가 있다.
E. 증상이 조현병 또는 기타 정신병적 장애의 경과 중에만 발생되지는 않으며, 다른 정신질환(예 기분장애, 불안장애, 해리장애, 성격장애, 물질 중독 또는 금단)으로 더 잘 설명되지 않는다.

DSM-5-TR에서는 이렇게 진단을 내린 후, 주로 나타나는 증상에 따라 복합형(ADHD-C), 주의력결핍 우세형(ADHD-PI), 과잉행동-충동성 우세형(ADHD-PH)의 세 가지 유형으로 나누고 있으며, 현재 증상이 얼마나 심각한지는 경증, 중등도, 고도로 명시하도록 하고 있다.

세부 유형

- ADHD-C(복합형) : 지난 6개월 동안 진단기준 A1과 A2 모두 충족시킬 경우
- ADHD-PI(부주의 우세형) : 지난 6개월 동안 진단기준 A1은 충족시키지만, A2는 충족시키지 못한 경우
- ADHD-PH(과잉행동-충동성 우세형) : 지난 6개월 동안 진단기준 A2는 충족시키지만, A1은 충족시키지 못할 경우
- ADHD-NOS : 세부 타입에 조금씩은 매칭이 되지만 정확히 들어맞지는 않아서 분류가 모호한 경우

① 복합형(ADHD-C)

복합양상을 보이는 아동은 현저한 부주의 증상과 현저한 과잉행동-충동성 증상을 모두 경험한다. 대부분이 생각하는 ADHD가 바로 이 복합형일 것이다. 부모와 교사는 아동을 부주의하고 잘 잊어버리고 단정치 못하고 주의산만하고 성급하고 무책임하고 가만히 있지 못한다고 묘사한다. 복합형 아동의 기저에 있는 행동억제 문제, 즉 장기목표를 성취하기 위해서 즉각적 충동을 통제하고 조절하는 능력에 문제가 있다. 탈억제(disinhibition)는 그들이 지속적 주의를 유지하기 어렵게 하고 학교와 가정에서 과잉행동과 충동성을 보이게 만든다.

② 부주의(주의력결핍) 우세형(ADHD-PI)

전형적으로 “주의산만하고 잘 잊어버리고 체계적이지 못하다.”라고 묘사된다. 그들은 학교 교사나 부모에게 주의를 집중하지 않을 수 있고 주의산만함과 집중력 부족으로 인해 곤란한 문제를 겪게 될 수도 있다. 부주의 우세형은 임상 장면에서는 두 번째로 흔한 유형이지만 지역사회에서는 가장 흔한 유형이다. 과잉행동-충동성 우세형 증상이 있는 아동은 더 빈번한 과잉행동으로 인해 부주의 우세형 증상이 있는 아동보다 치료에 의뢰될 가능성이 더 크다. 대조적으로 부주의 우세형 아동은 일반 모집단에서 더 높은 빈도를 차지하지만, 부모와 교사가 알아차리지 못하는 경우가 많다. 심각한 부주의 증상을 보이지만 얌전한 경우도 있기 때문이다.

③ 과잉행동－충동성 우세형(ADHD－PH)

과잉행동과 충동성 증상은 유의한 수준으로 보이지만 부주의 증상은 역치하 수준의 문제만을 보인다. 보통 이 아동은 “모터를 달고 있는 것처럼”, “끊임없이 활동하고 있는” 것으로 묘사된다. 과잉행동－충동성 우세형 증상이 있는 아동은 연령이 더 어린 경향이 있고 남아가 불균형적으로 많다. 이들의 증상은 3~4세 사이에 출현하는 경향이 있으며 가족, 또래들과의 상호작용을 방해한다. 과잉행동－충동성 우세형 증상이 있는 대부분의 어린 아동은 결국에는 부주의 문제도 보이게 되는데, 이들 중 대다수가 6~12세 사이에 과잉행동－충동성 우세형에서 복합형으로 바뀐다. 일부 전문가들은 과잉행동－충동성 우세형을 복합형의 발달적 전 단계로 간주해야 한다고 주장한다.

세부 심도

- 경도 : 현재 진단을 충족하는 수준을 초과하는 증상이 거의 없으며, 증상으로 인한 사회, 학업, 직업 기능의 손상이 경미하다.
- 중등도 : 증상 또는 기능 손상이 “경도”와 “고도” 사이에 있다.
- 고도 : 진단을 충족하는 수준을 초과하는 다양한 증상 또는 심각한 몇 가지 증상이 있다. 이러한 증상이 사회 또는 기억 기능에 뚜렷한 손상을 야기한다.

2. ICD-11

국제질병분류 ICD 11판에서의 ADHD 진단기준은 다음과 같다.

6A05. 주의력결핍 과잉행동장애(ADHD)의 진단기준

1. 필수 기능
   - 부주의 증상의 지속적인 패턴(최소 6개월) 및 과잉행동-충동성 증상의 조합이 연령 및 지적 발달 수준에 대해 예상되는 정상적 변화의 한계를 벗어난다. 증상은 연대순 연령 및 장애의 심각도에 따라 다르다.
2. 부주의
   - 지속적이고 학업, 직업, 또는 사회적 기능에 직접적인 부정적인 영향을 미칠 만큼 심각한 부주의의 여러 증상. 증상은 일반적으로 다음과 같이 설명한다.
   - 높은 수준의 자극이나 보상을 제공하지 않거나 지속적인 정신적 노력을 요구하지 않는 직업에 대한 주의를 유지하는 데 어려움이 있다. 세부 사항에 대한 주의가 부족하며 학교나 직장 과제에서 부주의한 실수, 작업을 완료하지 못한다.
   - 현재 업무와 관련이 없는 외부 자극이나 생각에 쉽게 주의가 산만해지고, 직접 말해도 듣지 않는 듯 보이는 경우가 많고, 멍하니 앉아 있거나 다른데 정신이 팔린 것처럼 보이는 경우가 잦다.
   - 물건을 잃어버리고, 일상 활동을 잘 잊어버리고, 다가올 일상 업무나 활동을 완료해야 한다는 것을 기억하는 데 어려움을 겪고, 학교 과제, 업무 및 기타 활동을 계획, 관리 및 구성하는 데 어려움을 겪는다.
3. 과잉행동 충동성
   - 지속적이고, 학업, 직업 또는 사회적 기능에 직접적인 부정적인 영향을 미칠 만큼 심각한 과잉행동-충동성의 여러 증상. 증상은 행동적 자기 통제가 필요한 구조화된 상황에서 가장 두드러지는 경향이 있다. 증상은 일반적으로 다음과 같이 설명한다.
   - 과도한 운동 활동, 앉아 있어야 할 때 자리를 떠남, 종종 뛰어다님, 몸을 꿈틀거리지 않고 가만히 앉아 있기 어려움(아동), 신체적 불안감, 조용하거나 가만히 앉아 있는 것에 대한 불편함(청소년, 성인).
   - 조용히 활동에 참여하는 데 어려움이 있고, 말이 너무 많다.
   - 학교에서는 대답을 내뱉고, 직장에서는 말을 내뱉으며, 대화, 게임 또는 활동에서 차례를 기다리지 못하고, 다른 사람의 대화나 게임을 방해하거나 개입한다.
   - 위험과 결과에 대한 고려나 숙고 없이 즉각적인 자극에 반응하여 행동하는 경향(예 신체적 상해를 입을 가능성이 있는 행동, 충동적인 결정, 무모한 운전).

- 12세 이전에 심각한 부주의 및 과잉행동–충동성 증상이 나타났지만, 일부 개인은 청소년 후반이나 성인이 되어서야 처음으로 임상적 관심을 받기도 하는데, 이는 종종 개인의 한계를 보상할 수 있는 능력을 초과하는 요구가 있을 때이다.
- 부주의 및 과잉행동–충동성의 증상은 여러 상황이나 환경(예 집, 학교, 직장, 친구나 친척)에서 나타나야 하지만 환경의 구조와 요구 사항에 따라 달라질 가능성이 크다.
- 증상은 다른 정신장애(예 불안이나 두려움 관련 장애, 섬망과 같은 신경인지장애)로 더 잘 설명되지 않는다.
- 증상은 중추신경계에 대한 물질(예 코카인)이나 약물(예 기관지 확장제, 갑상선 대체 약물)의 효과(금단효과 포함)로 인한 것이 아니며, 신경계 질환으로 인한 것이 아니다.

6A05.0 주의력결핍 과잉행동장애, 주로 부주의한 표현

- 주의력결핍 과잉행동장애에 대한 진단 요건을 모두 충족하며, 부주의 증상이 우세하다.

6A05.1 주의력결핍 과잉행동장애, 주로 과잉행동–충동적 표현

- 주의력결핍 과잉행동장애에 대한 진단 요건을 모두 충족하며 과잉행동–충동성 증상이 우세하다.

6A05.2 주의력결핍 과잉행동장애, 복합적 표현

- 주의력결핍 과잉행동장애에 대한 모든 진단 요건이 충족되었으며, 과잉행동–충동성 증상과 부주의 증상이 모두 현재 임상적 증상에서 임상적으로 중요한 측면이지만, 어느 쪽도 뚜렷하게 우세하지 않다.

6A05.Y 주의력결핍 과잉행동장애, 기타 명시된 표현

6A05.Z 주의력결핍 과잉행동장애, 표현형 불명

기 타

1. ADHD 진단평가에 대한 권고 사항

대한소아청소년정신의학회 (이문수 외, 2017 : 66-67)	미국소아과학회 (Wolraich et al., 2019 : 6)
• ADHD의 선별은 모든 아동 및 청소년과 성인 환자들의 정신건강 평가의 일부로 포함시키는 것이 바람직하다. • ADHD에 대한 학령 전기 및 아동, 청소년 평가를 하는 경우, 부모와 환자에 대한 임상적 면담을 통해 환자의 학교 또는 일상생활 기능에 대한 정보를 얻고, 공존 정신과적 장애를 평가하며 환자의 의학적 병력, 사회적 및 가족력에 대한 정보를 얻는다. 성인기의 평가 시에는 아동 및 청소년과는 다른 양상으로 문제가 나타날 수 있음을 감안하고 환자의 가정, 학교 또는 직장 등에서의 포괄적인 정보를 얻는 것이 필요하다. • ADHD 진단을 위해 다양한 평가 및 심리검사를 사용할 수 있으나, 어떠한 검사도 ADHD에 대하여 임상적 경험을 갖는 의사의 임상적 판단을 대치할 수는 없으며, 의사의 임상적 판단이 최종 진단에 필요하다. • 환자에게 내과 및 신경학적 병력이 있을 경우, 진단병리학적 또는 신경학적 검사를 통해 건강 상태를 확인하는 것이 좋다. 의학적 병력에서 기질적 이상들을 시사하는 소견이 없다면 MRI, SPECT, PET와 같은 검사들은 ADHD 평가에 필수적이지는 않다. 단, 정량화 뇌파검사는 보조적으로 사용 가능하다. • ADHD에 대한 다양한 평가는 치료 시작 이후, 치료 동안에도 정기적으로 이루어져야 한다. 경과 관찰과 추적 검사의 횟수는 개별화되어서 개인마다 다를 수 있으며, 적어도 매년 정기적으로 이루어져야 한다.	• KAS 1 : 소아과 의사 또는 기타 일차진료 의사는 학업 혹은 행동문제와 주의력결핍, 과잉행동 및 충동성 증상을 나타내는 4세에서 18세의 모든 아동 또는 청소년에게 ADHD 평가를 해야 한다. • KAS 2 : ADHD를 진단하기 위해 일차진료 의사는 DSM-5 기준이 충족되었는지 결정해야 한다. 이때 하나 이상의 주요 환경(예 사회적, 학업적 또는 직업적)에서의 손상과 증상에 대한 증거자료 그리고 부모, 보호자, 교사, 기타 교직원 및 아동 또는 청소년의 진료에 관여하는 정신건강 임상의사의 보고서에 근거한 정보를 포함해야 한다. 일차진료 의사는 다른 대안적인 원인은 배제해야 한다. • KAS 3 : ADHD 아동 또는 청소년을 평가할 때, 일차진료 의사는 최소한 정서 및 행동장애(예 불안, 우울, 적대적 반항장애, 품행장애, 약물 사용), 발달장애(예 학습 및 언어장애, 자폐스펙트럼장애) 및 신체장애(예 틱, 수면무호흡)를 포함한 동반질환 선별 과정을 포함해야 한다.

2. ADHD 진료 과정

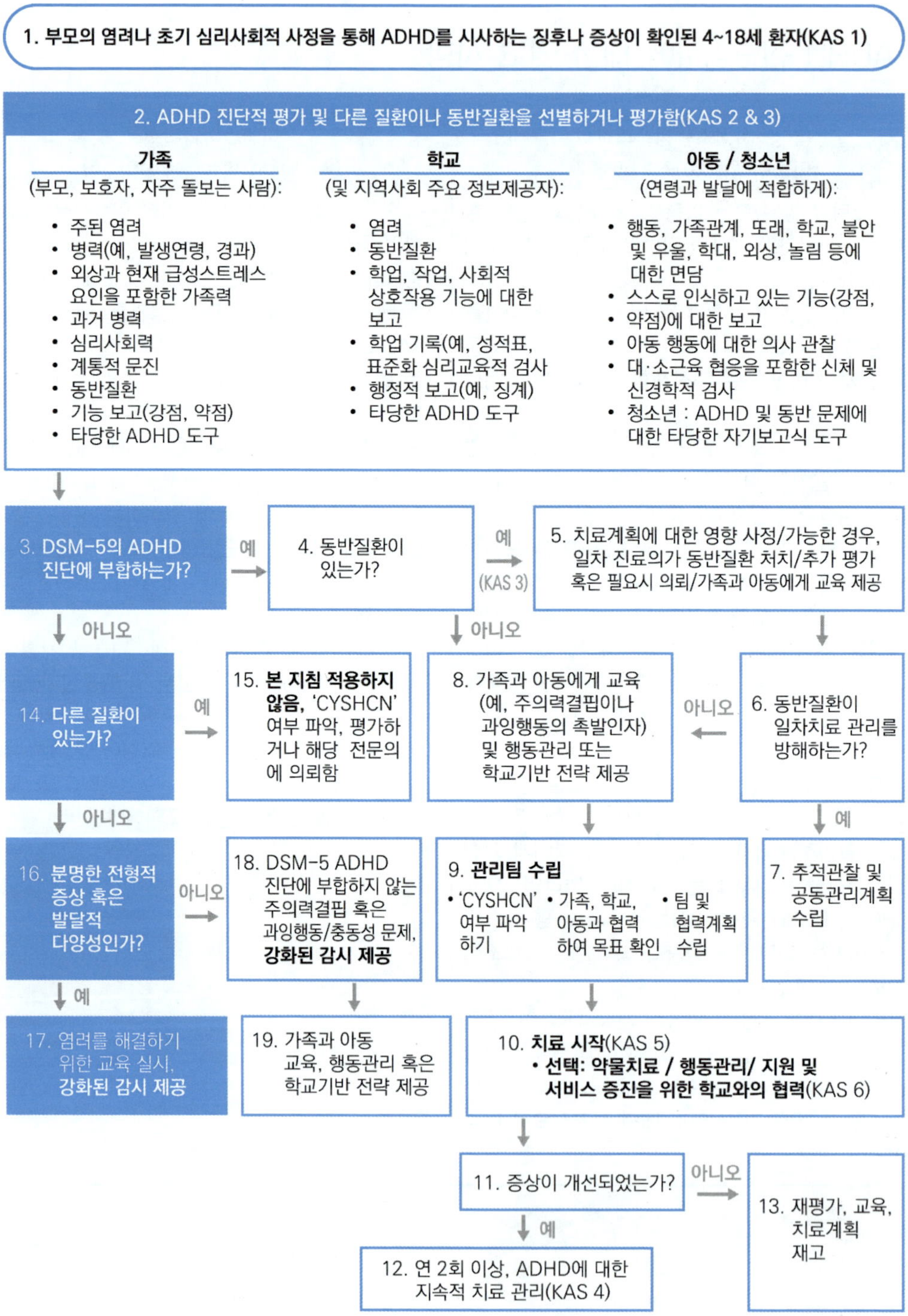
1. 부모의 염려나 초기 심리사회적 사정을 통해 ADHD를 시사하는 징후나 증상이 확인된 4~18세 환자(KAS 1)
2. ADHD 진단적 평가 및 다른 질환이나 동반질환을 선별하거나 평가함(KAS 2 & 3)
가족
(부모, 보호자, 자주 돌보는 사람):
• 주된 염려
• 병력(예, 발생연령, 경과)
• 외상과 현재 급성스트레스 요인을 포함한 가족력
• 과거 병력
• 심리사회력
• 계통적 문진
• 동반질환
• 기능 보고(강점, 약점)
• 타당한 ADHD 도구
학교
(및 지역사회 주요 정보제공자):
• 염려
• 동반질환
• 학업, 작업, 사회적 상호작용 기능에 대한 보고
• 학업 기록(예, 성적표, 표준화 심리교육적 검사
• 행정적 보고(예, 징계)
• 타당한 ADHD 도구
아동 / 청소년
(연령과 발달에 적합하게):
• 행동, 가족관계, 또래, 학교, 불안 및 우울, 학대, 외상, 놀림 등에 대한 면담
• 스스로 인식하고 있는 기능(강점,
• 약점)에 대한 보고
• 아동 행동에 대한 의사 관찰
• 대·소근육 협응을 포함한 신체 및 신경학적 검사
• 청소년 : ADHD 및 동반 문제에 대한 타당한 자기보고식 도구
3. DSM-5의 ADHD 진단에 부합하는가?
예
4. 동반질환이 있는가?
예
(KAS 3)
5. 치료계획에 대한 영향 사정/가능한 경우, 일차 진료의가 동반질환 처치/추가 평가 혹은 필요시 의뢰/가족과 아동에게 교육 제공
아니오
아니오
14. 다른 질환이 있는가?
예
15. 본 지침 적용하지 않음, 'CYSHCN' 여부 파악, 평가하거나 해당 전문의에 의뢰함
8. 가족과 아동에게 교육(예, 주의력결핍이나 과잉행동의 촉발인자) 및 행동관리 또는 학교기반 전략 제공
아니오
6. 동반질환이 일차치료 관리를 방해하는가?
아니오
예
16. 분명한 전형적 증상 혹은 발달적 다양성인가?
아니오
18. DSM-5 ADHD 진단에 부합하지 않는 주의력결핍 혹은 과잉행동/충동성 문제, 강화된 감시 제공
9. 관리팀 수립
• 'CYSHCN' 여부 파악하기
• 가족, 학교, 아동과 협력하여 목표 확인
• 팀 및 협력계획 수립
7. 추적관찰 및 공동관리계획 수립
예
17. 염려를 해결하기 위한 교육 실시, 강화된 감시 제공
19. 가족과 아동 교육, 행동관리 혹은 학교기반 전략 제공
10. 치료 시작(KAS 5)
• 선택: 약물치료 / 행동관리/ 지원 및 서비스 증진을 위한 학교와의 협력(KAS 6)
11. 증상이 개선되었는가?
아니오
13. 재평가, 교육, 치료계획 재고
예
12. 연 2회 이상, ADHD에 대한 지속적 치료 관리(KAS 4)

ADHD의 원인

1. 유전적 요인

직계가족 중 ADHD를 지닐 시 10~35%가 ADHD 발병 위험률을 보이며, 가족력 연구 결과 ADHD를 부모가 가지고 있을 시에 자녀의 ADHD 발병 위험률은 25~50%를 넘는다. 쌍생아 연구에 따르면 ADHD의 유전성은 75%에 달하고, 이란성 쌍둥이는 30% 이하의 유전성을 보인다. 이러한 가족군집(family aggregation) 연구를 통해 ADHD의 강한 유전적 요인이 작용함을 시사하였는데, 여러 연구에서 유전성(hereditary)의 추정치는 0.90까지 나타났고, 다수의 연구에서 0.70~0.80 사이로 나타났다. 분자유전학 연구로 인해 도파민 전달과 관련이 있는 DRD4 유전자와 DAT1 유전자가 처음으로 ADHD와 연관이 있음이 밝혀졌고, 노르에피네프린과 세로토닌과 관련된 다른 유전자들과 연관이 있음이 시사되었다. 또한 유전적 취약성은 환경적 스트레스 요인 등에 의해 ADHD로 발현될 가능성을 높인다.

2. 신경생물학적 요인

1) 신경전달물질적 요인

연구에 따르면, 신경전달물질의 결핍, 과다, 불균형에 의해 ADHD가 발생하는 경우 주로 관여하는 신경전달물질은 도파민, 노르에피네프린, 아세틸콜린, 세로토닌 등이 있음이 나타났다(Gold et al., 2014). 이 중 도파민은 두뇌 에너지의 원천으로 주로 우울, 각성 저하, 주의력결핍 증상을 보이는 대상에게서 낮은 발생 비율을 보이며, 조용한 ADHD의 경우에도 도파민이 결핍된 상태일 확률이 매우 높다. 아세틸콜린은 뇌의 속도를 조절하는데 주로 두정엽에서 생산되는 뇌 화학물질로 언어의 이해, 지능 주의력 같은 사고 기능과 연관되어 있으며, 노르에피네프린은 교감신경계를 자극하는 호르몬으로 집중력 향상, 혈류량 증가, 대사활동 증가 등에 영향을 준다. 이러한 신경전달물질 회로는 ADHD에서 나타나는 집행기능, 보상과 동기와 관련된 영역으로 뻗어 있다. 이런 결과에 일관되게

ADHD의 치료에 사용되는 약들은 시냅스에 도파민과 노르에피네프린의 방출을 촉진하거나 시냅스 전 뉴런에 의해 재흡수되는 것을 방지함으로써 시냅스 내의 도파민과 노르에피네프린을 증가시킨다.

2) 뇌 기능적 요인

전두엽, 선조체, 두정엽, 측두엽, 사상, 뇌량과 소뇌를 포함하여 수많은 뇌 구조가 ADHD와 관련이 있는 것으로 알려져 있다. 최근 MRI나 PET와 같은 뇌 영상 촬영기술을 활용한 연구들이 ADHD 아동의 신경학적 손상을 보여주고 있다. ADHD 아동의 경우 일반아동에 비해 뇌 크기가 3~5% 정도 작으며, 특히 기저핵의 크기가 작고 대뇌 피질도 일반아동에 비해 두께가 얇으며 3년가량 성숙이 지연된다. ADHD의 구조적 소견에 관한 연구에 따르면 ADHD 아동은 전전두피질 발달이 지연되는 것으로 나타나는데 ADHD는 10.5세에 최고 피질 두께에 도달하는 반면, 일반아동은 7.5세에 최고 피질 두께에 도달하는 것으로 나타난다.

ADHD 아동의 경우 현재 확인된 뇌의 이상은 크게 세 가지이다. 첫째, 외측 전전두피질, 전대상피질, 기저핵, 소뇌 등의 인지조절 네트워크 부분이다. 인지조절 네트워크는 주의집중, 정보처리, 충동을 억제하는 등의 기능을 담당하는데, 이 네트워크의 기능 저하로 ADHD는 집중력 저하 및 행동 억제가 부족하다는 연구결과가 있다. 둘째, 내측 전전두피질, 후대상피질, 내측 측두피질, 외측 두정피질 등이 해당되는 디폴트모드 네트워크 부분이다. 깨어있지만 아무것도 하지 않는 상태에 활성화되는 뇌 부분을 말한다. 일반적으로 무엇인가 집중하게 되면 디폴트모드 네트워크는 약해지고 인지조절 네트워크가 강해지고 집중하지 않는다면 반대로 작동하게 된다. 하지만 ADHD 아동은 집중하더라도 디폴트모드 네트워크가 활발하게 활동하는 이상이 발견되었다. 셋째, 중뇌의 복측피개영역, 아큠벤스핵, 복내측 전전두피질, 안와 전전두피질을 통과하는 신경회로인 도파민 회로이다. 동기, 보상, 실행기능을 가진 회로이며 ADHD 아동은 이 회로의 기능이 저하되어 있어 유발이나 실행 능력이 떨어지는 것이 확인되었다.

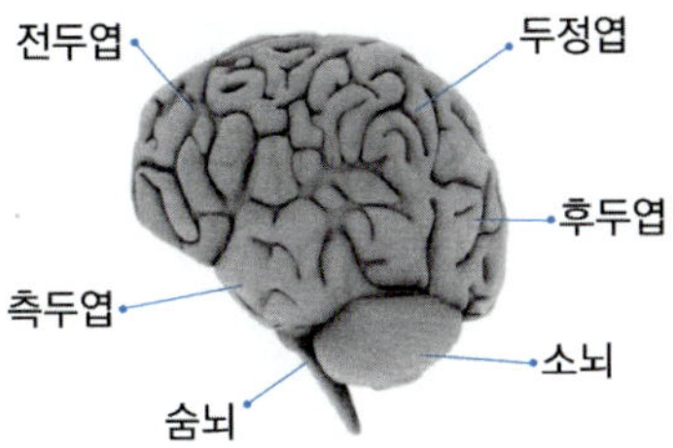

① 전두엽
- 실행기능, 정서조절, 계획
- 주변관리, 목표 지향 능력

② 기저핵
- 행동, 충동 억제 능력

③ 두정엽과 소뇌
- 멀티태스킹 능력, 지능 발달

3. 환경적 요인

1) 환경 물질의 요인

수정 이후의 태아 발달에 영향을 미치는 모든 환경적 요인으로 아동이 환경 독성물질에 지속적으로 노출되었을 경우 ADHD 유병률이 3~5배가 증가함이 나타났다. 산모의 흡연과 음주, 스트레스가 태내 아동의 ADHD 위험률을 높이며, 태내 발달의 기관별 결정적 시기를 밝힌 연구에서는 중추신경계가 외부인자로부터의 영향을 지속적으로 받는다는 것을 밝혔다. 출생 후 환경 중금속인 납이나 수은과 같은 중금속은 신경독성 물질로 이들의 노출이 ADHD 발병과 관련이 있다는 연구결과가 있고, 환경 독소로 유해 화학물질인 농약(PCBs, DDT)이나 플라스틱 첨가물(프탈레이트, BPA)의 노출이 위험요인으로 지목되고 있다. 최근 연구에서는 공기 중 미세먼지, 이산화질소, 오존 등이 신경발달에 영향을 주어 ADHD 발병률이 증가한다는 연구도 있다.

2) 사회적 환경요인

사회적 환경요인에서는 가족 요인이 특히 중요하게 여겨지며 경제적 어려움, 스트레스와 별거, 가족구성원의 정신건강과 같은 문제들이 가족 요인으로 기술되어 왔다. 아동의 ADHD가 부모의 행동에 영향을 미칠 수 있고 부모의 행동이 ADHD 증상의 발달과 특성에 영향을 미칠 수도 있다. ADHD 아동의 모는 매우 강압적이고 지나친 통제방식으로 양육한다는 연구결과도 존재한다. 하지만 유전적 요인과 환경적 요인의 상호작용 가능성을 배제할 수 없기 때문에 가족 요인에 대한 연구결과 해석에는 주의를 기울일 필요가 있다.

ADHD의 평가

ADHD 여부를 확인하기 위해서, 그리고 치료 계획을 세우기 위한 것이든, 혹은 둘 다이든 관계없이 ADHD의 몇 가지 속성이 유용한 길잡이 역할을 한다.

- ADHD는 생물심리사회적 장애이므로 평가 또한 광범위하게 이루어져야 한다.
- ADHD는 발달장애이므로 아동의 발달사가 중요하고 발달 수준에 따라 평가도 달라진다.
- ADHD는 증상이 광범위하고 상황에 따라 다르게 나타나기 때문에 상황별 정보가 있어야 한다.
- 공존 장애를 동반하는 비율이 매우 높으므로, 공존 장애와 구분하기 위한 주의 깊은 평가가 필요하다.

1. 평정척도

ADHD 평가에 많이 사용되는 부모 및 교사용 평정척도와 체크리스트는 비교적 적은 시간과 노력을 들이면서 많은 정보를 제공해 준다. 많은 척도가 신뢰롭고 타당하며 ADHD에 대한 DSM 정의와 부합하고 임상 및 연구에 기여할 수 있도록 개발되어 있다. 어떤 도구는 범위가 넓어서 ADHD만 밝혀내는 것이 아니라 불안, 우울, 행동문제 등 다른 장애와의 공병을 찾아주거나 사회적 기능과 정서조절 등 적응의 다른 측면들도 확인해 준다.

가장 널리 사용되는 척도인 코너스 평정척도(Conner rating scales)와 한국판 ADHD 평가척도(K-ARS), ADHD-RS는 아동과 청소년을 위한 종합 평가도구로 부모, 교사의 자기보고형 척도이다. ADHD 지표는 ADHD 위험성이 있는 아동을 조기에 발견하기 위해 만들어졌으며 치료 효과를 관찰하는 부분에서도 유용하게 사용된다. 성인 ADHD의 경우 국내에서 현재 사용 가능한 평가도구로는 WHO에서 개발한 자기보고형 설문지인 K-ASRS, 코너스 성인 ADHD 평정척도(K-CAARS), 웬더-유타 평정척도(WURS), 한국형 성인 ADHD 척도(K-AADHDS), 한국판 성인형 Young ADHD 척도(K-YAQ)가 있으며, 이들은 모두 DSM-5의 진단기준을 토대로 영문으로 개발된 척도를 한글로 번역한 후 표준화한 것들이다. 이들 중 성인 ADHD의 선별에 있어 가장 간편하고 널리 쓰이고 있는 K-ASRS는 척도의 전체 문항 중 Part-A의 6개 문항만을 사용해 성인 ADHD의 선별이 가능하다.

2. 면접

ADHD 진단을 위한 최상의 접근은 모든 가용한 출처로부터 종합적인 정보를 수집하는 것에 달려있으므로, 임상적으로 구조화된 인터뷰를 통해 부모, 아동, 교사 등을 통하여 환자의 증상, 발달 이력, 가족력 등 정보를 수집할 수 있다.

1) 부모

아동이 어릴 때 가장 많이 평가되기에 면접 과정에서 부모가 매우 중요하며, 아동의 구체적인 문제행동뿐 아니라 장애, 강점, 발달사, 병력, 학업성취, 또래 관계 등에 대한 정보를 얻는 데 유용하다. 가족 간의 관계와 스트레스에 대해 체계적이고 직접적인 질문으로 아동이 처한 사회적 환경의 핵심을 파악할 수 있으며 치료에 영향을 미칠 수 있기 때문이다. 표준적인 구조화된 면접과 결합한 반구조화된 면접으로 진행한다.

2) 아동

나이가 어리면 면접을 통해 서로 얼굴을 익히고 친밀감을 형성하면서 아동의 겉모습과 사용하는 언어, 대인관계 기술 등을 관찰한다. 더 나이가 든 아동과 청소년에 대한 면접에서는 그들이 자신의 문제를 어떻게 생각하고 있는지 학업 수행, 또래 관계, 자신의 가족기능에 대한 견해, 더 나은 인생을 위해 무엇이 필요하다고 생각하는지, 사회적 기능과 수면 등 다른 기능 영역에 대해서도 정보를 수집할 수 있다. 아동과의 개별면접을 통해 부모 앞에서는 말하고 싶어 하지 않는 문제들을 끄집어낼 수 있다.

3) 교사

부모가 제대로 평가할 수 없는 학교 상황에서의 문제들을 평가하며, 학습과 학업문제, 또래 상호작용에 대한 중요한 정보를 제공한다. 게다가 학교가 제공하는 서비스 이외에 부모-학교 간의 상호작용과 협력에 관한 정보도 얻을 수 있다. 또한 교사는 아동의 학업 기능에 중요한 요소인 계획 및 조직하는 기술, 시간관리에 대한 유용한 정보를 제공한다.

3. 행동 관찰

일상생활 상황에서 아동을 직접 관찰하는 것은 매우 유용한데 ADHD의 행동적 표준이 상황에 따라 다르기 때문이다. 학교와 가정에서의 관찰은 개입을 위해 목표로 삼아야 할 행동들을 찾아낼 수 있으며 이는 성공적인 치료를 위해 필수적이다. 핵심 특성의 징후를 발견하는 것이 가장 중요하지만, 불복종, 공격성, 관심 끌기, 기타 사회적 상호작용 관계에 있어서 특징을 암시하는 징후들도 관찰해야 한다. 심리검사 절차 동안의 행동 관찰은 평가 과정 동안 수집되는 정보의 질을 높여줄 수 있는 또 다른 방법일 수 있으며, 관찰 결과에 대한 표준화된 코딩 방법은 도움이 될 수 있지만 구조화된 학급 또는 가정관찰은 시간이 오래 걸리고 비용도 비싸기 때문에 항상 실용적인 것은 아니다.

4. 심리검사

1) 지능검사(K-WISC)

지능검사는 ADHD 진단과는 직접적인 연관은 없으나 아동의 주의력결핍이나 집중력 부족으로 인해 특정 하위 영역에서 낮은 점수를 받을 수 있기에 ADHD와 같은 문제를 감별하는 데 도움을 준다.

2) MMPI 검사

성격과 심리적 문제를 평가하는 검사로 ADHD 진단 과정에서도 이와 동반될 수 있는 심리적 상태나 성격적 특징을 평가하는 데 중요한 역할을 한다. 성인 검사에서 많이 사용된다.

3) 한국판 아동·청소년 행동 평가척도(K-CBCL)

아동의 행동 및 정서적 문제를 평가하기 위해 부모나 교사 및 보호자가 작성하는 설문지로 아동의 행동 관찰이나 보고를 통해 평가하고 아동이 겪고 있는 문제를 조기에 발견하고 치료나 개입이 필요한 아동에게 적절한 지원을 제공하기 위해 사용된다. 이 척도는 아동의 적응적인 행동을 평가하는 부분인 적응행동 척도(사회성, 학업 수행, 또래 관계)와 정서적 및 행동적 문제를 평가하는 부분인 문제행동 척도(불안/우울, 위축/우울, 신체화, 사회적, 사고, 주의력, 비행행동, 공격성)로 구성되어 있다.

4) 연속수행검사(CPT : Continuous Performance Test)

감각 및 주의력검사로서 지속적인 주의력을 평가하는 검사로, 아이들이 주어진 과제에 얼마나 집중할 수 있는지를 측정한다.

(1) 정밀주의력검사(ATA : Advanced Test of Attention)

컴퓨터를 이용하여 아동·청소년의 지속적이고 선택적인 주의집중과 충동 억제를 측정하는 평가 프로그램이다. 주의력 장애가 있는 아동·청소년들을 조기에 발견하여 적절한 도움을 제공하면 이후에 보일 수 있는 학습문제, 대인관계 문제, 정서적 문제, 행동문제 등을 예방할 수 있다고 보고한다. ATA 검사는 시각 검사와 청각 검사 두 가지로 모든 검사가 일정한 간격으로 표적자극과 비표적자극을 혼합하여 제시하고, 피검자는 표적자극에 대해서만 반응을 하도록 구성되어 있다. 시각자극, 청각자극에 대하여 각각 15분간(단, 5세는 5분간, 6세는 10분간)의 검사를 마치면 네 가지 검사변수값(누락횟수, 오경보 횟수, 반응시간 평균, 반응시간 표준편차)과 민감도 지수와 반응 기준이 산출되고 이를 근거로 ADHD 여부를 판정한다.

(2) 종합주의력검사(CAT : Comprehensive Attention Test)

종합주의력검사(CAT)는 아동·청소년 및 성인의 주의력 상태를 종합적으로 평가하기 위한 검사로, 주의력의 다섯 가지 주요 하위 요소(단순주의력, 선택주의력, 지속주의력, 분할주의력, 작업기억력)를 여섯 가지 하위 검사로 측정한다. 이 검사는 주의력 결핍 여부를 확인하고, 개인의 인지적 특성과 학습·정서적 어려움을 파악하는 데 활용된다.

① **시각선택주의력 검사** : 다양한 도형(예 동그라미, 세모, 네모, 별 등)이 0.5초 간격으로 순차적으로 제시되는 가운데, 특정 도형(예 동그라미)이 나타날 때만 반응하도록 하여, 시각자극에 대한 선택적 주의 능력과 시각정보 처리의 정확성과 효율성을 평가한다.

② **청각선택주의력 검사** : "빠", "빼", "뽀", "삐" 등 다양한 소리 중 특정 소리(예 "삐")에만 반응하게 하여, 청각자극에 대한 선택적 반응 능력과 청각정보 처리의 민감도를 측정한다.

③ **억제-지속주의력 검사** : 일정 시간 동안 주의력을 유지하면서 동시에 비목표 자극에 대한 반응을 억제하는 능력을 평가하는 검사이다. 이 검사는 충동성 조절 능력을 측정하는 데 초점을 두며, 특히 ADHD에서 흔히 나타나는 충동성과 과잉행동 성향을 예측하는 데 유용하다.

④ **간섭선택주의력 검사** : 주의집중을 방해하는 간섭 자극이 함께 제시되는 상황에서도 목표 자극에 정확히 반응할 수 있는지를 평가한다. 이는 외부 자극에 쉽게 주의가 분산되는 특성을 가진 아동·청소년의 학습 상황을 예측하는 데 도움을 준다.

⑤ **분할주의력 검사** : 두 가지 이상의 자극을 동시에 처리하는 능력을 측정한다. 고차적인 학습 상황에서 필수적인 인지능력을 평가하며, 복합 과제 수행 능력을 구체적으로 파악할 수 있다.

⑥ **작업기억력 검사** : 일련의 자극들을 제시된 순서대로 기억하고 처리하는 능력을 측정하며, 이는 단기 기억과 인지적 처리 역량을 반영한다. 지능에는 문제가 없지만 정서적 문제(예 우울, 불안)나 ADHD로 인한 지속주의력 결핍이 의심되는 경우 해당 영역에서 어려움을 보일 수 있다.

성인 ADHD

아동·청소년기에 ADHD 증상이 있었음에도 치료를 단 한 번도 못 받고 성인이 되었거나 성인이 되어서도 ADHD가 완치되지 않아 생기는 후유증이다. 아동·청소년기의 과잉행동–충동성은 나이가 들면서 개선될 가능성이 있지만 집중력 결핍은 잘 개선되지 않는다. 예를 들면, 주의가 산만하거나 집중을 제대로 하지 못하고, 남들보다 느린 경향이 있으면 이런 경우 성인 ADHD일 확률이 있다.

1. 특징

성인 ADHD는 지능지수가 80 이상으로 정상이어야 하지만 단기 기억력이나, 무엇인가 이해하는 것에 이상이 있는 증상이 있어 실제 본인의 지능지수보다 낮게 나올 수 있고 적절한 치료를 통해 증상이 완화되면 많이 개선될 수 있다. ADHD를 겪지 않는 성인도 이런 증상을 보일 수 있으므로 구분을 잘해야 한다. 성인 ADHD 환자에게 나타나는 증상과 특징은 다음과 같다.

- 사소한 실수가 많음, 세밀한 작업능력이 떨어짐
- 집중력 부족(회의를 하거나 글을 읽을 때 시간이 길어지면 산만해짐, 딴짓이 심함)
- 실행기능 저하(주어진 일을 끝마치지 못하거나 상당한 시간이 소요됨, 일 체계화 및 계획 실행이 매우 어려움)
- 정리가 어려움(물건을 자주 잃어버림, 정리정돈을 잘하지 못함, 물건 둔 곳을 잘 기억하지 못함, 순서를 정하는 것이 어려움)
- 상습적인 지각으로 인해 상사에게 항상 지적받거나 최악의 경우 해고까지 당함
- 능력을 인정받기 어려움(단순 반복 작업을 지루해함)
- 과잉행동(앉아 있을 때에도 손발을 움직임)
- 충동/감정조절 장애
  - 음주, 흡연 조절이 어려움

- 게임, 도박, 음란물 시청, 포털사이트 검색이나 커뮤니티, SNS에 지나치게 많은 시간을 투자하는 등 자극적인 것에 몰두함
- 싸움이나 말다툼이 잦음
- 이성에 대한 유혹에 약함
- 음주가무를 지나치게 좋아함
- 경제관념이 부족함
- 한 가지 일에 너무 몰두함

- 충동조절의 어려움으로 인해 여러 실수와 잘못을 저지르기도 하며, 이로 인한 갈등 및 곤경을 회피하고자 거짓말로 숨기는 경우가 생김
- 덜렁댐(깔끔히 정리하지 못함, 급히 행동함, 과잉행동)
- 조용한 성인 ADHD의 경우 손발을 꼼지락거림
- 편히 쉬지 못함(생각을 시작하면 계속 생각함)
- 귀찮음과 무기력증
- 어렸을 때부터 다른 사람에게 행동의 개선과 관련하여 다양한 피드백을 받았고, 본인도 이걸 어떻게 개선해 보려고 노력하지만 좀처럼 개선되지 않거나 일시적으로 개선되어 가는 것처럼 보이다가 신경을 조금이라도 덜 쓰는 순간 문제행동이 재발해서 똑같은 문제가 또 생김
- 이러한 증상들로 인해 타인과의 대인관계 형성, 취직이 어렵고, 설령 된다고 하더라도 금방 절연 당해 따돌림의 대상이 되고 해고를 당하는 일이 잦음

2. 공존 질환

성인 ADHD는 공존 질환이 발병할 가능성이 높은 질환 중 하나이다. 특히 감정조절이나 충동억제가 어렵기 때문에 기분장애 혹은 중독의 가능성이 높은 질환이며, 성인 ADHD 환자 중 84% 정도가 하나 이상의 공존 질환을 앓고 있다고 한다. 대표적으로는 우울장애, 양극성 장애, 공황장애, 강박장애, 불안장애 등이 있는데 사회생활에 많은 어려

움이 있기도 하고, 주변에서 부정적인 평가를 자주 듣기 때문에 자존감이 극도로 낮아지기도 하고, 그렇기에 은둔형 외톨이가 될 수도 있다. 더불어 방어기제가 강해지거나 사람들에게 적대적인 감정이 생기기도 하는데 이럴 경우는 반항장애, 간헐적 폭발장애, 반사회성 성격장애 등이 동반될 수도 있다. 또한 중독 문제를 배제할 수 없는데 대표적으로 니코틴 의존증, 알코올 의존증, 음란물 중독, 도박중독 등이 있고 섭식장애 발병률도 높다.

3. 개입 방법

약물치료(메틸페니데이트)와 심리치료로 인지행동치료(CBT) 등을 통해 행동 및 사고 패턴을 개선하고 시간관리, 조직기술, 스트레스 관리 훈련을 통합하여 자기관리 기술을 익힌다. 성인 ADHD는 치료와 관리가 가능하며 전문적인 지원을 통해 증상을 효과적으로 조절할 수 있다.

4. 성인 ADHD 내담자의 경험(Beaton. D. M., Sirois. F., & Milne. E., 2022)

1) 소개

ADHD의 부주의, 과잉행동, 충동성은 타인으로부터 긍정적으로 인식되지 않기에 비난을 받는 경우가 많다. ADHD 성인이 행하는 부주의, 과잉행동, 충동성의 행동들을 본 타인들은 이들에 대한 호감도가 낮아지고 상호작용할 의지가 감소한다고 보고하며 부모 역시 높은 수준의 비판을 할 가능성이 높다고 한다. 선행연구에서 ADHD 아동・청소년은 또래와 비교되고, 교사의 경멸, 또래 관계의 거부, 낙인, 집단 따돌림 등의 부정적인 사회적 경험을 했다고 보고한다. ADHD 아동・청소년이 보고하기론 '둥근 구멍'에 억지로 끼워 넣어지려는 '네모난 못'과 같은 느낌을 받게 되며 이러한 경험은 낮은 자존감으로 이어지게 된다. 이러한 상황에서 성인 ADHD를 겪고 있는 사람들은 어떤 경험을 하고 있는지 본 연구를 통해 살펴볼 수 있다.

2) 연구방법

총 162명의 ADHD 증상만을 가진 18~62세 참가자들에게 '가장 가깝게 있는 주변 사람들로부터 비판받은 경험을 공유해 주세요.'라는 개방형 질문에 대한 답변을 분석하였다. 귀납적 코딩 방법을 사용하여 5단계에 걸쳐 반복적인 분석 과정을 통해 범주를 도출한다. 1~2단계는 데이터를 의미론적으로 코딩하고, 3단계에서는 코딩한 내용의 패턴을 고려한 주제를 파악한다. 4~5단계는 분석을 반복하여 주제에 대한 구체화하는 작업을 통해 5개의 주제가 식별되었다.

3) 연구결과

주 제	범 주	내 용
비판받는 행동	내가 하는 모든 일	자기 존재에 대한 모든 비판
	정리	정리정돈, 계획, 조직화 기술 등의 부족에 대한 비판
	시간관리	시간에 대한 인식 부족으로 나타나는 지각이나 약속 미수행에 대한 비판
	충동성 및 자제력	사회적 상황에서 타인을 방해하거나 불필요한 말과 행동을 하는 것에 대한 비판
	건망증	기억력 저하에 대한 비판
	집중력과 부주의	부주의와 집중력 부족에 대해 산만하고 생각이 없고 멍청하다며 비판
비판으로 인식되는 것들	또래와의 비교	타인과 비교를 당할 때 비난받는 느낌
	(잘못된) 판단	자기에게 가하는 비난적 판단을 느낌
	기대치	기대에 부응하지 못하는데 자기에게 기대하는 것을 비난으로 느낌
	유머	자기 행동이나 진단을 농담의 근거로 사용하는 것을 보고 비난으로 느낌
	기타 감정적 반응	주변인들의 좌절감, 짜증, 분노 등의 부정적인 감정이 자신을 향할 때 느낌
	거부	사회적으로 인정받지 못하거나 거부 등 거절 행위를 통해 느낌

비판으로 발생하는 결과	비판에 대한 민감성	비판을 많이 인식하면 더욱 민감하게 반응하고 자신에 대한 부정적인 감정이 커짐
	변화된 자기 인식	비판으로 인해 자아 인식이 부정적으로 변하고 자신을 가치가 없는 사람으로 느끼며 자존감과 자신감이 낮아짐
비판에 대처하는 방법	ADHD 숨기기	비난과 비판을 피하려고 ADHD 진단 및 증상을 적극적으로 숨김
	상황 바꾸기	자신을 비난하는 사람을 이해, 수용, 지지해 주는 사람으로 주변 환경을 적극적으로 바꿈
	내가 아니라 그들이 문제	타인의 비판은 타인의 정신건강의 문제로 인식하여 자신의 행복과 자아감을 보호함
	비판에 대한 개방성	비판을 수용하고 자기 계발의 기회로 인식하는 개방적인 태도를 보임
	자기를 알고 받아들이기	세상에 반응하는 개인의 방식을 이해하기 위해 적극적으로 노력함
지지 및 이해의 역할	타인의 이해가 부족한 이유	ADHD 증상을 무시하거나 인정하지 않은 것이 원인
	오해의 역할	타인의 ADHD에 대한 이해 부족이 자신을 잘못되게 판단한다고 느낌
	이해의 역할	자신의 행동이 ADHD로 인한 것임을 가까운 사람들이 이해하여 주는 것에 지지를 받음

4) 논의

연구의 목적은 ADHD 성인이 비판을 어떻게 경험하는지에 대한 풍부한 이해를 얻는 것이었다. 첫째는 ADHD 성인이 비판받는다고 느끼는 특성으로 그들의 특정 특성과 행동에 대한 비판을 보고했다. 부주의, 과잉행동, 충동성의 증상이 사회적 상황에서 어려움을 겪게 한다고 보고했지만, 이는 다른 사람들로부터 받은 피드백 때문에 비난이나 비판받는다고 느끼며 이를 오해하고 관계가 단절되는 것으로 나타났다. 둘째는 ADHD 환자들은 비판을 여러 수단을 통해 지각하며 이는 자존감에 영향을 미칠 수 있다는 점을 보여줬다. 비판은 언어적 비난뿐만 아니라 농담이나 타인과의 비교, 판단, 거절, 타인의 기대를 통해서도 인식되고 비판의 의도가 아닐지라도 ADHD 환자들은 이를 더욱 민감하게 받아들이고 반응한다는 것을 강조했다. 셋째는 타인의 비판이 낮은 자존감, 자기비판 증가, 수치심 증가로 이어지며 모두 자아개념, 자존감 및 정신건강 발달에 중요한 영향을 미친다는 결과로 나타났다.

이 연구가 중요한 것은 이해 수준이 다른 사람들이 ADHD 환자에 대해 갖는 부정적인 평가가 근본적인 요인이라는 것을 보여준다는 점이다. ADHD 증상에 대한 이해도를 높이면 더 긍정적이고 지지적인 관계로 이어질 수 있고, 해당 증상을 지닌 사람들에 대한 비판을 줄이는 데 도움이 될 수 있다는 것을 시사한다. 이번 연구 또한 개인성과 신경학적 다양성을 수용하는 유연한 사회를 옹호하는 것이 중요하다는 점을 강조한다.

ADHD의 경험

1. ADHD 아동의 경험(Ringer, N., 2020)

1) 서론

ADHD 치료에는 약물치료, 인지행동치료, 부모교육 등이 개입되고 있지만 치료의 효과는 중간 정도이고 일관성이 없다. 즉, ADHD의 효과적인 개입을 개발하기 위해서는 ADHD 아동의 경험과 삶에 대한 이해에 관한 지식이 필요하기에 질적 연구된 ADHD 아동의 경험을 통합하여 이들이 인식하는 사회적 경험에 대해 이해해 보고자 한다.

2) 연구방법

질적 메타 종합 연구방법으로 연구하였다. ADHD 진단을 받은 만 19세 미만의 아동·청소년에 관한 질적 연구 논문 16편을 분석하였다.

3) 연구결과

경 험	주 제	내 용
신체적 심리적 감정・인지 능력	통제력 부족	행동, 의도, 감정 주의력에 대한 통제력이 부족하다고 느낌
	학습 및 인지능력의 어려움	듣고 있는 내용을 이해하지 못하고 어려움에 대해 부정적인 감정(분노)을 느낌
	생물학적 문제	생물학적으로 다른 신체적 장애
개인의 심리적 욕구	스스로 적응해야 함	약물치료 및 대처 전략을 통해 자기 적응 및 자기 통제 필요 생각, 감정 반응, 행동을 관리하기 위해 노력
	'있는 그대로의 나' 인정받기	안전한 공간을 확보하고 이해와 수용을 받고자 하며 사랑과 위로를 찾음
사회적 환경 경험 (학교, 가족, 주변 세계)	타인의 요구와 기대	타인의 기대는 현실적으로 충족하기 어렵기 때문에 통제력이 상실되고 부정적인 감정 유발
	낙인	다른 사람들 사이에서 두드러진다는 느낌 목표 대상 사건에 대한 비난 낙인 및 괴롭힘 경험
	소속 부족	남들과 다르다고 여겨지는 것(이방인 느낌) 소속감 느끼는 데 어려움을 겪음
	타인의 도움	가까운 사람의 도움이 필요함(환경적응, 격려, 수용) 타인의 유연성, 보살핌, 상호작용
자아 정체성 형성	자기 정체성 형성의 어려움	자신에 대한 부정적인 시각 ADHD로 정의된 자아가 있음 타인의 행동에 따른 자기 및 자기평가를 인식하고 실패를 한 자기를 설명함
	규범적인 경험	저는 그저 평범함 10대이고, 스스로 독립심을 가지고 있습니다. ADHD로 약물 복용하고 있습니다. → '이게 바로 나다.'

4) 논의

분석을 통해 나타난 ADHD 아동의 경험은 통제력 부족과 양면성에 대한 표현이 많다. 아동은 스스로에 대한 의지나 의도와 무관하게 외부의 자극으로 인해 더더욱 ADHD 아동으로서의 자신을 경험한다. 이러한 경험이 반복되면 자신과 자신의 행동, 생각, 감정 사이의 분리된 경험을 하고, 사회적 환경에 적응하고자 자신을 통제하면서도 또한 '나 자신'으로 인정받고자 하는 욕구를 경험하는 양면성을 가진다. 가까운 지지체계의 경험 또한 가족, 교사, 또래 친구들의 도움과 지지가 ADHD 아동의 긍정적인 행동의 원천이 되기도 하지만 장애가 발현되는 장면이기도 하기에 이는 소속감 결여와 고정관념이 형성되어 타인에 대한 양가적인 경험으로 이어진다. 즉, ADHD 아동・청소년이 개인의 정체성을 형성하는 데 어려움을 겪는 것은 이들의 주요 증상으로 인한 신체, 행동, 감정, 인지에 대한 통제력 부족과 개인의 심리적 욕구, 가까운 사회적 관계에서 오는 양면적인 경험과 관련이 있다는 것을 알게 되었다.

2. 학교부적응에 영향을 미치는 요인(김형숙, 2009)

1) 서론

ADHD 청소년이 일으키는 학교부적응은 매년 증가하는 것에 반해 이에 영향을 미치는 요인에 대하여 다각도로 연구한 자료는 드물다. 학교부적응을 일으키는 ADHD의 핵심적인 증상뿐만 아니라 그로 인해 발생하는 이차적인 문제에 대해서도 알아볼 필요가 있다. 이에 ADHD 청소년을 둔 부모들을 심층면담하여 양육자의 관점에서 학교부적응 현상에 영향을 미치는 조건들을 살펴보고 이를 중재할 수 있는 방법을 찾아보고자 했다.

2) 연구결과

범 주	주 제	내 용
개인 조건	ADHD 일차적 어려움	산만함, 부주의, 과잉행동, 충동성
	ADHD 이차적 어려움	교우관계에서의 어려움 사회적 문제해결 능력 결여 지시에 대한 불복종 도벽 행동의 결과에 대한 인식 부족 지능에 비해 낮은 성취 기본적인 생활이 되지 않음
	개인적인 차이	공존 질환이 있음 약물을 쓸 수 없음 정신병원에 입원 경험
	부정적 자기 인식	억울함, 낮은 자존감, 자책, 피해의식
	학교에 흥미를 잃음	학교 기피, 학교 소속감이 없음 문제 친구와 어울림 술과 흡연을 접함 게임에 빠짐 가출, 비행청소년, 방치
가족 조건	부모의 정신건강	부모의 심리적 취약함, 우울증의 반복
	악화된 가족환경	형제와의 심화된 갈등 심한 가족 간 갈등 부모의 무력감 부모 자녀 간 학대
	ADHD에 대한 지식	괜찮아질 거라고 여김 진단을 잊어버림 ADHD에 대한 정확한 대처 모름
	ADHD에 대한 태도	가족들의 부정적 반응 자녀에 대한 편견 가짐
학교 조건	교사들의 조건	교사의 무지함, 교사의 편견 교사의 비인격적 태도
	공부 위주의 교육	일등만 최고로 여기는 교육 공부 못하면 바보 취급
	특성이 인정받지 못함	소질 무시됨, 재능 발휘 못함
	힘이 지배됨	학교폭력에 자주 노출됨, 약자를 희생시킴
	대안적 교육 부재	ADHD 대안교육 필요 ADHD에 대한 학생 배려 부족

사회적 조건	사회제도	ADHD 전문치료기관 부족 ADHD 부모교육 부족, 편파 방송
	존중받지 못함	무시당함, 이상한 아이로 취급받음
	사회적 인식	환경적 탓, 부모교육 부족으로 여김 고의적인 행동으로 오해함 정신병 취급

네 가지 조건 중에서 개인적 조건은 학교부적응의 시발점으로 작용하였다. 또한 가족 간의 부정적인 상호작용은 ADHD 증상을 지속시키거나 강화하는 요인이 되어, 학교부적응을 더욱 가속화하는 데 기여하였다. 이 두 가지 조건 모두에 영향을 주는 요소는 학교 및 사회적 조건이었다. 즉, 교육 환경의 제한과 사회제도의 미비, 그리고 사회적 편견은 ADHD 청소년의 학교부적응을 심화시키는 사회문화적 배경으로 작용하였다. 특히 ADHD 청소년이 주로 생활하는 학교와 지역사회 내에서 반복되는 부정적 반응과 낙인 경험은 이들을 더욱 고립시키는 결과를 초래하였으며, 이러한 점에서 학교 및 사회적 조건이 가장 큰 영향을 미치는 요인으로 나타났다.

3) 제언

(1) ADHD에 대한 교사들의 교육과 교육환경에 대한 중재가 필요한데 그 방안은 ADHD에 대한 교육과 사회적 제도 차원의 정책적 개입으로 나타났다. 사범대학의 교육과정에 상담 훈련이나 학습 방안과 같은 교육을 지정하거나, 교사 자격연수, 교수 훈련 프로그램에서 ADHD에 대한 이해 및 학생상담과 지도에 대한 프로그램 개설 등 실질적인 방법을 제언하였다.

(2) ADHD 청소년에 대한 인식의 전환이 필요하다. 사회적 조건과 학교 조건에서 ADHD 청소년에 대한 부정적인 인식과 이해 부족이 학교부적응에 큰 영향을 미쳤다. 학교 교사 및 친구들이 낙인과 편견을 주는 것이 아니라 사랑과 긍정적인 태도로 대해 줄 것을 제언하였다.

(3) ADHD에 대한 가족교육과 ADHD 청소년 본인의 상담이 절실히 요청된다. 결국 학교부적응의 문제를 일으키는 주체이자 심화시키는 요인으로 가족이 포함되어 있으니 이를 상담을 통해 ADHD 지식을 올바르게 알아서 적절하게 대처할 수 있는 태도를 갖추는 것이 이들과 불필요한 갈등을 줄임으로써 학교부적응에 미치는 요인을 최소화할 것으로 나타났다.

ADHD의 개입 방법

1. 의료 현장의 개입 방법

1) 약물치료

약물치료는 ADHD의 주요 증상을 줄이는 데 도움이 된다고 보고되는데, 최초의 사례는 Bradley가 1937년 아동기 행동장애를 흥분제(stimulant medications)를 사용하여 치료한 연구이다. 이후로 많은 약물이 ADHD 치료에 사용되어 왔으나, ADHD에 가장 많이 처방된 항정신제 약물은 흥분제이다. 흥분제는 뇌의 신경망에 도파민과 노르에피네프린을 증가시킨다. 가장 많이 사용되는 약물은 메틸페니데이트(methylphenidace)와 암페타민(ampletamine)이다. 효과가 느리게 나타나지만, 오래 가는 약들은 하루에 한 번 정도 복용해도 되지만, 효과가 즉각적으로 나타나는 약들은 약효가 금방 사라져서 하루에 몇 번 복용해야 한다. 약물 투여 아동의 약 60~70%가 흥분제로 인해 ADHD 핵심 증상에서 기능의 향상을 보이고 ADHD에 수반되는 공격성, 불복종 행동, 반항 행동도 감소시키며, 사회적 문제도 줄여준다. 아동의 발달상 72개월(만 6세)까지 주의력 및 행동조절능력이 발달하게 되는데, 84개월(만 7세)까지 부모, 교사와 함께 훈련하고 노력했음에도 부주의, 과잉행동, 충동성이 개선되지 않으면 약물치료를 권유한다.

하지만 약물치료에 대한 여러 가지 우려가 제기되고 있다. 약물 투여 아동의 30~40%가 약물의 효과를 보이지 않기에 복용하는 이들에게 나타나는 생물학적 부작용이 제일 크게 우려되는 부분이다. 예를 들어, 최근의 종단분석에 따르면 ADHD가 있는 아동이 장기적으로 지속적인 흥분제 치료를 받는 것이 성인이 되었을 때 키가 작은 것, 체중과 체질량지수의 증가와 연합되었다. 또 일부 불안 및 긴장이 증가하고 식욕이 감소하며 수면 문제, 두통, 기분 변화가 일어날 수 있다. 그러므로 약물치료에는 관리 감독이 항상 중요하고 항상 조심할 필요가 있다.

(1) 자극제

뇌의 특정 신경전달물질(도파민, 노르에피네프린)을 조절하여 증상을 완화하는 약물로는 메틸페니데이트 계열의 리탈린(Ritalin, 단기 작용), 콘서타(Concerta, 지속형 작용), 데이트라나(Daytrana, 패치 형태)와 암페타민 계열의 아드레랄(Adderall, 혼합형 암페타민), 바이반스(Vyvanse, 프로드약으로 지속적 효과)가 있다.

(2) 비자극제

자극제(예 메틸페니데이트, 암페타민계 약물)를 사용할 수 없거나, 부작용이 심한 경우에는 다음과 같은 비자극제(non-stimulant) 계열의 약물이 대안으로 사용된다. 대표적으로 아토목세틴(Atomoxetine, 상품평 : Strattera)은 노르에피네프린 재흡수 억제제(NRI)로, 주의력결핍을 개선하는 데 사용된다. 또한 구안파신(Guanfacine, 상품명 : Intuniv)은 알파-2 아드레날린 수용체 작용제로, 충동성과 과잉행동을 조절하는 데 효과가 있다. 클로니딘(Clonidine, 상품명 : Kapvay) 역시 알파-2 수용체 작용제이며, 불안이나 수면장애를 동반한 ADHD 증상 조절에 활용된다.

2) 뉴로피드백

(1) 정의

뉴로피드백(neuro-feedback)은 바이오피드백의 일종으로 환자가 본인의 뇌파를 감지 장비를 통해 인지하고, 스스로 뇌파를 조절하는 훈련을 통해 환자가 의도대로 뇌파를 조절할 수 있도록 하는 비침습적인 치료 기법이다. 환자들의 뇌파는 소리나 애니메이션 등

시각적 · 청각적 피드백으로 변형되어 자신의 뇌파 상태에 대해 즉각적인 피드백을 받게 되며, 적절한 보상을 통해 반복적으로 학습하여 뇌파를 조절하는 방법을 익히게 된다. 조작적 조건형성 등의 학습효과 이론에 근거하며, 이러한 학습효과로 인해 신경가소성(neuro-plasticity, 배운 것을 힘들이지 않고 수행할 수 있는 성질)을 발생시켜 뇌의 병적인 시냅스 강도나 진동 발생을 방지하고 뇌 활동을 정상화하여 ADHD 아동에게 부족한 인지 및 행동 제어의 개선으로 이어질 것이라는 개념을 기본 원리로 하고 있다.

(2) ADHD의 뇌파 특징

뇌파는 파형에 따라 델타파(0.5~3Hz), 세타파(4~7Hz), 알파파(8~13Hz), 베타파(13~36Hz) 등으로 나뉜다. 델타파는 무의식의 뇌파로서 수면 중에 발생하며, 세타파는 주로 졸릴 때, 알파파는 편안하게 휴식 중이거나 명상 상태일 때, 베타파는 문제해결과정 및 학습, 주의력 등 능동적인 활동을 할 때 발생한다. ADHD 아동의 뇌파에서는 델타파, 세타파의 서파가 증가하고 베타파가 감소하여 정상 아동들과 비교할 때, 저각성(hypoarousal)된 중추신경계 특징을 보이고 불규칙한 파형을 보이는 것으로 알려져 있다.

(3) 뉴로피드백 치료

- TBR(Theta/Beta Ratio) 치료는 세타파를 감소시키고 베타파를 증가시키는 프로토콜 치료이다.
- SMR 뉴로피드백 치료를 시행하여 과다활동 억제에 효과가 있음을 발견하였다.
- SCP(Slow Cortical Potential)는 느린 피질전위로, 뇌파가 300ms에서 몇 초 동안 양극 또는 음극으로 분극화되는 현상을 말한다.

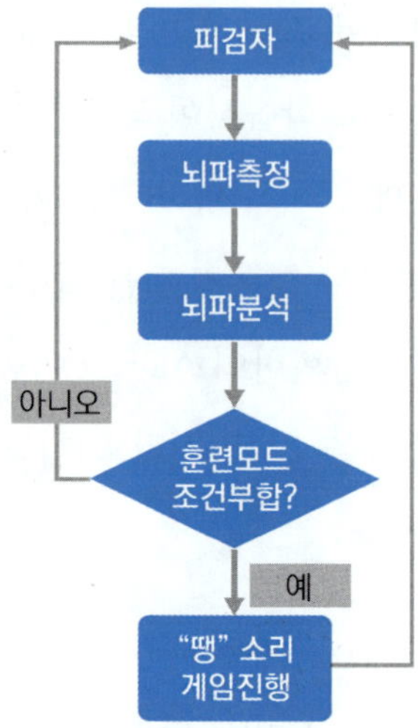

(4) 뉴로피드백 훈련 원리

① 두피에 부착된 EEG 전극을 통해 실시간 뇌파 Raw signal을 수집한다.

② Raw signal을 여러 주파수 대역의 뇌파로 분류, 신호세기를 추출한다.

③ 보상뇌파와 처벌뇌파의 역치값을 지정한다.

④ 차, 비행기, 우주선 등의 비디오게임 화면을 통해 시청각적 보상/처벌을 제공한다.

- 긍정적 조절상황 시 보상(빠른 속도, 정확한 방향, 선명한 화면, 배경음악 등)
- 부정적 조절상황 시 처벌(느린 속도, 차량 전복, 흐릿한 화면 등)

시청각 보상을 받고 처벌을 피하기 위해 의식적/무의식적으로 자신의 뇌파를 미세하게 조절한다. 이러한 훈련을 장기간 반복할 때 두뇌는 보상뇌파 발생과 처벌뇌파 억제에 대해 '장기강화작용'을 하고, 궁극적으로 뉴로피드백 훈련은 대뇌기능의 정상화를 획득하고, 그 효과를 지속할 수 있다.

2. 심리상담적 개입 방법

ADHD에 대한 상담적 개입은 인지행동치료, 사회기술훈련, 행동수정뿐만 아니라 부모교육, 가족치료 등이 주로 제안되고 있다.

1) 인지행동치료

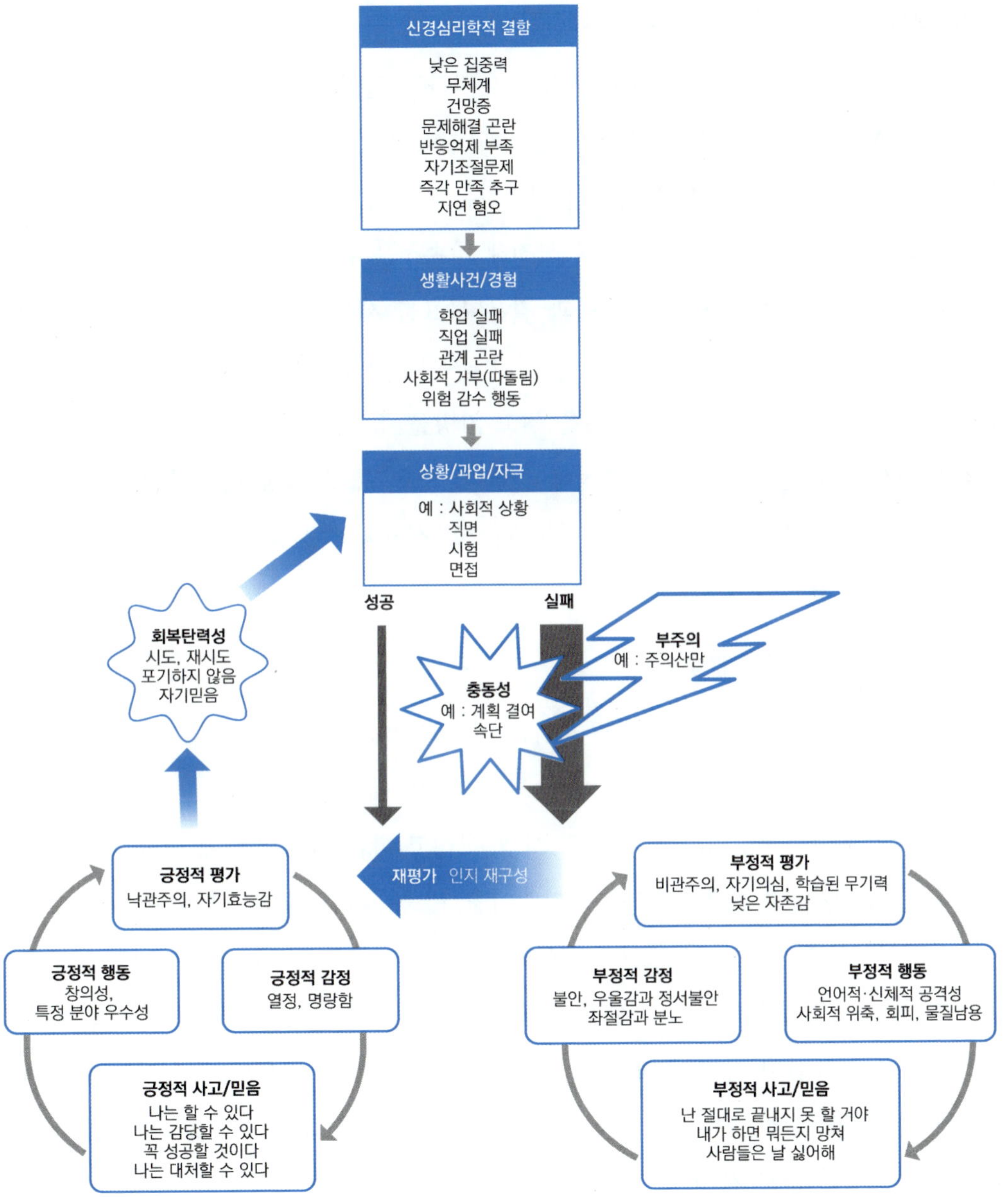
신경심리학적 결함
낮은 집중력
무체계
건망증
문제해결 곤란
반응억제 부족
자기조절문제
즉각 만족 추구
지연 혐오
생활사건/경험
학업 실패
직업 실패
관계 곤란
사회적 거부(따돌림)
위험 감수 행동
상황/과업/자극
예 : 사회적 상황
직면
시험
면접
성공
실패
회복탄력성
시도, 재시도
포기하지 않음
자기믿음
충동성
예 : 계획 결여
속단
부주의
예 : 주의산만
재평가 인지 재구성
긍정적 평가
낙관주의, 자기효능감
긍정적 행동
창의성,
특정 분야 우수성
긍정적 감정
열정, 명랑함
긍정적 사고/믿음
나는 할 수 있다
나는 감당할 수 있다
꼭 성공할 것이다
나는 대처할 수 있다
부정적 평가
비관주의, 자기의심, 학습된 무기력
낮은 자존감
부정적 감정
불안, 우울감과 정서불안
좌절감과 분노
부정적 행동
언어적·신체적 공격성
사회적 위축, 회피, 물질남용
부정적 사고/믿음
난 절대로 끝내지 못 할 거야
내가 하면 뭐든지 망쳐
사람들은 날 싫어해

2) 행동치료

(1) 생활습관개선(시간관리, 조직화 기법)

생활습관개선 프로그램은 건강한 생활을 유지하고 질병을 예방하기 위한 활동들로 구성되는데, ADHD 증상에 맞춰 식습관, 운동, 규칙적인 일상 계획, 수면 습관 등의 다양한 요소를 포함할 수 있다. 우선은 목표를 설정하는 것이 중요한데 단기적으로는 작은 변화를 시도하고, 장기적으로는 큰 목표를 설정해 지속성을 유지한다. 예를 들어, '매일 저녁 산책하기', '매일 책가방 정리하기' 등과 같은 목표를 세운다. 매일 일정한 시간에 맞춰 하루의 일과를 정해두는 습관을 가지는 것이 좋은데, 아침에 일어나 세수하고 양치하고 옷을 입는 등의 행동이나 하교 후 손을 씻고 가방을 정리하고 벗은 옷은 제자리에 두는 등의 일상생활에 필요한 행동을 조성해야 한다. 또한 매일 일정 시간에 자고 일어나는 수면 패턴을 만들어 스트레스를 관리하고 건강한 신체와 정서를 만드는 것 또한 ADHD 치료에 중요한 요인이 된다.

(2) 학교에서의 행동 개입

ADHD 치료에서 학교에서의 행동 개입은 ADHD 아동의 주의력결핍, 수업 방해 행동, 학업 수행 문제를 다루는 데 효과적이다. 보편적 전략에는 교사의 칭찬, 차별 강화, 효과적인 교수법, 학급 규칙, 일과 및 구조의 시행, 그리고 학급 기대 위반에 대한 적절한 반응이 포함된다. 절차로는 보통 토큰강화, 타임아웃, 반응대기가 사용된다. 유관성 계약이 유용할 수 있는데, 이는 아동이 어떻게 행동하면 어떤 결과가 따라오게 되는지를 구체적으로 정한 서면 동의서에 아동과 교사가 서명하는 것이다. 매일 부모에게 보내는 일일 보고카드는 매우 중요한데 아동의 대상행동에 대한 기록을 담고 있으며, 아동에게 피드백을 제공해 주고 부모에게는 아동의 행동에 진전이 있을 때 보상해 줄 수 있도록 관련 정보를 제공하며, 교사와 부모 간의 의사소통을 돕는다. 장애가 있는 아동을 효과적으로 다루고 학부모, 행정가, 다른 전문가들과 협력하기 위해서 상당량 교사의 시간과 에너지가 필요하다. 교사들의 지식, 신념, 태도, 융통성은 ADHD에서 흔하게 나타나는 방해 행동에 대한 인내심, 상호작용 방식 등이 학교 기반 프로그램의 성공 여부에 중요한 요인들이 된다.

(3) 협동적 생활기술

협동적 생활기술(CLS : Collaborative Living Skills)은 집단 내에서 사람 간의 상호작용과 협력을 통해 일상생활에 필요한 기술을 학습하고 향상시키는 것을 목표로 하는 프로그램이나 방법이다. CLS는 다양한 분야에서 적용되는데, 특히 공동체 생활, 사회적 기술 향상, 팀워크와 같은 측면에서 중요한 역할을 하며, ADHD의 부족한 사회기술능력 향상에 유용한 프로그램이다. 학교, 회사, 사회복지, ADHD의 치료 등 다방면에서 사용이 가능하다.

① **의사소통 기술** : 경청하는 방법, 긍정적인 대화 방식, 적절한 의견 표현 방법
② **갈등해결 및 문제해결** : 감정조절, 타협과 중재, 문제해결 기술
③ **팀워크와 협력** : 타인의 강점·약점 파악, 효과적인 그룹 작업 수행 방법
④ **사회적 기술훈련** : 인사하기, 공감 표현하기, 적절한 상호작용 연습하기
⑤ **시간 및 자원관리** : 시간관리 기술, 작업 우선순위 설정, 공동자원의 활용 방법
⑥ **자기관리 및 책임감** : 자기감정과 행동 관리, 책임지기, 타인에게 미치는 영향 고려

3) 부모훈련

부모훈련은 ADHD 치료에서 중요한 측면이다. 부모훈련 프로그램은 조금씩 다를 수 있지만 아동을 다루는 기술을 가르쳐준다는 공통의 목표를 가지고 있다. 아동의 행동에 대한 부모의 적절한 관리는 자녀의 행동에 대한 부모의 통제력을 증진시키고 자기 행동 결과에 대한 아동의 인식을 촉진하며 공존 질환을 예방하고 부모의 스트레스를 경감시킬 수 있다. 아동이 거칠고 반항적 행동을 보이는 가족에서는 부모훈련을 통해 양육기술과 아동의 행동이 모두 향상될 수 있으며, 정도는 좀 덜하지만 ADHD 증상도 감소한다. 치료 프로그램은 열 가지 핵심 요소로 구성되며 개별 가족 단위 혹은 여러 가족이 모여서 매주 진행되는데 아래 표를 보면 자세히 알 수 있다.

Barkley(2013)의 부모훈련을 활용한 개입

단 계	내 용
단계 1	• 아동이 문제행동을 하는 이유 문제행동의 전형적인 이유를 개관하고 부모가 자기 자녀와 가족 내에서 이러한 원인을 파악하기 위해 무엇을 할 수 있을지 설명하기
단계 2	• 주의 기울이기 아동의 부정적 행동은 차별적으로 무시하면서 긍정적 행동에 주의하고 칭찬하는 방식으로 부모훈련 제공하기
단계 3	• 명령 준수와 독립적 놀이 증가시키기 아동이 지시를 따를 수 있게 명령을 내리는 효과적 방법과 독립적이고 비파괴적인 아동행동을 증가시키는 효과적인 주의 및 모니터링 기술을 부모에게 가르치기
단계 4	• 칭찬으로 충분하지 않을 때 : 포커칩과 점수 아동의 명령 준수와 적절한 행동을 강화하기 위한 공식적 체계를 확립하기
단계 5	• 타임아웃과 그 외 훈육 방식 아동의 특정 문제행동에 대한 처벌로서 가정 토큰시스템에서 효과적인 타임아웃 사용법과 벌금 사용법 소개하기
단계 6	• 다른 문제행동으로 타임아웃 확장하기 아동의 다른 특정 문제행동으로 타임아웃 확대 적용하기, 그리고 이러한 방식을 사용할 때 부모가 흔히 겪게 되는 문제 해결하기
단계 7	• 문제 예상하기 : 공공장소에서 아동 관리하기 식료품점이나 교회 등 공공장소에서 아동의 문제행동을 줄이기 위해 부모 훈련 시키기
단계 8	• 가정에서 학교행동 향상시키기 : 일일 학교행동 보고카드(선택) 교실 내 아동행동을 강화하는 기회를 늘리기 위해 일일 학교행동 보고카드를 사용하는 방법 가르치기
단계 9	• 미래의 행동문제 다루기 부모에게 미래의 가능한 행동문제를 어떻게 다룰 것인지 생각해 보도록 장려하고 적절하다면 치료 종결을 준비시키기
단계 10	• 추가 회기와 추후 미팅 학습한 방법들을 개관하고 문제해결 및 적절한 경우 약물치료와 같은 추가적이거나 보조적인 치료를 논의할 기회 제공하기

ADHD 부모교육 워크북(이영문, 2021)

주 제		개 요
1	ADHD 이해하기	• ADHD에 대한 이론을 알아보고, 자녀의 문제를 이해함 – ADHD의 특징, 발달 경과, 동반 질환 – ADHD의 원인론, ADHD의 치료
2	ADHD 자녀와 대화하기	• ADHD 자녀의 정서적·인지적 특성을 고려하여 대화하는 연습을 하고, 부모의 의사소통 방식을 점검함 – 가족 상태 점검표 – 효과적으로 지시하기 – 자녀의 성장을 돕는 칭찬하기 – 자녀의 부적절한 행동에 대처하기 – 자녀의 말을 경청하는 방법
3	행동수정기법	• 행동수정기법 중 한 가지인 토큰시스템의 원리를 이해하고 직접 실시함 – 좋은 행동 늘리기 : 토큰시스템은 무엇인가? – 토큰시스템 시작하기, 토큰시스템 점검하기
4	ADHD의 특성을 고려한 학습관리하기	• 자녀의 집중력을 높이는 학습환경과 과제 제시 방법을 알아봄 – 집중력을 높이는 3단계 학습과정 – 학습 준비하기 – 주의력을 고려해 과제 제시하기
5	ADHD 놀이와 게임	• 자녀와 긍정적인 상호작용을 위한 놀이와 게임의 구체적인 방법과 규칙을 익히고 실습함 – ADHD 아동에게 놀이가 주는 긍정적인 영향 – 놀이 관찰과 모델링 – 놀이와 게임 시작 전에 알아보아요 – 놀이와 보드게임–놀이를 시작해 보아요

4) 가족치료

ADHD 아동과의 가족치료는 다음과 같다. 첫째, 교육 및 정보 제공을 통해 ADHD에 대해 이해할 수 있도록 가족구성원들에게 ADHD의 증상, 원인, 치료 방법에 대한 정보를 제공하며, 아동과 가족 모두의 감정을 이해하고 지지하는 환경을 조성하여 정서적 지원을 한다. 둘째, 의사소통 개선을 위하여 가족 간의 의사소통을 원활하게 하고, 감정과 필요를 솔직하게 표현하도록 유도한다. 갈등이 발생할 때 효과적으로 대처하는 방법을 배우도록 하여 갈등 해결 전략을 돕는다. 셋째, 행동 관리 전략으로 일관된 규칙과 구조로 가정 내에서 규칙과 일정을 정하여 아동이 예측 가능한 환경에서 생활하도록 하며, 아동의 긍정적인 행동을 강화하기 위한 보상 시스템을 설정하여 긍정적 강화를 한다. 넷째, 정서적 지지를 통하여 감정표현 연습을 한다. 가족구성원이 자신의 감정을 안전하게 표현할 수 있도록 도와주며, 스트레스를 줄이기 위한 기법을 공유하고 함께 연습해 보도록 한다. 다섯째, 아동과 가족이 함께 달성할 수 있는 목표를 정하여 협력의 중요성을 강조하고, 목표에 대한 진행 상황들을 정기적으로 검토하고 조정하는 모니터링을 함으로써 아동의 행동을 이해하고 관리하는 데 도움을 주며, 가족 간의 관계를 강화하는 데 중요한 역할을 할 수 있도록 한다.

| 요약 |

ADHD는 주의력결핍, 과잉행동, 충동성을 특징으로 하는 신경발달장애로, 유년기에 시작되어 성인기까지 지속될 수 있다. DSM-5-TR과 ICD-11에서는 증상의 양상에 따라 복합형(ADHD-C), 주의력결핍 우세형(ADHD-PI), 과잉행동-충동성 우세형(ADHD-PH)으로 ADHD를 분류한다.

ADHD는 학업, 직장생활, 대인관계에서 어려움을 초래하며, 우울장애, 불안장애 등의 공존질환이 흔하게 동반된다. 진단은 면담, 행동 관찰, 심리검사를 통해 이루어지며, 치료에는 약물치료(메틸페니데이트 등)와 심리치료(인지행동치료)가 주로 사용된다. ADHD를 겪는 내담자는 시간관리, 조직력 부족, 충동조절의 어려움을 경험하며, 성인의 경우에는 직장과 대인관계에서 부정적 평가를 받을 가능성이 높다. ADHD 치료의 궁극적 목표는 단순한 증상 완화가 아니라, 개인이 자신의 특성을 이해하고 효과적으로 대처할 수 있도록 돕는 것이다.

제 4 장

우울장애

제 4 장

우울장애

우울장애는 우울증을 주요 증상으로 하는 장애이다. 우울증이라는 용어는 정신의학의 맥락과 관계없이 일상 언어로도 흔히 사용될 만큼 의미가 불분명하고, 그 임상적 양상은 한마디로 정의하기 어려울 정도로 다양하다. 상담사로서 우울장애의 하위 유형과 우울장애에 동반되는 세부 유형, 청소년과 노인 등 대상별 우울 특성에 대해 이해하는 것은 내담자의 사례를 개념화하는 데 중요하다.

특히 심리상담적 입장에서, 우울증 발병기전이 여전히 불명확한데도 우울증을 개인 내, 특히 뇌에 존재하는 생물학적 질병으로 이해하여 항우울제가 의심의 여지 없는 확실한 치료 방법인 것처럼 여겨지고 있는 질병모델에 대해 비판적으로 생각해 볼 필요가 있다.

우울장애 특징 및 원인

우울장애의 정의

슬픔, 공허감, 짜증스러운 기분과 그에 수반하는 신체적·인지적 증상으로 인해 개인의 기능을 현저하게 저하시키는 부적응 증상을 의미한다.

1. 우울장애의 하위 장애와 특징

1) 파괴적 기분조절부전장애

(1) 증상

언어적 또는 행동적으로 표현되는 심한 분노 폭발이 반복적으로 나타나며, 분노 폭발은 발달 수준에 부적절한 것이어야 하고, 매주 3회 이상 나타나야 한다.

(2) 유병률

소아정신과 환자들 사이에서 흔한 질환이다. 만성 지속적 고도의 과민성 비율에 근거했을 때, 아동에서 6개월~1년간 파괴적 기분조절부전장애 유병률은 2~5%로 나타난다. 이러한 비율은 여자와 사춘기에 비해 남성과 학령기 아동에게서 높을 것으로 예상된다.

(3) 발달의 경과

발병은 10세 이전이어야 하며, 발달연령이 6세 미만인 아이에게 적용되어서는 안 된다.

(4) 위험 및 예후 요인

① 기질적 요인

만성 과민증 증상이 있는 아동들은 전형적으로 복잡한 정신과적 병력을 보인다. 이 증후군의 진단기준을 완전히 충족하기 전에 이미 상대적으로 광범위한 영역에서 만성 과민성의 과거력이 흔하고, 전형적으로 발현된다.

② 유전적 · 생리적 요인

가족력과 유전적 측면에서 볼 때, 만성적 비삽화성 과민성이 있는 아동들은 양극성 장애가 있는 아동들과 가족력 관련 위험성에서 차이가 있다. 그러나 이 두 집단은 불안장애, 단극성 우울장애, 물질남용으로 진단받은 친족 비율을 비교했을 때 차이가 없다. 파괴적 기분장애를 가진 아동들은 좌절감을 비롯한 부정적 감정 반응을 억제하는 뇌기능의 저하가 나타난다.

③ 환경적 요인

부모의 정신병리(특히 물질남용 및 반사회적 행동), 부모의 이혼, 부부생활 갈등, 역기능적 양육행동은 아동의 파괴적 기분조절 곤란을 초래할 수 있다.

(5) 치료

비지시적 놀이 치료가 효과적인 것으로 알려져 있으며, 가족치료를 통해 가족 간의 갈등을 해소하고 부모의 양육행동을 긍정적으로 변화시킬 수 있다.

2) 주요우울장애

(1) 증상

하루의 대부분, 그리고 거의 매일 지속되는 우울한 기분이 주관적 보고나 객관적 관찰을 통해 나타나며, 일상 활동에 대한 흥미나 즐거움이 하루의 대부분 또는 거의 매일 같이 뚜렷하게 저하되어 있다. 체중 조절을 하고 있지 않은 상태에서 현저한 체중 감소나 체중 증가가 나타나기도 한다. 또는 현저한 식욕감소나 증가가 매일 나타난다. 죽음에 대한 반복적인 생각이나 특정한 계획 없이 반복적으로 자살에 대한 생각이나 자살 기도를 하거나 자살하기 위한 구체적 계획을 세운다. 위와 같은 증상이 거의 매일 하루에 대부분 연속적으로 2주 이상 나타나야 한다.

(2) 유병률

미국에서는 주요우울장애의 1년 유병률은 약 7%이며, 연령에 따라 큰 차이를 보인다. 18~29세 집단에서 60세 이상 집단보다는 유병률이 3배 이상 높으며, 초기 청소년기부터 여성이 남성보다 유병률이 1.5~3배 높아진다.

(3) 발달과 경과

① 발달

어느 연령대에서나 발병할 수 있지만, 특히 사춘기에 발병 우려가 매우 높아지며, 아동과 청소년의 경우 슬픈 기분보다는 과민한 기분일 수 있다.

② 경과

두 삽화 사이에 거의 증상이 없는 상태로 수년 동안 지내는 경우가 있는가 하면, 우울 증상을 만성화하는 기저 질환으로 성격장애, 불안장애, 물질사용장애가 있을 가능성이 있고 치료 후 완전 관해의 가능성이 낮을 수 있다.

(4) 위험 및 예후 요인

① 기질적 요인

신경증적 경향성은 주요우울장애의 주요 위험요인이다. 이러한 경향이 높을수록, 스트레스 상황에 대한 반응으로 우울 삽화가 발생할 가능성이 높다.

② 환경적 요인

다양한 경험 중 특히 유년시절의 부정적 경험은 주요우울장애의 잠재적인 위험요인들 중 하나이다. 스트레스 상황은 주요우울장애의 촉발 요인이지만, 삽화 발생 시 부정적인 상황 유무는 예후나 치료의 선택에 있어 유용한 지침을 제시하지 못한다.

③ 유전적 · 생리적 요인

일차 가족인 경우 주요우울장애의 위험도가 일반인구보다 2~4배 이상 더 높으며, 위험도는 조기 발병형과 재발형에서 상대적으로 더 높다. 유전율은 약 40%이고, 신경증적 경향성 성격 특질이 유전적 요인의 상당 부분을 차지한다.

(5) 원인과 치료

① 원인

다양한 생활사건 요인이 원인으로 연구되었다. 상실과 실패를 의미하는 부정적인 생활사건이 우울장애를 촉발한다. 생활사건은 생활 속 변화를 의미하며, 개인이 새로운 변화에 적응해야 하는 심리적 부담, 즉 스트레스를 주는 사건들을 뜻한다.

② 치료

우울장애에 대해 가장 효과적인 치료 방법은 약물치료와 인지치료이다.

③ 경과의 변경인자

모든 주요 비 기분장애는 우울장애의 발생 위험을 높인다. 다른 장애와 동반이환으로 주요 우울 삽화가 발생한 경우에는 종종 난치성 경과를 보인다.

3) 지속성 우울장애(기분저하증)

(1) 증상

우울한 기분이 최소한 2년 이상(아동과 청소년의 경우 1년) 장기적으로 나타나는 경우이며, 적어도 1년 동안 우울한 날이 그렇지 않은 날보다 더 많고, 하루 대부분 지속되는 우울한 기분이 특징이다. 지속적 우울장애는 만성적인 우울감, 기분이 슬프거나 울적하다고 호소한다. 주요우울장애가 2년 이상 지속되면 지속성 우울장애로 진단명이 바뀐다.

(2) 유병률

미국에서 지속성 우울장애의 1년 유병률은 약 0.5%, 만성 주요우울장애의 1년 유병률은 약 1.5%이다.

(3) 발달과 경과

지속성 우울장애는 대부분 생애 초기(아동기, 청소년기, 성인기 초기)에서 서서히 발생하며, 정의와 같이 만성적 경과를 보인다. 증상이 주요 우울 삽화 수준까지 심해질 때, 더 낮은 수준으로 되돌아가기 쉽다.

(4) 위험 및 예후 요인

① 기질적 요인

장기적으로 나쁜 결과를 예측할 수 있는 요인은 높은 수준의 신경증적 경향성, 고도의 증상, 전체적인 기능의 저하, 불안장애 또는 품행장애가 있는 경우이다. 신경과민성, 즉 부정적 정서성이 지속성 우울장애의 기질적 취약요인으로 알려져 있다.

② 환경적 요인

아동기의 위협 요인은 부모의 상실 혹은 분리이다.

③ 유전적 · 생리적 요인

주요우울장애나 기타 우울장애의 경우보다 지속성 우울장애의 가족력이 있을 확률이 더 높다.

(5) 원인과 치료

① 원인

아직 체계적 연구가 이루어지지 않았으나, 그 기저에는 유전적 요인이 작용하는 것으로 추정되고 있다.

② 치료

항우울제와 인지행동치료가 지속적인 우울장애를 개선하는 데 가장 효과적이다.

4) 월경전불쾌감장애

(1) 증상

여성에게 있어 월경이 시작되기 전에 다양한 불쾌 증상들(신체적, 감정적, 인지적)이 심각하게 나타나는 경우이다.

(2) 유병률

월경을 하는 여성들에게 있어서 12개월 동안 월경전불쾌감장애는 1.8~5.8%이지만, 정확하지 않을 수 있다.

(3) 발달의 경과

월경전불쾌감장애는 초경 이후 언제든 시작될 수 있다. 많은 여성들이 폐경이 다가갈수록 증상이 악화한다고 보고된다.

(4) 위험 및 예후 요인

① 환경적 요인

월경전불쾌감장애의 발현과 관련된 환경요인은 스트레스, 대인관계와 관련된 외상 과거력, 계절 변화, 일반적인 여성의 성 행동에 대한 사회문화적 측면, 그리고 특정한 여성

성역할을 포함한다.

② 유전적 · 생리적 요인

월경전불쾌감장애의 유전 가능성은 알려지지 않았으나 에스트로겐과 프로게스테론과 같은 호르몬 변동이 증상의 주요 원인으로 주목된다. 월경 전 증상의 경우 유전 가능성 추정치는 30~80%에 이르며, 월경 전 증상 중 지속성이 있는 요소들은 약 절반가량 유전이 가능하다.

③ 경과의 변경인자 요인

경구 피임약을 복용하는 여성은 그렇지 않은 여성보다 월경 전 불편감 호소가 덜 하다.

(5) 원인과 치료

① 원인

월경전불쾌감장애의 원인은 정확하게 밝혀져 있지는 않다.

② 치료

세로토닌 억제제를 비롯한 항우울제가 증상 완화에 도움이 된다.

2. 우울장애의 원인

1) 생물학적 요인

(1) 유전적 요인

가족력이 있는 경우 우울장애 발생 가능성이 높다. 유전적 요인은 우울장애에 대한 취약성을 증가시킬 수 있다.

(2) 뇌 화학물질 불균형

세로토닌, 도파민, 노르에피네프린과 같은 뇌 내 신경전달물질의 불균형이 우울증과 관련이 있다. 이들 화학물질은 기분조절과 관련된 중요한 역할을 하며, 우울장애를 겪는 이는 건강한 사람에 비해 뇌 내 세로토닌의 농도와 활성도가 낮다.

(3) 신경내분비계

시상하부–뇌하수체–부신피질(HPA) 축의 과활성화가 주요한 생물학적 요인 중 하나로 지적된다. HPA 축의 과활성은 코르티솔의 분비 증가로 이어지며, 이는 심각한 우울감, 불안, 자살충동 등과 밀접한 관련이 있는 것으로 보고된다. 또한 갑상선자극호르몬 방출호르몬(TRH)의 기능 저하로 인해 갑상선자극호르몬(TSH)의 분비가 감소하고, 이로 인해 갑상선 기능 저하증이 동반되면 우울 증상이 악화될 수 있다. 더불어 멜라토닌의 농도 감소도 보고되며, 이는 수면–각성 주기의 이상과 함께 우울장애의 증상 악화에 영향을 줄 수 있다.

(4) 신경 해부계

기분장애는 변연계, 기저핵 및 시상하부 등을 연결하는 회로 이상과 관련이 있을 것으로 추측된다. 수면, 식욕, 성욕의 저하 및 내분비나 면역계의 생물학적 변화는 시상하부 기능의 이상과 관련되며, 구부정한 자세, 운동지연 등의 증상은 기저핵 장애와 관련된다. 뇌 영상 촬영 소견의 기분장애 대상자는 뇌 측실의 확장, 전두엽과 미상 핵 크기 감소, 전두엽피질의 혈류량 감소 등이 나타난다.

(5) 호르몬 변화

임신, 출산, 폐경, 갑상선 문제와 같은 호르몬 변화는 우울증을 유발하거나 악화시킬 수 있다.

2) 심리적 요인

외상, 스트레스, 사랑하는 사람의 상실, 이혼, 실직 등 심리적 충격이나 스트레스가 우울증을 촉발할 수 있다. 낮은 자존감이나 비관적 사고방식 또한 우울증의 위험을 높인다.

3) 환경적 요인

가난, 학대, 폭력, 사회적 고립 등 부정적인 환경적 요인이 우울증을 유발할 수 있다. 특히 어린 시절의 학대나 방치 등은 성인이 되었을 때 우울증을 경험할 가능성을 높인다.

4) 신체적 건강 문제

만성적인 질병이나 통증, 심장병, 암 등의 신체적 질병이 우울증을 유발할 수 있으며, 신체적 건강 문제와 정신적 건강 문제는 상호 영향을 미친다.

우울장애 대상별 특성 비교

1. 아동·청소년

어린이나 청소년도 성인과 마찬가지로 우울증을 겪고 슬픈 기분, 무기력함, 인생이나 사회에 대한 부정적인 생각 등을 보인다. 그러나 또 다른 양상으로 주의집중력에 어려움을 보이거나 짜증스럽고 부산하기도 하며, 학교 가기를 거부하고 부모에게 매달리기도 한다. 청소년기에는 가족과의 대화를 끊은 채 방에만 있기도 하고, 절도·폭행 등의 비행 행동을 보이기도 한다. 또한 체중 및 식욕의 변화·신체적인 고통을 호소하며 부정적인 내용의 생각을 표현하기도 한다. 특히 청소년기에는 기분 변화에 따라 충동적이고 위험한 행동을 하기 쉬우므로 자살 위험성이나 집단행동 등에 대한 세밀한 관찰이 필요하다.

1) 생물학적 원인

우울 및 기분의 어려움과 관련된 유전성이 어느 정도 연구되고 있다. 또한 우울증이 있는 아동은 스트레스 자극에 민감하고 기분조절과 관련된 생화학적 수준의 어려움 등이 보인다.

2) 심리·사회적 원인

우울증이 있는 아동·청소년은 자신, 세상 및 미래에 대한 부정적으로 왜곡된 해석을 보인다. 또한 가정 내에서 강압적이고 통제적인 양육태도, 정서적 상호작용의 부족, 방임 및 심리적인 거부 등을 경험했을 가능성이 크며, 부모가 먼저 우울증을 앓고 있어서 적절한 부모로서 해야 할 역할을 감당하기 힘든 상태인 경우도 있다.

3) 증상

적어도 2주 이상(비록 대부분 삽화가 더 오래 지속되지만) 거의 매일 다음 중 다섯 가지 이상의 증상과 기능 손상 또는 현저한 고통이 동반될 때 진단된다.

(1) 우울한 기분 (2) 흥미나 즐거움 상실 (3) 체중 변화 (4) 수면 문제 (5) 정신운동 초조 또는 지체 (6) 피로감 또는 활력 상실 (7) 무가치감 또는 부적절한 죄책감 (8) 집중력 감소 또는 우유부단 (9) 자살사고 또는 자살 시도

4) 특징

(1) 정서적 측면에서의 특징

정서적 측면에서 청소년기 우울증은 우울한 기분뿐만 아니라 즐거움이나 기쁨이 없는 무쾌감증의 상태나, 화가 나거나 짜증이 나는 과민한 상태로도 나타난다. 우울한 청소년들은 무쾌감증을 '아무것도 느껴지지 않는' 기분과 '비어 있거나 공허한' 느낌, 삶이 '잿빛'인 상태로 설명하고, 이 기분과 긴밀히 연결되어 동기와 에너지가 없으며, 다른 사람들로부터 떨어진 기분, 때로는 고립되고 혼자인 기분을 느낀다고 보고한다. 무쾌감증은 보상 추구 및 경험, 학습의 결함과 관련된 문제로 이해되어, 최근의 신경심리학 연구들은 청소년기 우울증과 보상에 대한 둔마된 신경학적 반응의 관련성에 주목하고 있다. 과민한 기분은 보호자나 주변 사람(교사나 친구)에 의해 주로 관찰되나, 우울증의 증상으로 인식되지 못하는 경우가 많다. 우울증을 경험 중인 청소년들은 때때로 너무 쉽고 빠르게 짜증이나 화가 나서 다른 사람들과 떨어져 있으려 하거나, 자신의 과민함을 조절하지 못하고 다른 사람들에게 화를 낼까 봐 걱정한다.

(2) 인지적 측면에서의 특징

인지적 측면에서 우울한 청소년들은 부정적인 자기 인식이나 무망감과 같은 특징을 보인다. 부정적인 자기 인식은 우울증이 있는 청소년들이 가장 흔히 보고하는 증상 중 하나이며, 최근의 연구 근거는 부정적인 자기평가가 청소년기 우울증 심각도 및 우울증 진단 상태를 예측할 수 있음을 시사한다. Beck 등(1979)이 제시한 우울증의 인지 삼제에서도

우울한 사람이 자신과 세상(타인), 미래에 대해 부정적인 자동적 사고나 핵심 신념을 갖는 경향이 있다고 보았다. 이는 연구를 통해서도 일관되게 지지되는데, 우울증을 경험 중인 청소년은 긍정적인 사건은 외부 귀인을, 부정적인 사건은 내부 귀인을 하는 경향을 보였고, 우울하지 않은 청소년에 비해 자기를 지칭하는(자기와 관련된) 용어로 부정적인 형용사를 더 많이, 긍정적인 형용사는 더 적게 선택하는 양상을 보였다. 또한 미래에 대한 긍정적 기대의 부족이 자살 위험이 높은 청소년에서 우울증과 자살 행동의 유의한 예측변인이라는 결과와 청소년 비임상군에서 미래에 대한 부정적인 관점이 1년 이후의 우울증을 예측했다는 결과에서 청소년 우울증과 무망감의 긴밀한 연관성을 확인할 수 있다.

우울한 청소년이 경험하는 또 다른 인지적 변화에는 인지 기능의 문제로 나타나는 집중력 저하나 우유부단함이 있다. 이러한 인지적 어려움은 우울한 청소년이 결정을 내리는 것을 방해하고, 어떤 행동을 계획하고 실천하는 것을 어렵게 하기도 한다. 특히 우울증이 있는 청소년들은 작업 기억에 문제를 보인다. 작업 기억은 성공적인 과제 수행을 위해 정보를 유지하고 조작해야 하는 목표 지향적 행동과 광범위하게 관련되어, 교육 및 학업 수행, 일상생활 전반에 영향을 끼친다. 최근의 연구 근거에 따르면, 우울하지 않은 또래에 비해 우울 증상을 보이는 청소년의 작업 기억이 손상된 것으로 나타났다. 작업 기억이 우울증 시기에 일시적으로 손상되었다가 우울 증상이 관해되면 회복되는지, 혹은 작업 기억이 좋지 않은 청소년이 우울해질 가능성이 높은 것인지에 대해서는 아직 확언할 수 없지만, 치료의 과정에서 이를 고려하는 것은 중요하다.

(3) 대표적인 행동적 특징

청소년기 우울증에서 나타나는 대표적인 행동적 특징으로는 사회적 철수와 스트레스 사건에 대한 '회피적 대처'를 들 수 있다. 우울증을 경험하는 청소년은 흥미나 즐거움, 과도한 피로감, 기분 변화 등의 영향으로 원래 즐겨 하던 활동에 참여하지 않고 친구 관계도 소원해지는 모습을 보인다. 우울 수준이 높을수록 우울할 때 사색과 공상과 같은 인지적 활동과 혼자 하는 행동에 참여하는 비율이 높다는 연구결과는 청소년의 우울 기분과 철수 행동의 관련성을 보여준다. 또한 우울감은 이러한 사회적 위축 경향성에 더해, 여러 스트레스 사건에 대한 소극적인 대처 및 문제해결의 어려움과도 관련이 있다. 아동·청소년기에 스트레스와 우울증의 관계를 문제해결이 조절한다는 연구결과는 우울감 개선을 위해 청소년들의 문제 대처 방법에 대한 고려가 필요할 수 있음을 나타낸다.

(4) 역학 및 통계

우리나라 청소년의 우울감 경험률은 2022년 남학생 24.2%, 여학생 33.5%로 2021년에 비해 남녀 학생 모두 증가하였다. 여학생이 남학생보다 우울감을 더 많이 느끼는 것으로 나타났다.

2. 노인

우울증은 노년기에 가장 흔한 정신과 질환의 하나이며, 환자에게 심한 고통을 초래할 뿐 아니라 삶의 질 또한 저하시키는 질병이다. 특히 최근에는 우울증이 노인층의 심장질환 등 신체질환의 경과에도 영향을 미치는 것으로도 보고 있다. 그러나 노인에서의 우울증은 숨겨진 질병이 되기 쉬운데, 타 연령군에서의 우울증과는 달리 비전형적인 증상으로 나타나는 경우가 많기 때문이다. 다시 말해, 노인들은 우울감은 적게 호소하는 반면 신체 증상과 인지 기능 저하가 두드러지기 때문에 진단이 힘들고, 다른 질병으로 오인되어 부적절한 치료를 받는 경우가 많다.

1) 원인

노인 우울증의 발생 원인은 크게 생물학적 요인과 사회심리학적 요인으로 나눌 수 있다.

(1) 생물학적 요인

노인 우울증의 생물학적 요인 중 대표적인 것으로 신경생화학적 요인과 신경해부학적 요인을 들 수 있다. 신경생화학적 요인으로는 세로토닌과 같이 감정조절에 작용하는 신경전달물질의 저하가 있다. 신경해부학적 요인으로는 감정을 조절하는 뇌 회로 부위의 모세혈관 이상을 들 수 있다. 우리 뇌의 뇌피질(특히 전두엽)과 피질하 영역 사이에는 감정을 조절하는 뇌 회로가 존재하는데, 이 회로 부위에 혈액과 영양소를 공급하는 모세혈관이 막히면 우울증에 걸리기 쉬운 상태가 되는 것이다.

(2) 사회심리학적 요인

노인 우울증의 사회심리학적 요인으로는 무엇보다도 노년기에 겪게 되는 각종 상실을 들 수 있다. 첫째로 노년기에 찾아오는 질병과 장애로 인한 건강의 상실이 있고, 둘째로 퇴직 이후 재정적 대비의 부족으로 인한 경제적 능력의 상실이 있으며, 셋째로 배우자나 친지와의 사별, 가족과의 분리 등으로 인한 대인관계의 상실이 있다. 달리 말하자면 흔히 노인의 삼고라고 하는 병고, 빈고, 고독이 노인 우울증의 사회심리적 요인이라 할 수 있다.

대부분의 경우 위와 같은 사회심리학적 요인과 생물학적 요인들이 복합적으로 작용함으로써 노인 우울증이 발병하는 것으로 알려져 있다. 때로는 갑상선 질환이나 부신질환과 같은 신체질환이 우울증의 직접적인 원인이 되기도 하며 뇌종양의 증상이 우울증과 유사하게 나타나는 경우가 있어 주의를 요한다.

2) 증상

노인 우울증의 경우는 표면적으로 나타나는 증상이 다소 비전형적이어서 발견이 어렵다. 즉, 전형적인 우울감의 호소가 적고 수면장애, 불안 증상, 초조감이 더 흔하고, 신체증상의 호소가 표면에 드러나는 경우도 많으며, 인지기능장애도 일반 성인보다 더 흔하게 나타난다. 이처럼 수면장애, 불안이 두드러지다 보니 단순히 수면제나 진정제만을 처방받으면서 우울증의 치료가 방치되어 우울증이 갈수록 악화하는 경우가 드물지 않다. 또 신체 증상이 표면으로 드러나는 경우를 보자면 소화불량, 복통 같은 증상을 호소하거나 두통이나 각종 관절의 통증을 주된 증상으로 호소하는 경우가 있고, 이런 경우 소화기 약물이나 각종 진통제를 장기간 복용하면서 우울증의 치료가 늦춰지는 사례가 생긴다.

3) 역학 및 통계

일반 노인 인구의 1~4%가 주요우울장애를 앓고 있으며, 연간 발생률은 0.15%로 알려져 있다. 남성보다 여성이 2배나 많다. 주요우울장애의 유병률과 발병률은 모두 70~85세 이후에 2배가 된다. 마찬가지로 양극성 장애가 있는 노인의 수가 증가하고 있는데, 이는 절대 노인 수가 증가하고 있으며, 아마도 이 질환을 앓고 있는 노인의 비율이 증가하고 있기 때문일 것이다. 경한 우울증의 경우 유병률은 4~13%이다. 2년 이상 지속하는 경미한 우울증 증상을 특징으로 하는 기분저하장애는 노인의 약 2%에서 발생한다. 결론적으로 노인 우울증은 중년(유병률 8~16%)보다 우울증 발생 빈도는 비슷하지만(유병률 8~16%) 증상이 심한 우울증이 발생하는 빈도가 높다. 특히 매우 나이가 많은 사람은 우울증에 걸리기 쉽다. 노년기 우울증의 유병률은 지역사회보다 의료 환경에서 더 높다. 병원에 입원한 환자의 10~12%는 주요우울장애를 앓고 있지만, 일차진료 환자의 유병률은 6~9%이다. 그러나 덜 심각한 유형의 우울증을 앓고 있는 환자의 절반 이상이 1년 후에도 여전히 우울하다. 요양원에 거주하는 개인의 주요우울장애 유병률은 12~14%이지만 장기 요양을 하는 사람들에서는 17~35%이다.

우울장애의 치료

1. 심리상담적 개입

우리나라는 OECD 국가 중 우울증은 1위(36.8%), 불안 증상은 4위(29.5%)에 해당하는 심각한 정신건강 문제를 보이고 있음에도 정신과에 대한 심리적 장벽, 정신건강 문제에 대한 부족한 지원 등의 이유로 적절한 치료 및 개입을 받지 못하고 있는 실정이다. 이를 해결하기 위해 최근 보건복지부에서는 국민의 마음 건강 돌봄, 자살 예방 및 정신질환 조기 발견을 목표로 '전 국민 마음투자 지원사업'을 시작하였다. 일차적으로 우울, 불안 등의 심리 증상에 대한 개입을 목표로 하고 있으며, 그에 대한 심리개입 방법으로 근거기반 실천을 도입하여 안내하고 있다. 근거기반실천이란 경험적으로 지지되는 심리상담 개입을 의미하며, 우울 증상 치료의 효과를 보이는 대표적인 근거기반치료로는 인지정서행동치료(REBT : Rational Emotional Behavioral Therapy), 마음챙김 기반 인지치료(MBCT : Mindfulness-Based Cognitive Therapy), 수용전념치료(ACT : Acceptance and Commitment Therapy), 대인관계치료(IPT : Interpersonal Psychotherapy), 행동활성화(BA : Behavioral Activation) 등이 있다.

1) 인지정서행동치료(REBT : Rational Emotional Behavioral Therapy)

(1) 인지정서행동치료(REBT)의 등장과 정의

Albert Ellis는 1956년에 인지정서행동치료(REBT)를 창안하며, 비합리적인 신념이 정서와 행동에 미치는 부정적 영향을 다루는 데 주목하였다. 인지정서행동치료는 인간을 이루는 영역을 인지, 정서, 행동의 세 가지로 구분하고, 이 영역들이 서로 작용하며 이 과정에서 핵심이 되는 인지가 정서와 행동에 영향을 미친다고 강조하였다. 따라서 정서와 행동에 부정적 영향을 미치는 핵심적인 인지에 개입하여 상담에서 효과적인 결과를 보고자 하였다.

(2) 개입 방법

REBT는 심리적 장애를 이해하기 위한 모델로 ABC모델을 제시하였다. A(Accident)는 선행사건으로 인간의 정서나 행동을 유발하는 현상 혹은 행동을 의미하고, B(Belief system)는 어떤 사건이나 행위에 대한 개인 안의 고유한 사고방식 혹은 신념을 의미한다. C(Consequence)는 선행사건에 대한 개인적 태도나 신념에 대해 해석된 정서적 혹은 행동적 결과를 의미한다. 개인은 어떠한 선행사건(A)에 의해 내적 신념(B)에 따라 판단하여 결과(C)를 겪는다. 이때 개인의 신념(B)이 합리적 특성을 가지는가에 따라 적응적이거나 부적응적인 결과(C)가 따르기 때문에 개인의 신념을 조절하여 치료하고자 하였다.

Ellis(1962)는 비합리적 사고로 열한 가지를 제시하였다. 타인에게 사랑과 인정을 받아야 가치 있다고 믿는 것, 누군가 의지할 대상에 대한 당위적 사고, 타인의 문제에 대한 책임 등이 포함된다.

(3) REBT와 우울 증상 치료 효과

REBT의 관점에서는 우울증을 겪고 있는 환자의 비합리적 신념을 합리적 신념으로 바꾸는 것이 상담 및 치료의 목표이다. REBT는 주로 우울증의 초기 급성 단계에서 효과적인 것으로 나타났다.

2) 마음챙김(Mindfulness)

(1) 마음챙김의 등장과 정의

마음챙김은 불교 철학에서 유래되었으나 Kabat-Zinn(1984)이 마음챙김에 기반한 스트레스 감소(MBSR : Mindfulness-Based Stress Reduction) 프로그램을 개발한 이래로 MBCT(Mindfulness-Based Cognitive Therapy), DBT(Dialectical Behavior Therapy), ACT(Acceptance and Commitment Therapy)와 같은 치료 방법으로 적용 및 발전되었으며, 학문적 영역 속에서 심리적 건강과의 연관성에 대한 연구가 활발히 이루어지고 있다. Kabat-Zinn(1994)은 '마음챙김이란 지금-현재에 일어나는 일에 의도를 가지고 집중하되 비판단적으로 알아차리는 자각 행위'라고 정의하였다.

(2) 개입 방법

마음챙김은 현재 일어나고 있는 생각, 사고, 감정, 감각, 물체 등의 대상에 주의를 기울이며, 과제를 수행하는 도중에 마음이 떠돌아다니면(mind wandering) 이를 알아차림으로써 다시 현재로 돌아오게 하는 자각의 과정이다. 이로써 매 순간 경험하는 일들 중에 떠오르는 생각과 감정들을 판단하지 않고, '생각은 생각'이고 '감정은 감정'일 뿐이라는 사실을 받아들이게 된다. 우울 환자들은 반추를 거듭하며 부정적인 기분들에 의한 자동적인 사고 패턴을 가지는 특성이 있는데, 이러한 알아차림은 반추하는 데 쏟는 제한된 인지처리 자원을 현재로 전환해 빠져나감으로써 우울 증상을 약화시킨다. 또한 자신의 경험을 있는 그대로 수용하는 통합적이고 유연한 사고를 가지도록 하여 우울 증상 완화에 도움을 준다.

(3) 마음챙김과 우울 증상 치료 효과

우울 증상과 반추는 선행연구를 통해 일관된 상관을 보이나 Showers(1992)는 반추적 반응양식에 따라 우울 증상의 정도가 차이가 있음을 설명하였다. 반추적 반응양식은 구획화 양식과 통합화 양식으로 구분된다. 구획화 양식은 자신의 긍정적인 속성과 부정적인 속성의 정보들을 분리해서 인식하는 양상을 의미하며, 통합화 양식은 자신의 긍정적인 속성과 부정적인 속성 모두를 포함하여 인식하는 경향을 의미한다. 구획화 양식을 주로 사용하는 구획화 집단과 통합화 양식을 주로 사용하는 통합화 집단을 구분하여 반추하는 과정에서의 두 집단의 우울 경험을 비교한 결과, 구획화 집단이 통합화 집단보다 우울 증상을 더 경험하는 것으로 나타났다. 또한 스트레스 상황에서의 통합화 양식의 사용은 우울 증상을 경감시키는 효과가 있는 것으로 나타났다. 즉, 자신의 심리적 문제를 왜곡하지 않고 받아들이게 하는 통합화 양식은 자기이해 및 기분조절에 영향을 미치고 우울 증상을 경감시키는 것이다. 마음챙김은 통합적 양식을 바탕으로 한 치료 기법이자 우울 및 반추와 부적 상관관계를 보이며 우울치료를 위한 효과적 치료 기법으로 주목받고 있다. 마음챙김을 접목한 대표적인 심리치료 방법으로는 MBSR, MBCT, ACT, DBT가 있으나, 이 중 특히 ACT와 MBCT가 우울증 재발 방지 및 치료에 효과성을 보여 활용되고 있다.

3) 마음챙김 기반 인지치료(MBCT : Mindfulness-Based Cognitive Therapy)

(1) 마음챙김 기반 인지치료(MBCT)의 등장과 정의

마음챙김 기반 인지치료(MBCT)는 Segal(2002)이 우울증의 재발을 예방하기 위해 우울증 재발과 관련된 인지행동치료에 MBSR의 마음챙김 명상 훈련을 결합하여 개발한 치료이다.

(2) 개입 방법

MBCT는 마음챙김의 알아차림의 과정이 내부(감각, 감정, 사고 등)의 관계를 변화시킨다고 보고 우울증을 겪는 환자들이 반추적 사고에 빠져들지 않도록 현재에 집중하며 감정과 생각을 비판 없이 수용하는 방법을 가르친다. 이러한 과정을 탈중심화(decentering)로 명명한다. 탈중심화는 Piaget가 제시한 개념으로 유아기에는 자신의 관점으로 이해하였으나 성장함에 따라 점차 다른 사람의 관점으로 바라보게 되는 능력을 의미한다. 이러한 과정을 통해 내담자는 부정적 감정과 사고를 내적 경험과 분리하게 된다.

(3) MBCT와 우울 증상 치료 효과

영국, 캐나다, 호주, 벨기에, 스위스, 네덜란드에서 MBCT의 효과를 연구한 메타분석 결과에 따르면 MBCT는 주류 치료접근인 항우울제보다 재발 및 재발 위험을 더 감소시키는 것으로 나타났다. 이러한 효과성은 대상자의 인구통계학적 특성(성별, 나이, 교육 수준)과 지도자에 따른 차이가 없이 나타났으며, 초기에 더 심각한 우울 증상을 보인 환자에게 더 큰 치료 효과를 가져왔다. 또한 MBCT에 의한 부작용은 확인되지 않았다. 이는 심각한 우울 증상을 가진 사람들에 대한 MBCT 접근법의 유용성을 시사한다. 이러한 연구결과에 따라 National Institute for Health and Care Excellence(NICE)에서도 재발 위험이 높은 우울증 환자 혹은 약물을 중단하고자 하는 환자에게 MBCT 접근법을 권장하고 있다.

4) 수용전념치료(ACT : Acceptance and Commitment Therapy)

(1) 수용전념치료(ACT)의 등장과 정의

수용전념치료(ACT)는 기능적 컨텍스트 이론(functional contextualism)에서 유래된 관계 틀 이론(relation frame theory)을 기반으로 하고 있다. 사람들의 인지 방식은 그것이 유발되는 특정한 맥락에서 비로소 중요해진다는 개념으로 ACT는 그러한 맥락을 바꿀 수 있다면 특정한 인지 방식의 중요성도 바꿀 수 있다고 본다. ACT 훈련을 거듭함으로써 자신의 행동을 변화시키고 조절할 수 있게 되는 것이다.

(2) 개입 방법

ACT는 경험 회피의 과정이 오히려 우울과 같은 심리적 고통을 불러온다고 본다. 심리적 고통을 비롯한 자기 부정적 생각, 기억, 신체감각과 같은 내적 경험을 통제하려는 노력이 오히려 큰 절망감과 우울에 빠지게 하므로 마음챙김을 통해 경험에 대한 회피를 낮추는 접근을 한다. 인생은 고통과 슬픔 등 여러 감정을 동반할 수밖에 없다는 인식의 전환과 그러한 인생을 살며 가치를 추구하는 삶을 살기 위해서 기꺼이 수용하는 능력을 증가시킴으로써 치료 효과를 가져온다. ACT는 수용(acceptance), 인지적 탈융합(cognitive defusion), 현재에 존재하기(bring present), 맥락으로서의 자기(self as context), 가치명료화(value), 전념 행동(committed action)이라는 핵심적인 여섯 가지 치료적 요소들이 상호 연관성을 맺고 있다고 보았으며, 이를 육각형 모형으로 명명한다.

① **수용** : 불쾌한 감정, 생각, 감각을 회피하지 않고 그대로 받아들이는 과정이다. 이를 통해 고통스러운 경험을 없애려는 시도를 중단하고, 있는 그대로의 경험을 받아들임으로써 정신적 에너지를 덜 소비하게 된다.

② **인지적 탈융합** : 생각과 자신을 분리하여 생각을 있는 그대로 관찰하고, 그것에 덜 영향을 받게 하는 기법이다. 예를 들어, '나는 실패자야'라는 생각이 떠올랐을 때, 이를 사실로 받아들이기보다는 '나는 실패자라는 생각이 떠오르고 있구나'라고 인식하여 그 생각의 힘을 약화시키는 방법이다.

③ **현재에 존재하기** : 현재의 순간에 집중하며 자신의 감정, 생각, 신체감각에 의식적으로 주의를 기울이는 것을 의미한다. 이는 명상과 비슷한 개념으로, 현재에 머무르는 훈련을 통해 스트레스나 불안의 원인을 직시하고 다룰 수 있도록 돕는다.

④ **맥락으로서의 자기** : 자신을 고정된 정체성이나 생각과 동일시하지 않고, 생각과 감정을 관찰할 수 있는 '관찰자'의 입장에서 바라보는 기술이다. 이를 통해 자신을 고정된 한정적인 모습으로 보는 대신 변화 가능하고 유연한 존재로 인식한다.

⑤ **가치명료화** : 자신이 진정으로 중요하게 여기는 가치를 명확히 하고 삶에서 어떤 방향으로 나아갈지 결정한다. ACT에서는 개인이 추구하는 중요한 가치를 파악하고 이를 중심으로 행동을 계획하고 실행하는 것을 중시한다.

⑥ **전념 행동** : 자신이 중요한 가치에 부합하는 행동을 실천한다. 즉, 고통스러운 감정이나 상황에도 불구하고 자신의 가치에 맞는 행동을 지속적으로 실천하려는 의지를 키우는 것을 의미한다.

(3) ACT와 우울 증상 치료 효과

Ruiz(2010)의 연구에서 ACT는 전통적인 인지행동치료의 효과와 비교하여 유의하게 큰 것으로 나타났으며, 특히 우울의 예방과 치료 및 재발 방지에 효과가 있음이 확인되었다. 이러한 결과는 ACT가 우울증 환자의 장기적인 치료와 재발 방지에 기여할 수 있음을 보여준다. 또한 정나래와 김은정(2023)의 연구를 통해 최근 모바일 앱을 활용한 ACT 기반 치료는 우울증 치료에 있어 효과적인 방법으로 나타나 저비용으로 많은 사람에게 심리치료를 제공할 수 있는 가능성이 확인되었다.

5) 대인관계치료(IPT : Interpersonal Psychotherapy)

(1) 대인관계치료(IPT)의 등장과 정의

대인관계치료(IPT)는 1970년대 후반에서 1980년대 초반에 정신의학자 Klerman과 Weissman(1994)에 의해 우울증 치료를 목적으로 개발되었다. 이들은 우울증이 주로 대인관계의 어려움과 깊이 연관되어 있다고 보고, 애착 이론을 바탕으로 대인관계 문제를 해결함으로써 우울증을 경감시키는 구조화된 단기 심리치료를 제안했다.

(2) 개입 방법

IPT는 기분과 삶에서의 사건들, 대인관계의 상호작용이 우울증을 유발 및 유지시키는 핵심 요소라고 본다. 이 치료는 우울한 사람이 대인관계 기능에서 보이는 문제를 살펴보고 그에 대한 해결책을 찾는 것을 목표로 하고, 미해결된 애도, 대인관계 갈등, 역할 변화, 대인관계 결함에 대해 다룬다.

대인관계치료의 주요 기법으로는 대인관계 문제 탐색, 의사소통 기술 개발, 역할 전환 및 적응, 사회적 지지체계 강화, 행동실험이 있다.

① **대인관계 문제 탐색** : 초기에 환자의 우울 증상과 대인관계 문제를 진단하고 평가하는 단계이다. 치료자는 환자의 대인관계에서의 갈등이나 스트레스 요인을 탐색하며, 치료 목표를 설정한다.

② **의사소통 기술 개발** : 환자가 효과적인 의사소통 방법을 배워 대인관계 갈등을 해소할 수 있도록 돕는다. 이는 문제 상황에서의 표현력과 감정조절을 개선하는 데 중점을 둔다.

③ **역할 전환 및 적응** : 환자가 역할 전환이나 변화를 겪는 상황에서 새로운 역할에 적응하도록 돕는다. 예를 들어, 새로운 직장, 이혼, 출산과 같은 인생의 큰 변화를 겪는 환자들이 이러한 변화에 적응할 수 있도록 지원한다.

④ **사회적 지지체계 강화** : 환자가 사회적 지지망을 개발하거나 기존의 지지체계를 강화하도록 돕는다. 이는 환자가 더 긍정적인 사회적 관계를 형성하고 유지할 수 있도록 돕는 중요한 요소이다.

⑤ **행동실험** : 환자가 새로운 의사소통 방식이나 행동을 시도하고 그 결과를 평가하는 과정을 포함한다. 이를 통해 환자는 자신의 대인관계에서 긍정적인 변화를 경험하게 된다.

(3) IPT와 우울 증상 치료 효과

IPT는 다양한 연구에서 그 효과성이 입증되었다. de Mello 등(2005)의 메타분석 연구에 따르면, IPT는 위약 치료보다 우수한 효과를 보였고, 인지행동치료와 비교했을 때에도 대등하거나 더 우수한 치료 효과를 보였다. 또한 Cuijpers 등(2011)의 연구에서는 IPT와 약물치료를 병합했을 때 우울증 재발률이 크게 감소하는 것으로 나타났다. 이러한 연구결과는 IPT가 우울증뿐만 아니라 다양한 정신질환에서 유의미한 효과를 낸다는 점을 뒷받침한다.

장점으로는 치료가 단기적이라는 점에서 환자에게 부담이 적고, 치료가 명확한 대인관계 문제에 초점을 맞추기 때문에 구체적이고 실질적인 변화를 경험할 수 있다. 또한 대인관계 기능을 개선함으로써 치료 후에도 지속적인 긍정적 변화를 기대할 수 있다. IPT는 심리적으로 고립된 환자들이 사회적 지지망을 구축하거나 회복하는 데도 중요한 역할을 하며, 대인관계에서의 문제해결 능력을 향상시켜 우울증의 재발을 예방하는 데 효과적이다. 이처럼 IPT는 우울증 환자의 대인관계 문제를 해결하고, 이를 통해 정서적 안정을 도모함으로써, 효과적인 우울증 치료 방법으로 널리 인정받고 있다.

초기에는 우울증 치료에 국한되었지만, 시간이 지나면서 다양한 정신건강 문제에 효과적인 치료법으로 확장되었다. 현재는 우울증뿐 아니라 불안장애, 사회적 스트레스, 성격장애 등에서도 사용되고 있다.

6) 행동활성화 치료

(1) 행동활성화의 등장과 정의

행동활성화는 구조화된 단기 심리치료로 강화 수반성에 초점을 둔 행동 이론에 근거하여 발전된 치료이다. 행동활성화의 행동주의적 근간을 제공한 대표적인 연구자인 Lewinsohn(1974)은 '강화 결핍 정신병리 모델'을 제시하였다. 그는 우울증을 사람에게서 반응 수반적 정적 강화(RCPR : Response-Contigent Positive Reinforcement)가 줄어들거나 만성적으로 낮은 수준일 때, 부정적인 기분이 증가하고 행동이 줄어드는 과정으로 설명하였다. 즉, 건강한 행동에 따른 정적 강화의 감소 및 소거가 이루어지면 수반되는 행동 및 행동의 수준이 감소되고 우울한 기분이 수반적 반응으로 뒤따르게 된다. 이러한 견해를 바탕으로 행동활성화에는 도구적 행동을 증가시키기 위해 강화를 획득하고 유지하는 여러 기술을 훈련하는 요소가 포함된다.

(2) 개입 방법

현대에 이르러 대표적인 행동활성화에는 Martell 등(2001)이 개발한 행동활성화(BA : Behavior Activation)와 Lejuez 등(2001)이 개발한 우울증을 위한 행동활성화 치료(BATD : Behavioral Activation Treatment for Depression)가 있다.

① 행동활성화(BA)

BA는 초기 Lewinsohn(1974)의 강화 결핍 정리병리 모델과 Ferster(1973)의 회피행동의 증가와 우울증의 논의에 기반하여 Martell 등(2001)이 개발한 치료이다. BA는 기본적으로 우울한 사람이 보이는 여러 가지 행동들은 그 사람의 삶의 맥락 안에서 분석되어야 한다는 견해를 가지고 있다. 이러한 Lewinsohn(1974)의 견해를 바탕으로 우울증 환자들의 환경 내에서 정적 강화와 접촉을 늘릴 수 있도록 활동을 계획하는 것을 주된 목표로 삼는다.

또한 Ferster(1973)의 견해를 바탕으로 부적 강화의 역할을 강조한다. 즉, 우울증 환자는 환경 속에서 정적 강화의 경험 빈도가 낮으며, 부정적 감정에서 벗어나고자 회피행동에 참여하게 되는데 이러한 행동은 오히려 또 다른 회피행동의 증가와 정적 강화의 상실로 이어진다고 보았다. 이에 대한 치료 기법으로 내담자의 회피를 평가하고 회피가 존재함에도 활성화에 참여할 수 있도록 돕는 통합된 개인화된 기법들을 제시한다.

② Lejuez 등(2001)의 BATD

BATD는 초기 우울증 행동 모델에 대응 법칙을 적용하였다. 대응 법칙이란 조작적 조건형성에서 반응의 상대적 비율이 동시강화 계획에서 강화의 상대적 비율에 대응한다는 법칙을 의미한다. 우울증에 적용하면 건강한 행동에 비해 우울한 행동의 빈도는 건강한 행동에 따른 강화에 비해 우울한 행동에 따른 강화의 상대적 가치에 비례한다고 본다. 즉, 우울 증상의 지속은 우울한 행동(예 울기)에 대한 강화의 증가(예 부모의 관심 증가)와 건강한 행동(예 산책하기)에 대한 강화의 감소(예 시간의 부족)의 결과로 이해된다. 그러므로 BATD에서는 우울한 행동에 대한 강화를 감소시키고 건강한 행동에 대한 강화를 증가시키는 것을 치료의 목표로 삼는다.

③ 행동활성화의 기법

행동활성화의 주요 기법으로는 활동 모니터링, 가치 및 목표 평가, 활동 계획, 기술 훈련, 수반성 관리, 회피행동 다루기가 있다.

a. 활동 모니터링

활동 모니터링은 초기부터 시작되는 핵심 기법으로, 내담자가 자신의 일상 활동을 기록하고 기분과의 관계를 파악하게 한다. 이를 통해 활동과 기분 사이의 연관성을 이해하고, 활성화 계획에 대한 기초 자료를 제공한다. 우울증 환자들은 이를 통해 자신의 기분 변화와 일상 활동의 연관성을 깨닫게 되어, 우울 증상을 줄이고 더 많은 긍정적 활동을 유도하게 된다.

b. 가치 및 목표 평가

내담자가 삶의 여러 영역에서 중요하게 생각하는 가치를 평가하고, 이에 맞는 목표를 설정하도록 돕는다. 가치 기반 목표 설정은 치료의 동기 부여와 장기적인 행동 변화를 유도하는 데 중요한 역할을 한다. 환자가 자신의 가치에 맞는 목표를 설정하면서 동기부여가 강화되며, 이는 우울증으로 인한 무기력감에서 벗어나 목표 지향적 행동이 늘어나는 효과를 가져온다.

c. 활동 계획

내담자와 함께 가치에 부합하는 활동을 계획한다. 이는 일상에서 긍정적인 경험을 늘리기 위한 활동을 구체적으로 설정하는 과정으로, 활동 계획표나 모바일 앱을 활용하여 내담자가 쉽게 실천할 수 있도록 한다. 구체적인 활동 계획을 통해 환자는 긍정적인 경험을 더 자주 하게 되며, 이는 우울 증상을 완화시키고 더 많은 사회적 및 일상 활동에 참여하게 만든다.

d. 기술 훈련

내담자가 목표한 활동을 성공적으로 수행할 수 있도록 필요한 기술을 훈련한다. 이 과정에서 문제해결 능력, 정서조절 능력 등을 키워 가치 기반 활동을 지속적으로 해나갈 수 있도록 돕는다. 필요한 기술을 습득함으로써 환자는 문제해결 능력을 키워 목표한 활동을 더 쉽게 수행하게 되며, 이는 우울감으로 인한 무력감을 극복하는 데 기여한다.

e. 수반성 관리

행동과 그에 따른 결과를 관리하는 기법으로, 긍정적인 행동에 대한 보상을 통해 내담자가 지속적으로 활동에 참여할 수 있도록 유도한다. 이를 통해 활동에 대한 강화 효과를 극대화한다. 긍정적인 행동에 보상을 주는 방식으로 환자는 긍정적인 활동을 반복하게 되고, 이러한 보상 구조는 환자의 활동성과 기분을 지속적으로 개선시킨다.

f. 회피행동 다루기

내담자가 회피적 대처 전략을 극복할 수 있도록 돕는 과정이다. 회피가 반복되는 패턴을 분석하고, 이를 대체할 수 있는 긍정적인 대처 전략을 세워 내담자가 더 나은 방식으로 문제를 해결하도록 한다. 우울증 환자들은 회피행동을 줄이고 대안적인 대처 전략을 세움으로써 스트레스 상황에서도 더 적극적인 행동을 취하게 된다. 이를 통해 문제 상황에서도 더 나은 대처가 가능해진다.

(3) 행동활성화와 우울 증상 치료 효과

1970년대 후반에서 1980년대에 인지 이론에 대한 관심이 증가하였고 Jacobson 등(1996)은 우울증 환자를 세 가지 치료 집단, 즉 (1) CBT의 행동활성화 요소에만 초점을 맞춤, (2) 행동활성화와 자동적 사고의 수정을 포함하되 핵심 신념 수정은 제외, (3) CBT의 행동활성화, 자동적 사고 수정, 그리고 핵심 신념 수정을 모두 포함한 완전한 CBT 시행으로 무선 할당하여 증상 개선을 비교하는 연구를 진행하였다. 그 결과, (1) 집단과 (2) 집단도 완전한 CBT를 수행한 (3) 집단만큼 치료의 효과를 보이는 것으로 나타났다. 이 연구를 통해 CBT의 핵심 요소로 여겨졌던 인지적 수정이 필수적이지 않을 수도 있으며, 행동활성화와 같은 일부 구성 요소만으로도 우울증 치료에 효과적일 수 있다는 추론이 가능해지면서 행동활성화에 대한 관심이 증가하였다.

Dimidjian 등(2006)의 연구에 따르면 행동활성화는 우울증 증상을 완화하는 데 있어 약물치료와 동등한 효과를 보인 것으로 나타났다. 특히 우울증 심각도가 높은 환자군에서는 인지치료보다 더 나은 효과를 나타낸다고 밝혔다. 또한 행동활성화가 급성기 우울증의 재발 방지에 긍정적인 영향을 미치며, 장기적인 효과가 유지된다. 치료의 효과는 다양한 참가자 특성이나 치료 방식에 관계없이 일관된 효과를 나타낸다.

Hollon 등(2005)의 연구에서는 인지적 심리치료가 약물치료에 비해 우울증의 재발률을 낮추는 데 효과적임을 보여주면서, 장기적인 비용 절감에도 기여할 수 있음을 시사하였다. 또한 심리적 개입은 집단 치료나 온라인 치료와 같은 다양한 형태로 제공될 수 있어 치료 접근성을 높일 수 있다는 점이 중요한 유용성 중 하나이다. Egede 등(2018)의 연구는 대면 치료와 원격 치료의 방식을 비교하여 원격 치료를 통한 행동활성화가 비용 면에서 우수하며, 임상적 효과는 동등함을 보여줌으로써 비용 절감 및 접근성 향상 측면에서 심리적 개입의 유용성을 보여주는 의미 있는 결과라고 평가되었다.

2. 생물학적 치료

1) 약물치료

(1) 약리작용

뇌의 신경세포들은 시냅스라는 구조를 통해 서로 연결되어 있는데 신경세포 말단에서 분비된 신경전달물질이 반대쪽 신경세포의 수용체에 결합함으로써 신경세포 간에 신호가 전달된다. 뇌의 여러 신경전달물질 중 우울증과 관련된 물질은 세로토닌(serotonin), 노르에피네프린(norepinephrine), 도파민(dopamine) 등으로 알려져 있다. 세로토닌은 '행복호르몬'이라고 불릴 만큼 기분과 식욕, 수면, 성적인 욕구 등을 담당하고, 이 밖에도 학습 등 일부 사회적 행동에도 관여한다. 노르에피네프린은 교감신경 자극으로 분비되는 호르몬으로 각성과 관련이 있으며, 특히 감정과 밀접한 관계가 있어 우울증이나 양극성 장애와 같은 기분장애의 원인으로 생각되고 있다. 도파민은 주의력, 공격성, 학습, 의욕 및 보상체계 등과 관계가 있어서 도파민 활성이 감소되면 무기력, 의욕 저하, 활력 감소 등의 우울 증상이 나타나게 된다. 항우울제는 이들 물질의 불균형을 조절하여 우울 증상을 개선한다. 작용기전에 따라 삼환계 항우울제(TCAs : tricyclic antidepressants)와 모노아민 산화효소 저해제(MAOIs : monoamine oxidase inhibitors), 선택적 세로토닌 재흡수 억제제(SSRIs : selectiveserotonin reuptake inhibitors), 세로토닌-노르에피네프린 재흡수 억제제(SNRIs : serotonin-norepinephrine reuptake inhibitors) 및 기타 약물로 분류될 수 있다.

(2) 항우울제의 종류

① 삼환계 항우울제(TCAs : tricyclic antidepressants)

고전적인 항우울제로 구조적으로 3개의 고리를 가지고 있어 삼환계 항우울제로 명명되었다. 신경세포 말단에서 분비된 신경전달물질들은 다시 신경세포로 재흡수됨으로써 농도가 낮아져 활성이 없어지게 되는데, 신경세포 말단에서 세로토닌과 노르에피네프린의 재흡수를 차단하여 시냅스 내의 이들 신경전달물질의 농도를 증가시켜 우울 증상을 개선한다. 도파민의 재흡수도 일부 차단한다. 아미트리프틸린(amitriptyline), 노르트립틸린(nortriptyline), 클로미프라민(clomipramine), 이미프라민(imipramine), 아목사핀(amoxapine) 등의 약물이 있다. 아미트리프틸린과 이미프라민의 경우 우울증뿐 아니라 야뇨증에도 사용되고, 클로미프라민은 강박관념, 공포상태, 수면 중 나타나는 발작에도 사용된다.

② **모노아민 산화효소 저해제**(MAOIs : monoamine oxidase inhibitors)

모노아민 종류의 신경전달물질인 세로토닌이나 노르에피네프린이 산화효소에 의해 대사되는 것을 억제하여 이들 신경전달물질의 작용을 강화시켜 우울 증상을 개선한다. 대표적인 약물로 모클로베미드(moclobemide)가 있으며 우울증과 사회공포증에 사용된다.

③ **선택적 세로토닌 재흡수 억제제**(SSRIs : selectiveserotonin reuptake inhibitors)

신경세포 말단에서 선택적으로 세로토닌의 재흡수를 차단함으로써 시냅스 내의 세로토닌 농도를 증가시킨다. 이를 통해 세로토닌의 활성이 증가되어 우울 증상이 완화된다. 플루옥세틴(fluoxetine), 파록세틴(paroxetine), 플루복사민(fluvoxamine), 설트랄린(sertraline), 에스시탈로프람(escitalopram), 보티옥세틴(vortioxetine) 등의 약물이 있으며 우울증, 강박장애, 월경전불쾌감장애 등에 사용된다. 삼환계 항우울제에 비해 부작용과 안전성 면에서 우수하여 항우울제로 가장 많이 사용된다.

④ **세로토닌-노르에피네프린 재흡수 억제제**(SNRIs : serotonin-norepinephrine reuptake inhibitors)

신경세포 말단에서 세로토닌과 노르에피네프린이 재흡수되는 것을 차단해서 이들 신경전달물질의 활성을 높여 우울 증상을 개선한다. 둘록세틴(duloxetine), 벤라팍신(venlafaxine), 데스벤라팍신(desvenlafaxine), 밀나시프란(milnacipran) 등의 약물이 있다. 둘록세틴과 밀나시프란은 우울증뿐만 아니라 당뇨병성 신경증과 섬유근육통 등의 질환에도 사용된다.

종 류		대표제품 예
삼환계 항우울제 (TCAs : tricyclic antidepressants)	아미트리프틸린	에트라빌, 에나폰
	노르트립틸린	센시발
	클로미프라민	그로민
	이미프라민	이미프라민염산염
	아목사핀	아디센

<table>
<tr><td>모노아민 산화효소 저해제
(MAOIs : monoamine oxidase inhibitors)</td><td>모클로베미드</td><td>오로릭스</td></tr>
<tr><td rowspan="6">선택적 세로토닌 재흡수 억제제
(SSRIs : selectiveserotonin reuptake inhibitors)</td><td>플루옥세틴</td><td>푸로작</td></tr>
<tr><td>파록세틴</td><td>세로자트</td></tr>
<tr><td>플루복사민</td><td>듀미록스</td></tr>
<tr><td>설트랄린</td><td>졸로푸트</td></tr>
<tr><td>에스시탈로프람</td><td>렉사프로</td></tr>
<tr><td>보티옥세틴</td><td>브린텔릭스</td></tr>
<tr><td rowspan="4">세르토닌-노르에피네프린 재흡수 억제제
(SNRIs : serotonin-norepinephrine reuptake inhibitors)</td><td>둘록세틴</td><td>심발타</td></tr>
<tr><td>벤라팍신</td><td>이팩사</td></tr>
<tr><td>데스벤라팍신</td><td>프리스틱</td></tr>
<tr><td>밀나시프란</td><td>익셀</td></tr>
<tr><td rowspan="4">기타</td><td>부프로피온</td><td>웰부트린</td></tr>
<tr><td>미르타자핀</td><td>레메론</td></tr>
<tr><td>트라조돈</td><td>트리티코</td></tr>
<tr><td>티아넵틴</td><td>스타브론</td></tr>
</table>

(3) 부작용

항우울제의 종류에 따라 부작용에 차이가 있으며, 종류별 대표적인 부작용은 다음과 같다.

① **삼환계 항우울제** : 졸음, 변비, 입 마름, 시야 흐림, 배뇨곤란, 기립성 저혈압, 체중 증가, 섬망, 근육 경련 등

② **모노아민 산화효소 저해제** : 구갈, 어지러움, 두통, 불면 등

③ **선택적 세로토닌 재흡수 억제제** : 오심, 구토, 설사, 식욕 저하, 불면, 불안, 성기능 장애 등

④ **세로토닌 노르에피네프린 재흡수 억제제** : 오심, 변비, 혈압 상승, 성기능 장애 등

⑤ **기타 약물** : 오심, 구갈, 두통, 불면, 경련 등(부프로피온, 티아넵틴), 체중 증가, 진정 등(트라조돈, 미르타자핀)

2) 전기충격요법(ECT : electroconvulsive therapy)

1938년 Cerletti와 Bini에 의해 소개된 이후로 정신과 영역의 중요한 치료 방법 중의 하나로 여겨져 왔다. 특히 난치성 주요우울장애나 정신분열병 등의 질환에 대해서는 매우 강력하고 효과적인 치료라는 것이 많은 연구에서 밝혀졌고, 91%의 환자에게서 긍정적인 반응을 얻었다는 보고도 있다. 그 이용은 1940년대, 1950년대를 통해 증가 일로에 있다가 1980년대 들어서 새로운 약물의 개발이 잇따르면서 약물치료에 밀려 시행 빈도의 감소가 계속되었다. 그리고 ECT에서 나타날 수 있는 부작용에 대한 우려, 전기 사용과 관련한 부정적 인식으로 인해 정신과적 질환에 긍정적인 효과가 있음에도 불구하고 사용이 줄어든 시기가 있었다. 그러나 ECT에 대한 우려와 편견에도 불구하고 ECT는 여전히 정신의학 영역에서 가장 효과적인 비약물적 치료 중 하나로 고려되고 있다.

우울증에 대한 ECT의 치료기전은 정확히 밝혀져 있지는 않지만, 뇌의 신경가소성(neuroplasticity)이 개선된다는 가설과 우울증 발병 원인 가설 중 하나인 급・만성 염증 및 면역 반응에 관여한다는 가설, 뇌의 구조 및 신경 수용체를 변화시킨다는 가설, 신경전달물질의 변화에 관여한다는 가설 등 다양한 가설들이 제시되고 있다.

ECT는 전기를 이용하여 인위적으로 경련을 유발하기 때문에 환자 및 보호자의 두려움을 없애고 골절, 저산소증, 혈압 상승, 부정맥, 심근경색과 같은 심혈관계 합병증을 감소시키기 위해 전신마취 상태에서 시행되고 있다. 우리나라의 경우 보통 입원치료를 하여 마취와 전기경련치료에 필요한 기본 검사들을 시행하며 치료는 일주일에 2~3회씩, 치료의 경과에 따라 총 6~12회 시행을 받는다. 외국에서는 당일 수술센터를 통한 외래마취로 시행되고 있다.

약물치료만으로는 증상의 호전이 더디거나, 호전이 없거나, 약물치료가 어려운 임산부 등의 정신증상과 기분증상에 효과적이다. 특히 빠른 증상 호전이 필요한 응급한 환자에서 먼저 고려될 수 있다. 약물치료 시 가장 흔한 부작용은 근육통, 두통, 오심 등이나 대개 자연히 소실된다. 대부분의 경우에 심각한 인지 기능의 손상은 나타나지 않으며 일시적인 기억력 장애도 환자의 증상 호전과 더불어 같이 호전된다. 치료뿐 아니라 전신마취와 관련하여 무호흡이 지속되거나 심혈관계 장애, 치료 사이의 경련, 사망 등의 부작용이 있을 수 있으나 매우 드문 것으로 알려져 있다.

| 요약 |

우울장애는 슬픔, 공허감, 짜증과 같은 기분 저하와 신체적 · 인지적 증상이 동반되어 개인의 기능을 현저히 저하시킨다. DSM-5-TR에 따르면 우울장애에는 파괴적 기분조절부전장애, 주요우울장애, 지속성 우울장애(기분저하증), 월경전불쾌감장애 등의 하위 유형이 포함된다. 우울장애의 원인은 생물학적 · 심리적 · 환경적 요인이 복합적으로 작용한다. 생물학적 요인으로는 유전적 소인, 신경전달물질(세로토닌, 도파민, 노르에피네프린)의 불균형, 신경내분비계 기능 이상 등이 있으며, 심리적 요인으로는 스트레스, 낮은 자존감, 부정적 사고 패턴이 영향을 미친다. 환경적 요인으로는 가난, 학대, 사회적 고립 등이 우울증을 유발하거나 악화시킬 수 있다.
우울장애의 치료 방법으로는 심리치료와 약물치료가 있으며, 심리치료에는 인지정서행동치료(REBT), 수용전념치료(ACT), 대인관계치료(IPT), 행동활성화 치료 등이 포함된다. 심리치료는 부정적 사고 패턴을 교정하고 대인관계 개선을 돕는 데 효과적이며, 치료의 효과와 비용 측면에서 효용성이 높다는 연구결과들이 있다. 우울장애의 치료 목표는 단순한 증상 완화가 아니라 내담자의 삶의 질을 개선하고 재발을 방지하는 것이다.

제 5 장

양극성 장애

제 5 장 양극성 장애

양극성 장애(Bipolar Disorder)란 조증 또는 우울증의 양극단의 기분 변화를 보이는 기간과 정상적인 기분을 보이는 기간이 번갈아 나타나는 정신의학과적 질환으로, 흔히 조울병(Manic Depressive Illness)이라고 불리기도 한다.

DSM-5에서 양극성 및 관련 장애로 제1형 양극성 장애, 제2형 양극성 장애, 순환감정장애(순환성 장애)를 포함한다.

양극성 장애의 진단기준

제 I 형 양극성 장애 진단기준(DSM-5)

제 I 형 양극성 장애를 진단하기 위해서는 조증 삽화에 대한 다음이 진단기준을 만족시켜야 한다. **조증 삽화는 경조증이나 주요 우울 삽화에 선행하거나 뒤따를 수 있다.**

A. 비정상적으로 들뜨거나, 의기양양하거나, 과민한 기분, 그리고 목표 지향적 활동과 **에너지의 증가가 적어도 일주일간**(만약 입원이 필요한 정도라면 기간과 상관없이), 거의 매일, 하루 중 대부분, 지속되는 분명한 기간이 있음.

B. 기분장애 및 증가된 에너지와 활동을 보이는 기간 중, 다음 증상 가운데 3가지(또는 그 이상)를 보이며(기분이 단지 과민하기만 하다면 4가지) 평소 모습에 비해 변화가 뚜렷하고 심각한 정도로 나타남.

1. 자존감의 증가 또는 과대감 : 팽창되는 생각, 넘치는 자신감
2. 수면에 대한 욕구 감소(예 단 3시간의 수면으로도 충분하다고 느낌) : 꺼지지 않는 에너지
3. 평소보다 말이 많아지거나 끊기 어려울 정도로 계속 말을 함

4. 사고의 비약 또는 사고가 질주하듯 빠른 속도로 꼬리를 무는 듯한 주관적인 경험
5. 주관적으로 보고하거나 객관적으로 관찰할 수 있는 주의산만(예 중요하지 않거나 관계 없는 외적 자극에 너무 쉽게 주의가 분산됨), 마음이 줄달음질치고 말이 빠름
6. 목표 지향적 활동의 증가(직장이나 학교에서의 사회적 활동 또는 성적인 활동) 또는 정신운동 초조(예 목적이나 목표가 없이 부산하게 움직임)
7. 고통스러운 결과를 초래할 가능성이 높은 활동에의 지나친 몰두(예 과도한 쇼핑 등의 과소비, 무분별한 성행위, 어리석은 사업 투자 등)

C. 기분장애가 **사회적, 직업적 기능의 현저한 손상을 초래할 정도로 충분히 심각하거나, 자해나 타해를 예방하기 위해 입원이 필요한 경우, 또는 정신병적 양상이 동반**됨.

D. 삽화가 물질(예 남용약물, 치료약물, 또는 기타 치료)의 생리적 효과나 다른 의학적 상태로 인한 것이 아님.

주의점 : 우울증 치료(예 약물치료, 전기경련요법) 중 나타난 조증 삽화라 할지라도 그 치료의 직접적인 생리적 효과가 나타날 수 있는 기간 이후까지 명백한 조증 증상이 지속된다면, 제I형 양극성으로 진단할 수 있다.

주의점 : 진단기준 A부터 D까지는 조증 삽화를 구성한다. 일생 동안 적어도 1회는 조증 삽화가 있어야 제I형 양극성 장애로 진단될 수 있다.

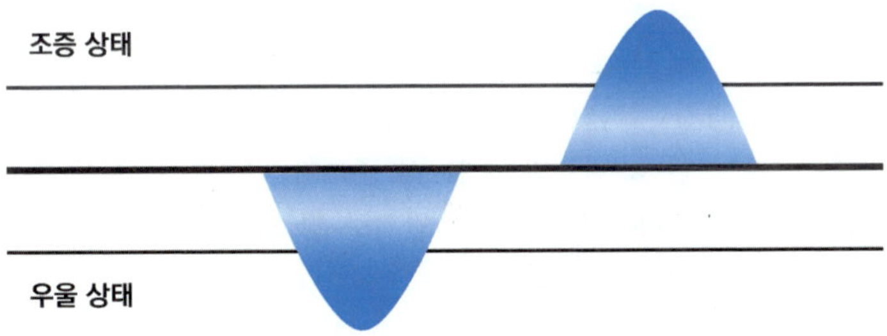

제Ⅱ형 양극성 장애의 진단기준(DSM-5)

제II형 양극성 장애를 진단하기 위해서는 다음에 나오는 현재 또는 과거의 경조증 삽화의 진단기준을 만족하는 동시에, 현재 또는 과거의 주요우울 삽화의 진단기준을 만족해야 한다.

경조증 삽화

A. 비정상적으로 들뜨거나, 의기양양하거나, 과민한 기분, 그리고 활동과 에너지의 증가가 **적어도 4일 연속으로** 거의 매일, 하루 중 대부분 지속되는 분명한 기간이 있음.

B. 기분장애 및 증가된 에너지와 활동을 보이는 기간 중 다음 증상 가운데 3가지(또는 그 이상)를 보이며(기분이 단지 과민하기만 하다면 4가지) 평소 모습에 비해 변화가 뚜렷하고 심각한 정도로 나타남.

1. 자존감의 증가 또는 과대감
2. 수면에 대한 욕구 감소(예 단 3시간의 수면으로도 충분하다고 느낌)
3. 평소보다 말이 많아지거나 끊기 어려울 정도로 계속 말을 함
4. 사고의 비약 또는 사고가 마치 질주하듯 빠른 속도로 꼬리를 무는 주관적인 경험
5. 주관적으로 보고하거나 객관적으로 관찰되는 주의산만(예 중요하지 않거나 관계없는 외적 자극에 너무 쉽게 주의가 분산됨)
6. 목표 지향적 활동의 증가(직장이나 학교에서의 사회적 활동 또는 성적 활동) 또는 정신운동 초조(예 목적이나 목표가 없이 부산하게 움직임)
7. 고통스러운 결과를 초래할 가능성이 높은 활동에의 지나친 몰두(예 과도한 쇼핑 등의 과소비, 무분별한 성행위, 어리석은 사업 투자 등)

C. 삽화는 증상이 없을 때의 개인의 특성과는 다른 명백한 기능 변화를 동반함.

D. 기분의 장애와 기능의 변화가 타인들에 의해 관찰될 수 있음.

E. 삽화가 사회적·직업적 기능의 현저한 손상을 일으키거나 입원이 필요할 정도로 심각하지는 않음. **만약 정신병적 양상이 있다면, 이는 조증 삽화임.**

F. 삽화가 물질(예 남용약물, 치료약물, 또는 기타 치료)의 생리적 효과로 인한 것이 아님.

주의점 : 우울증 치료(예 약물치료, 전기경련요법) 중 나타난 경조증 삽화라 할지라도 그 치료의 직접적인 생리적 효과가 나타날 수 있는 기간 이후까지 지속된다면 이는 경조증 삽화로 진단할 수 있는 근거가 된다. 하지만 진단 시 주의가 필요하고, 한두 가지 증상(증가된 과민성, 불안 또는 항우울제 사용 이후의 초조)만으로 경조증 삽화를 진단하지는 못하며, 이는 양극성 경향에 대해서도 마찬가지다.

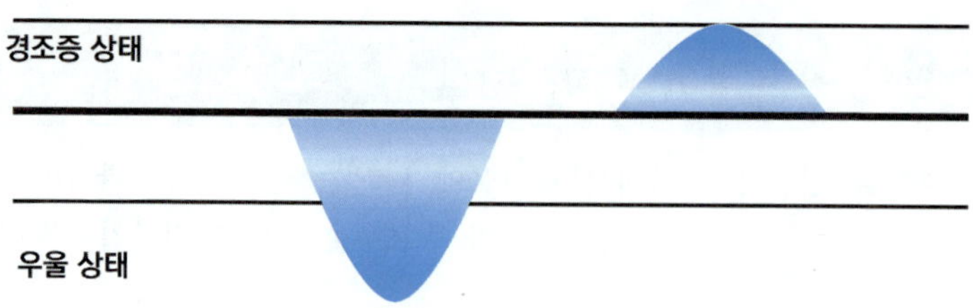

순환성 장애 진단기준(DSM-5)

A. **적어도 2년 동안**(아동 · 청소년에서는 1년) **다수의 경조증 기간**(경조증 삽화의 진단기준을 충족하지 않는)과 **우울증 기간**(주요우울 삽화의 진단기준을 충족하지 않는)이 있어야 함.
B. 2년 이상의 기간 동안(아동 · 청소년에서는 1년) 경조증 기간과 우울증 기간이 절반 이상 차지해야 하고, **증상이 없는 기간이 2개월 이상 지속되어서는 안 됨.**
C. 주요우울 삽화, 조증 삽화 또는 경조증 삽화가 존재하지 않음.
D. 진단기준 A의 증상이 조현정동장애, 조현병, 조현양상장애, 망상장애, 달리 명시된, 또는 명시되지 않는 조현병 스펙트럼 및 기타 정신병적 장애로 더 잘 설명되지 않음.
E. 증상이 물질(예 남용약물, 치료약물)의 생리적 효과나 다른 의학적 상태(예 갑상선기능항진증)로 인한 것이 아니어야 함.
F. 증상이 사회적, 직업적, 또는 다른 중요한 기능 영역에서 임상적으로 현저한 고통이나 **손상을** 초래함.

다음의 경우 명시할 것
불면증 동반

이러한 손상은 순환성이 있으며, 흔히 예측하기 어렵고 오랜 기간 기분 변화를 초래하게 된다. 흥분하기 쉬운, 변덕스러운, 예측할 수 없는, 일관성 없는 또는 믿을 수 없는 사람으로 간주되기도 한다.

양극성 장애의 유병률 및 원인

1. 유병률

1) 제1형 양극성 장애

평생 유병률은 0.4~1.6%로 추정된다(남성 1%, 여성 1.1%). 제1형 양극성 장애는 보통 2~3주부터 5~6개월까지 지속된다. 조증 삽화의 60~70%는 주요우울 삽화의 직전이나 직후에 발생한다. 청소년의 경우, 주요우울장애가 반복적으로 나타나는 청소년 중 약 10~15%가 제1형 양극성 장애로 발전한다. 제1형 양극성 장애는 남(조증 삽화), 여(주요우울 삽화)가 비슷하게 나타난다.

재발성 장애로 한 번 조증 삽화가 발생하면 90% 이상이 다른 기분장애를 나타낸다. 2년 이내 2번째 발병률은 40~50% 정도이다. 평균 20대 초반, 청소년기 또는 50대 이후에도 시작된다. 조증 삽화에 빠진 사람들은 병식이 없으므로 치료에 저항이 크다. 삽화 간 기능은 회복되지만, 약 30%는 직업적 기능 수행에 심각한 손상이 지속된다. 양극성 장애는 주요우울장애와 더불어 자살 위험성이 가장 높은 장애로, 25%가 자살을 시도한다. 제1형 양극성 장애의 평생 자살률은 일반 사람들에 비해 15배 이상 높다.

2) 제2형 양극성 장애

평생 유병률은 0.5%, 1년 유병률은 0.3%로 여성에게 더 많다. 경조증 상태를 나타내는 60~70%는 주요우울장애의 직전이나 직후에 발생하고, 5~15%는 1년 동안 4번 이상의 기분삽화를 경험하며, 처음 발병 5년이 지나면 조증 상태를 나타내어 제1형 양극성 장애로 전환되는 경우가 많다. 실제 환자의 10~15%는 자살을 시도하는 것으로 알려져 있다.

3) 순환성 장애

평생 유병률은 0.4~1.0%로 보고된다. 남녀 발병 비율이 비슷하나 여성이 치료받는 경향이 더 높다. 청소년기나 초기 성인기에 시작되며, 만성적인 결과를 밟으며 제1형 양극성 장애나 제2형 양극성 장애로 진행될 확률이 15~20%로 매우 높다. 원인은 잘 알려져 있지는 않지만, 유전적 요인이 관련되는 것으로 추정하고 있다. 순환성 장애의 치료도 양극성 장애 치료와 마찬가지로 약물치료(예 리튬), 심리치료(예 안정된 생활을 격려, 규칙적 일상생활, 안정된 대인관계, 수면 관리, 스트레스에 대한 효과적인 대처)가 증상 완화에 필수적이다.

2. 양극성 장애의 발병 원인

1) 생물학적 입장

유전을 비롯한 생물학적 요인에 의해 많은 영향을 받는 장애로 알려져 있다. 제1형 양극성 장애의 경우 환자의 50%가 부모 중 적어도 한 사람이 기분장애를 겪은 병력이 있고, 부모 모두 제1형 양극성 장애일 경우 자녀의 기분장애 발병 가능성은 50~75%나 된다고 보고된 바 있다. 일란성 쌍둥이의 경우, 양극성 기분장애의 일치도가 70%이다. 한편 Schildkraut(1965)의 Catecholamine 가설(우울증은 Catecholamine의 부족으로 유발되는 반면, 조증은 Catecholamine의 과잉에 기인한다는 주장)은 기분장애의 원인과 관련하여 오랜 시간 영향력을 가지고 있으나 여전히 명확한 사실로 받아들여진 것은 아니다.

2) 심리사회적 요인

(1) 정신분석적 입장

우울증을 자기비난과 내면화된 분노로 보았으며, 조증은 이를 방어하기 위한 기제이다. 즉, 조증은 내면의 우울감을 부정하고 극복하려는 반동 형성의 표현이라고 볼 수 있다.

대상관계이론에서는, 조증 상태는 이상화된 자기와 대상을 유지하려는 시도이며, 우울 상태는 분열된 공격적 감정이 자아로 향하는 결과라고 보았다. 즉, 양극성 장애를 겪는 내담자는 이상화된 자기 이미지를 유지하기 위해 조증적 사고와 행동을 보이며, 우울 상태에서는 이러한 방어가 무너지고 자책과 무력감을 경험하게 된다.

(2) 인지적 입장

우울장애 환자의 자동적 사고의 주제는 상실과 실패인 반면, 조증환자의 자동적 사고는 획득과 성공을 주제로 하는 자동적 사고를 나타낸다.

조증환자는 인지적 오류 중 과잉일반화의 오류, 선택적 추상화의 오류, 개인화의 오류를 주로 범하고 있으며, 인지적 오류로 획득과 성공을 지각하고 왜곡된 추론의 결과 행복감을 느끼며 활동 수준을 높이게 된다.

양극성 장애의 치료

1. 약물치료

약물치료는 크게 기분 조절제로 알려진 리튬, 발프로에이트, 라모트리진, 가바펜틴, 토피라메이트 등을 사용한다. 최근에는 항정신병 약물인 올란자핀, 리스페리돈, 아리피프라졸, 퀘티아핀 등을 조증 삽화에 사용하기도 한다. 그러나 약물치료만 받은 양극성 장애 환자의 50~70%는 증상의 재발을 경험했다.

2. 심리치료

증상을 주시하여 우울장애와 조증 증세가 반복될 때 증세가 시작되는 초기의 변화를 지각해 악화하지 않도록 심리적 안정을 취하며 전문가의 치료를 받아야 한다.

심리교육을 통해 양극성 장애에 대한 지식을 증가시키고 약물치료의 중요성을 인식하게 하여 약물치료에 순응하도록 돕고, 규칙적인 일상생활 유지, 감정조절 및 의사소통 기술을 습득시켜 전구기 증상을 알아차리고 효과적으로 대처하도록 돕는다.

1) 인지행동치료

① 일상에서 경험하는 부정적 경험에 대한 인지적 재구성과 인지와 행동을 수정하도록 돕는다.

② 규칙적인 일상생활과 수면유지의 중요성을 강조하며 과도한 목표 추구 행동을 수정하는 데 초점을 둔다.

2) 대인관계 및 사회적 리듬치료

대인관계 및 사회적 리듬치료는 Nusslock와 Frank(2012)에 의해 개발되었으며, 양극성 장애를 위한 개입 초점은 양극성 장애 환자에게 흔히 발견되는 일주기 리듬 장애를 안정화하는 것이다. 양극성 장애의 치료 및 예방에 대인관계의 안정적 유지가 중요하다. 수면

–각성 주기가 양극성 장애 환자들의 기분 상태와 관련성 높다. 이러한 대인관계와 사회적 리듬 안정화는 장기간에 걸쳐 진행된다.

① **치료 초기** : 현재 대인관계 수준과 문제영역을 확인하고, 양극성 장애 심리교육을 실시한다. 사회적 리듬 차트를 도입해 환자의 일상생활을 요일과 시간대별로 기록하게 한다.

② **치료 중기** : 사회적 리듬 차트를 사용하여 생활리듬을 불규칙하게 만드는 활동을 찾아 변화시킨다. 정서적인 안정감을 주는 생활 패턴을 확인하고, 사회적 리듬을 교란하는 일상생활의 사건에 적응하도록 습득시킨다. 대인관계치료를 병행해 사회적 관계의 문제를 해결하도록 돕는다.

③ **예방기** : 치료회기는 월 1회, 2년 이상 지속하며, 치료실 밖에서 대인관계 및 사회적 리듬치료 기법을 적용해 일상생활을 자신감 있게 이끌어 가도록 유도한다.

④ **종결기** : 치료회기의 간격을 늘리며 재발에 대처하는 방법 및 활용할 수 있는 자원을 알려 준다.

양극성 장애에 대한 심리적 개입 연구 동향

Bos, F. M. et al.(2020). Recommendations for the use of long–term experience sampling in bipolar disorder care: a qualitative study of patient and clinician experiences

양극성 장애 환자들의 자가 모니터링을 통해 기분 변동을 실시간으로 평가하는 '경험 샘플링 방법(ESM)'을 사용하는 것에 대한 환자 및 임상의의 경험을 조사한 것이다.
기존 자가 모니터링 방법은 하루에 한 번 기분을 후향적으로 평가하는데, 이는 급격한 기분 변화를 잘 포착하지 못할 수 있다. ESM은 하루에 여러 번 기분을 실시간으로 평가하여 이러한 한계를 극복하고자 개발되었다.
양극성 장애 I형 또는 II형 진단을 받은 환자 20명이 4개월 동안 하루에 5번 ESM 평가를 수행했으며, 매주 증상 질문지와 맞춤형 피드백 보고서가 제공되었다. 연구 종료 후에는 환자와 임상의가 인터뷰를 통해 ESM 사용 경험을 공유했다.

ESM은 환자들이 자신의 기분과 증상을 더 잘 인식하게 하고, 생활 방식 조정을 돕는 긍정적인 효과가 있다고 평가되었다.
환자와 임상의는 ESM을 통해 새로운 치료 방향을 모색할 수 있다고 느꼈다.
하지만 하루에 여러 번 평가해야 하는 부담과 자신의 기분에 지나치게 집착하게 되는 부정적인 영향도 언급되었다.

* 장기적인 ESM 모니터링과 개인화된 피드백은 양극성 장애 치료와 자가 관리에 유용한 도구로 평가되었으나, 더 많은 연구가 필요하다.

김빛나(2019). 양극성 장애의 근거기반 치료법

양극성 장애(BD : Bipolar Disorder)의 근거기반 치료(EBT : Evidence－Based Treatment)에 대한 연구를 정리한 것이다. EBT는 다음의 세 가지 요소를 기반으로 한다.
① 최신의 과학적 증거 : 임상 연구에서 입증된 치료법
② 임상의의 전문성 : 치료자가 쌓은 경험과 지식
③ 환자의 선호와 특성 : 환자의 개인적 요구와 상황을 고려한 맞춤형 접근

근거기반 치료의 필요성 :
약물치료 외에도 심리사회적 개입이 중요하며, 심리치료가 재발 방지와 급성기 치료에 도움이 된다고 보고되었다. 대표적인 심리사회적 치료로는 **심리교육, 가족중심치료, 인지행동치료, 대인관계 및 사회적 리듬치료가 있다.**

심리사회적 개입의 효과 :
- **심리교육(PE)** : 환자가 자신의 질환을 이해하고 약물 순응도를 높이는 데 효과적이며, 재발을 줄이는 데 도움을 준다.
- **가족중심치료(FFT)** : 가족 내 스트레스를 줄이고, 환자가 가족과 더 나은 의사소통을 하게 만들어 증상 완화에 기여한다.
- **인지행동치료(CBT)** : 우울 증상을 완화하고, 증상 재발을 줄이는 효과가 입증되었다.
- **대인관계 및 사회적 리듬치료(IPSRT)** : 사회적 리듬을 안정시켜 증상 재발을 방지하는 데 효과가 있다.

Richard-Lepouriel et al.(2020). Self-destigmatization process? Experiences of persons living with bipolar disorder: A qualitative study

양극성 장애(BD)를 가진 사람들은 자기 낙인(self-stigma)을 경험하며, 이는 그들의 자존감, 사회적 관계, 회복 과정에 부정적인 영향을 미친다. 자기 낙인은 사회적 낙인을 내면화하여 자신을 부정적으로 인식하는 과정을 말하며, 이는 회복을 방해하는 중요한 요소로 작용할 수 있다. 기존 연구에서는 양극성 장애와 낙인에 대한 연구가 상대적으로 부족했으며, 낙인은 치료 지연, 더 빈번한 입원, 증상 악화 등으로 이어질 수 있다고 보고되었다. 자기 낙인화 과정을 조사하고 이를 극복하는 과정을 이해하려고 한다. 이를 위해 스위스 제네바 대학병원에서 22명의 양극성 장애 환자를 대상으로 심층 인터뷰를 진행하였고, 언어, 행동, 관계, 개인적 경험, 정체성, 건강 관리의 6가지 주제를 도출하였다. 이 연구는 **자기 낙인을 해체하는 6차원 과정을 제안**하며, 이를 통해 개인의 회복을 촉진할 수 있다고 주장한다. 6가지 차원의 변화, 언어, 행동, 관계, 개인적 경험, 정체성, 건강 관리 등 6가지 차원에서 환자들이 어떻게 자기 낙인을 극복하는지 설명하며, 각 차원이 회복 과정에서 어떻게 진화하는지 도식화하고 있다.

자기관리와 통합성 : 환자가 자기 낙인을 극복하고 회복으로 나아가는 과정에서 자기관리 능력과 통합성이 중요한 역할을 하며, 이러한 능력은 개인적 성장의 중요한 요소로 작용한다. 이러한 연구결과를 고려할 때, 양극성 장애를 겪는 환자에 대한 심리치료적 개입은 의학적 개입 못지않게 중요하다고 할 수 있다.

| 요약 |

양극성 장애는 조증과 우울증이 번갈아 나타나는 기분장애로, DSM-5에서는 제1형 양극성 장애, 제2형 양극성 장애, 순환성 장애로 구분된다. 양극성 장애의 원인은 생물학적 요인과 심리사회적 요인이 복합적으로 작용한다. 유전적 요인이 큰 영향을 미치며, 도파민과 세로토닌의 불균형이 기분 변화에 관여한다. 심리적 요인으로는 정신분석적 접근에서 조증을 우울감을 부정하려는 방어 기제로 설명하며, 인지적 접근에서는 조증 환자가 획득과 성공을 과대평가하는 경향이 있다고 본다.

치료에는 기분 안정제(리튬, 발프로산) 등의 약물치료와 함께 인지행동치료, 대인관계 및 사회적 리듬치료 등이 효과적으로 활용된다. 심리치료는 내담자가 조기 경고 신호를 인식하고, 생활 리듬을 안정적으로 유지하도록 돕는 것을 목표로 한다.

제 6 장

불안장애

제 6 장

불안장애

불안이나 공포는 스트레스 상황에서는 누구나 경험할 수 있는 정상 반응이며, 불안이나 공포를 경험했다고 꼭 병적인 상태로 볼 수는 없다. 불안과 공포를 경험하면서 미리 대비를 하거나 위험에 빠르게 대처할 수 있으며 스트레스에 적응하게 된다는 점에서 자기방어 기전이라고 할 수 있다. 하지만 스트레스 상황에서 불안 및 공포에 압도되어 대처할 수 없거나, 과도한 불안 또는 공포 반응으로 인해서 일상생활이나 업무 수행에 심대한 지장이 생기는 수준이라면 부적응적인 상태라고 할 수 있다. 불안과 공포는 일상생활에서는 혼동되어 쓰이는 단어지만 구분되는 개념이다.

- 불안 : 스트레스, 위험, 고통 등이 예상되는 상황이나, 예상하지 못한 일이 발생할 수 있는 상황에서 경험할 수 있는 감정이다. 불안은 크게 신체적 반응과 정신적 반응으로 나누어 볼 수 있다. 신체적 반응으로 빠른 숨, 가슴 두근거림, 근육의 긴장, 땀 분비 증가, 두통, 소화장애 등이 나타나며, 정신적 반응으로 불쾌하고 모호한 두려움, 긴장, 불면, 우울감 등이 나타난다.
- 공포 : 두려움의 대상이 불안보다 명확하고 구체적인 경우 발생한다. 예를 들면, 길에서 무서운 대상으로 사나운 개를 만나게 되는 경우 경험하는 감정을 공포, 특별한 이유 없이 경험하는 걱정과 초조감을 불안이라고 할 수 있다.
- 공황 : 갑작스럽게 심장마비나 호흡곤란 같은 응급상황으로 느껴지는 극심한 불안 증상이 발작(attack)처럼 경험되는 상태이다. 뚜렷한 신체 증상이 동반되는 것이 특징이다.

정상적인 불안 반응은 앞으로 일어날 일들을 대비하고, 공포 반응은 위협적인 상황에서 자신을 지키기 위해 필요하다. 그러나 불안한 감정이 통제할 수 없을 정도로 지나치게 나타나고, 불안 증상으로 인해 일상생활을 유지하는 것이 어렵다면 병적인 불안일 수 있다. 병적인 불안은 ① 특별한 이유 없이 불안 및 초조감을 호소하는 경우, ② 심장마비나 질식과 같은 위급한 증상을 호소하지만 신체적 검사에서 특별한 원인을 찾을 수 없는 경우, ③ 두려워하는 대상이나 상황에 노출될 때 다른 사람에 비해 지나치게 불안 증상을 경험할 때 의심해 볼 수 있다.

DSM 체계에서의 불안장애

- DSM－Ⅰ(1952)
  - 신경증의 가장 중요한 특징을 불안으로 보았다.
- DSM－Ⅱ(1968)
  - 불안장애가 신경증의 하위 범주로 유지되었다.
  - DSM－I에서 반응(reaction)이 신경증(neurosis)으로 명칭이 대체되었다.
- DSM－Ⅲ(1980)
  - 불안장애에 대한 분류와 정의가 구체화되었다. 즉, 불안장애에 대한 세부적 진단기준이 제시되었다.
  - 신경증의 개념이 사라지면서 불안이 범주화되었다. 그래서 불안신경증이 공포장애와 불안장애로 구분되었다.
  - 범불안장애의 고유한 특수성을 정의하지 않은 채 단순히 다른 질환의 진단기준에 부합하지 않는 나머지 증상의 집합으로 간주하는 문제가 있었다. 또한 불안장애를 계층적으로 다른 정신질환들보다 하위 수준으로 두어 우울장애와 불안장애의 동시 진단이 불가능하였다.
- DSM－Ⅲ－R(1987)
  - DSM－III에서 논란이 된 계층적 구조를 폐기하여 불안장애와 우울장애의 동시 진단이 가능하게 되었다.
  - 공황장애와 범불안장애의 기준을 소폭 수정하였다.

- DSM－Ⅳ(1994) 및 DSM－Ⅳ－TR(2000)
  - 불안장애의 진단기준을 현상에 대한 서술에 근거하여 세부적으로 제시하였다. 따라서 이전에 비해 진단이 용이해졌다.
  - 범불안장애의 기준을 '실제적인 걱정과 관련 없는 상태'에서 '일상적이고 기본적인 상황'에서 발생하는 증상으로 진단기준을 수정하였다. 그러나 그 결과 오히려 현실적 불안과 병적 불안을 구별하는 것이 모호해지는 문제가 대두되었다.
- DSM－5(2013)
  - 불안장애, 강박장애 및 관련 장애, 외상 및 스트레스 관련 장애로 각각 범주화하였다.
  - 사회불안장애를 비롯한 몇몇 불안장애의 진단 역치가 필요 이상으로 낮아졌으며, DSM－IV에서 확인되었던 범불안장애와 혼합형 불안장애 및 우울장애 진단기준의 모호함이 해소되지 않았다.

<표 6-1> DSM 체계의 변천에서 불안장애 유형의 변화

DSM－Ⅰ	공포 반응, 불안 반응, 강박 반응, 우울 반응, 전환 반응, 해리 반응
DSM－Ⅱ	공포 신경증, 불안 신경증, 강박 신경증, 우울 신경증, 히스테리 신경증, 신경 쇠약 신경증, 이인증 신경증
DSM－Ⅲ	• 공포장애 : 공황발작을 동반하는 광장공포증, 공황발작을 동반하지 않는 광장공포증, 단순공포증, 사회공포증 • 불안장애 : 공황장애, 범불안장애, 강박장애, 외상 후 스트레스 장애
DSM－Ⅲ－R	공포증이 없는 공황장애, 공포증이 있는 공황장애, 공황장애 병력이 없는 공포증, 단순공포증, 사회공포증, 강박장애, 외상 후 스트레스 장애, 범불안장애
DSM－Ⅳ	공포증이 없는 공황장애, 공포증이 있는 공황장애, 공황장애 병력이 없는 공포증, 특정(단순)공포증, 사회공포증, 강박장애, 외상 후 스트레스 장애, 범불안장애
DSM－Ⅳ－TR	공포증이 없는 공황장애, 공포증이 있는 공황장애, 공황장애 병력이 없는 공포증, 특정공포증, 사회공포증, 강박장애, 외상 후 스트레스 장애, 급성 스트레스 장애, 범불안장애, 일반적인 의학적 상태로 인한 불안장애, 물질 유발 불안장애(별도로 명시되지 않음)
DSM－5	분리불안장애, 선택적 함구증, 특정공포증, 사회불안장애(사회공포증), 공황장애, 광장공포증, 범불안장애, 물질 유발 불안장애, 일반적인 질환으로 인한 불안장애(기타 특정 불안장애, 불특정 불안장애)

불안장애의 유형

DSM-5-TR에서 불안장애의 유형을 분리불안장애, 선택적 함구증, 특정공포증, 사회불안장애, 공황장애, 광장공포증, 범불안장애로 분류하였다.

1. 분리불안장애(Separation Anxiety Disorder)

1) 정의

분리불안장애는 어머니 또는 주 양육자와 같은 애착 대상으로부터 떨어지는 것에 대해서 심한 불안을 나타내는 정서적 장애를 의미한다. 아동이 애착 대상과의 분리에 대해서 발달 단계를 고려했을 때 부적절하고 과도한 불안과 공포를 나타내는 것이다.

2) 주요 증상

다음과 같은 증상 중 3개 이상이 6개월 이상 나타날 때 분리불안으로 진단한다.

1	주요 애착 대상이나 집을 떠나야 할 때마다 심한 불안과 공포를 느낀다.
2	주요 애착 대상을 잃거나 그들에게 질병, 부상, 재난 혹은 사망과 같은 해로운 일이 일어나지 않을까 지속적이고 과도하게 걱정한다.
3	애착 대상과 분리될 수 있는 사건들(예 길을 잃음, 납치 당함, 사고를 당함, 죽음)에 대해 지속적이고 과도하게 걱정한다.
4	분리에 대한 불안 때문에 밖을 나가거나, 집을 떠나거나, 학교나 직장 등에 가는 것을 지속적으로 꺼리거나 거부한다.
5	혼자 있게 되거나 주요 애착 대상 없이 집이나 다른 장소에 있는 것에 대해 지속적으로 과도한 공포를 느끼거나 꺼린다.
6	집을 떠나 잠을 자거나 주요 애착 대상이 근처에 없이 잠을 자는 것을 지속적으로 꺼리거나 거부한다.
7	분리의 주제를 포함하는 반복적인 악몽을 꾼다.
8	주요 애착 대상으로부터 분리되거나, 분리가 예상될 때 반복적인 신체 증상(예 두통, 복통, 메스꺼움, 구토 등)을 호소한다.

분리불안장애 아동의 특징을 살펴보면, 분리불안장애를 가진 아동은 부모, 특히 어머니가 곁에 있어야 안심하며, 헤어질 때는 어머니나 자신에게 나쁜 일이 생겨 다시는 볼 수 없게 될까 봐 불안해하는 경향을 보인다. 이러한 불안은 반복적으로 어머니에게 전화를 걸어 존재를 확인하려는 행동으로 나타나며, 혼자 집에 있지 못하고 잠을 잘 때도 어머니가 곁에 있어야 마음이 놓이는 모습을 보인다. 꿈의 내용도 어머니와 헤어지거나, 어머니나 자신에게 사고가 나는 등 분리와 관련된 주제가 반복적으로 등장한다. 아동은 복통, 두통과 같은 신체 증상을 자주 호소하며, 이는 무의식적으로 어머니의 관심과 사랑을 끌어내기 위한 방식일 수 있다. 특히 학령기 아동의 경우, 이러한 분리불안은 등교거부의 형태로 나타나는데, 이는 어머니와의 분리에 대한 강한 두려움과 함께, 집에 머물면서 받을 수 있는 보살핌이나 정서적 보상에 대한 기대감이 함께 작용하기 때문이다.

3) 임상적 특징

분리불안장애는 아동 및 청소년 집단에서 약 4%의 유병률을 보이며, 남자아이들보다 여자아이들에게서 더 흔하게 나타난다. 연령이 증가하고 청소년기에 가까워질수록 유병률은 낮아지는 경향이 있으며, 주로 18세 이전에 발생한다. 아동의 경우 부모와의 분리에 대해 강한 두려움을 보이며, 나이가 많아질수록 납치나 강도와 같은 구체적인 위험에 대한 공포로 분리불안을 표현하는 경향이 나타난다. 청소년기에는 분리불안의 존재를 부인하지만, 집을 떠나는 것을 주저하거나 제한된 범위에서만 독립적인 활동을 시도하는 특징을 보인다. 성인은 이사나 결혼 등 새로운 변화에 대한 두려움을 가지거나 자녀 및 배우자에 대한 과도한 걱정과 이별에 대한 불안을 드러내기도 한다.

4) 원인

분리불안장애의 원인은 아동의 유전적 기질, 부모의 양육행동, 아동의 인지·행동적 요인이 복합적으로 작용한 결과로 이해된다. 행동억제 기질을 타고난 아동은 분리불안장애를 겪을 가능성이 높으며, 부모와 불안한 애착을 형성한 아동은 관계에 대한 왜곡된 신념과 미숙한 사회적 능력으로 인해 만성적인 불안을 경험할 수 있다(Altman et al., 2009). 부모의 과잉보호는 아동의 독립성을 약화시키고 부모에 대한 의존성을 강화하여 장애 발생 위험을 높이며, 부모가 무의식적으로 분리에 대한 불안을 표출할 경우 자녀에게도 유사한 불안이 내면화될 수 있다. 또한 부모의 질병, 동생의 출생, 잦은 이사와 전학, 부모 간 갈등과 같은 스트레스 요인은 분리불안 증상을 심화시킨다. 인지행동적 관점에서는 애착 대상에 대한 인지적 왜곡이 장애의 원인으로 지적되며, Bell－Dolan 등(1993)은 분리불안장애 아동이 애착 대상을 상실할지 모른다는 인지를 갖고 있으며, 이는 강한 불안을 유발한다고 하였다. Bögels와 Zigterman(2000)은 이들이 모호한 상황을 더 위협적으로 해석하고, 이에 대한 자신의 대처 능력을 과소평가하는 경향을 보인다고 보고하였다.

5) 치료

분리불안장애의 치료는 행동치료, 인지행동치료, 놀이치료 등을 포함한 다각적 접근을 통해 이루어진다. 행동치료는 아동이 부모와 떨어지는 상황에 점진적으로 노출되어 불안이 자연스럽게 감소되도록 유도하며, 아동이 혼자 있는 행동에 대해 긍정적인 강화를 제공함으로써 적응적 행동을 학습하도록 한다. 이 과정에서 체계적 둔감법, 정서적 심상기법, 모델링, 행동강화법 등의 기법이 활용된다.

인지행동치료는 아동의 역기능적인 믿음과 사고가 분리불안 행동을 유발한다는 가정에 기반을 두고 있다. 치료자는 아동과 함께 불안을 유발한 상황과 당시 떠올랐던 생각을 논의하고 그 생각의 근거를 탐색하며 비현실성을 인식하게 한 후, 불안을 유발하는 상황에 대처할 수 있는 현실적인 방안을 함께 모색한다. 이후 실제 상황에서 대처 전략을 시도하고 그 결과를 평가한 뒤, 성공적인 대처가 이루어진 경우 강화물을 제공한다. 이러한 접근은 원활한 의사소통이 가능한 학령기 아동에게 특히 효과적이며, 실제로 인지행동치료를 받은 분리불안장애 아동과 청소년의 약 70%가 현저한 호전을 보였다는 연구결과도 있다(Kendall et al., 1997).

놀이치료는 언어적 표현 능력이 미숙한 아동에게 효과적인 치료 방법으로, 아동이 놀이를 통해 불안을 표출하고 정서적 갈등을 해소할 수 있도록 돕는다. 이는 아동의 불안 증상을 감소시키는 데 효과적일 뿐 아니라 전반적인 발달에도 긍정적인 영향을 미친다고 보고되었다(유미숙, 1999).

2. 선택적 함구증(Selective Mutism)

1) 정의

선택적 함구증은 아동이 말을 할 수 있는 능력이 있음에도 불구하고, 특정한 사회적 상황에서 지속적으로 말을 하지 않는 상태를 말한다. 주로 아동기에 나타나는 불안 기반의 의사소통 장애로 간주된다.

2) 주요 증상

이 장애를 가진 아동은 일반적으로 가정이나 편안한 환경에서는 말을 잘하지만, 학교나 친척과의 만남 등 말하기가 기대되는 사회적 상황에서는 거의 혹은 전혀 말을 하지 않는다. 이러한 아동은 다른 사람과 함께 있을 때 먼저 말을 걸지 않으며, 누군가가 말을 걸어도 반응하지 않는 경우가 많다. 부모나 형제와는 자연스럽게 대화를 나누더라도, 조부모나 사촌, 또래 친구 앞에서는 말을 전혀 하지 않는 경우가 흔하다. 이러한 특성은 자폐스펙트럼장애와 혼동될 수 있지만, 사회적 상호작용 전반에 걸친 결함보다는 특정 상황에 국한된 언어적 억제가 핵심이다. 선택적 함구증을 가진 아동은 종종 학교에 가기를 거부하거나 학업에 어려움을 겪기도 하며, 또래와의 친밀한 관계 형성이 어려워 놀림을 당하거나 고립될 위험이 있다. 이러한 증상이 한 달 이상 지속되고, 다른 의사소통 장애나 발달장애로 설명되지 않을 때 선택적 함구증으로 진단된다.

3) 임상적 특징

선택적 함구증의 시점 유병률은 약 0.03%에서 1% 사이로 보고되며, 학교 환경에서의 발병률은 약 0.71%로 추정된다. 대부분의 경우 5세 이전에 발병하고, 남아보다 여아에게서 더 흔하게 나타나는 경향이 있다. 증상이 수개월 내에 사라지는 경우도 있지만, 치료받지 않고 방치될 경우 수년간 지속되기도 한다. 이 장애는 조기에 발견하고 적절한 심리적 개입을 통해 치료할 수 있는 가능성이 높은 장애이므로 조기 상담과 개입이 중요하다.

4) 원인

선택적 함구증은 사회적 상황에서 강한 불안을 경험하는 아동에게서 주로 나타나는 장애로, 선천적으로 불안에 민감한 기질을 지닌 아동에게 흔하게 나타난다. 이들은 어릴 적부터 심한 수줍음을 보이며 낯선 사람이나 낯선 환경에서 위축된 모습을 자주 보인다. 이러한 불안의 근원은 주 양육자와의 분리불안에서 비롯되는 경우가 많아, 애착 대상과 떨어졌을 때 말을 하지 않는 증상이 나타나기도 한다. 실제로 선택적 함구증을 지닌 아동 중 약 20~30%는 말더듬과 같은 언어적 문제를 함께 가지고 있으며, 이로 인해 사회적 상황에서의 불안이 더욱 증폭될 수 있다. 언어적 자신감의 결여는 타인의 평가에 대한 과도한 두려움과 맞물려 더욱 강한 침묵 반응으로 이어질 수 있다.

5) 치료

선택적 함구증 치료에서 가장 효과적인 접근법으로는 행동수정 기법이 널리 활용되고 있으며, 다양한 행동치료적 전략들이 적용된다. 대표적인 기법 중 하나는 자기모델링(self-modeling)으로, 아동의 언어 행동을 점진적으로 강화하는 방식이다. 첫 단계에서는 아동이 말을 하지 않는 상황(예 학교)에서 교사의 질문에 반응하지 않는 모습을 녹화하고, 두 번째 단계에서는 집에서 아동이 동일한 질문에 자연스럽게 대답하는 장면을 촬영한다. 세 번째 단계에서는 이 두 장면을 편집하여 교사의 질문과 아동의 응답이 자연스럽게 연결된 영상으로 만들고, 마지막 단계에서는 이 편집된 영상을 반복적으로 시청하게 하여 언어 행동에 대한 긍정적 이미지를 내면화하도록 돕는다. 이때 아동이 응답하는 장면이 나올 때마다 칭찬이나 선물 등의 강화 자극을 제공함으로써 동기를 부여한다.

또 다른 기법으로는 신비의 동기 유발물(mystery motivators)이 있으며, 이는 교실 안에 봉투를 설치하고, 봉투 안에 아동의 이름과 간단한 문구, 그리고 아동이 좋아할 만한 보상을 넣어둔다. 아동이 해당 문구를 큰 소리로 읽어 다른 사람들이 들을 수 있도록 말했을 때만 보상을 받을 수 있도록 하여, 호기심과 흥미를 자극하며 자연스럽게 말하기 행동을 유도한다.

둔감법(desensitization)은 언어 표현에 대한 두려움을 줄이기 위한 점진적 노출 기법으로, 처음에는 이메일이나 온라인 채팅과 같은 간접적인 방식으로 의사소통을 시작한 뒤, 점차 익숙한 대상과의 대면 대화를 유도하고, 이후 낯선 대상과의 대화로 확장한다.

또한 자극약화법(stimulus fading)은 아동이 말을 잘하는 친밀한 인물과 놀이를 하면서 대화를 유도하고, 놀이에 몰입한 상태에서 점차 새로운 사람이 옆에 자연스럽게 참여하도록 하여 말하기에 대한 불안을 줄이고 언어 표현을 확대하는 데 도움을 준다.

이러한 다양한 기법들은 아동의 말하기 행동을 점진적으로 강화하고, 사회적 상황에 대한 불안을 감소시키며, 일상생활에서의 의사소통 능력을 향상시키는 데 효과적이다.

3. 특정공포증(Specific Phobia)

1) 정의

특정공포증은 특정한 대상이나 상황에 대해 지속적이고 비합리적인 두려움과 회피행동을 나타내는 불안장애의 일종이다. '공포증(Phobia)'이라는 용어는 고대 그리스어 'Phobos'에서 유래된 말로, '두려움', '공황', '놀람', '도망침' 등의 의미를 포함하고 있다. 이 장애는 범불안장애와는 달리 특정한 자극에 의해 유발되는 반응이며, 그 불안의 강도는 매우 극심하여 일상생활에 심각한 영향을 미칠 수 있다.

2) 주요 증상

특정공포증을 가진 사람은 일반적으로 위험하지 않은 대상이나 상황에 직면하거나 이를 상상하는 것만으로도 강한 불안이나 공포를 느끼며, 그 반응은 종종 공황발작으로 이어질 수 있다. 대표적인 공포 유발 자극에는 뱀, 거미, 높은 곳, 폐쇄된 공간, 비행기, 질병, 주사, 혈액 등이 있다. 이러한 자극에 노출되면 거의 예외 없이 즉각적인 공포 반응이 나타나며, 이에 대한 회피행동은 더욱 강화되어 공포증의 악순환을 지속시키는 원인이 된다.

이러한 불안 반응은 개인이 스스로 비합리적이고 과도하다는 것을 인지하고 있음에도 불구하고 조절하기 어렵고, 공포 유발 상황을 피하려는 행동은 오히려 불안을 강화시키는 부정적 강화의 역할을 하게 된다. 일부 환자들은 공포 상황이 다가오기도 전에 예기불안을 경험하며, 그 불안은 일상 기능을 심각하게 저해할 수 있다.

특정공포증은 일반적으로 6개월 이상 지속되며, 이로 인해 개인은 심리적 고통을 경험하거나 사회적·직업적 기능에 현저한 지장을 받게 될 때 진단될 수 있다. 진단 시에는 실제 자극의 위험성과 사회문화적 맥락을 함께 고려해야 하며, 단순한 혐오나 싫어함과 구분되어야 한다. 이처럼 특정공포증은 단순한 불안 반응을 넘어서 삶의 여러 영역에 장애를 초래할 수 있으므로, 조기 개입과 치료가 필요하다.

3) 임상적 특징

특정공포증은 매우 흔한 심리적 문제로, 일반 인구의 평생 유병률은 약 10~11.3%, 1년 유병률은 약 9%로 보고된다. 남성보다 여성에게서 약 2배 정도 더 흔하게 나타나며, 특히 청소년기에 빈도가 높은 편이다. 일반적으로 특정공포증은 평균적으로 청소년기 중반 무렵에 처음 발병하는 경우가 많지만, 공포의 대상이나 하위 유형에 따라 발병 시기에는 차이가 있을 수 있다. 예를 들어, 동물이나 자연 환경에 대한 공포는 비교적 어린 시기에 나타나는 반면, 특정한 상황에 대한 공포는 청소년기 이후에 발생하기도 한다. 특정공포증은 치료받지 않을 경우 만성적인 경과를 보이는 경우가 많고, 일상생활의 다양한 영역에 부정적인 영향을 미칠 수 있다.

4) 원인

특정공포증의 원인은 기질적 요인과 환경적 스트레스 요인이 복합적으로 작용한 결과로 이해되고 있다. 특히 공포 반응이 쉽게 유발될 수 있는 생물학적 소인을 지닌 사람이 지속적인 스트레스에 노출될 경우 발병 가능성이 높아진다고 본다. 뇌의 신경회로 중 감정 반응과 관련된 편도체의 과잉 활성화는 특정 자극에 대한 과민 반응과 연관될 수 있다.

심리사회적 요인도 중요한 역할을 한다. 정신분석적 입장에서는 특정공포증을 무의식적 갈등, 특히 오이디푸스 콤플렉스나 거세불안과 같은 심리·성적 갈등에서 비롯된 억압된 정서의 표현으로 이해한다. 반면, 행동주의적 관점에서는 공포증이 고전적 조건형성과 관찰학습 등을 통해 획득된다고 본다. 예를 들어, 어떤 대상에 대한 부정적인 경험이 반복되거나, 부모나 주변 인물로부터 특정 대상에 대한 공포 반응을 관찰하거나 경고를 들었을 경우 이러한 정보가 학습되어 공포증으로 발전할 수 있다. 또한 매스미디어에서 반복적으로 노출되는 자극도 공포의 인지적 구성을 강화하는 요인으로 작용할 수 있다.

5) 치료

특정공포증의 치료에는 행동치료 중심의 다양한 기법들이 활용되며, 그중에서도 체계적 둔감법은 가장 널리 사용되는 대표적인 치료법이다. 체계적 둔감법은 불안을 유발하는 자극을 약한 것부터 강한 것까지 불안위계로 설정한 후, 긴장 이완훈련을 통해 이완 반응을 학습시키고 점진적으로 불안 자극에 노출되도록 하여 공포 반응을 점차 줄여나가는 방식이다. 이 기법은 공포에 대한 회피 반응을 줄이는 데 효과적이며, 반복적인 노출을 통해 공포자극에 대한 인식이 긍정적으로 변화된다.

또한 홍수법(flooding)도 특정공포증 치료에 사용되는 행동주의적 기법으로, 공포자극에 한꺼번에 집중적으로 노출시켜 공포 반응을 급격히 감소시키는 것을 목표로 한다. 홍수법은 공포에 수반되는 생리적 반응이 시간이 지나면서 점차 사라진다는 원리에 기반하며, 실제 상황뿐만 아니라 상상(심상) 속의 자극에 노출시키는 방식으로도 적용할 수 있다. 그러나 자극이 매우 강렬할 수 있으므로, 내담자의 상태와 치료 동기를 충분히 고려한 후 적용해야 한다.

참여자 모방학습법은 공포자극에 노출된 모델의 행동을 관찰하고 직접 참여하는 과정을 통해 이루어지는 기법이다. 내담자는 공포 대상과 접촉하는 타인의 행동을 관찰하고, 점진적으로 자신의 행동에 통합함으로써 공포 반응을 약화시키고 자신감을 회복할 수 있다.

이완훈련은 특정공포증 치료에서 심리생리학적 접근으로 활용되며, 공포로 인해 유발되는 생리적 긴장을 조절하는 데 초점을 둔다. 내담자는 근육의 긴장과 이완을 반복적으로 인식하고 연습하면서 심리적 안정과 신체적 이완을 유도하고, 불안 자극에 보다 효과적으로 대응할 수 있는 능력을 기르게 된다. 이러한 치료들은 내담자의 개인적 특성과 공포자극의 특성에 따라 적절히 조합되어 활용될 수 있다.

6) 자살 위험

특정공포증을 가진 사람들은 그렇지 않은 사람들에 비해 자살 시도를 할 확률이 약 60% 더 높은 것으로 보고되고 있다. 이러한 높은 자살 위험은 특정공포증 자체의 영향뿐만 아니라 종종 함께 나타나는 다른 정신질환, 예를 들어 성격장애나 범불안장애, 우울장애 등과의 공존(comorbidity)에 기인할 수 있다. 특히 공포자극에 대한 지속적인 회피와 불안, 삶의 전반적인 기능 저하가 심리적 고통을 증폭시키고, 이로 인해 무기력감이나 절망감을 경험할 가능성이 커지면서 자살 위험도 증가할 수 있다. 따라서 특정공포증을 평가하고 치료할 때에는 반드시 자살 위험성을 함께 고려하고, 동반된 정신질환의 유무와 정서적 상태를 면밀히 파악하는 것이 중요하다.

4. 사회불안장애(Social Anxiety Disorder)

1) 정의

사회불안장애는 타인과 상호작용해야 하는 사회적 상황에서 강한 두려움과 불안을 느끼고, 이를 회피하려는 경향을 특징으로 하는 장애이다. 이전에는 '사회공포증(Social Phobia)'으로 불리기도 했다. 이 장애는 타인의 평가나 시선에 대한 민감성과 관련이 깊으며, 부정적인 평가에 대한 두려움이 핵심적인 심리적 요인이다.

2) 주요 증상

사회불안장애를 가진 개인은 다른 사람에게 관찰되거나 평가받을 수 있는 사회적 상황에서 현저한 공포나 불안을 경험한다. 특히 타인으로부터 부정적인 평가를 받을 수 있다는 생각에 사로잡혀, 당황하거나 불안한 모습을 보일까 봐 걱정한다. 이런 사회적 상황에 노출되면 거의 예외 없이 불안 증상이 유발되며, 이를 피하기 위해 상황을 회피하거나 심한 긴장을 보이기도 한다. 이로 인해 회피행동이 반복되고 삶의 기능이 저하되며, 공포가 실제 상황의 위험 수준이나 사회문화적 맥락에 비해 과도한 것으로 판단될 경우 진단이 내려진다. 이러한 증상이 6개월 이상 지속되고, 개인의 사회적 · 직업적 기능에 심각한 장애를 초래할 경우 사회불안장애로 진단된다.

3) 임상적 특징

사회불안이나 수줍음은 일반적으로 흔한 심리적 특성이며, 대학생 집단에서는 약 40%가 이런 경향을 보이는 것으로 알려져 있다. 사회불안장애는 평생 유병률이 3~13%로 보고되며, 불안장애 중에서도 유병률이 높은 편에 속한다. 다른 정신질환과의 공존율이 높아 우울장애, 회피성 성격장애, 알코올 남용 등의 문제를 동반하는 경우가 많다. 일반 인구에서는 여성의 유병률이 다소 높지만, 임상적으로 진료를 받는 환자군에서는 남성 비율이 더 높거나 비슷한 수준으로 나타난다. 특히 한국과 일본 등 동아시아 문화권에서는 대인공포증이라는 형태로 사회불안이 나타나는 경우가 많으며, 이는 '자신이 타인에게 폐를 끼칠까 봐 두려워하는' 정서가 주된 특징이라는 문화적 특수성을 반영한다.

4) 원인

사회불안장애의 발생에는 생물학적 · 심리적 · 인지적 요인이 복합적으로 작용한다. 먼저 생물학적으로는 자율신경계가 불안정하여 다양한 자극에 쉽게 흥분하는 경향이 있으며, 수줍음, 사회적 불편감, 회피행동, 낯선 사람에 대한 두려움과 같은 기질적 특성도 사회불안과 관련이 있다. 유전적 요인 또한 관여하는 것으로 보고되며, 예를 들어 사회불안장애의 일치율은 일란성 쌍둥이에서 24.4%, 이란성 쌍둥이에서 15%로 나타났다.

정신분석적 입장에서는 사회불안을 무의식적인 갈등이 사회적 상황에 투사된 결과로 해석한다. 대상관계이론에서는 유아기 초기 양육자와의 관계 경험이 자아 형성과 사회적 관계 형성에 중요한 영향을 미친다고 보고, 어머니와의 불안정한 애착이 이후 사회적 상황에서의 불안을 유발할 수 있다고 본다.

인지적 관점에서는 사회불안장애를 지닌 개인들이 일반적으로 '자신은 타인에게 호감을 주지 못한다'는 부정적인 자기개념을 지니며, '다른 사람에게 좋은 인상을 주어야 한다'는 강한 동기를 가지고 있다고 본다. 이들은 사회적 평가에 매우 민감하고, 사소한 실수도 타인에게 크게 비판받을 것이라는 믿음을 갖고 있어 사회적 상황에 대한 자기평가가 부정적으로 형성된다. 이런 경험들이 누적되면 반복적으로 불안과 좌절을 경험하게 되고, 결국 사회적 상황을 피하는 회피적 대처 전략을 선택하게 된다.

Clark과 Wells(1995)는 사회불안장애의 인지모델을 제시하면서, 과거의 경험을 통해 과도한 기준, 부정적 자기신념, 사회적 평가에 대한 민감성이 형성된다고 설명하였다. 이러한 역기능적 신념은 사회적 상황에서 자동적으로 활성화되어 부정적 해석과 과도한 위협 인식을 유발한다. 이 과정에서는 세 가지 변화가 함께 나타난다. 첫째, 얼굴이 붉어지는 등의 신체적 반응이나 주의가 산만해지는 인지적 반응이 일어나고, 둘째, 손 떨림을 감추기 위해 마이크를 꽉 잡는 등의 '안전행동'이 수행되며, 셋째, 자기초점적 주의가 증가하면서 타인 시선에 지나치게 민감해지고 자기 이미지를 과도하게 부정적으로 해석하게 된다.

또한 사회적 수행 후에는 자신의 행동을 반복적으로 부정적으로 곱씹는 '사후 반추사고(post-event rumination)'가 나타난다. 이 반추는 반복적이고 침투적인 특성을 가지며 수치심을 유발하여 사회적 상황에 대한 공포를 강화하고, 미래에 대한 예기불안을 증가시킴으로써 자기효능감을 저하시키고 사회불안을 유지시키는 원인이 된다. 흥미롭게도 일부 사람들은 타인으로부터 긍정적인 평가를 받는 것조차 두려워하는데, 이는 긍정적 평가가 주목을 유발하고 그로 인해 더 많은 사회적 요구나 부담이 따를 것이라는 두려움에서 비롯된다. 이처럼 사회불안장애는 다양한 심리적 과정과 인지적 왜곡이 상호작용하면서 발생하고 유지된다.

5) 치료

사회불안장애 치료는 인지적 왜곡의 수정과 회피행동 감소, 심리적 수용 증진 등을 목표로 다양한 접근이 활용된다. 인지행동적 집단치료는 가장 널리 사용되는 방법 중 하나로, 사회적 상황에서의 부정적인 사고와 신념을 인지적으로 재구성하여 수정하는 데 초점을 둔다. 치료 과정에서는 집단 구성원들 앞에서 발표를 반복적으로 수행하게 하여 두려운 사회적 상황에 점진적으로 노출되도록 하며, 발표자와 청중의 역할을 바꾸어 연습함으로써 사회적 상호작용에 대한 자신감을 증진시킨다. 또한 긴장 이완훈련을 병행하여 신체적 불안을 완화하도록 돕는다.

최근에는 마음챙김 및 수용 기반 치료(MABT : Mindfulness and Acceptance-Based Therapy)도 사회불안장애에 효과적인 치료법으로 주목받고 있다. 이 접근은 현재 순간에 대한 알아차림을 통해 자기초점적 주의를 감소시키고, 비판단적인 수용을 통해 불안을 유발하는 회피행동을 줄여 불안의 악순환을 차단하는 데 목적이 있다. 특히 사회적 상황에서 발생하는 자동적 부정 평가와 관련된 생각을 단지 하나의 '생각'으로 인식하는 연습을 통해 심리적 유연성을 높이고, 불안 속에서도 의미 있는 행동을 할 수 있도록 지원한다.

약물치료도 병행될 수 있으며, 베타차단제, 삼환계 항우울제, MAO 억제제, 선택적 세로토닌 재흡수 억제제(SSRIs) 등이 사용된다. 이러한 약물은 공황 반응, 불안 수준을 조절하는 데 일시적인 도움을 줄 수 있으나, 약물 중단 시 증상이 재발하는 경향이 있어 장기적인 해결책으로는 한계가 있을 수 있다. 따라서 약물치료는 심리치료와 함께 사용될 때 더 효과적이며, 환자의 상태에 따라 적절하게 병행 여부를 결정해야 한다.

5. 공황장애(Panic Disorder)

1) 정의

공황장애는 예기치 못한 상황에서 갑작스럽게 극심한 공포와 불안을 경험하는 공황발작(panic attack)을 반복적으로 겪는 정신질환이다. 공황발작은 죽음에 이를 것 같은 강렬한 불안 상태로, 뚜렷한 외적 원인 없이 갑작스럽게 발생하며, 신체적·심리적 고통이 동반된다. 이러한 발작이 반복적으로 나타나고, 그에 대한 지속적인 걱정이나 부적응적인 행동의 변화가 한 달 이상 이어질 때 공황장애로 진단된다.

2) 주요 증상

공황장애는 다음의 13가지 증상 중 4개 이상이 갑작스럽게 나타나고, 증상이 수 분 이내에 최고조에 도달하는 공황발작을 포함한다.

① 심장이 두근거리거나 심장박동이 빨라짐
② 진땀이 남
③ 떨림 또는 몸이 흔들림
④ 숨이 가쁘거나 답답한 느낌
⑤ 질식할 것 같은 감각
⑥ 흉통 또는 가슴의 압박감
⑦ 메스꺼움이나 복부 불편감
⑧ 어지러움, 현기증, 실신할 것 같은 느낌
⑨ 한기나 열감
⑩ 감각 이상(저림, 마비 등)
⑪ 비현실감(이탈감) 또는 자아 이탈감
⑫ 통제 상실 또는 미칠 것 같은 두려움
⑬ 죽음에 대한 공포

이러한 공황발작 이후 한 달 이상 다음 중 하나 이상이 지속될 경우 공황장애로 진단된다.

① 공황발작이나 그에 대한 후유증에 대한 지속적인 걱정
② 공황발작에 대한 부적응적인 행동 변화(예 외출 회피)

또한 증상은 약물이나 다른 의학적 질환에 의한 것이 아니며, 다른 정신질환으로 더 잘 설명되지 않아야 한다.

3) 임상적 특징

공황장애는 갑작스러운 공황발작 이후, 그 발작이 다시 발생할 것에 대한 강한 두려움인 예기불안을 동반한다. 이로 인해 개인은 발작을 유발할 수 있는 상황을 회피하거나 일상생활에서 다양한 부적응적 행동을 보이게 된다. 공황장애는 건강염려증으로 이어질 수 있으며, 광장공포증을 함께 겪는 경우도 많다. 실제로 공황장애 환자의 약 절반은 광장공포증을 동반한다.

평생 유병률은 1.5~3.5%로 보고되며, 우리나라에서는 공황발작 경험률이 약 3~4%, 공황장애 유병률은 2~3% 내외로 추산된다. 여성에게서 남성보다 2~3배 더 많이 나타나며, 주로 청소년기 후반에서 30대 중반 사이에 발병하고, 평균 발병 연령은 25세 전후이다.

공황장애는 만성화되는 경향이 있으며, 환자의 약 50%는 경미한 증상을 유지하지만, 10~20%는 일상생활에 상당한 지장을 받는 중증 상태로 이어질 수 있다. 만성적으로 증상을 겪는 환자의 40~80%는 우울증을 함께 경험하며, 자살 위험이 높아지는 경우도 있다. 또한 일부 환자에게서는 알코올이나 약물남용, 강박증, 건강염려증 등이 함께 나타날 수 있다.

4) 원인

공황장애의 원인에 대해서는 다양한 이론들이 제시되고 있으며, 생물학적·유전적·정신역동적·인지적 요인이 서로 복합적으로 작용한다고 이해되고 있다.

먼저 생물학적 요인으로는 자율신경계의 조절 이상이 공황발작의 핵심 기제로 간주된다. 과잉호흡이론(hyperventilation theory)은 혈중 이산화탄소(CO_2) 수준을 낮게 유지하려는 생리적 반응이 과잉호흡을 유발하고, 이로 인해 신체 불균형이 발생하여 공황발작을 촉진한다고 설명한다. 질식오경보이론(suffocation false alarm theory)은 Klein(1994)이 제안한 이론으로, 공황장애는 특정 생화학적 기전의 이상에 의해 발생한다고 주장한다. 이 이론에 따르면 일부 개인은 CO_2 수준의 변화에 지나치게 민감한 생리적 취약성을 지니며, 뇌의 질식감지 중추가 잘못된 경보를 발신함으로써 질식에 대한 극심한 불안과 함께 공황발작이 발생한다. 락테이트, 요힘빈, 카페인, 과잉호흡 등 생화학적 자극이 이러한 잘못된 경보를 유발할 수 있다.

유전적 요인 역시 중요하게 거론된다. 공황장애 환자의 가족 중 같은 질환을 앓는 경우가 일반인보다 4~8배 높으며, 일란성 쌍둥이의 발병률이 이란성 쌍둥이에 비해 훨씬 높은 것으로 나타났다. 이는 유전적 소인이 공황장애의 발생에 일정한 영향을 준다는 근거가 된다.

정신분석적 입장에서는 공황발작을 무의식적 갈등의 표현으로 본다. 특히 스트레스가 많은 시기에 자아의 방어기제가 불안을 억제하지 못할 때 공황발작이 나타난다고 본다. 또한 공황발작은 어린 시절의 분리불안이나 상실 경험과 연결되어 있으며, 이러한 무의식적 상실의 재경험이 성인기의 공황 증상으로 드러날 수 있다고 본다.

인지적 이론에서는 공황발작의 핵심 원인을 신체감각에 대한 파국적 오해석(catastrophic misinterpretation)으로 본다. Clark(1986)은 외적 자극(예 밀폐된 공간)이나 내적 자극(예 심장 두근거림, 어지러움 등)에 대해 개인이 이를 위협적인 신호로 해석하면서 불안이 가중되고, 이로 인해 신체감각이 더욱 뚜렷해지며 공황발작이 발생하는 악순환이 형성된다고 설명했다. 이러한 악순환은 생물학적 취약성과 상호작용하여 증상을 더욱 악화시킬 수 있다.

더 나아가, Sandin 등(2015)은 3요인 인지모델(tripartite cognitive model)을 통해 공황장애가 다음의 세 가지 인지 요인에 의해 유지된다고 보았다. 첫째, 불안 민감성(anxiety sensitivity)은 불안 자체가 신체적·정신적·사회적으로 해를 끼칠 수 있다는 믿음이다. 둘째, 파국적 오해석은 신체 내부 감각을 과도하게 부정적으로 해석하는 경향이다. 셋째, 공황적 자기효능감(panic self-efficacy)은 공황발작을 통제하거나 대처할 수 없다는 인식으로, 이는 무기력감을 유발하고 공황의 지속과 반복을 초래할 수 있다.

이처럼 공황장애는 단일 요인보다는 유전적 소인, 생리적 반응, 초기 애착경험, 인지적 해석이 상호작용하여 발생하고 유지되는 복합적인 심리적 문제로 이해되고 있다.

5) 치료

공황장애의 치료는 약물치료와 심리치료를 병행하는 방식이 가장 효과적인 것으로 보고되고 있다. 약물치료에서는 벤조다이아제핀(Benzodiazepine) 계열의 약물이 사용되며, 이는 공황 증상을 빠르게 완화시키는 데 효과적이다. 그러나 신체적·심리적 의존 가능성이 높아 단기적인 사용만 권장된다. 삼환계 항우울제는 공황 증상 완화에 도움이 되지만, 어지러움, 입 마름, 변비, 성기능 저하 등의 부작용이 발생할 수 있어 주의가 필요하다. 선택적 세로토닌 재흡수 억제제(SSRIs)는 공황장애 치료에서 가장 널리 사용되는 약물로, 비교적 안전하지만 일부 환자에게서 성기능 저하나 위장 장애 등의 부작용이 나타날 수 있다.

심리치료 중에서는 인지행동치료(CBT)가 공황장애 치료에 가장 효과적인 접근으로 인정받고 있다. CBT는 신체감각에 대한 왜곡된 인지를 교정하고 회피행동을 감소시키는 데 중점을 둔다. 치료에서는 복식호흡 훈련과 점진적 근육이완훈련을 통해 불안을 신체적으로 조절하는 방법을 가르치고, 신체감각에 대한 파국적인 해석을 수정하는 인지적 재구성이 이루어진다. 또한 공황발작을 유발했던 상황이나 장소에 대해 점진적으로 노출시키는 훈련을 통해 회피행동을 줄이고 익숙함을 형성하도록 돕는다.

특히 Barlow와 Craske(2022)가 개발한 공황통제치료(PCT : Panic Control Treatment)는 공황장애 치료의 대표적인 인지행동 접근법으로, 환자에게 '작은 공황발작'을 유도하는 신체감각 노출(interoceptive exposure)을 시행하여 불쾌한 신체감각에 대한 내성을 기르게 한다. 이를 통해 감각에 대한 파국적 오해석을 방지하고, 다양한 불안 조절 기술을 적용하여 환자가 공황 증상을 스스로 관리하고 통제할 수 있도록 훈련한다.

공황장애의 치료는 환자의 증상 정도와 공존 질환 여부, 개인의 특성에 따라 맞춤형 접근이 필요하며, 약물과 심리치료를 병행할 경우 재발을 줄이고 장기적인 회복을 도울 수 있다.

6. 광장공포증(Agoraphobia)

1) 정의

광장공포증은 '광장'을 의미하는 그리스어 'agora'와 '공포증'을 뜻하는 'phobia'가 결합된 용어로, 본래는 넓은 장소에 대한 공포를 의미하였다. 그러나 오늘날 광장공포증은 단순히 넓은 공간 자체에 대한 두려움보다는, 유사시 즉각적으로 탈출하기 어렵거나 도움을 받기 힘든 장소나 상황에 대한 불안과 회피로 정의된다. 최근에는 이와 같은 특성을 반영하여 '임소공포증(離所恐怖症)'이라는 용어가 사용되기도 한다.

광장공포증을 가진 사람들은 혼자 외출하거나, 줄을 서거나, 많은 사람이 모인 거리나 쇼핑몰에 가는 것, 터널, 엘리베이터, 혹은 도중에 내리기 어려운 대중교통 수단(예 지하철, 버스 등)을 이용하는 상황에서 심한 불안을 느끼며, 이러한 장소를 점점 더 회피하게 된다. 이들은 자신이 즉각 탈출할 수 없거나 도움이 필요할 때 받을 수 없는 상황에 놓이게 되는 것을 두려워한다.

한편, 광장공포증은 오랫동안 공황장애와 밀접하게 연관된 증상군으로 여겨져 왔다. 실제로 많은 공황장애 환자들이 공황발작을 경험한 장소나 상황을 피하려 하면서 점차 다양한 장소에 대한 불안과 회피행동으로 발전하는 경우가 흔하다. 사람들로 붐비는 지하철, 밀폐된 비행기, 영화관처럼 빠져나가기 어려운 환경은 공황발작의 유발요인이 될 수 있으며, 이에 대한 두려움이 누적되면서 광장공포증이 형성된다.

DSM-5 진단 체계에서는 광장공포증을 공황장애와 독립된 진단으로 분류하고 있으며, 이는 두 질환이 임상적 특징과 경과에서 구별될 수 있음을 인정한 결과다. 그러나 여전히 공황장애와 광장공포증은 많은 사례에서 동반되는 경우가 많으며, 이 경우 일상생활의 제약이 더욱 심해지고 치료의 복잡성도 증가하게 된다. 따라서 두 질환의 상호작용을 이해하고 개별적인 접근이 필요하다.

2) 주요 증상

광장공포증의 주요 증상은 공포를 유발하는 특정 장소나 상황에 대한 회피행동으로 나타난다. 대표적으로 혼자 외출하거나 대중교통을 이용하는 것, 줄을 서거나 군중이 많은 장소에 있는 것, 엘리베이터나 터널과 같이 탈출이 어렵다고 느껴지는 공간에 머무는 것을 회피하게 된다. 이러한 회피행동은 점차 활동 반경을 제한하게 만들며, 심한 경우 집 밖으로 나가지 못하는 상태에 이르기도 한다. 공포 상황에 직면하면 극심한 불안과 함께 근육의 긴장, 땀 흘림, 심박수 증가, 어지러움 등의 신체 증상이 동반된다.

광장공포증은 공황장애, 일반화된 불안장애, 우울증 등과 같은 다른 정신질환과 함께 나타나는 경우가 많으며, 특히 공황장애와의 동반 유병률이 매우 높다. 실제로 많은 광장공포증 환자들은 반복적인 공황발작의 경험을 통해 특정 장소를 회피하게 되는 과정을 겪는다. 따라서 광장공포증은 종종 공황장애의 이차적인 결과로 발달하기도 하며, 공황장애가 효과적으로 치료될 경우 광장공포증 증상도 함께 완화되거나 사라지는 경향이 있다. 광장공포증의 증상은 환자의 일상생활과 사회적 기능에 중대한 영향을 미치기 때문에 조기 진단과 적절한 개입이 매우 중요하다.

3) 원인

광장공포증을 포함한 불안장애의 정확한 원인은 아직 명확하게 밝혀지지 않았지만, 생물학적·심리적·환경적 요인들이 복합적으로 작용하는 것으로 알려져 있다. 생물학적 측면에서는 세로토닌, GABA, 도파민, 노르에피네프린, CCK 등 다양한 신경전달물질의 기능 이상이 관련되어 있으며, 이러한 신경화학적 불균형은 불안 반응의 과도한 활성화를 초래할 수 있다. 또한 가족력과 같은 유전적 요인도 중요한 위험요소로 여겨진다. 불안장애를 가진 가족구성원이 있는 경우, 광장공포증의 발병 가능성이 높아질 수 있다.

심리사회적 요인으로는 후천적으로 학습된 잘못된 인식과 부정적 신념이 공포 반응을 강화하는 데 영향을 줄 수 있다. 특히, 공황발작을 경험한 후 특정 장소나 상황에 대한 부정적인 기억이 형성되면, 이와 유사한 상황에 대한 회피와 불안이 광장공포증으로 이어질 수 있다. 억제된 스트레스나 억압된 감정 또한 불안의 원인으로 작용하며, 이러한 내적인 갈등이 외부 자극에 의해 촉발될 수 있다.

정신역동적 관점에서는 광장공포증을 어린 시절의 중요한 대상, 특히 어머니와의 분리 경험과 연결 짓는다. 대상관계 이론가들은 당황스럽거나 불안한 상황에서 혼자 있는 것에 대한 공포가 유아기 분리불안의 재경험일 수 있다고 보며, 이는 외부 세계에서 느끼는 불안이 근본적으로는 애착 대상과의 관계에서 비롯된 심리적 불안정성과 관련되어 있다고 해석한다. 특히, 공황발작과 함께 광장공포증이 시작되는 경우는 이러한 내면의 불안과 환경적 조건이 상호 작용한 결과로 이해될 수 있다.

4) 임상적 특징

광장공포증의 유병률은 연령과 성별, 그리고 일부 인구통계학적 요인에 따라 다소 차이를 보인다. 매년 약 1.7%의 청소년과 성인이 광장공포증으로 진단받으며, 여성은 남성보다 약 2배 정도 더 자주 진단된다. 이 장애는 아동기에도 발생할 수 있으나, 주로 청소년기 후기와 성인기 초기에 발병률이 가장 높게 나타난다. 65세 이상 노년층에서도 1년 유병률은 약 1.4%로 보고되며, 문화적·인종적 배경에 따른 유병률의 차이는 크지 않은 것으로 알려져 있다.

광장공포증의 발달과 경과를 살펴보면, 공황장애 환자의 다수가 공황장애 발병 이전에 이미 광장공포증을 경험한 이력이 있다. 광장공포증의 약 3분의 2는 35세 이전에 처음 발병하며, 가장 흔한 발병 시기는 청소년기 후기에서 성인기 초기에 해당한다. 또한 40대에 들어서면서 두 번째로 높은 발병률을 보이기도 한다. 공황장애가 선행되지 않는 경우 광장공포증의 평균 발병 연령은 25세에서 29세 사이로 나타난다.

불안장애, 우울장애, 물질사용장애, 성격장애 등의 심리적 문제가 동반되는 경우에는 광장공포증의 경과에 부정적인 영향을 미칠 수 있다. 장기적으로 광장공포증은 주요우울장애, 지속성 우울장애(기분부전장애), 물질사용장애와 같은 이차적 정신질환의 발병 위험을 높이는 요인이 되기도 한다. 따라서 조기 발견과 통합적인 치료적 접근이 매우 중요하다.

5) 치료

광장공포증의 치료에는 약물치료와 심리치료가 병행되는 것이 일반적이며, 다양한 치료 기법이 통합적으로 적용된다.

약물치료에서는 선택적 세로토닌 재흡수 억제제(SSRIs)와 같은 항우울제나 벤조다이아제핀 계열의 항불안제가 주로 사용된다. 그러나 이러한 약물은 일시적인 불안 완화에는 효과적일 수 있으나, 회피행동 자체를 근본적으로 치료하는 데는 한계가 있다. 특히 벤조다이아제핀은 의존성 문제로 인해 장기 사용에는 주의가 필요하다.

인지치료는 광장공포증 환자가 특정 장소나 상황에서 경험하는 신체감각을 과도하게 위협적인 것으로 해석하는 인지적 왜곡을 수정하는 데 중점을 둔다. 예를 들어, 가슴 두근거림이나 어지러움 같은 신체 증상을 공황발작이나 죽음으로 연결 짓는 파국적 사고를 교정하도록 돕는다.

또한 노출 기법은 광장공포증 치료에 있어 핵심적인 요소로, 두려움을 유발하는 상황에 대해 반복적이고 점진적으로 노출시켜 공포 반응을 약화시키는 데 목적이 있다. 이는 상상 노출(imaginal exposure)이나 실제 노출(in vivo exposure)을 통해 이루어지며, 체계적 둔감법(systematic desensitization)이나 점진적 노출법(gradual exposure)과 같은 방식으로 불안 자극에 대한 민감도를 감소시킨다.

이러한 치료들은 환자의 증상 정도와 특성에 맞춰 적절히 조합되어야 하며, 치료 초기에는 충분한 심리교육과 치료적 신뢰 관계 형성이 병행되어야 보다 효과적인 개입이 가능하다.

7. 범불안장애(GAD : Generalized Anxiety Disorder)

1) 정의

범불안장애는 일상생활의 다양한 사건이나 활동에 대해 과도하고 지속적인 걱정과 불안을 경험하는 상태로, 이러한 걱정은 현실적인 수준을 넘어 통제하기 어려울 정도로 만성적으로 지속되는 것이 특징이다. 이 장애는 개인이 특별한 위협 상황에 처해 있지 않음에도 불구하고 여러 주제에 대해 반복적이고 전반적인 불안 반응을 보이며, 걱정의 내용은 가족, 건강, 직장, 학업 등 매우 광범위하게 나타난다. 이 때문에 '일반화된 불안장애'라고도 불린다. 이러한 불안은 단순한 성격적 걱정이나 스트레스 반응과는 달리 개인의 일상생활, 사회적 기능, 직업적 수행에 현저한 영향을 미치며, 스스로 불안을 통제하거나 중단하려는 노력이 거의 효과를 못 보는 경우가 많다.

2) 주요 증상

범불안장애의 주요 증상은 과도한 불안이나 걱정이 생활 전반에 걸쳐 최소 6개월 이상 지속되는 것이다. 이 불안은 특정 주제에 국한되지 않고 다양한 일상적 사안들, 예를 들면 가족의 건강, 직장 문제, 재정, 학업 등으로 옮겨 다니기 때문에 '부동불안(free-floating anxiety)'이라고도 불린다. 걱정의 강도는 일상적인 스트레스 수준을 훨씬 초과하며, 그 걱정을 스스로 통제하기 어렵다고 느낀다. 진단을 위해서는 초조함, 쉽게 피로해짐, 집중곤란, 신경과민, 근육 긴장, 수면장애 중 적어도 세 가지 이상의 증상이 이러한 불안과 함께 지속되어야 하며, 이 증상이 물질 사용이나 다른 의학적 상태로 인한 것이 아니어야 한다. 또한 불안과 걱정, 그리고 이로 인한 기능상의 손상은 다른 정신질환으로 더 잘 설명되지 않아야 범불안장애로 진단할 수 있다.

3) 임상적 특징

범불안장애는 평생 유병률이 약 5%, 1년 유병률이 약 3%로, 불안장애 중 비교적 높은 유병률을 보인다. 그러나 다른 불안장애에 비해 치료기관을 찾는 비율은 낮은 편인데, 이는 증상이 모호하고 일반적인 일상 불안과 쉽게 혼동되기 때문이다. 범불안장애는 남성보다 여성에게 약간 더 흔하게 나타나며, 여성 환자가 전체의 약 60%를 차지한다. 주로 10대 후반에서 20대 초반 사이에 발병하며, 증상이 만성적으로 지속되는 경향이 있다. 이 장애의 핵심 증상은 생활 전반에 걸쳐 나타나는 과도한 걱정으로, 주된 걱정 주제는 가족의 안전, 직업이나 학업상의 실패, 재정 문제, 미래에 대한 불확실성, 대인관계, 신체

질병 등에 관한 것이다. 이러한 걱정은 비관주의, 완벽주의 성향, 불확실성에 대한 인내 부족, 문제해결에 대한 자신감 결여 등과 연관되어 지속적으로 악화될 수 있다.

4) 원인

범불안장애의 원인은 단일 요인보다는 유전적・생물학적・환경적・심리적 요인이 상호작용하여 발생하는 것으로 이해된다.

유전적 요인으로는 가족력이 있는 경우 범불안장애의 발병 위험이 증가할 수 있다는 점이 주요하게 보고된다. 범불안장애를 앓고 있는 사람의 가까운 친족은 일반적으로 기분장애나 다른 불안장애를 경험할 가능성이 높으며, 특히 범불안장애 발병 위험이 더 높은 경향이 있다. 일부 연구에서는 범불안장애 발병 위험의 약 30% 정도가 유전적 요인에서 기인한다고 추정한다.

뇌의 화학적 요인 역시 범불안장애와 밀접한 관련이 있다. 뇌에서 신경전달물질인 세로토닌, 노르에피네프린, 그리고 감마아미노부티르산(GABA) 등의 균형이 깨질 경우 불안 증상이 유발될 수 있다. 특히 GABA는 신경계의 흥분을 조절하는 억제성 신경전달물질로, 그 기능의 저하는 과도한 불안을 초래할 수 있다.

환경적 요인으로는 스트레스가 많은 생활환경, 만성적인 긴장 상태, 트라우마 경험 등이 있다. 특히 어린 시절의 학대, 방임, 사랑하는 사람의 상실, 이혼, 정서적 고립 등의 경험은 범불안장애의 발병에 영향을 줄 수 있는 중요한 위험요인으로 지목된다.

심리적 요인 또한 범불안장애의 발생에 관여한다. 위험을 과대평가하거나, 자신의 대처 능력을 과소평가하는 경향이 있는 사람은 일상적인 상황을 위협적으로 인식하고, 이에 대해 만성적인 걱정과 불안으로 반응하게 된다. 범불안장애 환자는 일반적인 자극이나 경험조차 위협적으로 해석하는 인지적 왜곡을 보이며, 이러한 해석 방식은 불안과 긴장을 지속시키는 요인이 된다.

이처럼 범불안장애는 다양한 요인의 복합적인 작용을 통해 발병하며, 치료적 접근도 이와 같은 복합성에 근거하여 다면적으로 이루어질 필요가 있다.

5) 치료

범불안장애의 치료는 심리치료, 약물치료, 생활습관 변화 등 다양한 접근을 통합적으로 사용하는 것이 효과적이다.

심리치료 중에서는 인지행동치료(CBT)가 가장 널리 사용되며, 과도한 걱정과 불안을 유발하는 사고 패턴과 행동을 식별하고 이를 보다 적응적인 방식으로 재구성하도록 돕는다. 치료 기법으로는 '걱정사고기록지'를 활용하여 반복적인 걱정의 내용을 구조화해 보고, 하루 중 '걱정하는 시간'을 따로 정해 다른 시간에는 일상생활에 집중하는 연습을 하도록 한다. 또한 반복적으로 걱정의 사고나 심상에 노출시키는 기법을 통해 걱정에 대한 내성을 길러 불안 수준을 감소시키는 방식도 활용된다.

약물치료로는 선택적 세로토닌 재흡수 억제제(SSRIs)나 세로토닌-노르에피네프린 재흡수 억제제(SNRIs)와 같은 항우울제가 주로 사용된다. 또한 항불안제인 부스피론(busipirone)도 사용되며, 이는 의존성 위험이 낮다는 점에서 벤조다이아제핀계 약물보다 선호될 수 있다. 단기적인 증상 완화를 위해 필요한 경우에만 벤조다이아제핀계 약물이 제한적으로 사용된다.

생활습관의 변화도 치료에 중요한 영향을 미친다. 규칙적인 유산소 운동은 불안 감소에 도움이 되며, 명상, 호흡 훈련, 이완 기법 등 스트레스 관리 전략은 심리적 안정감을 높여준다. 또한 카페인 섭취를 줄이고 균형 잡힌 식사를 유지하며 충분한 수면을 취하는 것도 증상 완화에 기여한다.

이러한 치료는 내담자의 특성과 불안의 양상에 따라 개별적으로 조정되어야 하며, 장기적이고 지속적인 관리를 통해 치료 효과를 극대화할 수 있다.

불안장애에 대한 상담사의 개입

불안장애는 전 세계적으로 가장 흔한 정신건강 문제 중 하나로, 전 인구의 약 4%가 이를 경험하고 있다. 2019년 기준 약 3억 100만 명이 불안장애를 앓고 있었으며, 여성은 남성보다 더 많이 영향을 받는 것으로 나타났다. 불안장애는 대개 어린 시절이나 청소년기에 시작되며, 적절한 치료법이 존재함에도 불구하고 전체 환자 중 25% 정도만 치료를 받고 있다. 이러한 낮은 치료율은 정신건강, 특히 불안장애에 대한 인식 부족, 사회적 낙인, 치료 접근성의 한계 등 다양한 장벽에서 기인한다(Our World in Data).

1. 낙인의 문제

1) 낙인의 개념

낙인은 개인에게 심각한 불명예나 수치를 불러일으키는 특정한 속성을 의미하며, 사회적으로 부정적인 평가와 배제를 유발할 수 있다(Goffman, 2022). Goffman은 낙인을 세 가지 유형으로 분류하였는데, 첫째는 '신체적 기형이나 질병 등 신체적인 혐오', 둘째는 '의지력 부족, 정신질환, 중독 등 성격상의 결함', 셋째는 '인종, 민족, 종교 등과 관련된 집단적 낙인'이다. 이 가운데 정신질환에 대한 낙인은 둘째 유형인 성격상의 결함 범주에 해당한다.

정신질환과 관련된 낙인은 흔히 개인이 나약하거나, 스스로 통제하지 못하거나, 위험하거나 완고하며, 때로는 비도덕적이거나 부정직하다는 왜곡된 믿음에서 비롯된다. 이러한 낙인은 단순히 특정 부정적 속성에 대한 사회적 인식에 그치지 않고, 인지적 고정관념(stereotype), 감정적 편견(prejudice), 행동적 차별(discrimination)로 이어지는 연속적인 과정으로 작용한다(Overton & Medina, 2008; Penn & Martin, 1998). 따라서 낙인은 개인의 정체성과 사회적 관계에 심각한 영향을 미치며, 특히 정신질환자에 대한 부정적 인식은 치료 회피, 사회적 고립, 자존감 저하 등 부정적인 결과로 이어질 수 있다.

2) 낙인의 종류

낙인은 그 형태에 따라 여러 유형으로 구분되며, 각각의 유형은 정신질환에 대한 사회적 인식과 개인의 태도, 행동에 다양한 영향을 미친다.

첫째, 사회적 낙인(public stigma)은 정신질환자에 대해 사회 전체가 공유하거나 공유한다고 인식되는 부정적인 태도와 고정관념을 말한다. 이는 특정 집단에 대해 사회적으로 부정적인 평가와 차별적 반응을 유도하며, 정신질환자에 대한 전반적인 부정적 이미지 형성에 영향을 미친다.

둘째, 개인적 낙인(personal stigma)은 정신질환을 지닌 사람에 대해 개인이 갖는 부정적 태도나 믿음을 의미한다. 즉, 사회적으로 공유된 낙인을 수용한 개인이 정신질환자에 대해 스스로 판단하고 비난하는 경향이다.

셋째, 자기 낙인(self-stigma)은 정신질환자 자신이 사회적 낙인과 편견을 내면화하여 자기 자신을 부정적으로 인식하는 과정이다. 이로 인해 자존감이 낮아지고, 치료나 사회적 지원을 요청하는 데 소극적이 되며, 회복에 부정적인 영향을 미칠 수 있다.

일부에서는 인지된 낙인(perceived stigma)을 구분하여, 타인이 정신질환에 대해 어떻게 생각하거나 반응할 것이라고 개인이 인식하는 수준으로 이해하기도 한다. 이러한 인식은 실제 경험 여부와 무관하게 사회적 낙인의 영향을 예측하는 중요한 심리적 요인으로 작용할 수 있다.

3) 낙인의 영향

정신질환에 대한 사회적 낙인은 치료 접근을 어렵게 만드는 주요 요인 중 하나이다. 많은 사람들이 낙인찍히는 것을 두려워해 자신의 정신질환을 숨기고, 이로 인해 적절한 치료를 받지 못하게 된다. 이 같은 치료 회피는 증상의 악화를 초래하고, 결국 더 심각한 문제로 이어져 사회의 편견과 차별을 강화하는 악순환을 낳는다.

2022년 국립정신건강센터의 「국가 정신건강 현황 보고서」에 따르면, 정신질환에 대한 사회적 인식은 여전히 부정적인 경향이 강하게 나타난다. 응답자의 64%는 정신질환이 있는 사람은 그렇지 않은 사람보다 더 위험하다고 생각한다고 답했으며, 26.9%는 보통이라고 응답했고, 반대는 9.1%에 불과했다. 또한 정신질환자들이 사회에 기여하기 어렵다고 생각하는 비율은 25.6%였고, 보통이라는 응답은 36.9%, 반대는 37.6%로 나타났다.

자신이 정신질환에 걸렸을 경우, 그것을 개인의 문제로 인식하겠다고 응답한 비율도 43.9%로 높게 나타났으며, 보통은 34.9%, 반대는 21.3%였다. 정신질환이 있는 사람과 함께 일할 수 있다고 동의한 비율은 33.1%였으며, 보통은 48.2%, 반대는 18.8%였다. 또한 정신질환자 이용시설이 자신의 거주지 인근에 들어오는 것을 받아들일 수 있다고 응답한 비율은 36.0%였고, 보통 43.8%, 반대는 20.2%로 조사되었다. 이러한 통계는 우리 사회가 여전히 정신질환자에 대해 많은 편견과 거리감을 갖고 있음을 보여준다.

4) 불안장애와 낙인

불안장애와 낙인에 대한 Curcio와 Corboy(2020)의 연구는 낙인이 불안장애 환자의 치료와 회복에 미치는 영향을 다양한 차원에서 분석하고 있다.

첫째, 사회적 낙인은 불안장애를 '질병'이 아닌 '나약함(weak－not－sick)'으로 간주하는 고정관념에 기반하고 있으며, 이러한 인식은 사회적 거리감을 증가시키고 불안장애를 겪는 이들이 도움을 요청하는 데 심각한 장벽으로 작용한다. 특히, 범불안장애에 대한 사회적 낙인은 개인적 낙인보다 더 지속적이고 강하게 나타나는 경향이 있다.

둘째, 개인적 낙인은 개인이 불안장애를 약점이나 결함으로 인식하는 태도를 의미하며, 이는 성별과 문화적 배경에 따라 차이를 보인다. 연구에 따르면, 남성이 여성보다 더 높은 개인적 낙인을 가지고 있으며, 비서구 문화권에서 그 정도가 더욱 두드러지게 나타난다. 반면, 과거 불안장애 진단을 받은 사람들은 개인적 낙인 수준이 낮게 나타나 실제 경험이 낙인을 완화시킬 수 있음을 시사한다. 또한 개인적 낙인이 높을수록 정신건강 문제에 대한 도움 요청 행동은 현저히 낮아진다.

셋째, 자기 낙인은 사회적 편견을 내면화하여 자기 자신을 부정적으로 바라보는 현상으로, 자존감과 희망의 감소로 이어진다. 자기 낙인의 수준이 높을수록 치료 순응도는 낮아지고, 불안 증상의 심각도는 증가하며, 도움을 요청하는 행동이 줄어드는 경향이 있다. 특히, 현재 불안 증상을 경험하는 사람일수록 더 높은 자기 낙인 수준을 보인다는 점에서, 자기 낙인의 영향은 불안 증상의 유지와 악화에 중요한 요인임을 보여준다.

넷째, 도움 요청 행동은 낙인과 밀접한 관련이 있다. 사회적 낙인이나 개인적 낙인뿐 아니라, 특히 자기 낙인은 치료 요청을 주저하게 만들고 그로 인해 불안 증상이 악화되거나 회복이 지연되는 결과로 이어질 수 있다.

이러한 연구결과는 몇 가지 중요한 시사점을 제공한다. 첫째, 높은 자기 낙인은 치료 불이행과 치료 중단으로 이어질 가능성이 크므로, 자기 낙인을 줄이기 위한 상담 및 심리교육적 개입이 반드시 필요하다. 둘째, '나약한 것이지 아픈 것이 아니다(weak-not-sick)'라는 사회적 고정관념은 회복을 방해하는 주요 장애물이므로, 낙인 방지 프로그램은 이러한 고정관념을 타깃으로 설계되어야 한다. 셋째, 사회적 및 개인적 낙인은 교육과 인식 개선을 통해 줄일 수 있으며, 정신건강에 대한 긍정적 인식을 확산시키는 것이 중요하다. 마지막으로, 치료 프로그램 내에서 낙인 문제를 다루는 것은 치료 순응도를 높이고 예후를 개선하는 데 직접적인 영향을 미친다.

결론적으로, 낙인은 불안장애를 가진 개인의 예후, 치료 순응도, 도움 요청 행동에 중대한 영향을 미치며, 이를 줄이기 위한 다차원적 접근은 정신건강 회복에 있어 필수적인 요소라고 할 수 있다.

2. 정신건강 리터러시

1) 리터러시(Literacy)

우리가 글을 읽고 이해하며 사용하는 능력을 리터러시라고 한다. 현대에 들어와서는 '적응하고 대처하는 능력'으로 그 의미가 확대되었다.

2) 정신건강 리터러시(Mental Health Literacy)

정신건강 리터러시는 마음을 돌보고 건강한 상태로 유지하는 데 가장 기초적이고 핵심적인 능력이다. 현대 사회에 들어서 신체건강과 함께 건강의 중요한 부분으로 인식되고 있는 정신건강은 그 중요성이 점차로 강조되고 있다. 세계보건기구는 전 세계 인구의 20%에서 정신질환을 경험하며, 이로 인한 사회적 비용의 급증이 예상된다고 보고하였다.

그러나 2013년 세계보건기구 정신건강 조사 보고에서는 세계적으로 정신건강에 대한 치료의 필요성을 제대로 인식하지 못하는 것과 정신건강 치료에 대한 낙인 등과 같은 부정적 태도가 정신건강의 치료에 가장 큰 걸림돌이 되고 있다고 지적하였다. 실제로 정신건강에 대한 부정확한 지식은 정신건강 문제와 치료에 대한 부정적인 태도와 편견, 차별로 이어질 수 있다.

정신건강 리터러시는 다음 네 가지 능력들을 모두 포함하는 개념으로 전 세계적으로 널리 통용되고 있다.

(1) 무엇이 긍정적인 정신건강을 이루는지를 알고, 그러한 정신건강을 유지하는 방법을 이해하는 능력

자신에게 일어난 스트레스 반응을 알아차리고 이해한다. 또한 시행착오를 통해 일상적인 스트레스에 대처하는 능력을 키움으로써 건강한 마음 상태로 유지하는 방법을 이해한다.

(2) 정신장애(마음의 병)와 이에 대한 올바른 치료법을 알고 이해하는 능력

혼자 해결하기 어려운 마음건강 상태를 경험했을 때, 올바른 지식과 합리적인 정보를 바탕으로 자신의 상태를 잘 관찰할 수 있어야 한다.

(3) 정신장애를 겪는 사람들을 대하는 태도(낙인 줄이기)와 능력

정신장애에 대한 오해와 편견은 일상에서 흔하다. 이는 정신장애를 앓는 이들에게 차별과 낙인에 대한 두려움을 주어 필요한 치료나 도움을 받지 못하게 하고 더 큰 괴로움을 겪게 한다. 그러하기에 부정적인 편견을 조장하는 표현을 알아차리고, 정신장애에 대한 올바른 지식을 습득하여 마음건강 문제를 겪고 있는 사람들을 적극적으로 도와주려고 노력한다.

(4) 정신건강 문제를 해결하기 위해 적절한 도움을 요청하는 능력

스트레스 반응과 구별되는 병적인 상태가 의심되면 이에 대해 올바르고 효과적으로 도움을 요청하는 방법을 숙지하고 있어야 한다. 신뢰할 만한 정보를 얻을 수 있는 인터넷 누리집, 위급할 때 도움을 구하는 방법과 연락처, 가까운 지역의 병원 정보 등을 찾아보고 도움을 요청할 수 있어야 한다.

따라서 정신건강 리터러시 교육은 학교 정규 교과과정이나 대학 입학 예비(오리엔테이션)교육, 입사교육, 기본 직무 교육 등의 기존 사회 시스템 속에서 누구나 일상적으로 받을 수 있어야 한다. 또한 발달 단계나 사회적 상황에 맞게 세부 내용을 변경하여 시행할 수 있다.

이런 과정에서 획득한 정신건강 리터러시의 능력은 개인이 평생에 걸쳐 다양한 정신건강 관련 지식, 정보, 교육, 활동, 프로그램 등을 찾고 합리적으로 판단하고 활용할 수 있는 가장 기초적인 역량이 되며, 종합적인 정신건강 관리의 주체가 되게 한다.

3) 정신건강 리터러시의 필요성

최근 세계보건기구에서는 코로나19 대유행이 전 세계 인구의 정신건강에 심각한 영향을 끼쳐 2020년에 주요우울장애가 27.6%, 불안장애는 35.6% 증가했다고 보고하였다. 또한 2021년 보건복지부가 시행한 정신건강실태조사에서는 우리나라 인구의 27%가 생애에 걸쳐 한 번 이상 마음의 병을 경험하는 것으로 나타났다. 미국에서 시행한 대규모 국책 연구에서도 정신질환의 50%가 14세 이전에 발병하며, 75%는 24세 이전에 발병한다고 보고하였다. 이처럼 마음의 병은 누구나 살아가면서 비교적 흔하게 경험할 수 있으며, 흔히 아동·청소년 시기에 시작된다.

청소년기는 신체적으로뿐만 아니라 정신적으로도 급격한 성장이 이루어지는 시기이다. 이 시기에는 다양한 도전과 스트레스를 마주 대하게 되어 스스로 마음건강을 관리하는 능력이 요구된다. 따라서 성장기에 형성된 자신과 타인의 마음건강 상태를 알아차리고 돌보는 능력은 성인이 되어서도 필요하다.

정신건강 리터러시를 향상시키면 건강한 마음을 유지할 수 있다. 마음이 건강하면 일반적인 학습이나 자기관리, 대인관계 등에서도 자신의 능력을 발휘할 수 있다. 혼자 해결하기 어려운 마음건강 상태를 경험했을 때 이를 올바르게 대처하는 방법을 안다면 마음건강 상태를 조기에 발견하고 그것에 적절히 개입할 수 있다. 시의적절한 대처는 빠른 회복과 안정적인 일상을 가능하게 한다.

4) 학교에서 정신건강 리터러시의 필요성

대부분의 청소년이 학교에 다니므로, 학교는 청소년의 건강과 정신건강에 대한 요구를 다루기에 최적의 현장이다. 학교에서 백신접종과 같이 신체적 건강 증진과 공중보건적 개입을 적용하는 것은 전통이 되어왔으며, 최근에는 학교에서의 정신건강 개입이 관심을 받아왔다.

청소년기의 높은 정신질환 유병률과 성인기를 포함한 평생의 정신질환의 주요 발병 시기가 청소년기임을 고려할 때, 이 시기에 청소년들에게 정신건강에 대한 올바른 지식과 대처능력을 교육하는 것은 매우 중요하다.

학교 내에서 한 학생이 보이는 정서행동상의 문제는 개인적인 정신건강 문제에만 국한되는 것이 아니라, 학교의 기본 기능인 다양한 교육과 학습의 영역에서 개인과 학교 공동체 전체에 막대한 부정적인 영향을 줄 수 있다.

그동안 우리나라에서는 2012년부터 전국적으로 매년 학교에서 학생정서행동특성검사를 시행하였으며, 생명존중교육 프로그램, 게이트키퍼훈련을 포함한 자살예방 프로그램, 교사 연수교육, 학교 응급심리지원 등 다양한 학교 정신건강 프로그램들이 시도되어 왔다. 그러나 대부분 기존의 학교 내 구조와 활동 속으로 통합되는 대신, 외부적인 자원이 부가되거나 추가적인 구성 요소 형태로 단발적, 산발적으로 시행되어 효율성이나 장기적인 효과 면에서 한계가 있었다.

현재 매년 전국적으로 시행하고 있는 선별검사인 학생정서행동특성검사의 경우, 선별된 관심군에 대한 적절한 관리 체계가 중요하다.

그런데 최근 자료에 의하면 관심군 중 보호자가 전문기관 연계를 거부한 사유의 67%는 학생의 정서행동문제에 대한 낮은 인식, 26.6%는 정신건강의학과 치료에 대한 거부감으로 나타났다.

보호자 연계 거부 사유	※빈도(케이스 %)
학교, 치료기관 등 사회적 낙인 우려	12(6.4)
정신과 치료에 대한 거부감	50(26.6)
연계기관에 대한 낮은 신뢰	10(5.3)
치료비 부담	17(9)
학생 문제에 대한 낮은 인식	126(67)
학생 문제 조기 해결	5(2.7)
기타	11(5.9)
전체 231(122.9%)	

학생 연계 거부 사유	※빈도(케이스 %)
학교, 치료기관 등 사회적 낙인 우려	2(2.3)
정신과 치료에 대한 거부감	16(18.2)
연계기관에 대한 낮은 신뢰	6(6.8)
치료비 부담	3(3.4)
학생 문제에 대한 낮은 인식	59(67)
학생 문제 조기 해결	3(3.4)
기타	3(3.4)
전체 92(104.5%)	

한편 학생 자신의 연계 거부 사유 중 67%는 자신의 정서행동문제에 대한 낮은 인식, 그리고 18.2%는 정신건강의학과 치료에 대한 거부감으로 나타났다. 이렇듯 정신건강에 대한 올바른 지식의 부족과 잘못된 편견과 낙인으로 인하여 지역사회의 여러 기관이나 의료기관으로의 연계에 대한 저항이 큰 것도 학교 현장에서 실질적인 어려움으로 나타나고 있다.

5) 불안장애와 정신건강 리터러시 관련 연구

Calear et al.(2020). Help-seeking attitudes and intentions for generalized anxiety disorder in adolescents: the role of anxiety literacy and stigma

1. 연구결과

이 연구의 결과는 범불안장애(GAD) 리터러시와 낙인이 청소년의 도움 추구 과정에서 중요한 역할을 한다. GAD 리터러시는 도움 추구 태도에 더 강한 영향을 미치며, GAD 낙인은 도움 추구 태도와 의도 모두에 영향을 미친다.

본 연구는 부모가 청소년의 도움 추구 과정에서 중요한 역할을 할 수 있음을 밝히고 부모는 가장 접근하기 쉬운 도움의 대상이며, 공식적인 정신건강 관리의 문지기 역할을 한다. 따라서 부모가 정신건강 증상과 이용 가능한 도움 추구 경로를 인식하고, 정신건강 문제에 대한 긍정적인 태도를 가지고 있어야 청소년이 정신건강 문제를 이야기(고백)하고 도움을 구하는 과정을 촉진할 수 있다.

- GAD 낙인과 도움 추구 의도 간의 관계에 대한 해석
  ① 낮은 인지된 GAD 낙인 : 참가자들이 어머니나 아버지에게 도움을 구하려는 의도가 증가. 이는 낮은 낙인이 부모에게 도움을 구하는 데 긍정적인 영향을 미친다는 것을 의미한다.
  ② 낮은 개인적인 GAD 낙인 : 어머니에게 도움을 구하려는 의도와 긍정적으로 연관이 있고, 이는 개인적인 낙인이 낮을수록 어머니에게 도움을 구하는 데 긍정적인 영향을 미친다는 것을 나타낸다.
  ③ 높은 인지된 GAD 낙인 : 누구에게도 도움을 구하지 않으려는 의도와 연관이 있고, 이는 높은 낙인이 도움을 구하는 데 부정적인 영향을 미칠 수 있음을 시사한다.
  ④ 학교 상담사나 일반의(GP)에게 도움을 구하려는 의도 : 개인적 및 인지된 GAD 낙인과 연관이 있고, 이는 낙인이 특정 도움 출처에 따라 다르게 영향을 미칠 수 있음을 보여준다. 이러한 결과는 이전 연구와 일치하며, 낮은 낙인이 정신장애에 대한 도움 추구에 더 유리할 수 있음을 시사한다.
  ⑤ 성인에 대한 도움 요청에서는 낮은 GAD 및 우울증 증상은 도움을 구하려는 의도와 더 큰 연관이 있었으며, 반면 높은 우울증 증상과 불안 병력은 도움을 구하지 않으려는 의도와 더 큰 연관이 있다. 이러한 결과는 매우 우려스러운데 이는 도움이 가장 필요한 청소년들이 도움을 구하려는 의도가 가장 적다는 것을 시사하기 때문이다.

2. 시사점

- 불안장애와 관련될 수 있는 낙인 증가에 대해 청소년과 더 넓은 지역사회를 교육해야 할 필요성을 강조한다.
- 인지된 GAD 낙인과 도움 추구 의도에 대한 연구결과는 향후 개입의 가능성을 시사한다. 청소년의 인지된 낙인 수준은 부모나 친구와 같은 가까운 사람들의 태도에 의해 부분적으로 영향을 받을 수 있다. 따라서 인지된 낙인이 낮은 청소년들은 정신장애에 대한 부모의 긍정적인 태도를 더 많이 목격했을 가능성이 있으며, 이는 불안 증상을 경험할 때 부모에게 접근하는 것을 장려할 수 있다.
- 부모에게 정신건강에 대한 긍정적인 태도를 촉진하는 것이 중요하다. 이를 위해 교육과 공공 인식 활동을 통해 정신건강에 대한 잘못된 믿음을 불식시키는 것이 도움이 될 수 있다. 이는 청소년들이 부모에게 도움을 구하려는 의지를 높이는 데 기여할 수 있다.

3. 상담사의 역할

1) 불안장애를 겪는 내담자에 대한 상담사의 역할

① **내담자의 불안을 이해하고 관리할 수 있는 방법 제공** : 내담자가 직면한 문제들을 명확하게 이해하고 해결 방안을 찾을 수 있도록 도와준다.

② **내담자의 감정을 인정하고 안전한 환경을 제공하여 내담자가 자유롭게 이야기하도록 도와주기** : 깊이 있는 경청과 공감을 통해 내담자의 감정을 수용하고, 필요한 정보를 제공하면서 내담자가 스스로의 잠재력을 발견하도록 격려한다.

③ **인지행동치료와 같은 치료 기법을 통해 내담자가 부정적인 생각 패턴을 바꾸고, 긍정적인 대처 방안을 개발하도록 지원하기** : 내담자가 자신의 문제를 더욱 명확하게 인식하고, 긍정적인 변화를 이끌어 낼 수 있도록 방향을 제시한다. 특히 '나약하다', '의지가 부족하다'와 같은 불안장애에 대한 사회적 낙인 및 자기 낙인을 극복할 수 있도록 정신건강 리터러시 향상을 도모해야 한다.

2) 정신건강 리터러시 향상을 위한 상담사의 역할

① **교육과 인식 개선** : 정신건강의 중요성과 관련 정보를 제공하며 잘못된 인식과 편견을 바로잡도록 돕는다.

② **예방 전략** : 스트레스 관리, 건강한 생활 습관 유지 등 정신건강 문제를 예방하는 방법을 안내한다.

③ **자원 연결** : 필요한 경우, 내담자에게 적절한 자원을 추천하고 연결해 준다(예 비상시 연결될 수 있는 정신건강복지기관 및 전화번호 등).

④ **심리교육** : 정신건강 문제와 관련된 기초 지식을 제공하여 내담자가 문제를 스스로 이해하고 해결할 수 있는 힘을 기를 수 있도록 돕는다.

| 요약 |

불안과 공포는 정상적인 방어기제이지만, 과도한 불안이 일상생활을 방해할 경우 병적인 상태로 간주된다. 불안장애는 DSM 체계에서 지속적으로 변화해 왔으며, 현재 DSM-5-TR에서는 분리불안장애, 선택적 함구증, 특정공포증, 사회불안장애, 공황장애, 광장공포증, 범불안장애로 분류된다. 불안장애의 원인은 생물학적 요인(유전적 취약성, 신경전달물질 불균형), 심리적 요인(부정적 신념, 불안 민감성), 환경적 요인(트라우마, 학습된 공포 반응)이 복합적으로 작용한다.

불안장애의 주요 치료법으로는 인지행동치료(CBT), 노출치료, 이완훈련, 수용전념치료(ACT) 등이 있으며, 심한 경우 약물치료(SSRIs, 벤조다이아제핀 등)가 병행된다. 특정공포증과 사회불안장애는 체계적 둔감화, 참여적 모델링이 효과적이며, 공황장애는 공황통제치료(PCT), 신체감각에 대한 인지적 재구성이 주된 치료법으로 사용된다. 불안장애 치료의 목표는 단순한 증상 완화가 아니라, 내담자가 불안을 관리하고 회피행동을 줄이며, 보다 건강한 삶을 영위할 수 있도록 돕는 것에 있다.

제 7 장

강박장애

제 7 장

강박장애

강박장애(Obsessive-Compulsive Disorder)는 원하지 않는 생각과 행동을 반복하게 되는 장애로, 주된 증상은 강박사고와 강박행동이다. 강박 및 관련 장애(Obsessive Compulsive and Related Disorders)는 개인의 의지와 상관없이 어떤 생각이나 충동이 자꾸 의식에 떠올라 그것에 집착하며 그와 관련된 행동을 반복하게 되는 다양한 부적응 문제를 뜻한다. 강박장애는 DSM-Ⅳ에서 불안장애의 하위 유형으로 분류되었으나 그와 유사한 증상을 나타내는 장애들의 발견으로 강박 스펙트럼 장애(Obsessive Compulsive Spectrum Disorders)라는 명칭으로 많은 연구가 이루어졌으며, 신체이형장애, 건강염려증, 섭식장애, 도박장애, 털뽑기장애, 병적 도벽, 뚜렛장애 등이 포함된다. 강박 스펙트럼 장애는 강박장애와 임상적 양상이나 원인에 있어서 공통점을 지닌다는 가정에 근거한다. DSM-5-TR은 '강박 및 관련 장애'라는 독립된 장애 범주를 제시하고 있으며, 강박장애, 신체이형장애, 저장장애, 털뽑기장애, 피부뜯기장애가 포함되어 있다.

<표 7-1> 강박장애의 역사

시기	내용
19세기 초반 (1838년)	• Dominique Esquirol은 강박장애를 "접촉 공포(delire du Toucher)"로 묘사하며, 환자가 강박사고로 인해 고통을 받지만, 그 비합리성을 인지하고 있다는 점을 강조함
19세기 중반 (1866년~1867년)	• Morel은 강박사고의 주요 특징들을 기술하며 강박장애의 이해를 진전시킴 • 독일의 von Krafft-Ebing은 'Zwangsvorstellung'이라는 용어를 사용해 '강박'을 저항할 수 없는 생각으로 정의함
19세기 후반 (1877년)	• Westphal은 강박사고의 비합리성에 대한 인식을 보완한 개념을 정의하며 강박장애의 개념이 널리 알려지게 됨

20세기 초 (1900년대 초반)	• Lowenfeld, Fridmann 등은 다양한 강박증상을 분류하고, 강박의 개념이 일상적인 의미로 확장됨 • Kraepelin과 Bleuler는 강박장애를 조현병과 연관 지었으며, 특히 Bleuler는 강박장애를 정신분열병 하위 그룹으로 분류함
20세기 초반 (1911년 이후)	• Pierre Janet은 강박장애를 신경쇠약으로부터 분리하며 심리적 접근을 시도함 • Sigmund Freud는 강박증을 히스테리와 함께 신경증 구조에서 중요한 요소로 평가하며, 강박증이 무의식적 갈등에서 기인한다고 분석함
1950년대	• 행동치료의 등장으로 강박장애에 대한 학습이론과 공포증 치료법이 효과를 보이며, 강박사고와 강박행동의 관계가 명확해짐
1993년	• 강박적 사고와 강박적 행동이 동일한 진단적 수준에서 다루어지며, 진단 체계가 확립됨(DSM-IV와 ICD-10)

강박장애의 임상적 특징

1. 강박사고

강박사고(obsession)는 반복적으로 의식에 침투하는 고통스러운 생각, 충동 또는 심상을 의미한다. 혐오스러운 내용으로 대부분 강한 내적 저항감을 일으킨다. 음란하거나 근친상간적인 생각, 공격적이거나 신성 모독적인 생각, 오염에 관한 생각(예 악수할 때 손에 병균이 묻지 않았을까?), 반복적 의심(예 자물쇠를 제대로 잠갔나?), 물건을 순서대로 정리하려는 충동이며, 이러한 생각이 부적절하다는 것을 인식하지만 잘 통제되지 않고 반복적으로 의식에 떠올라 고통스럽게 한다.

강박사고는 침투적 사고의 특성이 있다. 즉, 원치 않지만 떠오르는 생각이다. 강박 환자 집단이 경험하는 이러한 침투적 사고는 지속시간이 길고, 경험의 빈도가 높으며, 강렬한 불편감을 주고, 통제하기 어려운 것으로 보인다. 침투적 사고는 언어적인 형태뿐만 아니라 비언어적인 형태로도 나타날 수 있다.

2. 강박행동

강박행동(compulsion)이란 강박사고로 인한 불안을 감소시키기 위해서 반복적으로 나타내는 행동으로, 강박행동을 하지 않으려고 버티게 되면 불안과 긴장이 고조되며, 강박행동의 수행으로 일시적으로 불안과 긴장이 완화되는 경험을 한다. 강박행동으로 많은 시간이 소모되고, 강박행동의 유형으로는 씻기, 청소하기, 정돈하기, 확인하기와 같이 외현적 행동으로 나타날 수도 있고, 숫자세기, 기도하기, 속으로 단어 반복하기와 같이 내현적 활동으로 나타나는 경우도 있다.

강박행동이 지나치고 부적절하다는 것을 잘 알지만, 강박행동을 하지 않으면 심한 불안을 느끼기 때문에 행동을 반복하지 않을 수 없게 되는 악순환의 고리에 빠지게 된다. 이러한 악순환은 자신을 의지가 매우 약하여 자기 통제가 불가능한 사람이라고 생각하게 한다.

3. 발병률

1년 유병률은 미국의 경우 1.2%이며 전 세계적으로 1년 유병률이 1.1~1.8%로 나타나는 것으로 보아 유병률은 국가별로 유사할 것으로 추정된다(American Psychiatric Association, 2022). 청소년기나 초기 성인기에 시작하지만, 아동기에 시작되는 경우도 있다. 청소년기에는 남성에게 더 흔하지만, 성인기에는 여성에게서 약간 더 높은 비율로 나타난다. 성별 구분 없이 전체적으로 30세 이전에 발병 비율이 80% 이상을 차지하고, 남자의 경우 80%의 강박장애가 10대 때 가장 많이 발병하며, 여성은 50%가 10대 때 발병하는 것으로 알려졌다.

강박장애는 서서히 발생하며 만성적인 경과를 나타내고 스트레스를 받으면 증세가 심해지고 그렇지 않으면 호전되는 경향을 보이기도 하며, 강박장애 환자의 약 15%는 점점 더 악화되어 직업 및 사회적 적응에 심각한 어려움을 겪는다.

4. 자살 위험

자살 사고는 강박장애 환자들의 절반 정도에서 어느 시점에서든 나타날 만큼 자주 발생한다. 자살 시도는 많게는 1/4 정도에서 일어나고 동반이환된 주요우울장애가 있을 경우 자살 위험도는 더 높아진다.

강박장애의 원인

미국심리학회에서는 강박장애를 일으키는 위험요인을 유전적·생리적 요인, 기질적 요인, 심리적 요인, 환경적 요인 등 다양한 것으로 보고하고 있으며, 보건복지부 국립정신건강복지센터에서는 강박장애의 원인을 심리·사회적, 생물학적, 유전적 요인, 뇌 회로(피질–선조체–시상 회로)의 구조 및 기능 이상 등으로 보고 있다.

1. 심리·사회적 요인

1) 정신분석이론

Freud의 이론에 따르면, 강박장애는 엄격한 대소변 가리기 훈련에서 기인하며, 초자아의 과도한 억압을 원인으로 본다. 그러나 이러한 이론은 모든 강박장애 환자를 설명하는 데 한계가 있다.

2) 학습이론

강박사고로 인한 불안을 줄이기 위해 강박행동을 반복하는 것이 습관화되면서 강박증상이 악화된다. 강박행동을 통해 불안의 감소를 경험하면 이 행동이 강화되면서 강박행동을 피할 수 없는 악순환이 이어지게 되는 것이다.

3) 심리적 특성

자기비난, 죄책감, 불완전감, 불확실성에 대한 두려움, 낮은 공감성 등이 강박장애와 연관된다. 환자들은 타인의 생각을 이해하는 데 어려움이 있으며, 자기비난적인 경향을 강하게 나타내기도 한다.

2. 인지행동적 요인

1) 침투적 사고

강박장애 환자들은 원치 않는 생각이나 이미지(침투적 사고)에 시달리며, 이를 통제하려 하지만 실패하는 경우가 많다. Rachman(2002)은 이러한 침투적 사고가 반복되면서 불안감이 증폭된다고 주장하였다.

2) 과도한 책임감

Salkovskis(1985)는 강박장애 환자들은 결과에 대해 과도한 책임감을 느끼며, 자신의 통제 범위를 벗어난 상황에서도 불필요한 책임을 부여하는 경향이 있다고 주장하였다.

3) 불확실성에 대한 두려움과 우유부단성

강박장애 환자들은 불확실성을 견디지 못하고, 완벽한 상태(완벽주의)를 유지하려는 성향이 있다. 따라서 작은 실수도 허용하지 않으려 하며, 이것이 강박행동을 강화하여 계속되게 한다.

4) 위험의 회피 혹은 위협의 과대평가

강박장애 환자들은 실제로 발생할 가능성이 낮은 위험을 과대평가하며, 이에 대한 강박행동을 반복하는 경향이 있다. Foa와 Kozak(1986)은 강박장애 환자들이 위험을 실제보다 크게 느끼며, 안전하다고 증명되기 전까지는 계속 불안감을 느낀다고 설명하였다.

3. 생물학적 요인

1) 뇌 신경전달물질의 이상

강박장애는 주로 세로토닌이라는 신경전달물질의 부족과 관련이 있으며, 세로토닌은 전두엽 및 미상핵 부위에 분포해 있다. 따라서 세로토닌 계열의 약물이 강박장애 치료에 효과적인 이유일 수 있다.

2) 뇌 피질-선조체-시상 회로의 구조 및 기능 변화

뇌 영상 연구에 따르면 강박장애 환자는 피질-선조체-시상 회로(즉, 전두엽, 기저핵, 시상 등)에서 활동성 증가와 기능 이상이 발견되며, 이 회로는 뇌의 특정 부위들이 서로 연결되어 작동하는 부분으로, 이 회로의 비정상적인 활성화가 강박행동을 유발한다. 시드넘 무도병, 포도상구균 감염, 뇌종양 등의 뇌 손상도 강박증상을 유발할 수 있는 것으로 알려져 있다.

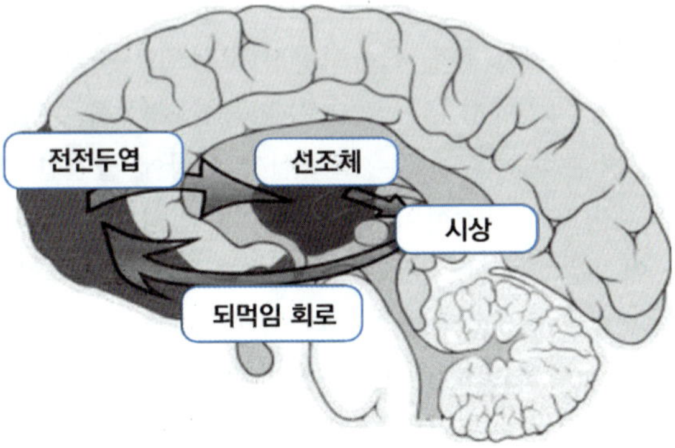

|그림 7-1| 뇌의 강박 회로

3) 유전적 요인

가족 및 쌍둥이 연구에서 강박장애의 유전적 원인이 보고되었다. 특히, 뚜렛장애를 가진 사람의 가족에서 강박장애 발병률이 높으며, 도파민 수용체(D4)와 관련된 유전적 변이가 강박장애와 연관된 것으로 알려져 있다.

4) 신경 발달학적 요인

강박장애는 대부분 유년기나 청소년기에 발병하며, 뚜렛장애와 함께 나타나는 경우가 있다. 뇌 영상 검사에서 이상 소견이 발견되기도 하지만, 발병 연령이나 이환 기간과는 무관하다.

4. 기타 요인

아동기의 신체적 및 성적 학대, 자가면역 증후군과 같은 환경적 요인도 강박장애의 발생에 영향을 미칠 수 있으며, 불안장애, 우울증, 조현병, 뚜렛장애, 발모광, 신체이형장애와 같은 다른 정신질환과도 동반이환되는 경우가 있다.

Kelly A. Knowles1 and Bunmi O. Olatunji(2023). Intolerance of Uncertainty as a Cognitive Vulnerability for Obsessive-Compulsive Disorder : A Qualitative Review

강박장애(OCD)의 원인은 복잡하지만, 불확실성에 대한 인내력 부족(IU : Intolerance of Uncertainty)의 개인차가 위험요소일 수 있다는 연구결과가 늘어나고 있다. IU는 불확실성과 그 결과에 대한 부정적인 믿음에서 비롯되는 성향적 특성으로 불확실한 상황이나 사건에 대해 정서적, 인지적, 행동적 차원에서 부정적으로 반응할 경향을 포함한다. IU가 강박장애(OCD) 발달에 기여하는 이론적 모델에서는 불확실한 상황에 불안한 개인이 잠재적 위협의 가능성이나 심각성을 과대평가하는 경향이 있다고 본다. 인식된 감정적 각성을 유발하고, 불확실한 각성을 견디기 어려운 개인은 각성과 고통의 감소를 위해 강박행동이나 상황 및 관련된 생각과 감정을 회피하는 행동을 할 수 있다. 반면, 예측 가능성에 대한 필요성이 낮은 개인은 각성을 덜 느끼고 아직 실현되지 않았음을 인식할 수 있는 인지능력을 가지고 있어 개인의 목표에 부합하는 데 보다 적응적인 감정 및 행동 반응을 보일 수 있다.

IU가 OCD에 대한 인지적 취약성으로 개념화 여부를 판단하기 위해서는 4가지 영역에서 강력한 증거가 필요하다.

(1) Evidence for a robust association between IU and OCD symptoms : IU와 OCD 증상 간의 강력한 연관성에 대한 증거

Gentes와 Ruscio(2011)와 McEvoy 등(2019)의 메타분석 연구에서 IU와 OCD 간의 평균 상관 계수는 0.42~0.50, 0.42로 IU와 OCD 간의 강한 연관이 있음을 시사한다. 두 개의 메타

분석은 IU와 OCD 증상의 자기보고 측정치만을 포함하고 있다. IU와 OCD 증상을 자기보고 측정과 행동과제를 사용하여 연구한 Sarawgi 등(2013)의 연구에서 IU는 불안과 우울 증상의 통제 후에도 강박증상의 자기보고 측정과 유의미한 관련을 보여주었다(rs=0.42−0.58). IU와 OCD 증상 간의 후향적 연구에서 IU가 일반적으로 전체 OCD 발병의 약 3년 전에 발생한다고 보고되고 있으며, 전향적 연구에서 Pozza 외 연구자들(2019)은 우울 증상의 통제 후 완벽주의와 높은 IU 신념이 1년 후 아동 및 청소년의 OCD 증상의 심각성을 예측한다고 발견했다. 이러한 연구들은 IU와 OCD 증상 간의 연관성을 시사하는 증거를 제공하지만, 기존의 문헌은 상대적으로 제한적이며, IU의 변화를 측정하지 않았기 때문에 IU와 완벽주의, 또는 다른 강박 신념이 혼합될 수 있다.

(2) **Evidence that IU is stable and trait−like : IU가 안정적이고 성격 특성처럼 지속된다는 증거**

IU 측정도구(IUS−27)의 검사−재검사 신뢰도 조사 결과에서 신뢰도 계수 r=0.74, r=0.77−0.83이었지만, IU 측정의 안정성을 조사하는 이와 같은 방법은 두 시점에서 측정하는 상관관계만을 보고하기 때문에 측정 오류를 고려할 수 있는 모델이 필요하다. 불안의 성격 및 상태 구성요소를 구분한 연구와 유사한 방법으로 Knowles 외 연구자들(2022)은 IU−12(불확실성에 대한 불내성 측정 도구)를 시간 불변(성격) 및 시간 가변(상태) 구성요소로 분리하여 IU의 5개월 동안의 안정성을 조사하였다. 시간 불변 IU는 총 IU의 82%, 미래지향적 IU의 총 분산의 80%, 억제적 IU의 총 분산의 76%를 설명했다. 시간 불변 IU의 구성요소는 우울증을 통제한 상태에서도 OCD 증상과 강한 연관을 보였고, 이 연구는 IU의 안정적이고 시간 불변적인 측면이 OCD 증상에 중요한 영향을 미친다는 증거를 제공한다. 이는 IU가 외부 요인(예 스트레스)에 따라 변동할 수 있는 시간 가변 IU가 아니라는 것을 시사한다.

(3) **Evidence for IU as a causal risk factor that influences the development of OCD directly or indirectly : IU가 OCD 발달에 직접적 또는 간접적으로 영향을 미치는 인과적 위험요인이라는 증거**

IU가 OCD 발달의 인과적 위험요인이라 할 수 있는 증거로는 시간적 선행성, 즉 위험요인(IU)이 결과(OCD)보다 먼저 발생해야 하며, 조작했을 때 위험요인(IU)은 결과(OCD)의 위험을 변화시켜야 한다. **먼저 시간적 선행성에 대한 증거는 엇갈린다.** OCD에 대한 인지치료 연구에서는 치료 중 IU의 변화가 OCD 증상의 변화에 앞섰으나, 노출 및 반응방지 연구에서는 IU가 OCD 증상 변화에 선행하지 않았다. 룰렛 게임 중의 불확실성을 조작하거나, 예측할 수 없는 효과를 유발하는 약물 복용을 상상하게 하고 불확실성을 견디거나, 불확실성을 수용하도록 하는 대본을 읽도록 한 연구를 통해 수정된 불확실성 신념의 결과로써 인지적 편향이 발생할 수 있음을 알 수 있다. 실험적 맥락 내에서 불확실성에 대한 신념을 수정하는 것이 OCD 증상에 영향을 미칠 수 있지만, 그 효과는 자기보고된 OCD 증상이나 특정 OCD 증상 영역에 제한될 수 있으며, 이러한 효과가 실험적으로 유도된 IU가 걱정에 미치는 효과만큼 반복 가능한지 확인하기 위한 추가 연구가 필요하다.

(4)**Evidence that IU is malleable to intervention : IU가 개입에 의해 변화될 수 있다는 증거**
OCD에 대한 18회기 인지 치료에서 IU가 유의미하게 감소했으며, 주 2회 ERP와 마음챙김 기반 치료를 받는 경우에도 완벽주의와 IU가 감소하였다. IU의 변화와 OCD 증상 변화 간의 연관성을 확인한 여러 연구가 있지만, 연관성의 방향은 아직 알려지지 않았고, 실험적 통제의 부족으로 스트레스의 내성 변화나 특정 행동 변화와 같은 제3의 변수 가능성도 있으므로 추가 연구가 필요하다. GAD(범불안장애), 감정장애 환자를 대상으로 한 IU를 목표한 프로그램에서 IU가 상당히 가변적이라는 결과를 나타냈지만, 이러한 효과가 OCD 환자에게서도 관찰할 수 있을지는 명확하지 않다. Oglesby 등(2017)의 연구에서 IU 해석 편향이 높은 개인의 인지 편향 수정 개입을 통해 단일 세션 개입으로도 인지 편향을 줄일 수 있었다.

IU는 OCD에 대한 인지적 취약점인가?
4가지 영역의 기준으로 보면, IU(불확실성에 대한 인내력 부족)는 OCD(강박장애)에 대한 인지적 취약점으로 작용할 수 있다. IU와 OCD 증상 사이에는 강한 연관성이 있었으며, IU는 안정적이고 특성처럼 보이며 IU의 시간에 따라 변하지 않는 요소에 기인한 것으로 보인다. IU가 OCD에 위험요소일 수 있다는 증거가 있지만, 증거는 혼합되어 있다(시간적 선행에 대해 발견하지 못한 연구도 있음). OCD 치료 중 IU가 개선되며, 이는 치료 중 OCD 증상의 변화와 관련이 있다는 상당한 증거가 있으나, 자기보고된 OCD 증상 변화에서만 나타날 수 있으며, OCD 증상의 특정 영역에만 적용될 수 있다. 마지막으로, IU를 목표로 하는 여러 개입 연구에서 IU의 변화와 OCD 증상 간의 연관성은 구체적으로 조사하지 않았다. 종합하면, IU는 OCD에 대한 인지적 취약점일 가능성이 높으나, 불확실성 수용 능력을 개선하는 것이 효과적인 OCD 치료의 필수적이고 충분한 매커니즘인지 여부는 여전히 불확실하다.

강박장애의 증상 및 유형

1. 외현적 강박행동

1) 강박적인 씻기행동

강박적인 씻기행동은 강박장애에서 흔히 나타나는 증상으로, 청결에 대한 과도한 집착이 특징적이다. 이러한 행동은 주로 오염이나 전염에 대한 두려움에서 비롯되며, 환자는 이를 방지하기 위해 반복적으로 씻거나 청소하는 행동을 수행한다. 대표적인 예로는 장시간 동안 샤워를 하거나, 손을 지나치게 자주 씻고, 집안 곳곳을 강박적으로 청소하는 행동 등이 포함된다. 이러한 행동은 일시적으로 불안을 완화할 수 있지만, 시간이 지나면 다시 강한 불안이 발생하여 강박행동이 지속되는 악순환이 형성된다.

강박적인 씻기행동을 보이는 환자들은 대개 자신의 행동이 과도하거나 비이성적이라는 점을 인식하지만, 그럼에도 불구하고 막연한 공포와 불안으로 인해 행동을 멈추지 못하는 경우가 많다. 특히, 오염된다고 느껴지는 특정한 물건이나 장소를 회피하는 경향을 보이며, 때로는 가족이나 주변인에게도 청결을 강요하는 모습을 보일 수 있다. 이러한 강박적 행동이 지속되면 일상생활 기능이 심각하게 저하되며, 사회적 관계에도 부정적인 영향을 미칠 수 있다.

2) 강박적인 확인행동

강박적인 확인행동은 강박적인 씻기행동과 함께 가장 흔하게 나타나는 강박장애 증상 중 하나로, 실수나 사고에 대한 불안감으로 인해 반복적으로 확인하는 행동을 의미한다. 환자는 결함이나 실수로 인해 심각한 결과(예 화재, 도난, 사고)가 발생할 것이라는 강한 불안감을 경험하며, 이를 방지하기 위해 특정한 확인행동을 강박적으로 수행하게 된다.

대표적인 예로는 문이 잠겼는지, 가스 밸브가 꺼졌는지, 전기 제품이 꺼졌는지를 반복적으로 확인하는 행동이 포함된다. 이러한 확인행동은 환자가 불안을 완화하려는 시도로 시작되지만, 반복할수록 불안이 더욱 커지며 행동이 점점 더 강화되는 악순환이 형성된다. 특히, 확인 과정에서 확실한 안전을 인식하기보다는 불안을 일시적으로 줄이는 데 초점이 맞춰져 있기 때문에, 확인이 끝난 후에도 다시 불안이 올라와 반복행동이 지속되는 경우가 많다.

강박적인 확인행동은 종종 논리적인 이유보다 심리적 안도감이나 마술적 사고(magical thinking)에 의해 멈추는 경향을 보인다. 예를 들어, 문을 일곱 번 열었다 닫으면 평소에는 느낄 수 없는 편안함을 경험하거나, 특정한 횟수만큼 행동을 반복해야만 긴장이 풀리는 경우가 있다. 하지만 이러한 행동 패턴이 지속되면 환자는 점점 더 많은 시간을 강박행동에 소비하게 되고, 일상생활 기능이 저하될 가능성이 높다.

3) 강박적인 지연행동

강박적인 지연행동은 해야 할 일을 미루는 경향을 보이는 증상으로, 강박적인 생각이나 행동에 지나치게 몰두하는 과정에서 필연적으로 나타나며 만성적인 특성을 가진다. 이러한 행동은 단순한 게으름이나 동기 부족과는 달리, 강박적인 사고와 완벽주의적 성향으로 인해 특정 행동을 수행하는 데 과도한 시간이 소요되거나 시작 자체가 어려워지는 형태로 나타난다.

지연행동을 보이는 환자들은 일반적으로 강박적인 사고와 행동을 수행하는 것에 대한 저항감이 적으며, 오히려 과도한 신중함과 꼼꼼함을 유지하려는 성향을 보인다. 예를 들어, 문서를 작성할 때 불필요하게 세부 사항에 집착하거나, 사소한 결정도 반복적으로 검토해야만 진행할 수 있는 경우가 많다. 이로 인해 환자는 시간을 효과적으로 관리하지 못하고, 일상생활에서 중요한 과제를 지속적으로 미루게 되어 사회적·직업적 기능이 저하될 가능성이 크다.

4) 강박적인 반복행동

강박적인 반복행동은 불필요한 숫자를 세거나 특정 행동을 반복하는 증상으로, 주로 불안감을 줄이기 위한 목적으로 수행된다. 이러한 행동은 강박장애에서 흔히 나타나는 특징 중 하나로, 환자는 특정한 행동을 반복해야만 긴장이 완화된다고 느끼며, 이를 멈추면 다시 불안이 상승하는 악순환을 경험하게 된다. 예를 들어, 특정 숫자를 계속 세거나,

문을 일정 횟수만큼 여닫거나, 특정한 방식으로 걸어야만 안도감을 느끼는 등의 형태로 나타날 수 있다.

이러한 반복행동은 강박행동과 과정적인 측면에서 유사하지만, 강박사고와의 명확한 논리적 인과관계를 가지지 않는다는 점에서 차이가 있다. 즉, 강박적인 씻기행동이나 확인행동이 오염에 대한 두려움, 사고 발생에 대한 불안과 직접적으로 연결되는 것과 달리, 반복행동은 특정한 위협과의 논리적인 연관성이 없이 단순히 불안 감소를 위한 행위로 나타난다. 그럼에도 불구하고 환자는 반복행동을 하지 않으면 불안감이 커지고, 이를 완화하기 위해 점점 더 많은 시간을 반복행동에 소비하게 되는 패턴을 보인다.

5) 강박적인 정리정돈

강박적인 정리정돈은 물건을 완벽하게 배열하고 대칭적으로 정리하는 것에 집착하는 강박장애의 한 형태로, 주로 아동기나 청소년기에 관찰된다. 이러한 행동을 보이는 사람들은 물건이 흐트러지거나 제자리에 있지 않을 경우 강한 심리적 불편감을 경험하며, 이를 해소하기 위해 특정한 기준에 따라 물건을 정리하는 행동을 반복한다.

예를 들어, 책을 제목순이나 크기순으로 정렬하거나, 책상 위의 물건을 일정한 간격으로 배치하는 등의 행동이 대표적이다. 이러한 정리정돈 행위는 단순한 깔끔함을 유지하려는 것이 아니라, 정해진 방식대로 배열해야만 심리적 안정감을 얻고 불편한 감각이 해소되는 특징을 가진다. 일반적인 강박행동이 불안이나 공포를 줄이기 위한 목적에서 비롯되는 것과 달리, 강박적인 정리정돈은 완벽한 배열과 대칭을 유지하는 데서 오는 만족감이 중요한 동기가 될 수 있다. 그러나 이러한 행동이 지나치게 심해지면, 환자는 일상생활에서 과도한 시간을 정리정돈에 소비하며, 특정한 방식이 유지되지 않을 경우 심한 불안을 경험할 수 있다.

6) 강박적인 수집행동

강박적인 수집행동은 불필요한 물건이나 심지어 쓰레기까지 버리지 못하고 모으는 것이 특징인 강박장애의 한 형태이다. 이러한 행동은 소유물에 대한 비정상적인 집착이나,

물건을 버릴 경우 극심한 불안과 불편감을 경험하는 심리적 요인에서 비롯된다.

이러한 강박적인 수집행동이 지속되면 생활공간이 쌓인 물건들로 인해 효율적으로 사용되지 못하며, 심한 경우 위생 문제와 안전상의 위험까지 초래할 수 있다. 물건이 지나치게 쌓이면 일상생활을 정상적으로 수행하는 것이 어려워지고, 화재나 낙상의 위험이 증가하며, 환자가 고립될 가능성도 커진다.

저장 강박은 단순히 수집하는 행동에서 그치는 것이 아니라, 개인의 건강, 가족관계 및 사회적 기능에 심각한 문제를 초래할 수 있다. 저장 강박을 보이는 사람들은 대개 자신의 행동이 비합리적이라는 점을 인식하지 못하며, 물건을 버리도록 요구받을 때 극심한 불안과 저항을 경험한다. 연구에 따르면, 저장 강박증상을 가진 강박장애 환자들은 우울증이나 불안장애 같은 다른 정신장애를 동반할 가능성이 높으며, 사회적 관계에서도 고립되거나 가족 간의 갈등을 경험할 위험이 크다.

2. 내적 강박행동

내적 강박행동은 외부에서 관찰되지 않는 강박적 행동으로, 주로 특정한 생각이나 정신적 의식을 반복적으로 수행하는 특징을 가진다. 이러한 행동은 강박사고로 인한 불안을 줄이기 위해 무의식적으로 또는 의식적으로 수행되며, 환자는 이를 통해 심리적 안정을 얻고자 한다. 내적 강박행동의 대표적인 예로는 주문(mantra)과 같은 특정한 말을 반복적으로 되뇌거나, 특정 단어나 문장을 반복적으로 생각하는 것, 숫자를 세는 것 등이 있다. 예를 들어, 환자가 특정한 숫자(예 3, 7, 10 등)를 반복적으로 세거나, 기도문이나 특정한 문장을 머릿속에서 여러 번 반복해야만 안도감을 느끼는 경우가 있다. 또한 이러한 행동은 보통 강박사고가 떠오를 때 수행되며, 그 목적은 원치 않는 강박사고를 억누르거나 중화(neutralization)하는 것이다.

그러나 내적 강박행동은 단순한 습관이나 자기 암시와는 다르다. 이러한 행동이 방해를 받거나 특정한 순서를 지키지 못하면 처음부터 다시 수행해야 한다는 강박적인 사고 패턴을 동반하는 경우가 많다. 예를 들어, 숫자를 세는 도중 방해를 받거나 집중이 흐트러지면 처음부터 다시 세야 하며, 특정한 문구를 올바르게 떠올리지 못하면 반복적으로 생각을 되풀이하는 식이다. 이로 인해 환자는 불필요한 내적 반복행동에 많은 시간을 소비하며, 심리적 피로와 주의력 저하를 경험할 수 있다.

내적 강박행동은 외부에서 명확하게 드러나지 않기 때문에 주변 사람들이 쉽게 알아채지 못하는 경우가 많다. 따라서 환자 본인은 강박행동이 일상에 미치는 영향을 인식하면서도, 타인의 도움을 받지 못해 증상이 만성화될 위험이 높다. 또한 내적 강박행동이 지속되면 인지적 유연성이 저하되고, 강박사고와 행동 간의 연결이 더욱 강화되는 악순환이 형성될 수 있다.

3. 순수 강박사고

강박행동 없이 강박적인 사고에만 시달리는 유형으로 불편한 생각이나 강박적인 반추(계속 같은 생각을 떠올림)가 이어져 내면에서 뒤죽박죽된 토론이 일어나는 것과 유사한 특징을 보인다. 원치 않는 성적인 생각, 공격적이거나 난폭한 내용의 생각, 신성모독, 도덕관념에 배치되는 생각 등이 순수 강박사고에 해당한다.

1) 위해 · 공격 강박사고

위해 · 공격 강박사고는 자신이나 타인이 공격당하거나 해를 입을 수 있다는 불안과 함께, 끔찍한 이미지나 사고가 불현듯 떠오르는 것이 특징이다. 이러한 사고에서 비롯된 불안은 자신이 의도치 않게 타인에게 해를 가할 수도 있다는 두려움이나, 외부적인 위협으로 인해 피해를 입을 수 있다는 걱정으로 이어질 수 있다. 이러한 사고는 매우 불쾌하고 고통스러우며, 이를 방지하려는 시도로 강박적인 확인행동이나 회피행동이 나타나기도 한다. 특히, 출산 직후의 여성에게서 이러한 증상이 빈번하게 나타날 수 있으며, 이는 신생아에게 해를 가할 수 있다는 극도의 불안을 동반한 강박적 사고로 연결될 수 있다. 또한 틱장애(Tic Disorder)나 뚜렛장애(Tourette's Disorder)와 같은 신경발달장애를 동반하는 경우에도 위해 · 공격 강박사고가 더 자주 나타난다.

2) 성적 강박사고

성적 강박사고는 사회적으로 부적절한 성적 충동이나 행동에 대한 강박적인 생각으로 나타나며, 환자는 이러한 사고가 실제 행동으로 이어질 가능성을 두려워한다. 특히, 근친상간이나 소아기호증과 같은 도덕적으로 용납되지 않는 성적 사고에 대한 과도한 걱정을 반복적으로 경험하며, 이러한 생각이 떠오르는 것만으로도 극심한 불안을 느낄 수 있다.

이러한 불안은 자신이 실제로 성적 충동을 느끼는지 반복적으로 확인하는 강박행동으로 이어질 수 있다. 예를 들어, 특정한 상황에서 자신이 부적절한 감정을 느끼는지 끊임없이 점검하거나, 자신의 사고를 억제하려고 노력하지만 오히려 생각이 더욱 지속적으로 떠오르는 역설적 반응을 경험할 수 있다. 이러한 강박사고는 환자에게 심한 자괴감과 죄책감을 유발하며, 결과적으로 사회적 관계를 회피하거나 특정한 상황을 피하는 행동으로 이어질 가능성이 크다.

3) 종교적 · 도덕적 강박사고

종교적 · 도덕적 강박사고는 신앙이나 도덕적 규범에 대한 과도한 집착으로 인해 나타나는 강박적 사고로, 전통적인 '양심증(scrupulosity)'의 행동 양상과 유사한 특징을 보인다. 이러한 증상을 가진 사람들은 자신의 생각이나 행동이 종교적 가르침이나 도덕적 기준에 어긋나지는 않았는지 끊임없이 점검하며, 도덕적 · 종교적 완벽함을 유지하지 못할까 하는 두려움을 지속적으로 경험한다.

대표적인 강박사고로는 신성모독적인 말을 하게 될지도 모른다는 불안, 종교적 예식을 정확하게 수행하지 못했을까 하는 걱정, 신앙심이 부족하여 신의 저주를 받을지도 모른다는 두려움 등이 있다. 예를 들어, 기도문을 완벽하게 암송하지 못하면 신성모독이 될까 봐 계속해서 다시 기도하거나, 특정한 종교적 의식을 반복적으로 수행하지 않으면 신의 가호를 받지 못할까 봐 강박적인 불안을 느끼는 경우가 많다. 이러한 사고는 단순한 신앙심이나 도덕적 가치관과는 구별되며, 환자는 자신의 불안이 비합리적이라는 점을 어느 정도 인식하면서도 이를 통제하지 못해 심리적 고통을 경험하게 된다. 이러한 강박증상은 지나친 종교적 행위, 반복적인 고백, 불필요한 도덕적 반성 등의 행동으로 이어질 수 있으며, 심한 경우 일상생활의 기능 저하를 초래할 수도 있다.

COVID-19 기간과 강박장애

오염에 대한 강박적 사고 및 행동에 큰 영향을 주었을 것으로 예상되는 COVID-19 팬데믹 상황이 강박장애에 미치는 영향을 살펴본 연구를 탐색해 보자.

Andrew G. Guzick, Abigail Candelari, Andrew D. Wiese, Sophie C. Schneider, & Wayne K. Goodman(2021). Obsessive-Compulsive Disorder During the COVID-19 Pandemic: a Systematic Review

COVID-19 팬데믹은 전 세계적으로 강박장애(OCD) 환자의 심리적 기능에 큰 영향을 미쳤으며, 특히 오염과 질병에 대한 반복적인 두려움, 오염된 장소 회피, 과도한 세척은 강박장애를 가진 환자에게 더 많은 스트레스로 작용하였다.

2021년 4월 29일, COVID-19 팬데믹 동안 강박장애(OCD)를 평가한 문헌을 PubMed와 EmBase에서 논문을 검색하여 최종적으로 67개 연구를 분석하였다.
각 연구의 결과를 바탕으로 (1) 팬데믹 동안 강박증상의 경과, (2) 오염 증상의 영향, (3) COVID-19 중심의 증상, (4) 팬데믹 동안 강박증상과 관련된 요인으로 주제가 추출되었다.

팬데믹 기간 강박장애(OCD) 증상의 경과를 평가한 여러 연구에서 **OCD의 심각도가 증가**한 것으로 나타났으며, 대부분의 임상 연구에서 팬데믹 초기와 이전의 Y-BOCS 점수를 비교하여 유의미한 증상 악화가 있었다. 그러나 일부 연구에서는 증상의 개선이나 변화가 없다고 보고된 경우도 있었다. 비임상 연구에서 팬데믹 동안 OCD를 평가한 결과는 일관성이 부족하였는데, 중국의 한 대규모 대학에서는 자기보고 Y-BOCS 점수에 따라 OCD 증상이 11.3%에서 3.5%로 감소했으며, 이탈리아의 대학생 연구에서도 팬데믹 전후로 강박증상이 감소하였다. 그러나 영국의 연구에서는 강박증상이 유의미하게 증가하였다.

팬데믹 기간 오염 증상이 OCD 증상 심각도 및 경과에 미치는 영향을 평가한 여러 연구에서, 오염 관련 OCD를 가진 경우 더 나쁜 경과를 보였으며, 6개의 연구에서 오염 증상이 있는 경우 증상이 더욱 악화하였다. 그러나 5개의 연구는 오염 증상과 경과에 차이가 없었으며, 비임상 연구에서는 팬데믹 동안 오염 관련 강박증상이 증가하였고, 이는 높은 고통 수준과 관련이 있었다.

팬데믹 기간 COVID-19 관련 강박증상에 대한 연구에서, 새로운 COVID 중심 강박관념과 강박행동의 추정치는 청소년 표본에서 35%, 성인 표본에서 58%로 나타났지만, 임상 치료를 받는 표본에서는 이러한 증상이 4%에서 15%로 상대적으로 낮게 나타났다. COVID-19 스트레스 증후군은 오염 두려움과 강박적 점검 등 다양한 스트레스 반응으로 구성되며, OCD 환자들은 이러한 스트레스 증상에서 더 높은 수준을 보였으며, 비임상 연구에서도 COVID-19와 관련된 강박증상이 증가한 것으로 나타났다.

COVID-19 팬데믹 동안 OCD 환자들은 더 많은 두려움과 스트레스를 경험했으며, COVID-19 관련 스트레스는 강박증상의 악화와 관련이 있었다. 주요 연구결과로는 재정적 스트레스, 우울증, OCD의 중증도, 사회적 지지가 부족할 때 강박증상이 심해졌으며, 비임상 연구에서는 OCD 증상이 지침 준수와 연관되어 있으며, COVID-19 관련 두려움, 불확실성에 대한 내성, 가족 갈등 등이 OCD와 연관이 있었으며, 의료 종사자도 강박증상이 증가하는 경향을 보였다.

COVID-19는 OCD 환자와 일반인 모두에게 큰 스트레스를 유발하고 강박증상을 악화시켰으며, 특히 오염에 대한 두려움을 가진 환자들은 COVID-19와 관련된 불안이 증가하였다. 임상치료를 받은 환자들은 영향이 적었으나 많은 환자들이 증상 악화를 경험하였다.

따라서 근거 기반 치료의 중요성이 강조되며, 팬데믹 이후에도 치료의 지속적 모니터링이 필요하며, 감염 관련 행동 변화가 전염병 중 강박증상을 악화시키는 경향이 있는 것으로 나타났다.

진단 및 평가

1. DSM-5-TR의 진단기준

A. 강박사고, 강박행동 또는 둘 다 존재하며

강박사고는 1과 2로 정의된다.

1. 반복적이고 지속적인 생각, 충동 또는 심상이 장애 시간의 일부에서는 침투적이고 원치 않는 방식으로 경험되며 대부분 현저한 불안이나 괴로움을 유발함
2. 이러한 생각, 충동 및 심상을 경험하는 사람은 이를 무시하거나 억압하려고 시도하며, 또는 다른 생각이나 행동을 통해 이를 중화시키려고 노력함(즉, 강박행동을 함으로써)

강박행동은 1, 2로 정의된다.

1. 예를 들어, 손 씻기나 정리정돈하기, 확인하기와 같은 반복적 행동과 기도하기, 숫자 세기, 속으로 단어 반복하기 등과 같은 정신적인 행위를 개인이 경험하는 강박사고에 대한 반응으로 수행하거나 엄격한 규칙에 따라 수행함
2. 행동이나 정신적인 행위들은 불안감이나 괴로움을 예방하거나 감소시키고, 또는 두려운 사건이나 상황의 발생을 방지하려는 목적으로 수행됨. 그러나 이러한 행동이나 행위들은 그 행위의 대상과 현실적인 방식으로 연결되지 않거나 명백하게 지나침

주의점 : 어린 아동의 경우 이런 행동이나 정신적인 행위들에 대해 인식하지 못할 수도 있다.

B. 강박사고나 강박행동은 시간을 소모하게 만들어(예 하루에 1시간 이상), 사회적, 직업적, 또는 다른 중요한 기능 영역에서 임상적으로 현저한 고통이나 손상을 초래한다.

C. 강박증상은 물질(예 남용약물, 치료약물)의 생리적 효과나 다른 의학적 상태로 인한 것이 아니다.

D. 장애가 다른 정신질환으로 더 잘 설명되지 않는다(예 범불안장애에서의 과도한 걱정, 신체이형장애에서의 외모에 대한 집착, 수집광에서의 소지품 버리기 어려움, 발모광에서의 털뽑기, 피부뜯기장애에서의 피부뜯기, 상동증적 운동장애에서의 상동증, 섭식장애에서의 의례화된 섭식행동, 물질관련 및 중독 장애에서의 물질이나 도박에의 집착, 질병불안장애에서의 질병에 대한 지나친 몰두, 변태성욕장애에서의 성적인 충동이나 환상, 파괴적인 충동조절 및 품행 장애에서의 충동, 주요우울장애에서의 죄책감을 되새김, 조현병 스펙트럼 및 기타 정신병적 장애에서의 사고 주입 혹은 망상적 몰입, 자폐스펙트럼장애에서의 반복적 행동 패턴).

다음의 경우 명시할 것 :

좋거나 양호한 병식 : 강박적 믿음이 진실이 아니라고 확신하거나 진실 여부를 확실하게 인지하지 못한다.

좋지 않은 병식 : 강박적 믿음이 아마 사실일 것으로 생각한다.

병식 없음/망상적 믿음 : 강박적 믿음이 사실이라고 완전하게 확신한다.

다음의 경우 명시할 것 :

틱관련 : 현재 또는 과거 틱장애 병력이 있다.

DSM-5에서 강박장애가 불안장애의 하위 범주에서 빠져나와 독립된 '강박 및 관련 장애'라는 범주에 속한 대표적인 장애로 분류되었다. 강박장애 진단기준은 이전 버전처럼 강박사고와 강박행동 둘 중 하나 혹은 둘 다 보이는 경우로 명시되었으며, 강박사고와 강박행동 모두 두 가지 세부 특징을 만족시킬 수 있는지 검토할 수 있는 기준이 제시된 점은 동일하다.

다양한 유형 중 특정화(specify)해야 할 조건을 하나 더 추가하여 세분화하고 있다는 점이 DSM－Ⅳ와 달라졌다. 즉, 첫 번째 하위 유형 구분은 통찰의 수준을 **'양호함－빈약한－결여된'**의 세 수준으로 나누고 있으며, 두 번째 하위 유형의 구분은 **틱과 관련된 증상이 동반되는지**를 검토해야 한다는 점이 이전 버전과의 차이점이다. 이는 새롭게 마련된 '강박 및 관련 장애'의 범주에 공식적으로 포함시키지는 않았지만, 틱과 관련된 증상이 강박장애와 밀접한 관련이 있으며, 강박장애와 공병률도 높다는 연구결과 및 임상적 관찰 결과를 반영한 것으로 보인다.

2. 동반이환

강박장애는 불안장애, 우울증, 양극성 장애와 함께 나타날 수 있으며, 틱장애, 주의력결핍 과잉행동장애(ADHD)와도 관련이 있다. 대부분의 동반이환된 불안장애(분리불안장애 제외)나 외상 후 스트레스 장애보다 더 늦게 발병하지만, 우울장애보다는 더 어린 나이에 나타난다.

또한 신체이형장애, 발모광, 피부뜯기장애 등이 동반되며, 특히 강박장애는 조현병이나 섭식장애에서도 높은 발병률을 보이는 것으로 알려져 있다.

3. 감별진단

1) 불안장애

반복적 생각이나 회피행동, 반복되는 안심시키려는 요청 등은 불안장애에서도 일어날 수 있지만, 범불안장애의 반복적인 생각들은 보통 강박장애에서 보이는 비현실적이고 이상하거나 비합리적이고 마술적으로 보이는 강박사고와 달리 실생활에 대한 걱정인 경우가 많다. 특정 공포증에서는 공포의 대상이 훨씬 더 국한되어 있고 의례적인 행위가 존재하지 않는다. 사회공포증 환자들의 공포 대상 및 상황은 사회적 상호작용에 국한되어 있다.

2) 주요우울장애

주요우울장애에서의 사고의 반추와 다른데, 주요우울장애에서는 사고가 보통 기분에 일치하고 반드시 침투적이거나 고통스럽게만 느껴지지 않고, 이런 사고의 반추가 강박행동과 관련되지 않다.

3) 기타 강박 및 관련 장애

신체이형장애에서는 강박사고와 강박행동이 신체 외모에 대한 걱정에 국한되고, 발모광의 경우에는 강박사고가 없이 강박행동이 털을 뽑는 데만 국한된다. 하지만 전형적인 강박사고가 있고 이런 강박사고가 강박행동을 초래한다면 강박장애로 진단되어야 한다.

4) 섭식장애

강박장애에서는 강박사고와 강박행동이 체중이나 음식에 대한 염려에 국한되지 않는다.

5) 틱(틱장애)과 상동적 운동

틱과 상동적 운동은 보통 강박행동에 비해 덜 복잡하고, 강박사고를 중화하기 위한 목적이 아니다. 그러나 복합틱과 강박행동은 구분이 어려우며, 강박행동에는 대개 강박사고가 선행되어 나타나지만, 틱은 감각적 충동이 종종 전조 증상으로 선행한다. 강박장애와 틱장애의 증상 모두 가지고 있는 경우 두 진단 모두 가능하다.

6) 정신병적 장애

일부 강박장애 환자들은 병식이 좋지 않거나 심리적·망상적 강박 신념을 가지고 있지만, 망상장애와 구분되는 강박사고와 강박행동을 갖고 있다. 환각이나 정형화된 사고장애처럼 조현병이나 조현정동장애에서의 특징적인 증상은 보이지 않는다.

7) 기타 강박 유사 행동

성적 행동, 병적 도박, 알코올 사용 장애 같은 특정 행동들은 종종 '강박적'이라고 이야기하지만, 이런 특정 행동들은 이를 통해 쾌락을 추구하거나 그런 행동 때문에 유해한 결과가 있을 때만 그러지 않으려고 한다는 점에서 강박행동과는 다르다.

8) 강박성 성격장애

강박성 성격장애는 침투적 사고나 심상 또는 충동이나 침투에 대한 반응으로 나타나는 반복적 행동이 없고, 대신 이들은 지나친 완벽주의와 엄격한 통제 등 오래 가고 지속적인 부적응적 양상을 수반한다.

4. 평가도구

강박장애의 평가와 진단하기 위한 도구는 관찰의 주체가 누구인지(임상가, 본인), 관찰 방식이 얼마나 자유로운지에 따라 자유 면담이나 행동 관찰 방식, 구조화된 진단방법으로 나눌 수 있다.

1) 예일-브라운 강박장애 척도(Y-BOCS : Yale-Brown Obsessive Compulsive Scale)

임상가들이 가장 많이 사용하는 임상가용 평정척도 중 하나로, 반구조화된 양식으로 구성되어 있으며, 증상의 유형뿐만 아니라 심각도까지 비교적 자세하게 평정할 수 있다. 10개의 문항으로 구성되어 있고, 각 문항은 0점에서 4점으로 측정한다. 이에 따라 강박사고 소척도 점수(1~5번 문항 점수의 합, 총점 20점)와 강박행동 소척도 점수(6~10번 문항 점수의 합, 총점 20점)로 평가하고, 총점이 높으면 강박증상이 심각함을 의미한다.

2) 국립정신보건원 강박척도(NIMH-GOCS)

임상가에 의해 평정되며 강박증상의 전반적인 심각도를 하나의 문항으로 평가한다. 미국 국립보건원 산하의 국립정신보건원에서 출간되었고, 점수는 1점(최소의 증상)에서 15점 사이에서 주어지며, 6점을 초과하면 임상적으로 유의한 강박증상을 지닌 것으로 간주한다. 치료 효과를 반복하여 점검해야 할 때 유용하지만, 증상의 세부적인 면들을 살펴볼 수 없다는 점에서 한계가 있다.

3) 단축형 강박증상목록(OCI-R : Obsessive-Compulsive Inventory Revised)

강박사고와 강박행동과 관련된 불편감을 평가하기 위해 개발된 18항목의 자기평가 질문지이다. 단축형은 기존 강박증상 목록을 보다 간결한 형태로 개정한 것으로, 총 6개의 하부 척도로 구분(씻기, 점검, 정렬, 강박사고, 저장, 정신적 중화행동)되며, 척도마다 3항목씩 포함되고, “전혀 그렇지 않다(0점)”에서 “매우 그렇다(4점)”로 평가된다.

치료 방법

강박장애의 치료는 강박적인 생각과 반복적인 행동을 감소시키고, 이를 통해 환자의 삶의 질을 개선하는 것을 목표로 하는 다양한 치료적 접근을 의미하며 강박증상은 다양한 형태로 조합되면서 특이한 형태로 표현된다. 강박증은 정신건강의학적 질환으로서 치료를 통해 증상을 관리하고 완화할 수 있다고 보며 강박증 치료는 크게 심리적 치료와 약물치료로 나눈다.

1. 심리치료

우선적으로 인지행동치료(CBT : Cognitive Behavioral Therapy)가 효과적인 것으로 제안된다. CBT는 강박장애 치료에서 가장 널리 사용되는 치료 방법이며, 특히 노출 및 반응방지 기법(ERP : Exposure and Response Prevention)은 내담자가 강박적 생각을 유발하는 상황에 노출되도록 하되, 강박행동을 하지 않도록 도와주는 방법이다. 인지-행동 정신 치료라고도 불리는 CBT의 목적은 내담자가 직접 치료자가 되어 강박사고로부터 야기되는 불편감을 다스리고 적절한 해결책을 모색할 수 있는 전략을 제시하는 것이다.

1) 노출 및 반응방지 기법(ERP)

노출 및 반응방지 기법(ERP : Exposure and Response Prevention)은 강박장애 치료에서 가장 효과적인 인지행동치료(CBT) 기법 중 하나로, 강박장애의 최우선적 치료법으로 간주된다. 이 기법은 환자가 불안을 유발하는 자극에 점진적이고 지속적으로 노출되는 동시에, 강박행동을 수행하지 않도록 유도하여 불안을 감소시키는 치료 방법이다.

ERP의 핵심 원리는 강박적 사고(예 오염에 대한 두려움, 사고에 대한 불안 등)가 실제로 위험을 초래하지 않는다는 점을 환자가 직접 경험하도록 돕는 것이다. 치료 과정에서 환자는 점진적으로 공포와 불안을 유발하는 상황에 노출되며, 동시에 기존에 불안을 해소하기 위해 수행하던 강박행동(예 과도한 손 씻기, 확인행동 등)을 하지 않은 채 불안이 자연스럽게 감소하는 경험을 하게 된다. 이를 통해 환자는 강박사고에 대한 반응이 반드시 강박행동을 통해 조절될 필요가 없으며, 불안이 시간이 지나면서 점차 감소할 수 있다는 점을 학습하게 된다.

ERP는 다양한 강박장애 증상에 적용될 수 있으며, 특히 반복적인 확인행동, 씻기 강박, 수집 강박, 정리 강박 등을 가진 환자들에게 효과적이다. 치료 과정에서는 환자의 증상 심각도와 특성을 고려하여 노출의 강도를 조절하며, 환자가 스스로 불안을 견디고 조절할 수 있도록 돕는 점진적인 노출 기법이 활용된다. 연구에 따르면, ERP는 강박장애 치료에서 약물치료보다 지속적인 치료 효과를 보이며, 재발률을 낮추는 데 중요한 역할을 한다. 이러한 치료 과정은 초기에는 환자에게 불안을 유발할 수 있지만, 반복적인 노출을 통해 불안이 점차 감소하고, 강박행동이 줄어드는 경험을 하면서 치료 효과가 극대화된다.

노출 과정에는 두 가지 방법이 있으며, 실제적 노출(in vivo exposure)과 심상적 노출(imaginal exposure)로 나뉜다. 실제적 노출은 실제 생활에서 불안을 유발하는 특정한 상황, 사물, 이미지에 직접 맞닥뜨리는 방식으로, 예를 들어 공중화장실의 문손잡이나 변기를 실제로 만지는 것이 포함된다. 반면, 심상적 노출은 불안을 유발하는 상황을 머릿속으로 상상하여 경험하는 방법으로, 오염에 대한 공포가 있는 환자가 더러워진 손을 상상하는 것과 같은 방식으로 이루어진다. ERP 노출 연습은 일반적으로 환자가 약한 불안을 느끼는 자극에서 시작하여 점차적으로 더 강한 불안을 유발하는 자극으로 진행되는 체계적인 방식으로 이루어진다. 연구에 따르면, ERP 치료를 받은 강박장애 환자의 60~85%가 유의미한 증상 개선을 경험한 것으로 보고되었다(Foa, Steketee, Grayson, Turner, & Latimer, 1984; Foa, Steketee, & Milby, 1980).

반응방지는 충분히 긴 기간 동안 강박행동을 스스로 제어하도록 유도하여, 불안감이나 불편함을 경감시키려는 강박적 행동 패턴을 차단하는 과정이다. 예를 들어, 반복적으로 손을 씻어야 안도감을 느끼는 환자에게 ERP를 적용할 경우, 손을 씻지 않은 채 불안을 견디도록 하여 자연스럽게 불안이 감소하는 경험을 하도록 돕는다.

그러나 ERP는 외현적인 강박행동이 없는 내적인 반추(rumination)나 강박사고를 특징으로 하는 내담자에게는 적용이 어려울 수 있다. 순수한 강박사고를 보이는 환자의 경우, ERP 치료를 거부하거나 중도 탈락하는 사례가 많아 세심한 변형이 필요하다. 이러한 경우, ERP 단독 치료보다는 인지적 전략을 병행하여 사고-행동 혼동(thought-action fusion)을 교정하고, 사고를 유연하게 수용하는 기법을 추가하는 것이 효과적일 수 있다. 치료의 핵심은 환자가 강박사고를 억제하려 하지 않고 자연스럽게 수용하며, 강박행동 없이 불안을 견디는 연습을 통해 증상을 개선하는 것이다.

2) 인지치료(CT) 기법

인지치료(CT : Cognitive Therapy)는 강박장애 치료에서 ERP(노출 및 반응방지 기법)를 보완하거나 선행될 수 있는 치료 방법으로 제안된다. 강박사고를 줄이기 위한 다양한 기법 중 하나로 사고 중지(Thought Stopping) 기법이 활용되는데, 이는 강박사고가 떠오를 때 환자가 스스로 "그만!(Stop!)"이라고 외치거나 특정한 신호를 사용하여 강박사고의 지속을 차단하는 방법이다. 이를 통해 환자는 강박적인 사고와 집착을 줄이고, 자신의 주의를 보다 적응적인 생각에 집중할 수 있도록 돕는다.

강박장애 환자는 자신의 감정을 과도하게 억제하는 경향이 있어, 자기주장훈련이 치료적으로 활용될 수 있다. 자기주장훈련은 환자가 자신의 감정과 의견을 적절하게 표현할 수 있도록 돕는 기법으로, 지나친 자기 억제를 줄이고, 공격적이지 않으면서도 효과적으로 감정을 표현하는 능력을 기르는 데 초점을 맞춘다. 이를 통해 환자는 대인관계에서 더 건강한 상호작용을 할 수 있으며, 강박사고에서 비롯되는 정서적 불편감을 보다 효과적으로 조절할 수 있다.

또한 강박행동을 억제하려고 애쓰는 대신, 이를 오히려 과장해서 수행하도록 유도하는 역설적 의도 기법이 적용될 수도 있다. 이 방법은 강박사고를 억누르려 하지 않고 적극적으로 드러냄으로써, 강박사고에 대한 불안을 완화시키고 강박행동을 해야 한다는 심리적 압박감에서 벗어나도록 돕는다. 예를 들어, 특정한 강박적 사고를 없애려고 노력하는 대신, 의도적으로 그 사고를 더 많이 떠올려 보도록 하여 점차적으로 불안 반응이 둔화되도록 하는 방식이다.

최근 강박장애 치료에서는 인지적 이론에 근거한 치료 기법이 활용되고 있으며, 인지치료는 심리적 문제가 일상에서 작동하는 인지적 왜곡이 누적되어 발생한다고 본다. 따라서 인지치료에서는 비현실적인 생각과 부적응적인 신념을 인식하고 변화시키는 것을 강조하며, 이는 심리 교육적 요소를 포함한 통찰 중심의 치료 과정으로 진행된다. 강박장애에서 흔히 나타나는 침투적 사고는 치료의 핵심 요소 중 하나로, 인지치료에서는 침투적 사고가 위험하지도 중요하지도 않은 정상적인 경험임을 강조한다. 침투적 사고는 그 내용이 비윤리적이거나 위협적인 것일지라도 누구나 경험하는 자연스러운 현상이므로, 이를 억제하려 하지 않고 받아들이면 저절로 사라진다는 점을 인식하도록 한다.

그러나 강박장애 환자들은 침투적 사고에 대해 과도한 책임감과 통제 의무감을 가지는 경향이 있다. 이러한 사고 패턴을 변화시키기 위해 상담사는 환자가 가진 자동적 사고를 탐색하고 변화시키는 과정을 진행한다. 예를 들어, 환자가 특정한 사고에 대해 과도한 중요성을 부여하는 경우, 상담사는 이를 현실적으로 재해석하도록 돕고, 사고를 완벽하게 통제하려는 욕구나 불확실성을 견디지 못하는 인지 패턴을 수정하도록 개입한다.

강박장애를 가진 환자들은 위험을 과대평가하거나, 침투적 사고를 지나치게 중요하게 여기며, 불확실성을 견디는 능력이 부족한 경향을 보인다. 또한 자신의 생각을 완전히 통제해야 한다는 믿음과 완벽주의적 사고 패턴이 강박증상을 지속시키는 주요 요인으로 작용한다. 현대의 인지치료에서는 이러한 역기능적 신념을 핵심 치료 대상으로 삼으며, 치료 과정에서 환자가 침투적 사고를 어떻게 평가하고, 이러한 신념을 보다 유연한 방식으로 변화시킬 수 있는지를 다룬다. 이를 통해 환자는 강박사고와 행동에서 벗어나 보다 건강한 인지적 패턴을 형성하고, 불안을 효과적으로 조절할 수 있도록 돕는다.

침투적 사고에 대한 책임감을 감소시키기 위한 기법들은 강박장애 환자가 과도한 책임감과 죄책감을 줄이도록 돕는 인지치료 기법으로, 자신의 책임을 보다 현실적이고 객관적으로 평가할 수 있도록 유도하는 데 초점을 맞춘다. 이를 위해 다양한 인지적 기법이 활용되며, 대표적으로 파이 기법(pie–chart technique), 이중기준 기법(double standard technique), 법정 절차 기법(courtroom procedure)이 있다.

파이 기법은 내담자가 두려워하는 재앙적 결과를 유발할 수 있는 다양한 요인들을 시각적으로 분석하도록 하는 방법이다. 내담자는 특정 사건에 영향을 미칠 수 있는 여러 요인들을 크기가 다른 파이 조각으로 나누어 표시하며, 각 요인의 중요성을 퍼센트로 나타낸다. 예를 들어, 교통사고가 발생할 위험성에 대해 혼잡한 교통상황, 도로포장 상태, 상대 운전자의 주의력, 날씨, 자동차 정비 상태 등의 요인이 각각 얼마나 중요한지를 평가한다. 이 과정에서 내담자는 자신의 책임이 전체 요인 중 차지하는 비율이 실제로는 매우 적을 수 있다는 사실을 깨닫게 되며, 결과적으로 강박적인 책임감을 줄일 수 있다.

이중기준 기법은 내담자가 강박사고에 대해 자신에게 부과하는 엄격한 기준이 타인을 평가할 때의 기준과 다름을 인식하도록 돕는 방법이다. 내담자는 동일한 상황이 다른 사람에게 발생했을 때 그들에게 얼마나 책임을 물을 수 있는지를 생각해 보고, 이를 자신이 처한 상황과 비교하게 된다. 이를 통해 내담자는 자신이 스스로에게 부여하는 책임 기준이 타인에게 적용하는 기준보다 훨씬 가혹하다는 사실을 깨닫고, 강박사고에 대한 죄책감을 완화할 수 있다. 또한 상담사는 이러한 이중기준을 갖게 되는 이유를 탐색하며, 내담자가 보다 균형 잡힌 시각으로 자신을 평가할 수 있도록 돕는다.

법정 절차 기법은 역할 연기를 활용하여 내담자의 책임감을 객관적으로 분석하는 방법이다. 내담자는 법정에서 피고인의 입장이 되어 자신의 유죄 여부를 가리는 재판을 진행하며, 이 과정에서 스스로를 변호하거나, 변호인과 검사 역할을 맡은 상담사와 토론하게 된다. 이 기법을 통해 내담자는 자신의 책임감과 죄의식을 보다 객관적이고 중립적인 관점에서 관찰할 수 있으며, 실제로 자신이 느끼는 죄책감이 과도한지 여부를 검토할 수 있다. 이러한 기법들은 강박장애 환자가 강박사고에 대한 과도한 책임감을 완화하고, 보다 현실적이고 균형 잡힌 사고방식을 습득할 수 있도록 돕는 데 효과적인 치료적 개입으로 활용될 수 있다.

3) 마음챙김(Mindfullness) 및 수용전념치료(ACT)

수용전념치료(ACT : Acceptance and Commitment Therapy)는 강박적인 생각이나 불편한 감정을 억제하려 하기보다는, 이를 있는 그대로 받아들이고 불안을 견디는 능력을 키우도록 돕는 치료 방법이다. 이러한 접근법은 환자가 강박사고에 휘둘리지 않고, 생각을 통제하려는 강박적 시도를 줄이며, 보다 유연한 방식으로 사고에 대응할 수 있도록 하는 것을 목표로 한다.

강박장애를 위한 마음챙김 훈련은 자신의 마음이 어떻게 작동하는지를 인식하고, 특정한 사고 패턴과 경향을 알아차릴 수 있도록 돕는다. 이를 통해 내담자는 강박사고가 떠오를 때 자동적으로 반응(react)하는 대신, 보다 의식적으로 대응(respond)할 수 있는 능력을 기르게 된다. 즉, 강박적 사고를 제거하려 하기보다는, 이를 단순한 생각의 흐름으로 바라보며, 불필요한 저항 없이 흘려보낼 수 있도록 하는 것이다.

ACT는 기존 인지행동치료의 한계를 보완하는 새로운 치료법으로, 강박사고를 없애려 하기보다 그 생각과 함께 존재하는 법을 배우는 것을 강조한다. 치료의 핵심 개념 중 하나인 인지적 탈융합(cognitive defusion)은 환자가 자신의 생각과 동일시되는 것을 방지하고, 사고를 보다 객관적으로 바라볼 수 있도록 돕는다. 강박장애 환자는 종종 특정한 생각이 실제 행동으로 이어질 것이라는 두려움을 가지는데, 인지적 탈융합을 통해 "나는 이런 생각을 한다"는 점을 인식하면서도, 그 생각이 나의 본질이 아니라는 점을 깨닫게 된다. 이를 통해 강박사고에 압도되지 않고, 불필요한 체험 회피에서 벗어나 자신의 가치(value)에 집중하는 태도를 기를 수 있도록 한다.

ACT와 마음챙김 기반 치료는 기존의 인지행동치료와 비교했을 때 집단 형태로 적용하기에 용이하며, 내담자가 자신의 사고와 감정을 보다 유연하게 수용할 수 있도록 하는 점에서 차별점을 가진다. 이러한 접근법을 통해 강박장애 환자는 강박사고를 제거하려는 노력을 줄이고, 사고가 존재하더라도 삶을 보다 가치 지향적으로 살아갈 수 있는 능력을 기를 수 있게 된다.

2. 약물치료

약물치료는 강박장애의 증상을 완화하는 데 도움이 되지만, 그 효과는 제한적이며 증상이 완전히 소멸되기보다는 일시적인 경감에 그칠 가능성이 높다. 특히 약물을 중단할 경우 증상이 재발할 위험이 높아 지속적인 관리가 필요하다. 강박장애 치료에 사용되는 대표적인 약물로는 삼환계 항우울제(TCAs)인 클로미프라민(clomipramine)과 선택적 세로토닌 재흡수 억제제(SSRIs)가 있다. 약물치료는 뇌의 신경전달물질인 세로토닌(Serotonin)의 대사에 변화를 일으켜 강박증상을 완화하는 기전에 기반을 둔다. 강박장애 환자는 세로토닌 기능 저하와 관련된 신경생물학적 이상을 보인다는 연구결과가 있으며, 이에 따라 세로토닌 작용을 증진시키는 약물이 강박증상을 완화하는 효과를 보인다.

선택적 세로토닌 재흡수 억제제(SSRIs)는 원래 항우울제로 개발되었으나, 기존 삼환계 항우울제보다 선택적으로 세로토닌 신경전달에 관여하고 부작용이 적다는 점에서 강박장애 치료에도 널리 사용되고 있다. SSRI 계열 약물은 비교적 안전성이 높고 내약성이 좋으며, 장기간 사용 시에도 기존 항우울제보다 부작용이 제한적인 것으로 알려져 있다.

대표적인 SSRI 계열 약물로는 클로미프라민(clomipramine), 플루옥세틴(fluoxetine), 설트랄린(sertraline), 파록세틴(paroxetine), 플루복사민(fluvoxamine), 에스시탈로프람(escitalopram) 등이 있으며, 이들 약물은 강박증상을 조절하는 데 효과적이다. 그러나 약물치료만으로 강박장애를 완치하기는 어려우며, 증상이 만성적으로 지속될 가능성이 높아, 인지행동치료와 병행하는 것이 가장 효과적인 치료 전략으로 권장된다.

〈선택적 세로토닌 재흡수 억제제(SSRI) 중 하나인 에스시탈로프람(escitalopram)에 대한 연구〉

윤제연 · 변민수 · 심금숙 · 박혜연 · 장준환 · 황재연 · 김성년 · 권준수(2011). Escitalopram의 강박증 치료반응 예측 인자

- ESC는 시탈로프람(citalopram)의 S-거울상 이성질체(S-enantiomer)로, SSRI 중에서 세로토닌에 가장 선택적으로 작용하는 약물이다. ESC는 다른 SRI(세로토닌 재흡수 억제제)들과 마찬가지로 **강박증(OCD)** 증상 개선 및 재발 방지에 유의한 효과가 있다는 연구결과가 보고되면서, 그 처방 빈도가 점점 증가하고 있다. 과거의 SRI 임상 연구는 주로 설트랄린(sertraline)과 같은 약물들을 사용했는데, 설트랄린은 **세로토닌**뿐만 아니라 **도파민**과 **노르에피네프린**과 같은 다른 신경전달물질 수용체에도 작용한다. 따라서 이러한 차이를 고려했을 때, 기존의 SRI 연구결과를 ESC에 그대로 적용하기는 어렵고, ESC 투여 시의 치료반응에 영향을 미치는 임상 요인에 대해서는 아직 밝혀진 것이 거의 없다.
- 이 연구에서는 **강박증 치료에서 ESC의 임상적 치료반응**을 예측할 수 있는 요인들을 규명하기 위해 진행되었는데 실제 임상 환경에서 ESC를 투여한 후 증상이 호전된 환자군과 호전되지 않은 환자군 간의 차이를 비교했을 때 발병 연령, 성별, 나이, 강박증상 하위 유형에 따른 유의미한 차이가 나타나지 않았으나, 유일하게 공격성 강박증상군을 가지는 강박증 환자들이 이러한 증상을 가지지 않는 강박증 환자들에 비해 ESC에 대한 치료반응이 낮음을 확인하였다.
- 치료 예후는 환자의 25%가 상당히 회복, 45%는 중등도 회복, 30%는 변함이 없거나 악화된다고 보고하였다.
- 기타 강박증 치료 방법 : 정신치료, 전기치료(전기충격요법), 뇌수술

강박장애의 심리적 치료에 관한 연구

김일중 · 신민섭(2017). 강박장애에 대한 근거 기반 치료

- 미국심리학회(APA)에서는 강박장애에 대한 심리치료의 효과를 검증한 무선 할당 통제(RCT : Randomized Controlled Trial) 연구를 메타분석(meta-analysis)하고, 체계적으로 검토하여 '**노출 및 반응방지 기법**(ERP : Exposure and Response Prevention)'과 '**인지치료**(CT : Cognitive Therapy)', '**수용전념치료**(ACT : Acceptance and Commitment Therapy)'를 과학적인 근거 기반이 갖추어져 있는 치료를 권하고 있다.

1. 인지행동치료

- 인지행동치료의 효과를 검토한 연구 중에 Olatunji, Davis, Powers, 그리고 Smits(2013)의 연구는 16개의 무작위 대조실험(RCT)을 메타분석한 결과를 토대로 강박장애에 대한 인지행동치료(CBT)의 효과를 분석하였다.
- **주요 결과**는 인지행동치료를 받은 사람들은 치료를 받지 않은 통제 집단보다 치료 직후(Hedge's g=1.39)와 추후 평가 시점(Hedge's g=0.43)에서 더 나은 결과를 보였다. 즉, 인지행동치료를 받지 않은 사람보다 효과적이다.
- **인지행동치료의 효과**는 치료의 유형(예 ERP, CT 등), 치료 형식(개인치료, 집단치료), 발병 연령, 증상의 지속 기간, 성별, 치료 회기 수, 공병률(다른 정신질환이 함께 있는 경우)에 따라 유의미한 차이를 보이지 않았다고 설명한다. 즉, 이러한 요인들은 **인지행동치료 효과에 큰 영향을 미치지 않았다는 의미로 해석**할 수 있다. 그러나 **나이와 효과** 크기에서는 성인보다 아동에서 치료 효과가 더 크게 나타났고, 전체적으로 나이가 많을수록 효과 크기가 작은 경향을 보였으나, 성인과 아동 집단을 따로 분석했을 때는 나이와 효과 크기 간의 유의미한 상관관계가 발견되지 않았다.
- Öst, Hansen, Kvale(2015)는 1993년부터 2014년까지 출판된 강박장애(OCD)에 대해 인지행동치료(CBT) 연구를 검토하였는데, 치료 효과를 Yale–Brown obsessive Compulsive Scale(Y–BOCS)로 측정한 37개의 무작위 대조실험(RCT) 연구에 대해 메타분석하였다.
- **주요 결과**는 치료를 받지 않고 기다리기만 한 통제 집단과 인지행동치료 집단을 비교했을 때 Hedge's g=1.31이라는 큰 효과 크기를 나타냈고, 위약을 받은 집단과 CBT 집단을 비교했을 때도 Hedge's g=1.33으로 큰 차이가 나타났다. 즉, 실제 노출을 실시한 **치료 집단**이 **통제 집단**보다 더 큰 효과를 보였고, **가짜 치료보다도 CBT가 훨씬 효과적이라는 의미**이다.
- **ERP와 인지치료**의 효과 간에는 Hedge's g=0.07로 유의미한 차이가 없었으며 개인치료와 집단치료 사이에서도 **유의미한 차이가 없었다.** 따라서 개인적으로 치료를 받든 집단으로 치료를 받든 효과는 비슷하였고 **CBT와 항우울제의 결합 치료**에서는 인지행동치료와 위약을 결합한 치료보다 **더 나은 효과를 보이지 않았으며**(Hedge's g=0.25), 항우울제를 추가로 사용해도 CBT 단독 치료와 비교했을 때 추가 효과가 없었다.
- Abramowitz(1997)의 연구에서는 이완훈련 집단을 대조군으로 설정한 연구를 메타분석하였으며, 분석 결과 강박증상의 호전에 있어서 **ERP를 실시한 집단**이 이완훈련을 실시한 집단에 비해 더 큰 효과 크기를 보였다(mean d=1.18).
- 노출 및 반응방지는 강박적 두려움을 유발하는 상황에서 강박행동을 하지 않으면서 체계적, 반복적, 지속적으로 직면하는 것(Abramowits 2006)이다.
- Abramowitz(1996)는 ERP를 실시하는 **구체적인 방법**에 따라 서로 다른 치료 효과를 평가하였다.

★노출을 실시하는 접근법(4가지 범주)

1. 노출 훈련에 대한 치료자의 감독 여부
2. 노출의 유형(실제 또는 심상)
3. 노출 자극 제시 속도(점진적 또는 급진적)
4. 반응방지의 정도(완전 또는 부분)

- 4가지 범주로 정리하면 치료자가 감독한 ERP와 환자가 스스로 수행한 ERP 간에 첫째, ERP 훈련을 **치료자가 감독했을 때** 치료 직후(mean d=1.58)와 추후 평가 시점(mean d=1.47)에서 환자의 증상이 더 많이 **감소했다**. 둘째, 실제 상황에 노출되는 것과 심상 노출(머릿속으로 상상하는 노출)을 **결합했을 때** 실제 노출만 하는 것보다 훨씬 더 큰 **효과가** 있었다(mean d=2.76). 셋째, 노출을 점진적으로 하거나 급진적으로 한꺼번에 노출하는 방식 간에는 큰 효과 차이가 없었다(all mean d>1.33). 넷째, 완전한 반응방지와 부분적인 반응방지 간에는 강박행동을 **완전히 방지했을 때**가 효과가 더 컸다. 그리고 치료자의 지도 감독은 OCD 환자의 우울증을 줄이는 데 의미 있는 효과(mean d=0.78)를 나타냈다고 설명하고 있다.
- 이런 범주들을 통해서 결과를 볼 때 ERP를 어떻게 실시하는가의 방법이 중요하다고 할 수 있겠으며, 또 하나 치료 효과를 검증할 때 회복률에 대한 검증이 충분히 이루어지지 않았고, 회복에 대한 정의 또한 표준화되지 않았다는 제한점이 남아 있다고 지적하고 있다.
- 결론적으로 ERP의 효과가 입증되었으나 치료 후 실제로 얼마나 많은 환자가 회복되었는가를 명확하게 평가하는 것이 앞으로의 과제가 된다.

2. 인지치료

- 강박장애를 설명하는 몇 가지 인지모델 중에 Salkovskis와 Warwick(1985)가 기술한 인지모델이 **가장 널리** 알려져 있으며, 이 모델에서는 강박장애 환자들은 침투적 사고에 대해서 특별한 의미나 과도한 책임감을 부여한다고 설명한다. 또한 강박장애 환자들이 반드시 과도한 책임감을 부여하지 않더라도 다양한 침투적 사고에 대한 의미 부여와 역기능적 신념을 가지고 있다고 보고되어 왔다.
- 강박장애를 위해 이론적 기반을 토대로 고안된 구체적인 인지치료가 출현하기 전에 Van Balkom 등(1994)은 Beck의 인지치료가 적용된 강박장애 치료에 대해 정리한 바가 있는데, 도출된 결론에서 가장 눈에 띄는 제한점은 거의 모든 치료들이 인지치료와 ERP 치료를 결합했다는 것이다. 그럼에도 불구하고 Von Balkom 등(1994)의 연구에서는 표준적인 인지치료에 ERP를 추가했을 때 추가적으로 발생하는 효과 크기는 작거나 유의미하지 않았음을 보여주었다.

- 그 이후로 메타분석이 가능할 정도로 강박장애의 인지모델을 기반으로 한 인지치료가 시행되어 왔는데, Rosa–Alcázar 등(2008)의 메타분석에 따르면 이러한 양식의 인지치료가 대기 집단과 주의 통제(attention control) 집단에 비해 더 큰 효과 크기를 나타냈다고 보고되었고(mean d=1.09), ERP만 실시한 집단과 비교했을 때 유의미한 차이가 없었다(mean d=1.13).

3. 수용전념치료(ACT)

- 강박장애에 대한 수용전념치료의 효과를 검증한 Twohig 등(2010)이 실시한 RCT 연구에서는 강박장애로 진단받은 79명의 환자를 대상으로 수용전념치료와 점진적 이완훈련(PRT : Progressive Relaxation Training) 치료 효과를 비교하였는데, 수용전념치료 집단은 PRT 집단보다 치료 후 시점, 3개월 후 추후 평가 시점에서 유의미하게 **더 높은 치료 효과**를 나타냈다고 설명한다.
- 또한 수용전념치료에서 강조하는 치료적 요인 중의 하나인 **심리적 유연성**(Psychological Flexibility)의 경우 PRT 집단에서는 치료 전, 후에 차이가 발견되지 않았으나 수용전념치료 집단에서는 유의미하게 향상되었다(ES=0.59).
- 최근 한 연구(Wolitzky–Taylor et al., 2012)에서는 기분장애가 함께 있는 경우와 인지적 왜곡이 심한 경우에, 인지행동치료보다 **수용전념치료가 더 효과적**이라고 보고되었는데, Bmett 등(2014)에 따르면 강박장애를 치료하는 데 있어 인지행동치료를 통해 효과를 얻지 못하거나 노출 훈련을 거부하는 경우에는 수용전념치료의 접근법을 차선책으로 적용할 수 있다고 한다. 즉, 환자가 치료순응도가 낮은 경우에는 수용전념치료의 접근법을 추가함으로써 치료에 대한 참여도를 향상시킬 수 있다. 수용전념치료에서 강조하는 '기꺼이 하기(Willingness)'를 적용하여 '강박사고를 기꺼이 경험하기'를 증진시키는 것이 치료 효과에 도움을 준다는 연구결과를 지지한다(Marck & Woods, 2005, 2007).

박제인 · 김수진(2016). 강박장애 환자의 인지행동치료 프로그램 참여 경험에 대한 질적 사례연구

1. 연구의 필요성 및 연구 목적

강박장애의 치료에는 약물치료와 인지행동치료를 포함하여 다양한 방법이 사용되고 있으며, Jónsson과 Hougaard(2009)의 메타분석 연구에서 강박장애의 집단 인지행동치료는 효과적인 치료법이라고 하였다. 인지행동치료는 인지적 재구성과 같은 인지치료와 노출 및 반응방지법(ERP : Exposure and Response Prevention)인 행동치료를 적용하는 기법으로 ERP는 불안 유발 상황에 고의로 노출시키고 강박행동을 하지 않게 함으로써 부적응적이고 역기능적인 악순환의 연결 고리로부터 벗어날 수 있도록 한다(김향숙 · 신민섭, 2002).

질적 사례연구는 질적 맥락 속에서 다양한 정보원들을 활용하여 자세하고 깊이 있게 자료 수집을 하고, 시간과 공간으로 제한된 체계 혹은 사례를 시간의 흐름에 따라 탐색하는 것이다. 본 연구는 Stake(1995)가 제시한 본질적 사례연구방법에 따라 강박장애 환자의 사실적인 이야기와 진술을 통해 인지행동치료 프로그램 참여 경험을 탐색하고자 한다.

2. 연구방법

G시 소재 J정신병원에서 정신장애진단 및 통계편람(DSM－Ⅳ)에 의한 강박장애 진단을 7명 대상으로 심층면담, 참여관찰, 문서기록 및 설문지를 통한 방법론적 삼각측정법을 사용하였다. 프로그램 참여 전과 후에 강박증상척도(Y－BOCS : Yale－Brown Obsessive－Compulsive Scale), 우울증상척도(BDI : Beck Depression Inventory), 불안증상척도(BAI : Beck Anziety Inventory) 설문지를 작성하도록 하였다. 강박증의 인지치료 전문가용 지침서(Wilhelm & Steketee, 2006)와 서울대학교 병원 강박증 클리닉 매뉴얼을 기초로 프로그램 운영방법과 회기를 수정·보완 주 1회 2시간씩, 총 12회기 진행하였다. 행동적 접근 6회기, 인지적 접근 6회기로 구성하였다. Wilcoxon signed－ranks test를 사용하여 분석, 인지행동치료 프로그램 경험은 Stake(1995)의 4가지 분석 방법에 따라 분석하였다.

3. 연구결과

〈인지행동치료 프로그램 참여 경험〉

유형	범주	의미단위
마음의 감옥에서 헤매며 힘겨워함	생각이 파고들고 되풀이 행동을 함	• '강박증은 늪이다.' 안 하려고 해도 통제가 안 되고 한번 꽂히면 꼬리에 꼬리를 무는 생각이 함정처럼 파고듦 • 맞나, 틀리나, 확실한가, 정확한가 등 의심이 계속 듦 • 설거지, 목욕, 씻을 때 자신이 정한 규칙대로 해야 함 • 눈으로 보면서도 내 마음에서 그만할 때까지 정리, 정돈, 물건과 자리 확인 행동을 지속함
	일상생활에 지장을 주게 됨	• 보고 또 보고 정리정돈, 위험한 장소와 물건 등은 반복·확인해야만 편안함을 느껴 시간 낭비와 대인관계 어려움 생김 • 말, 글과 표현들이 명확하고 확실하지 않으면 다른 일을 못 함 • 아이 양육을 증상으로 인해 할 수 없게 됨 • 밥 먹을 시간, 앉을 시간도 없을 정도로 같은 행위를 반복함
	도움이 절실하다 느껴 치료를 결심하게 됨	• 아이를 씻길 때 아이의 반응과 상관없이 내 방식대로 하게 되어 죄책감 때문에 치료를 결정 • 병원의 종교적인 치료환경에 대한 믿음이 있었음 • 약만으로 강박행동이 해결되지 않아 과학적이고 체계적인 프로그램을 접하고 싶었음 • 효과적인 치료법이라는 주치의의 권유가 있었음

알아차림과 함께함을 통해 힘이 키워짐	자신의 행동이 병의 증상임을 알게 됨	• 파고드는 생각과 행동이 강박증상임을 알게 됨 • 인지행동치료 프로그램 교육을 통해 강박행동을 안 해도 됨을 앎 • 강박증은 자신만의 비합리적인 신념 때문에 생긴 것을 앎
	인지적 오류에 대해 인식함	• 자신의 생각을 객관화시켜 볼 수 있었음 • 'WHO가 그렇게 말하더냐, 꼭 순서대로 씻어야 한다고'라는 논박을 통해 자신의 인지적 오류가 무엇인지 알게 됨 • 미루기, 생각 바꾸기 등 다양한 치료 기술을 접하게 됨
	불안 감소와 증상 조절이 가능함	• ERP 경험을 통해 '아무 일도 안 생기는구나, 큰일 나지 않는구나'를 경험하고 불안함이 줄어드는 경험을 함 • 반복되는 ERP 경험을 통해 참는 힘이 생김 • 강박행동을 안 해도 불안이 감소함을 터득함
	집단프로그램을 통하여 타인과 나를 바라보게 됨	• 같은 고통을 겪는 사람들을 보며 공감을 함 • 강박증상이 다양함을 알게 됨 • 타인을 통해 강박증은 자신만의 비합리적인 신념이므로 극복 가능성을 느껴 의지력이 강해짐
	과제물을 이용한 접근에 자기성찰을 하게 됨	• 치료자의 질문에 생각을 다시 하게 되고 스스로를 더 이해하게 됨 • 기존에 생각하고 해석했던 부분이 과제물을 통해 재탐색됨
	치료자와 함께 해서 수행이 가능한 치료경험	• 내 병을 알아주고 체크를 해줘서 치료에 대한 신뢰가 생김 • 힘든 ERP를 할 때 치료자가 옆에 있어서 수행이 가능했음 • 치료자가 옆에서 지켜보고 제지해 주니 도움 됨 • 치료자가 함께 ERP를 하고 강박행동 시간이 단축되는 경험을 하게 되어 용기가 생김 • 함께 도와주고 같이 있다 보니 의식을 하게 되어 노출치료가 가능해짐
삶의 동반자로 받아들이게 되고 발걸음을 내딛음	자신 내부의 변화가 생김	• 갑작스러운 스트레스 상황에 ERP 경험이 견디는 힘이 됨 • '해보니 별것 아니네'라는 생각과 용기가 생김 • 피하지 않고 부딪혀보니 괜찮다는 것을 느끼게 됨 • 생각 바꾸기로 강박증상 조절이 가능함을 알게 됨 • T-song 같은 대처방법으로 직접 노출을 하고 자신감이 생김 • 당당함과 성취감을 느낌 • 용기가 생기고 자존감 상승을 느낌
	증상을 수용하고 자신의 노력이 필요함을 앎	• '강박증이 있구나.' 병을 인정하고 증상을 견제하면서 마음을 가볍게 생각하고 살아가면 극복이 된다고 생각함 • 자신의 행동이 잘못되었음을 인지하고 가볍게 생각해야 함 • 치료경험에 대한 확신으로 본인이 연습을 계속하게 됨 • 침투사고가 있을 때 행동하지 않고 차단하기

환경의 변화로 생활에 작은 여유가 생김	• 가정이 안정되고 편안해짐 • 쇼핑을 하고 외모에 신경을 쓰게 됨 • 활동을 하고 긍정적인 생각을 하려고 노력함 • 책을 읽을 수 있고 소소한 일상에서 행복을 느끼게 됨
긍정적인 대인관계의 변화가 생김	• 가족이 강박행동이 줄었다고 칭찬하고 갈등이 줄어듦 • 동생과 더 이상 싸우지 않음 • 주변인과 협력이 가능함

| 요약 |

강박장애(OCD)는 반복적이고 원치 않는 강박사고(obsession)와 이를 해소하려는 강박행동(compulsion)을 특징으로 하며, DSM-5-TR에서 독립된 진단 범주로 분류된다. 강박장애의 주요 증상으로는 청결 및 오염 강박, 확인 강박, 대칭 및 정리 강박, 공격적·성적·종교적 강박사고 등이 있으며, 강박적 사고를 줄이기 위한 반복적인 행동이 동반된다.

강박장애의 원인은 생물학적·심리적·사회문화적 요인이 복합적으로 작용하며, 특히 불확실성 회피, 완벽주의적 성향, 과도한 책임감, 침투적 사고에 대한 과민 반응 등과 같은 심리적 요인이 강박장애에 영향을 미친다.

치료 방법으로는 인지행동치료(CBT)와 노출 및 반응방지법(ERP)이 가장 효과적인 심리치료 방법으로 평가되며, 선택적 세로토닌 재흡수 억제제(SSRIs)와 같은 약물치료도 병행될 수 있다. 최근에는 수용전념치료(ACT), 마음챙김 기법 등도 강박사고에 대한 적응적 대처 전략으로 활용되고 있다. 치료의 목표는 단순히 증상을 억제하는 것이 아니라, 내담자가 강박적 사고에 대한 지나친 민감성을 내려놓고 자연스럽게 이를 수용하면서 기능적인 삶을 영위할 수 있도록 돕는 것에 있다.

제 8 장

섭식장애

제 8 장 섭식장애

급식 및 섭식장애(Feeding and Eating Disorders)는 음식 섭취와 관련되어 심각한 문제가 초래되는 경우를 말하며, 급식은 주로 어린 아동에게 음식을 먹이는 과정에서 심리적 장애가 있는 경우를 말한다. 예를 들어, 아동이 먹어서는 안 될 것을 먹거나, 토하거나 되씹는 행동을 반복하거나, 음식에 전혀 관심이 없는 경우 등이 있다. 반면, 섭식은 주로 청소년기나 성인기에 섭식행동과 관련하여 나타나는 심리적 장애를 말하며, 신경성 식욕부진증, 폭식증, 폭식장애 등이 이에 해당한다.

섭식장애의 유형

1. 신경성 식욕부진증

1) 주요 증상과 임상적 특징

체중 증가와 비만에 대한 극심한 두려움을 지니고 있어서 음식 섭취를 현저히 감소시키거나, 거부함으로써 체중이 비정상적으로 저하되는 경우이다.

(1) 주요 증상

신경성 식욕부진증의 주요 증상을 살펴보면 다음과 같다.

첫째, 필요한 것에 비해서 음식 섭취를 제한함으로써 나이, 성별, 발달 수준과 신체건강에 비추어 현저한 저체중 상태를 초래한다.

둘째, 심각한 저체중임에도 불구하고 체중 증가와 비만에 대한 극심한 두려움을 지니거나 체중 증가를 방해하는 지속적인 행동을 나타낸다.

셋째, 체중과 체형을 왜곡하여 인식하고, 체중과 체형이 자기평가에 지나친 영향을 미치거나 현재 나타내고 있는 체중 미달의 심각함을 지속적으로 부정한다.

넷째, 이러한 특성을 나타낼 경우 신경성 식욕부진증으로 진단되며, 음식 섭취를 거부한다는 의미에서 거식증(拒食症)이라고 불리기도 한다.

(2) 임상적 특징

신경성 식욕부진증 환자들은 체중 증가에 대한 공포, 자기 몸매에 대한 걱정, 실제 말랐음에도 불구하고 뚱뚱하다고 인식하며, 체중 조절에 대한 과도한 걱정과 집착을 한다. 우울한 기분, 짜증, 대인관계 위축, 성욕을 상실하는 경우가 있으며, 내성적·모범적·완벽주의적인 여자 청소년에게 흔히 나타나는 경향이 있다.

또한 체중을 줄이기 위한 다양한 노력을 한다. 음식량을 줄이거나 음식을 먹지 않기도 하고, 많이 활동하거나 운동을 많이 하여 살을 빼려 하기도 한다.

먹은 음식을 토해내거나 설사제, 이뇨제 등 사용하기도 한다. 신경성 식욕부진증은 경력이 있는 폭식-하제 사용형(음식 절제하다가 종종 과식 이후 먹은 음식 배출을 위해 토하거나 약물 복용)과 그러한 경력이 없는 제한형으로 구분된다.

그러나 과도한 체중 감량은 다음과 같은 여러 가지 신체적 문제를 발생시킨다.

- 현저한 체중 감소 : 체질량지수[몸무게(kg)를 키의 제곱(m^2)으로 나눈 값]를 계산하여 이 지수가 20~25면 정상, 17 이하면 저체중으로 평가된다.
- 다양한 신체적 문제 초래 : 무월경, 변비, 복통, 위산으로 인해 치아 법랑질 부식, 손 등 흉터가 생기기도 한다.
- 장기적 기아 상태와 하제 사용 : 빈혈증, 신장기능장애, 심장혈관계장애, 치아 문제, 골다공증 등이 있다.

2) 진단기준

A. 필요한 양에 비해 지나친 음식물 섭취 제한으로 연령, 성별, 발달 과정 및 신체적인 건강 수준에 비해 현저하게 저체중을 유발하게 된다. **현저한 저체중**은 최소한의 정상 수준보다 체중이 덜 나가는 것으로 정의되며, 아동과 청소년의 경우, 해당 발달 단계에서 기대되는 최소한의 체중보다 체중이 적게 나가는 것을 의미한다.

B. 체중이 증가하거나 비만이 되는 것에 대한 극심한 두려움, 혹은 체중 증가를 막기 위한 지속적인 행동. 이러한 행동은 지나친 저체중일 때도 이어진다.

C. 기대되는 개인의 체중이나 체형을 경험하는 방식에 장애, 자기평가에서 체중과 체형에 대한 지나친 압박, 혹은 현재의 저체중에 대한 심각성 인식의 지속적 결여가 있다.

부호화 시 주의점 : ICD−9−CM에서의 신경성 식욕부진증의 부호는 **307.1**이며, 아형이 나눠지지 않는다. ICD− 10−CM에서는 다음의 아형에 따른다.

다음 중 하나를 명시할 것 :

(F50.01) 제한형 : 지난 3개월 동안, 폭식 혹은 제거 행동(즉, 스스로 구토를 유도하거나 하제, 이뇨제, 관장제를 오용하는 것)이 반복적으로 나타나지 않는다. 해당 아형은 저체중이 주로 체중 관리, 단식 및 과도한 운동을 통해 유발된 경우를 말한다.

(F50.02) 폭식/제거형: 지난 3개월 동안, 폭식 혹은 제거 행동(즉, 스스로 구토를 유도하거나 하제, 이뇨제, 관장제를 오용하는 것)이 반복적으로 나타났다.

다음의 경우 명시할 것 :

부분 관해 상태 : 이전의 신경성 식욕부진증의 진단을 모두 만족한 후 진단기준 A(체중 감소)가 삽화 기간 동안 나타나지 않았으나, 진단기준 B(체중 증가 혹은 비만이 되는 것에 대한 극심한 두려움 혹은 체중 증가를 막기 위한 행동) 혹은 진단기준 C(체중과 체형에 대한 자기지각의 장애)가 지속되고 있는 경우를 말한다.

완전 관해 상태 : 이전의 신경성 식욕부진증의 진단을 모두 만족한 후 삽화 기간 동안 진단기준에 해당되는 행동이 아무것도 나타나지 않는다.

현재의 심각도를 명시할 것 :

성인의 경우, 심각도의 최저 수준은 현재의 체질량지수(BMI : Body Mass Index)를 기준으로 한다(다음을 참조하시오). 아동/청소년의 경우, BMI 백분위수를 기준으로 한다. 다음의 범위는 세계보건기구(WHO)에서 제공하는 성인의 마른 정도의 범주에 따른다. 아동/청소년의 경우 BMI 백분위수에 해당하는 기준을 사용한다. 심각도의 수준은 임상 증상, 기능적 장애 정도, 그리고 관리의 필요성을 반영하여 증가될 수도 있다.

경도 : BMI $\geq$ 17kg/m^2

중등도 : BMI 16~ 16.99kg/m^2

고도 : BMI 15~15.99kg/m^2

극도 : BMI $<$15kg/m^2

3) 원인과 치료

(1) 정신분석적 입장

정신분석적 관점에서 섭식장애, 특히 신경성 식욕부진증은 단순히 음식 섭취에 대한 거부가 아니라, 무의식적 심리 갈등의 표현으로 이해된다. 고전 정신분석에서는 식욕부진을 성적인 욕구에 대한 방어적 행동으로 보며, 먹는 행동을 성적 표현의 상징적 대체 행위로 해석한다. 청소년기의 신체적 성숙과 성적 욕구의 증가에 대해 무의식적인 공포를 느끼고, 음식 섭취를 거부함으로써 이러한 성숙과 욕구를 억제하려는 시도라는 것이다.

대상관계이론은 섭식장애를 강렬한 탐욕에 대한 방어로 설명한다. 특히 청소년기의 딸이 어머니에 대해 느끼는 갈등이 신체를 통해 상징적으로 표현된 것으로 보며, 굶음을 통해 어머니와의 심리적 분리 또는 갈등을 드러낸다고 본다. Masterson(1977)은 신경성 식욕부진증 환자들이 경계선 성격장애 환자와 유사한 심리적 갈등을 겪는다고 주장했다. 이들은 자기정체감이 결여되어 어머니에게 의존하며, 어머니의 사랑을 얻기 위해 '위선적 자기'를 형성하고 완벽한 아이가 되려 한다. 그러나 이러한 강요된 역할에 대한 무의식적인 분노가 누적되면서, 진정한 자기를 회복하려는 심리적 시도로 식욕부진 증상이 나타난다.

Palazzoli(1985)는 식욕부진증 환자의 가족에서 세대 간, 개인 간의 경계가 불분명하고 과도하게 관여적인 관계 양상을 보인다고 설명했다. 특히 어머니와의 심리적 분리가 어려워 자율적인 정체성을 형성하지 못하고, 이에 대한 분노가 굶음이라는 방식으로 표현된다는 것이다. 이는 어머니의 간섭적이고 통제적인 이미지가 자신의 신체를 통해 실현되는 것을 거부하려는 무의식적 시도로 해석된다.

Bruch(1982)는 신경성 식욕부진증을 자율성과 자기효능감을 얻으려는 몸부림으로 보았다. 환자들은 자신을 무능하고 무가치한 존재로 느끼며, 완벽한 아이로 인정받기 위해 노력하지만 자율감은 결여되어 있다. 이들은 음식 섭취를 통제함으로써 스스로를 통제할 수 있다는 감각을 얻고, 부모로부터의 심리적 독립을 이루려는 시도로 식욕을 거부하게 된다.

종합하자면, 정신분석적 관점은 신경성 식욕부진증의 이면에 비만에 대한 공포와 날씬함에 대한 환상이 자리하고 있으며, 이는 다음과 같은 심리적 요인들과 밀접하게 연관되어 있다고 본다. 첫째, 특별하고 독특한 존재가 되고자 하는 필사적인 시도, 둘째, 부모의 기대에 맞춰 살아온 자기 자신에 대한 무의식적인 공격, 셋째, 청소년기에 형성되는 진정한 자기의 자율적 주장을 억압된 상태에서 드러내려는 시도, 넷째, 어머니의 간섭적 이미지와 동일시된 신체에 대한 공격, 다섯째, 성적 욕망이나 충동에 대한 방어적 억제, 여섯째, 타인에게 탐욕스럽고 무력한 존재로 보이게 하려는 무의식적인 갈망 등이 그것이다.

이러한 관점은 섭식장애의 치료에서 단순한 증상 완화 이상의 심층적 정서와 가족 관계의 이해, 자기정체감의 회복을 중시하는 상담 개입의 필요성을 뒷받침한다.

(2) 행동주의적 입장

신경성 식욕부진증을 일종의 체중공포증(weight phobia)으로 본다. 현대 사회는 날씬한 몸매를 매력적으로 여기는 메시지를 지속적으로 전달하고, 날씬함에는 강화가 주어지는 반면 뚱뚱함에는 처벌이 주어지게 된다. 여성들은 체중 증가와 과도한 음식 섭취에 대해 공포를 가지게 되며, 공포를 줄이기 위해 음식을 먹지 않는 것이 부적 강화로 작용해 음식 거부 행동이 점점 극단적으로 나타난다는 설명이다.

Holmgren 등(1983)은 체중 증가에 대한 두려움이 음식에 대한 접근-회피 갈등을 유발한다고 주장한다. 체중 증가 공포가 우세할 때는 회피행동(절식)이 나타나고, 음식에 대한 욕구가 공포보다 우세할 때는 접근행동(폭식)이 유발된다. 신경성 식욕부진증은 음식에 대한 회피행동이 우세하게 나타나는 상태로, 반면 폭식증은 접근과 회피행동이 반복되는 상태라고 할 수 있다.

Williamson, Davis 등(1990)은 사회문화적 요인과 생물학적 요인을 학습이론으로 통합하여 섭식장애를 설명하고 있다. 유전적·영양학적·정서적 장애, 가족 및 성격 변인들이 섭식장애의 취약성을 형성하며, 이러한 요인들이 과도한 음식 섭취, 비만, 자기 몸매 불만을 초래한다. 다이어트가 실패하면서 폭식이 발생하고, 이에 대한 반응으로 체중 감소를 위한 극단적 행동이 발달하면서 신경성 식욕부진증으로 발달하게 된다. 절식을 통해 체중이 감소하면 기초대사율이 낮아져 체중 증가에 대한 공포가 강화되고, 이는 더 강력한 체중 조절 행동으로 이어지는 악순환에 빠져들게 된다는 것이다.

(3) 인지적 입장

신경성 식욕부진증 환자들은 자신의 신체를 왜곡하여 지각하는 특성이 있다. 자신을 실제보다 더 뚱뚱하게 인식하고, 정상인보다 더 날씬한 몸매를 이상적이라 여긴다.

Williamson, Gleaves 등(1990)은 피험자에게 체형을 나타낸 9장의 카드에서 자신의 실제 몸매와 이상적 몸매를 고르게 하였다. 그 결과 신경성 식욕부진증 환자들은 자신의 몸매를 실제보다 뚱뚱하게 지각하고, 정상인보다 더 날씬한 몸매를 이상적으로 선택했다. 이상적 몸매와 실제 몸매 사이의 괴리감이 체중 감량에 과도한 노력을 기울이게 한다.

인지적 왜곡의 특징을 살펴보면, 환자들은 날씬한 몸매가 성공과 애정을 얻는 중요한 요소라고 믿고, 성취나 인간관계의 좌절을 자신의 몸매 때문이라고 귀인한다. 이러한 귀인은 자존감을 보호하고 미래에 대한 의망을 갖게 해주기 때문이다. 몸매에 과도한 중요성을 부여하고 타인의 반응을 잘못 해석하며, 실제 몸매를 뚱뚱하다고 지각하는 인지적 특성이 신경성 식욕부진증의 주요 특성으로 나타난다.

(4) 생물학적 입장

신경성 식욕부진증은 유전적 기반이 있으며, 환자의 친척에게서 같은 장애 발병률이 높았다. 일란성 쌍둥이의 경우 46%가 함께 이 장애를 지니고 있다는 보고도 있다. 또한 배고픔, 포만감, 성적 활동과 월경에 관여하는 시상하부의 기능장애에 기인한다는 주장도 있다. 시상하부 이상으로 인해 체중 조절에 대한 적정 수준이 낮아져 식욕이 감소하고 절식행동이 나타난다고 설명한다.

자가중독이론(auto-addictive model)에서는 동물실험에서 쥐에게 지속적으로 하루에 한 번만 먹이를 주었더니 스스로 먹기를 억제하고 과도하게 운동하는 자기 기아 행동을 나타내었다. Marrazzi 등(1986)은 굶는 동안 엔도르핀 수준이 증가해 긍정적인 정서 경험을 강화하며, 과도한 운동 후에도 엔도르핀 증가로 인해 절식과 운동이 지속된다고 설명한다.

(5) 치료 방안

심각한 체중 감소와 절식에 대한 집착이 있는 경우 입원 치료가 필요하며, 입원 중에는 체중 증가에 강화가 주어지고, 체중 감소 행동은 처벌된다. 영양사와 함께 건강한 섭식 습관과 영양에 관한 논의를 하며 처음에는 영양사가 식단을 짜 주지만 치료가 점차 진전되면 환자 스스로 식사 계획을 세우게 한다. 체중이 정상에 가까워지면 신체상 왜곡을 수정하는 인지행동적 치료와 가족치료가 권장된다. 재발 방지를 위해 체중이 일정 수준 이하로 떨어질 경우 재입원 계약을 미리 해두며, 항우울제와 식욕자극제를 병행할 수도 있다. 입원 치료를 통해 호전된 환자의 약 50%가 1년 이내에 재발한다는 보고가 있다. 약물치료로는 신경성 식욕부진증에 식욕자극제를 처방하기도 하며 우울증이 동반되는 경우에는 항우울제를 사용하기도 한다.

〈'신경성 식욕부진증'에 관련된 사례연구〉

Eiring, Wiig Hage, & Reas(2021). **신경성 식욕부진증 또는 비정형 신경성 식욕부진증에서 회복된 여성에 대한 질적 연구**

이 질적 연구는 신경성 식욕부진증 또는 비정형 신경성 식욕부진증에서 회복된 여성들이 질병의 과정 중 "충분히 아프지 않다"는 평가를 받았던 경험을 중심으로 그들의 내적 고통과 외부 반응 사이의 간극을 탐색한 것이다. 연구는 회복된 여성 7명을 대상으로 반구조화된 인터뷰를 통해 진행되었으며, 이들은 모두 치료 과정 중 한 번 이상 외모나 체중에 근거해 질병이 경시되거나 무시된 경험을 가지고 있었다.

연구에서는 세 가지 주요 주제가 도출되었다. 첫째, 체중과 외모에 지나치게 집중하는 시선으로 인해 심리적 고통이 제대로 인식되지 않는 현실이다. 참가자들은 "정상 체중"이라는 이유로 섭식장애를 의심받지 못하거나, 치료 필요성을 인정받지 못해 굴욕감과 혼란, 수치심을 느꼈다. 둘째, 자신의 고통을 증명하려는 압박감이다. 일부 참가자들은 진단이나 치료를 받기 위해 의도적으로 더 많은 체중 감량을 시도하거나 증상을 강화하기도 했으며, 이는 오히려 건강을 해치는 결과로 이어졌다. 셋째, '보이는 존재'로서 인식되고 이해받고자 하는 강한 욕구이다. 치료 동기를 강화시킨 결정적인 요인 중 하나는 의료진이나 가족이 진심으로 자신의 고통을 인정하고 지지해 주는 순간이었다.

이러한 결과는 섭식장애의 치료에서 신체적 지표(예 체중)만을 기준으로 삼는 기존의 평가 기준이 갖는 한계를 지적하며, 내담자의 심리적 고통과 주관적 경험에 대한 민감한 이해가 얼마나 중요한지를 강조한다. 특히 섭식장애의 본질이 단순히 "몸"이 아니라 "마음"의 고통임을 이해하고 접근할 필요가 있다. 한 참가자의 말은 이 연구의 핵심을 잘 드러낸다.
"정말 아팠어요. 그런데 제가 충분히 마르지 않았다는 이유로 아무도 그걸 진지하게 받아들이지 않았죠. 그게 아직도 저를 힘들게 해요."
이처럼 '충분히 아프지 않다'는 인식은 내담자의 회복 동기를 약화시킬 뿐 아니라, 더 심각한 병의 진행을 초래할 수 있는 위험요소로 작용할 수 있음을 시사한다. 상담사나 의료진은 섭식장애의 다양한 표현 방식에 대해 더 유연하고 민감한 이해를 기반으로 접근해야 하며, 치료 참여를 위해 내담자의 존재를 "보여주고, 들어주는" 태도가 무엇보다 중요함을 보여주는 연구다.

2. 신경성 폭식증

1) 정의 및 주요 증상

신경성 폭식증(Bulimia Nervosa)은 짧은 시간 내에 많은 양의 음식을 먹어대는 폭식행동과 이로 인한 체중 증가를 막기 위해 구토 등의 보상행동이 반복되는 경우를 의미한다.

즉, ① 반복적인 폭식행동을 하고, ② 그로 인한 체중 증가를 막기 위해 반복적이고 부적절한 보상행동을 나타내며, ③ 폭식행동과 보상행동이 평균 1주일에 1회 이상 3개월 동안 발생하고, ④ 체형과 체중이 자기평가에 과도한 영향을 미치는 경우에 신경성 폭식증으로 진단된다.

2) 폭식행동

폭식행동은 일정한 시간 동안(예 2시간) 대부분의 사람들이 유사한 상황에서 동일한 시간 동안 먹는 것에 비해 분명하게 더 많은 양의 음식을 먹는 것이고, 폭식을 하는 동안 먹는 것에 대한 자제력(예 먹는 것을 멈출 수 없거나, 무엇을 얼마나 많이 먹어야 할지 알 수 없는 느낌)을 상실한 것이다.

3) 보상행동

보상행동은 폭식행동으로 인한 체중 증가와 몸매의 손상을 막기 위해 부적절한 자기방어적 행동을 나타내는 것이다. 폭식, 폭식에 대한 보상행동, 그리고 이런 행동들이 신체상에 미치는 영향은 점점 더 집착으로 변하게 된다.

4) 진단기준(DSM-5-TR)

1) 반복적인 폭식행동이 있고 폭식행동은 다음 **2가지**의 특징으로 나타난다.
   가) 일정한 시간 동안(예 2시간 이내) 대부분의 사람들이 유사한 상황에서 동일한 시간 동안 먹는 것에 비해 분명하게 더 많은 양의 음식을 먹음
   나) 폭식을 하는 동안 먹는 것에 대한 조절능력의 상실(예 먹는 것을 멈출 수가 없거나, 또는 무엇을 얼마나 많이 먹어야 할 것인지를 조절할 수 없는 느낌)
2) 체중 증가를 억제하기 위해 반복적이고 부적절한 **보상행동**을 나타낸다.
   (예 스스로 유도한 구토, 설사제, 이뇨제, 관장제, 기타 약물의 오용, 금식, 과도한 운동)
3) 폭식과 부적절한 보상행동 모두 평균적으로 최소한 **1주일**에 1회 이상 **3개월** 동안 발생한다.
4) 체형과 체중이 자기평가에 과도한 영향을 미친다.
5) 이러한 장해가 신경성 식욕부진증의 삽화 기간 중에만 나타나는 것은 아니어야 한다.

* 현재의 심각도의 구분(부적절한 보상행동의 **1주일** 평균 횟수)
   -경도 : 1~3번
   -중등도 : 4~7번
   -중증도 : 8~13번
   -최중증도 : 14번 이상

5) 원인과 치료

(1) 정신분석적 입장에서의 원인

정신분석적 입장에서는 처벌에 대한 욕구를 부모상에 대한 강렬한 무의식적 분노에 기인한 것으로 본다. 이런 분노가 음식으로 대치되고 폭식을 통해 무참하게 음식을 먹는 것이다. 식욕부진증과 폭식증 환자는 모두 만족스러운 대인관계를 맺지 못하는데, 대인관계의 갈등이 음식에 대한 갈등으로 대치된다. 폭식을 함으로써 사람들을 상징적으로

파괴하고 자기 속에 통합시키려 하는 것이다.

대상관계이론에서는 폭식증 환자들이 어린 시절 부모와의 분리에 심한 어려움을 겪었을 것이라고 주장한다. 엄마로부터 심리적 분리를 도와주는 전이대상을 갖지 못하고 신체 자체를 전이대상으로 사용한다. 즉, 음식을 섭취하는 것을 엄마와 합일되고 싶은 소망으로 보고, 음식을 토해내는 것을 엄마와 분리하려는 노력으로 보았다. Patton(1992)이 폭식증 환자를 대상으로 한 엄마와의 분리 연구를 위해 폭식증 환자 40명과 정상인 40명의 여성에게 엄마로부터 버림받는 것과 관련된 자극을 제시하였다. 그 결과, 폭식증 환자 집단이 과자를 훨씬 더 많이 먹는 것으로 나타났고 이를 통해 폭식이 엄마로부터 버려지는 것에 대한 방어라고 주장하였다.

(2) 행동주의적 입장에서의 원인

행동주의적 입장에서는 체중 증가에 대한 두려움에서 폭식증이 기인한다고 본다. 체중 증가에 대한 두려움이 음식에 대한 접근-회피 갈등을 유발하며, 폭식행동은 음식에 대한 접근행동과 회피행동이 반복되는 상태로 설명한다. 또한 Williamson(1990)은 섭식장애에 취약한 사람들이 과도한 음식 섭취, 활동 부족, 비만, 자신의 몸매에 대한 불만으로 체중 조절을 위해 절식을 하게 되는데, 이러한 절식에 대한 반동으로 강한 식욕이 생겨 폭식행동을 나타낸다고 주장한다. 폭식 후 체중 증가에 대한 불안을 완화하기 위해 보상행동을 강화하고 다시 체중 조절을 위해 노력을 하다가 폭식이 유발되면 반복되는 폭식-배출 행동의 순환으로 설명하였다.

(3) 생물학적 입장에서의 원인

생물학적 입장에서는 폭식증을 일종의 기분장애로 본다. 폭식증 환자의 개인력 및 가족력에 우울증이 자주 나타나는 점과 항우울제에 잘 반응하는 점을 근거로 공통적인 생물학적 기제를 지니고 있을 것이라 주장한다. 그러나 폭식증 초기에는 우울증이 수반되는 경우가 적으며, 엄격하게 통제된 가족연구에서는 폭식증 환자의 가족에서 기분장애 유병률이 높지 않다. 이에 따라 현재는 우울증과의 관계를 공병률이 높은 관계로 바라보는 관점이 지배적이다.

(4) 치료

폭식증 치료의 초기 목표는 폭식－배출 행동의 악순환을 끊고 섭식행동을 정상화하는 것이다. 이를 위해 하루에 세 번 식사하게 하고 먹는 양을 점차 늘린다. 체중에 대한 비합리적 태도와 비효율적 문제해결 기술을 수정하며, 우울증과 같은 이차적 심리적 문제가 있다면 그에 대한 치료를 시도한다. 장기적으로 건전한 식사 습관을 통해 적절한 체중을 유지하여 신체상에 대한 적응적 생각을 발전시키는 것이 중요하다.

폭식증의 치료를 위해서 인지행동치료, 정신역동치료, 가족치료가 제안된다. 먼저 폭식증에 대한 인지행동치료는 크게 네 가지 요소로 구성된다. 첫째, 음식을 먹되 토하는 등의 배출 행위를 하지 못하게 한다. 둘째, 인지적 재구성을 통해 음식과 체중에 대한 비합리적 신념과 태도를 확인하고 도전하도록 가르친다. 셋째, 신체상을 변화시키는 치료로서 자기 신체의 불만족에 관한 정보를 제공하고 신체상 둔감화 혹은 자신의 몸에 대한 긍정적 평가기법을 사용한다. 마지막으로 영양 상담을 통해 건강하고 균형적인 섭식행동을 유도하고 신체의 에너지 요구량과 같은 영양학적 정보를 제공한다.

또한 폭식증 환자에게 표현적－지지적 정신역동치료도 도움이 된다. 이 경우, 환자와 치료자 간의 적대적인 전이와 역전이를 잘 대처하는 것이 중요하다. 마지막으로 폭식증은 가족 문제와 얽혀 있는 경우가 많기 때문에 이 경우에는 가족치료가 제안된다.

이진솔 · 김영근(2022). 섭식장애 환자들의 삶에 관한 내러티브 탐구 : 게워내고 토해내는 삶

이 논문은 섭식장애를 겪은 여성들의 내러티브를 통해 섭식장애의 복잡한 심리적·사회적 배경과 치료 과정에서의 경험을 생생히 조명한 연구이다. 특히, 연구자는 직접 섭식장애를 13년간 겪었던 자신의 경험을 바탕으로, 환자들의 고통을 단순히 임상적 진단기준에만 국한하지 않고 '삶의 이야기'로 풀어내고자 한다. 본 연구는 내담자의 마음속에서 병이 어떤 의미를 지니고 어떻게 일상과 정체성 속에 자리 잡게 되는지를 깊이 있게 탐색하며, 진단 너머의 사람을 이해하고자 하는 시도이기도 하다.

1. 연구 목적 및 방법

이 연구는 신경성 식욕부진증 또는 비정형 신경성 식욕부진증 진단을 받은 후 회복 중이거나 회복한 세 명의 여성을 대상으로, 섭식장애가 그들의 삶에서 어떤 의미를 지니는지 탐색하는 데 목적을 둔다. 자료 수집은 1인당 3회씩 평균 120분간의 심층 면담을 통해 이루어졌다. 연구방법은 내러티브 탐구로, 단순히 정보를 수집하기보다는 참여자 각자의 이야기 속에서 섭식장애의 맥락과 의미를 해석하는 데 초점을 맞췄다.

2. 주요 연구결과

연구에서 도출된 핵심 주제는 네 가지다.

(1) '구멍을 메우고 싶은 마음'으로서의 섭식장애

참여자들은 공통적으로 어린 시절의 정서적 결핍, 특히 가족의 관심과 사랑의 부재를 경험했으며, 그 결핍을 채우기 위한 방편으로 외모와 몸에 집착하게 되었다. '모두가 부러워하는 몸'을 만드는 일은 성취욕을 충족시켰고, 구토는 감정을 해소하고 스트레스를 조절하는 유일한 수단이 되었다.

(2) '이미 내가 되어버린 병'으로서의 섭식장애

섭식장애는 단순한 행동 문제가 아니라 정체성의 일부가 되어버린 존재였다. 참여자들은 누구보다 병의 심각성을 잘 알고 있었지만, 그로 인해 사람들과의 관계를 회피하고 고립을 선택했다. 마름을 유지하는 것이 곧 자신을 유지하는 일처럼 느껴졌고, 병을 포기하는 것은 자신을 포기하는 것처럼 느껴졌다. "섭식장애 없는 삶은 상상할 수 없다"는 말은 그 고착된 정체감을 보여준다.

(3) '전문적인 도움은 꿈같은 이야기'로서의 치료 현실

참여자들은 병원이나 상담기관에서조차 외형적 기준으로 섭식장애를 판단하고, 그로 인해 적절한 치료를 받지 못한 경험을 반복했다. "당신은 보기 좋은데요?", "생각보다 많이 안 말랐네요."라는 의료진의 말은 병의 본질을 외면한 채 참여자들의 존재를 부정하는 경험이 되었다. 이러한 경험은 치료 회피와 병의 심화로 이어졌다.

(4) '그럼에도 불구하고 당신의 믿음'이 전환점이 된다

치료 동기를 회복한 계기는 의외로 단순하고도 본질적인 것이었다. '당신을 믿는다'는 한 사람의 말, 반복적인 관심, 떠나지 않는 태도가 참여자들에게 회복의 끈을 놓지 않도록 만들었다. 섭식장애를 이해하려는 것이 아니라, 섭식장애를 가진 '사람'을 믿는 자세가 오히려 치료의 문을 여는 열쇠가 된 것이다. 한 참여자의 말처럼,

"제가 믿지 못해도, 저를 믿어주는 사람이 있었어요. 그게 저를 다시 치료실로 가게 했어요."

3. 연구의 의의

이 연구는 섭식장애를 단순히 체중이나 외모에 관한 문제가 아닌, 삶의 결핍을 메우고 정체성을 형성하며 인간관계와 자기 인식 속에서 강화되는 복합적인 심리 현상으로 이해

해야 함을 강조한다. 또한 섭식장애를 진단기준으로만 바라보는 현재의 치료 체계가 내담자들을 더 깊은 고립으로 몰아갈 수 있음을 비판하며, 내담자의 목소리와 삶의 맥락을 있는 그대로 듣고 이해하려는 상담사의 태도가 얼마나 중요한지를 보여준다.

4. 상담 및 치료적 시사점

정서적 결핍을 이해하고 외적 행동이 아닌 내면의 욕구를 중심으로 상담 접근이 필요하다. 내담자가 병에 집착하게 되는 이유를 병리화하지 않고, 그것이 삶을 지탱하기 위한 시도였음을 인정하는 태도가 중요하다. 외형 중심의 진단과 치료 기준은 오히려 회복을 방해할 수 있으며, 경청과 공감, 신뢰가 회복의 시작이 될 수 있다. 무엇보다 "당신은 괜찮다"고 말해주는 지속적이고 안전한 관계가 회복의 결정적 계기가 될 수 있다.

이 논문은 섭식장애에 대한 기존 인식과 접근에 질문을 던지며, '몸'이 아니라 '마음'을 중심에 둔 이해와 개입이 절실하다는 점을 깊이 있게 전달하고 있다.

Mitrofan et al.(2019). Care experiences of young people with eating disorders and their parents: qualitative study

이 연구는 섭식장애를 경험한 청소년과 그들의 부모가 겪은 치료 경험을 중심으로, 기존 치료 접근의 한계와 개선 방안을 질적으로 탐색하고자 한 연구이다. 연구대상은 섭식장애를 경험했고 의료서비스를 받은 적이 있는 16~25세 청소년과 그들의 부모였으며, 총 6개의 온라인 포커스 그룹을 통해 자료를 수집하였다. 자료 수집은 블레이저(Blazer)라는 채팅 기반 소프트웨어를 통해 이루어졌고, 참가자들이 타이핑한 응답을 중심으로 분석되었다.

연구결과, 참여자들은 현재의 치료가 체중 회복에 과도하게 집중되어 있으며, 정작 개인의 심리적 고통이나 삶의 맥락은 간과된다고 느끼고 있었다. 이에 따라 초기 진단 단계부터 전문적인 치료 과정 전반에 이르기까지, 섭식장애에 대한 의료진의 태도와 이해 수준에 대한 개선이 필요하다는 점이 강조되었다. 또한 치료 접근 방식은 보다 총체적이고 개별화되어야 하며, 심리적 요인과 신체적 요인을 균형 있게 다루어야 한다는 요구가 제기되었다.

참여자들은 섭식장애의 회복 과정에서 전문가뿐 아니라 또래와 가족의 정서적 지지 역시 매우 중요하다고 보고하였다. 특히 가족이 섭식장애를 단순한 식습관 문제가 아닌 심리적 고통으로 이해하고 수용해 줄 때, 환자들은 보다 적극적으로 치료에 참여할 수 있었다.

결론적으로 이 연구는 섭식장애 치료에서 체중 중심의 일률적 접근을 지양하고, 환자의 내면 경험과 개인적 특성을 반영한 맞춤형 접근이 필요하다는 점을 강조하였다. 또한 치료자와 가족 모두가 섭식장애에 대한 정확한 이해를 바탕으로 지지적 태도를 형성할 수 있도록 교육과 훈련이 병행되어야 함을 시사하였다.

3. 폭식장애

1) 정의 및 주요 증상

폭식장애(binge-eating disorder)는 폭식행동을 일삼으면서 폭식 때문에 고통을 느끼지만, 보상행동(예 구토 또는 설사제, 이뇨제, 관장제의 사용)은 나타내지 않는 경우를 말한다. 즉, ① 반복적인 폭식행동을 하고, ② 폭식행동이 진단기준 2의 다섯 가지 중 3개 이상과 관련되어 있고, ③ 폭식행동에 대해 뚜렷한 고통을 느끼며, ④ 폭식행동이 평균적으로 1주일에 1회 이상 3개월 동안 나타나고, ⑤ 부적절한 보상행동이 없는 경우 폭식장애로 진단된다.

폭식장애의 핵심 증상은 폭식행동(지나치게 많이 먹음)을 하지만 보상행동(토하거나 약제를 사용하는 것)은 하지 않는 경우이다. 폭식행동은 신경성 폭식증에서 나타나는 폭식행동과 동일하다.

2) 진단기준(DSM-5-TR)

1) 반복적인 폭식행동이 있고 폭식행동은 다음 **2가지**의 특징으로 나타난다.
   가) 일정한 시간 동안(예 2시간 이내) 대부분의 사람들이 유사한 상황에서 동일한 시간 동안 먹는 것에 비해 분명하게 더 많은 양의 음식을 먹음
   나) 폭식을 하는 동안 먹는 것에 대한 조절능력의 상실(예 먹는 것을 멈출 수가 없거나, 또는 무엇을 얼마나 많이 먹어야 할 것인지를 조절할 수 없는 느낌)
2) 폭식행동이 나타날 때는 다음 중 **3가지** 이상과 관련되어 있다.
   가) 정상보다 더 빨리 먹음
   나) 불편할 정도로 포만감을 느낄 때까지 먹음
   다) 너무 많은 양을 먹음으로 인한 당혹감 때문에 혼자 먹음
   라) 먹고 나서 자신에 대한 혐오감, 우울, 또는 심한 죄책감을 느낌
3) 폭식에 대해 뚜렷한 고통을 느낀다.
4) 폭식행동이 평균적으로 **1주일**에 **1회** 이상 **3개월** 동안 나타난다.
5) 폭식행동이 신경성 폭식증의 경우처럼 부적절한 보상행동과 관련이 없어야 하고, 신경성 폭식증 또는 신경성 식욕부진증의 경과 중에만 나타나는 것이 아니어야 한다.

* 현재의 심각도의 구분(부적절한 보상행동의 **1주일** 평균 횟수)
  - 경도 : 1~3번
  - 중등도 : 4~7번
  - 중증도 : 8~13번
  - 최중증도 : 14번 이상

3) 원인과 치료

(1) 폭식장애의 원인

폭식행동은 엄격한 절식에 대한 반작용, 부정 정서로 인해 나타날 수 있다. 먼저, 엄격한 절식 상태는 기아 상태와 비슷하기 때문에 신체는 짧은 시간 내에 많은 양의 음식을 섭취하는 새로운 형태의 섭식행동을 유발한다. 비만인 사람들은 엄격한 절식과 폭식행동의 악순환에 빠져 있는 경우가 많다. 절식은 폭식을 유발하고 또한 폭식 후 절식을 하게 되는 순환이 체중을 증가시킨다. 또한 부정 정서는 위안을 받기 위한 폭식행동을 유발한다. 폭식장애 환자들은 정상적인 섭식을 하기 전보다 폭식을 하기 전에 부정 정서를 더 많이 경험하는 것으로 보고되고 있다. 또한 실험적으로도 정서는 절식자들에게 과식을 촉발하였다.

Stice(2001)는 앞서 설명한 섭식 절제 및 부정 정서의 폭식장애와의 관계를 고려하여 이중경로 모델을 제안하였다. 이중경로 모델에 따르면 날씬한 몸매를 가져야 한다는 사회적 압력과 날씬한 몸매가 아름답다는 마른 신체상에 대한 내면화가 자신의 신체에 대한 불만족을 야기한다. 그리고 신체 불만족은 엄격한 섭식장애로 이어지고 반작용으로 폭식행동이 촉발된다.

회피이론(Heatherton & Baumeister, 1991)에서는 폭식하는 사람들은 자신에 대한 부정적 지각이나 실패의 지각이 심리적으로 힘든 상태를 초래하면 외부 음식 단서에 민감해진다고 한다. 이들은 심리적으로 힘든 상태에서 도피하기 위해 눈앞에 바로 제시된 자극에만 주의를 한정한다. 이렇게 인지의 초점이 음식이라는 눈앞의 구체적 단서에 맞추어지면 보통 때 섭식행동을 지배하던 억제가 풀리면서 '생각 없이', '정신없이', '해리상태에서' 먹게 된다. 다시 말해 폭식이 혐오적인 자기지각, 부정적 정서 상태로부터 주의를 거두어 가는 기능이 있다는 것이다. 더 나아가 폭식 후 죄책감이나 수치감 등 부정적 정서를 경험하더라도 혐오적 자기지각이나 실패 지각 탓이 아니라 폭식 탓이 되니 폭식이 부정적 정서에 대한 대안적 귀인도 제공한다. 이와 유사하게 정서조절이론에서는 폭식이 위로와 주의전환을 제공함으로써 정서를 조절하는 기능을 한다고 설명한다.

섭식절제이론(Gormally, Black, Daston, & Rardin, 1982)에서는 다이어트를 하면 열량부족을 채우려는 생리적 현상으로, 또한 엄격한 섭식규칙을 어겼을 때 금지-위반 효과가 일어나 탈억제 섭식을 초래한다고 설명한다. 실제로 폭식하는 사람들이 평소에 비현실적으로 엄격한 다이어트 규칙을 세운다는 연구결과는 오래전부터 있었고 폭식 전후에 부정적 정서를 경험한다는 연구결과는 무수하며, Leon, Fulkerson, Perry와 Early-Zald(1995)의 연구를 비롯한 여러 종단적·실험적 연구가 부정적 정서와 섭식 절제가 폭식에 이르는 경로를 지지한다.

(2) 폭식장애의 치료

폭식장애의 치료에는 인지행동치료, 대인관계 심리치료, 그리고 약물치료가 효과적인 접근으로 알려져 있다. 첫째, 인지행동치료는 환자가 자신의 섭식행동과 연관된 사고와 감정은 인식하고 기록하도록 하여 왜곡된 인지를 교정하고 건강한 섭식행동을 형성하도록 돕는다. 특히 스트레스나 부정 정서와 같은 유발요인을 폭식이 아닌 다른 방식으로 대처하게 함으로써 재발을 예방하는 데 효과적이다. 둘째, 대인관계 심리치료는 환자의 중요한 대인관계(예 가족, 친구, 직장 등)에서 나타나는 갈등, 역할 변화, 애도, 사회적 고립 등을 중점적으로 다루며, 정서적 고립감과 부정 정서가 폭식행동으로 이어지는 악순환을 끊는 데 목적이 있다. 셋째, 약물치료에서는 주로 항우울제인 선택적 세로토닌 재흡수 억제제(SSRIs)가 사용된다. 대표적으로 플루옥세틴(fluoxetine)은 폭식 빈도 감소와 체중 조절, 우울 증상 완화에 효과가 있는 것으로 보고되었다. 경우에 따라 항경련제(예 토피라메이트)나 비정형적 항우울제(예 부프로피온)도 사용되지만, 부작용 가능성을 고려하여 전문가의 면밀한 진단과 처방이 필요하다.

또한 환자 간의 상호지지와 경험 공유를 통한 정서적 안정과 행동 변화 유도를 위해 과식자 익명집단과 같은 자조모임이 치료의 보조수단으로 활용되기도 한다. 이러한 다양한 치료적 접근은 단독보다는 환자의 상태와 욕구에 따라 통합적으로 적용하는 것이 효과적이다.

섭식장애의 원인

1. 사회문화적 차원

섭식장애는 비서구 사회나 비자본주의 사회에서는 거의 나타나지 않지만(Fraad, 1990; Gerber, 2005), 산업화와 서구화가 진행되면서 여성의 성역할 정체성에 변화가 일어나고 대중매체가 발달한 시기부터 급격히 증가하기 시작했다는 점이 주목할 만하다(White, 1991). 이러한 사회문화적 요인과의 밀접한 관련성 때문에 섭식장애는 "사회적으로 생산되는 현대 여성의 질병"(Fraad, 1990)으로도 불린다.

1) 성역할 정체성

생물학적 성과 달리 성역할 정체성은 어떤 태도, 행동, 그리고 성격이 전형적으로 남성적 혹은 여성적인가에 대한 문화적 고정관념에 근거한 사회적 개념이라 할 수 있다.

초기의 관련 연구에서는 여성들에게 섭식장애가 더 많이 발생하는 이유가 여성적 섹슈얼리티와 정체감의 일차적 요인으로 사회가 마른 몸을 과도하게 강조하기 때문이라고 주장되었다(Collins, 1991). 그러나 이 주장이 관련 연구에서 언제나 지지를 받은 것은 아니었다.

2) 대중매체

대중매체, 특히 텔레비전이 여자 청소년들의 섭식태도와 행동에 미치는 영향을 극적으로 보여주는 연구가 Becker 등(2002)에 의해 수행되었다. 연구자들은 텔레비전이 없던 피지에 텔레비전이 도입된 직후와 그리고 이로부터 3년 후에 여자 청소년들의 섭식장애 증상의 정도를 비교하였다. 결과는 비정상적인 섭식태도와 행동수준이 유의하게 상승한 것으로 나타났는데, 특히 섭식장애의 주요 증상인 자가 유도성 구토의 비율은 0%에서 11.3%로 급증하였다. 또 초기 청년기 소녀들에서 매체소비(텔레비전과 잡지)와 섭식장애 발생 간의 관계를 16개월 간격으로 두 번 조사한 Vaughan과 Fouts(2003)에 따르면 잡지를 많이 읽는 것과 섭식장애 증상은 유의하게 연관되었으며, 전체적인 매체소비의 저하는 비정상적 섭식의 저하와 유의하게 관련되었다.

Dittmar, Halliwell, Ive(2006)의 실험연구

작은 집단의 어린 소녀들(5~8세)에게 옷을 사러 쇼핑을 가고 생일 파티에 가기 위해 준비하는 '미라'에 대한 이야기를 읽어주었다.

1. 독립변인

- 그림책 속 이야기 장면(예 파티복 쇼핑과 파티에 갈 준비하기) 바비인형의 이미지
- 그림책에 유사한 장면이 등장하지만 그려진 인물은 '에미' 인형, 에미 인형은 미국의 16 사이즈로 대표되는 더 현실적인 신체비율을 가진 인형
- 그림책이 바비나 에미(또는 누구도)를 묘사하지 않았고 이야기와 관련된 중립적인 이미지(예 옷 가게 창문과 화려한 풍선)를 보여줬다.

2. 종속변인 : 신체불만족

3. 측정도구

- Child Figure Rating Scale(아이 형상 비율 척도)
- 매우 마른 것에서부터 매우 과체중인 것까지 7개의 소녀 몸의 형상을 그린 그림 2개가 두 줄로 배열되어 있다. 각 소녀는 우선 바로 지금 자신의 신체와 가장 유사하게 보이는 위쪽 줄에 있는 형상 안에 색을 칠하도록 요청받는다(인지되는 실제 몸매의 측정치). 그러고 나서 두 번째 줄의 같은 형상에는 그들이 가장 되고 싶은 형상에 색을 칠하도록 요청받는다(이상적인 몸매). 소녀들은 형상들 중 어떤 것이라도 고를 수 있고 각 중에서 똑같은 형상을 고를 수도 있다고 듣는다. 종속변인인 몸매불만족 점수는 각 소녀들의 실제 몸매와 이상적인 몸매 사이의 형상 수를 세어서 계산했다. 0점은 몸매불만족이 없음을 나타냈고 마이너스 점수는 더 날씬해지고자 하는 욕망을 나타냈으며, 플러스 점수는 더 살이 찌고자 하는 욕망을 나타냈다.

4. 결과
바비의 이미지에 노출된 어린 소녀들은 에미 이미지나 중립적인 이미지에 노출된 소녀들보다 자신의 몸매에 더 불만이 많았다.

3) 사회적 체격불안

여성들은 사춘기에 도달하면서 자신의 몸에 타인이 관찰 가능한 변화가 나타나는 것을 경험하고, 자신의 몸에 대한 사회적 기대가 달라진다고 느낀다. 대중매체가 유포하는 것이든 가족이나 친구들의 다른 경로를 통해 알게 된 것이든, 이러한 사회적 기대를 충족하지 못했을 때, 여자 청소년들은 자신의 신체에 대해 불안을 느낄 수 있다. 신체적 매력은 다른 사람들에 의해 판정되기 때문에 끊임없이 타인의 시선을 의식하고 자신의 신체를 염려하지 않을 수 없게 된다. 이런 정서를 Hart 등(1989)은 사회적 체격불안이라 명명하였다. 사회적 체격불안은 신체에 대한 대인관계적인 평가가 예상되거나 실제로 평가될 때 생기는 사회적 신체정서이다. 이것은 자신의 신체를 지각하여 느끼는 신체만족도나 신체존중감과 같은 개인적 신체정서와 관련이 있지만, 타인의 기준에 따라 자신을 평가한다는 점에서 다르기도 하다.

Hart 등(1989)은 사회적 체격불안이 남성보다 여성에서 높다고 주장하였는데, 장진우와 손원일(2004)의 남녀 중학생을 조사한 연구에서도 여학생들이 남학생들에 비해 유의하게 높은 것으로 나타났다.

2. 생물학적 차원

섭식 조절과 그에 따른 섭식장애 조절에는 시상하부가 중요한 역할은 한다는 것을 보여주는 실질적인 증거가 있다. 섭식장애를 가진 사람들에게 일부 신경생물학적 이상이 존재한다는 것이 일반적인 의견이지만, 이는 원인이라기보다는 반기아 또는 폭식-제거 행동 주기의 결과일 수 있다는 데 합의가 이루어졌다.

3. 심리적 차원

1) 완벽주의

완벽주의가 신체 이미지에 대한 왜곡된 인식을 유도할 때, 섭식장애 행동을 유발하는 강력한 동력으로 작용한다. 완벽주의는 스스로 개인적인 성취가 뛰어나야 한다고 믿는 정도를 의미하는데, 이러한 성향이 높을수록 개인적인 수행에서 가장 높은 기준만을 수용하려 하고, 이러한 기준에 도달하려 매우 노력하며, 다른 사람들도 자신에게 이러한 높은 성취를 기대한다고 믿는다. 실제로 신경성 거식증을 지닌 환자들의 병전성격으로 융통성이 없으며 강박적이고 완벽을 추구하는 점이 자주 거론된다(Anderluh, Tchanturia, Rabe-Hesketh, & Treasure, 2003; Davis, Kaptein, & Kaplan, 1998). 따라서 완벽을 추구할수록 신체적으로도 살찌는 것을 두려워하고 체형에 많은 신경을 쓰며, 이는 거식행동을 초래하게 된다.

2) 충동성

대체로 폭식증을 지닌 사람들이 충동적이고, 화를 잘 내며, 정서적으로 불안정하다는 점은 잘 알려져 있으며, 신경성 거식증에 비해서 물질관련장애나 충동조절장애의 동시이환율도 높은 편이다(Davis & Karvinen, 2002). 실제로 충동적이거나 자극을 추구하는 경향이 높을수록 폭식행동을 보일 가능성이 높은 경향도 보고되었다(이상선 · 오경자, 2005; Kaltiala-Heino et al., 2003).

충동성은 폭식증과 거식증을 구분해 주기도 하였는데, 실제로 폭식증 환자들은 거식증 환자들에 비해서 자극추구 성향이 더 높을 수 있다(Rossier et al., 2000).

3) 자아존중감

Fairburn과 Wilson(1993)에 의하면 폭식증 환자들은 어린 시절부터 자신에 대해 근본적인 불신감, 무력감, 열등감, 자기비하감을 가지고 있으며 자신의 현실적 능력과 판단에 의한 삶을 살기보다는 주위의 높은 기대에 부응하는 삶을 살기 위해 무리한 노력을 하게 된다. 이때 음식은 단지 불만족스러운 기분을 해소하는 방법으로서만이 아니라 엄격한 식이 제한을 통해 자신이 스스로 조절할 수 있는 자신감을 얻고자 하는 심리적 기전이 내포되어 있다는 것이다. 따라서 폭식은 이러한 자기조절감의 상실을 의미하고 다시 이를 회복하기 위한 수단으로 구토, 하제 남용 등을 하게 되나 이러한 행동은 환자로 하여금 오히려 수치심, 죄책감에 빠지게 하여 더욱 자존감을 낮추는 결과를 가져오게 된다. 이렇듯 낮은 자아존중감은 섭식장애의 문제와 관련된 중요한 심리적 요인이다(Button et al., 1996; Hilbert & Tuschen-Caffier, 2007).

이수경 · 권현용(2019). 청소년 성장 과정에서 나타난 섭식장애 진행요인과 어머니와의 갈등에 관한 사례연구

1. 연구대상

   2017년 3월부터 2019년 3월 현재까지 섭식장애로 인한 청소년 내담자(총 69회기)와 어머니(총 20회기)를 상담하며 기록한 상담일지와 축어록, 각 회기의 면담 녹음을 반복해서 청취하는 것을 통해 내담자와 어머니의 상담내용을 기반으로 질적 사례연구 시행

2. 연구결과 및 의의

   - 청소년 여고생 내담자에게 발병한 섭식장애에 관하여 영유아기를 시작으로 생의 발달 과정 관점에 근거하여 섭식장애 진행요인을 잠재요인, 유발요인, 유지요인 등 단계별로 구축
   - 내담자가 경험한 어머니와의 관계에서 섭식장애에 직접적인 영향을 미친 갈등의 요인들을 심층적으로 탐색
   - 어린 시절의 애착 불안과 어머니와의 갈등이 심리적 스트레스와 가족 내 소외감을 유발하고 애정결핍으로 인한 섭식장애에 영향을 줄 수 있는 주요한 요인이라는 것을 제시. 이에 따라 섭식장애를 치료하는 상담사는 내담자의 생애 전반적인 단계에서 잠재요인과 결정적으로 계기를 마련한 유발요인, 현재의 유지요인을 파악하는 것을 고려해야 함을 제안
   - 치료적 개입에서 가족 내 관계의 사례개념화 필요성 시사

섭식장애와 가족관계

1. 섭식장애 환자 가족의 상호작용 패턴

섭식장애 환자들은 대체로 부모의 관심과 보살핌이 부족한 것으로 알려져 있다. 이러한 가족 간의 상호작용 패턴이 병인적이기는 하지만, 이들 패턴들이 섭식장애의 원인인지 아니면 오히려 결과에 해당하는지는 명확하지가 않다.

신경성 폭식증 환자는 자신의 가족을 갈등적이고, 제대로 조직되어 있지 않고 비응집적이며, 양육과 보살핌이 결여되어 있다고 지각하는 경향이 있다. 대체로 부모들도 자신의 가족을 환자와 비슷하게 지각하기는 하지만, 환자들이 더 극단적으로 그런 경향을 보인다.

정상인과 비교할 때, 신경성 폭식증 환자의 가족들은 가족 서로 간에 의사소통 문제가 있고, 적대감을 보이며, 가족 간의 경계가 명확한 편이고, 가족 서로 간에 불일치가 생겨도 회피를 덜 하는 경향이 있다.

2. 섭식장애의 유전과 환경적 요인 영향

섭식장애가 같은 가족 내에 더 많다는 연구결과들이 있다. 가족구성원이 섭식장애가 있는 경우 동시에 형제자매 중에 섭식장애나 체중 문제 또는 다른 심리장애를 보이는 경향이 매우 높은 편이다. 섭식장애 환자의 가까운 친척들이 섭식장애를 지닐 확률은 일반인보다 3배 정도는 되는 것 같다. 이런 결과로 볼 때 섭식장애는 유전과 환경적 요인의 영향을 모두 받는 것으로 보아야 할 것이다. 또는 섭식장애 환자의 친척들이 섭식장애가 아닌 다른 정동장애를 가질 가능성도 다른 정상 가족의 3배 정도가 된다. 알코올 사용장애의 비율도 훨씬 높다. 그리고 섭식장애의 친척들 중에 비만 환자가 더 많다는 것이 일반적이다.

3. 부모의 역할과 양육 유형

섭식장애와 관련해서 부모의 교육적 역할이나 양육 유형에 대해서도 주목해야 한다. 임상적 관점에서 가장 흔히 관찰되는 특징은 부모의 적절한 권위가 부족하다는 것이다. 이것은 부모가 아이를 합리적이고 융통성 있게 통제하면서도 아이의 나이에 적합한 자율성을 주는 것 사이의 균형을 찾는 것이 어렵다는 것을 의미한다.

섭식장애와 부모의 양육 패턴 간의 관계를 찾는다는 것은 매우 복잡하고 어려운 일이다. 여러 폭식증 환자들은 아동기에 특히 어머니의 돌봄이 부족하였다고 기억한다. 즉, 어머니가 '태만한 양육'을 했다고 지각하는 것이다. 이와는 반대로 아버지들은 종종 과보호를 했다고 지각된다. 따라서 환자들은 아버지를 애정은 없이 통제만 한 존재로 느낄 수 있다.

4. 부부관계와 섭식장애

결혼한 섭식장애 환자들은 부부관계에 대해 불만족도가 높았다. 이에 대해 환자나 배우자들은 보통 섭식 문제가 있었기 때문에 결혼에도 문제가 생겼다고 보는 경향들이 있지만, 임상가들은 종종 반대 상황을 가정한다. 다시 말해서 이미 부부관계에서 친밀감이 부족하고, 의사소통의 결함이 있으며, 갈등을 회피하지만 숨겨진 권력 갈등이 있기 때문에 어느 한쪽 배우자가 섭식장애를 일으켰을 가능성이 높다고 보는 것이다.

| 요약 |

섭식장애는 음식 섭취와 관련된 심리적 문제로, DSM-5-TR에서는 신경성 식욕부진증(거식증), 신경성 폭식증(폭식 후 보상행동), 폭식장애(보상행동 없는 폭식)로 구분된다. 신경성 식욕부진증은 체중 증가에 대한 극심한 두려움과 왜곡된 신체상 인식으로 인해 음식을 제한하는 것이 특징이며, 극단적인 절식과 체중 감량으로 심각한 신체적 합병증이 동반될 수 있다. 신경성 폭식증은 반복적인 폭식 후 구토, 설사제 사용, 과도한 운동과 같은 보상행동을 통해 체중 증가를 방지하려는 행동을 포함한다. 폭식장애는 폭식이 반복되지만 보상행동이 나타나지 않는 형태로, 비만과 관련된 건강 문제가 동반될 가능성이 높다.

섭식장애의 심리적 요인으로는 낮은 자존감, 완벽주의, 통제 욕구가 영향을 미친다. 사회문화적 요인으로는 날씬한 몸매에 대한 이상적 기준, 다이어트 문화, 외모지상주의 등이 섭식장애의 발생과 유지에 기여한다. 치료는 인지행동치료(CBT)가 가장 효과적인 심리치료 방법으로 평가되며, 가족치료와 대인관계치료(IPT)도 증상 완화에 도움이 될 수 있다. 치료의 목표는 체중과 외모에 대한 집착을 줄이고, 건강한 섭식행동과 심리적 균형을 회복하는 것에 있다.

제 9 장

조현병

제 9 장

조현병

조현병은 정신증에 속하는 대표적인 장애로서 현실검증력이 손상되어 비현실적인 지각과 비논리적인 사고를 나타내며 혼란스러운 심리상태를 특징으로 한다. 이러한 증상들로 인해서 일상생활의 적응에 필요한 기능이 현저하게 저하되며 증상이 시작되는 초기에 적절하고 집중적인 치료를 받지 못하여 만성화되면, 그 개인으로 하여금 사회에 적응하기 어렵게 할 수도 있는 대표적인 정신장애이다. 과거에는 정신분열증이라고 불렸으나 정신분열증이라는 명칭이 주는 부정적인 인상과 편견을 피하기 위해 조현병으로 개칭하였다. 조현병은 마치 현악기가 정상적으로 조율되지 못한 경우처럼 혼란스러운 상태를 나타내는 질병이라는 의미를 담고 있다.

조현병의 역사

1. Kraepelin(1899)

Kraepelin은 조현병을 '조발성 치매(dementia praecox)'라는 진단명으로 처음 기술하며, 이를 독립된 정신병적 증후군으로 확인하였다. 그는 조현병이 주로 청소년기에 발병하며, 시간이 지남에 따라 인지 기능이 점진적으로 퇴화하는 기질적 장애로 보았다. Kraepelin은 이러한 특성을 기반으로 조발성 치매를 노년기에 발병하는 치매와 구별되는 질환으로 정의하였으며, 질병의 경과가 만성적이고 진행적이라는 점을 강조하였다.

2. Bleuler(1923)

Bleuler는 처음으로 'Schizophrenia(정신분열증, 현재의 조현병)'라는 명칭을 사용하며, 기존의 '조발성 치매(dementia praecox)' 개념을 수정하였다. 그는 조현병이 반드시 청소년기에 시작되는 것이 아니며, 모든 환자가 심각한 인지적 퇴화 상태로 진행하지도 않는다는 점을 지적하며, Kraepelin이 제안한 조발성 치매라는 용어가 타당하지 않다고 주장하였다. 이에 따라 Bleuler는 조현병이라는 새로운 개념을 제안하고, 이 질환을 뇌 기능의 '분리(splitting)'가 특징적인 장애로 설명하였다.

그는 조현병의 증상을 1차 증상(primary symptoms)과 2차 증상(secondary symptoms)으로 구분하였다. 1차 증상은 조현병의 핵심적 특징을 나타내는 증상으로, 다음과 같은 요소를 포함한다.

첫째, 연상의 결함(association disturbance)은 사고 과정이 논리적으로 연결되지 못하고 이완되거나 일탈되는 현상으로, 혼란된 사고와 비정상적인 언어 표현을 초래한다.

둘째, 정동의 결함(affectivity disturbance)은 정서적 둔마, 무관심, 부적절한 감정표현으로 나타나며, 환자가 외부 자극에 적절한 감정적 반응을 보이지 못하는 특징을 가진다.

셋째, 양가성(ambivalence)은 감정, 의지, 사고에서 서로 상반되는 긍정적 · 부정적 요소가 동시에 존재하여, 환자가 결정을 내리지 못하고 혼란스럽거나 모순적인 행동을 보이게 된다.

넷째, 자폐적 경향(autism)은 현실과 단절된 상태에서 내면의 세계에 몰입하는 현상으로, 환자는 사회적 고립을 경험하며 비현실적인 공상과 독특한 사고 패턴에 빠져들게 된다.

2차 증상(secondary symptoms)은 병이 진행되면서 나타나는 부가적인 증상으로, 망상(delusions)과 환각(hallucinations)과 같은 정신병적 증상을 포함한다. 이러한 증상은 1차 증상에서 비롯된 결과적 요소로 간주되며, 조현병의 경과에 따라 다양하게 나타날 수 있다.

Bleuler의 조현병 개념은 Kraepelin의 개념보다 좀 더 유연하고 포괄적인 접근을 제공하며, 조현병이 단순한 신경퇴행성 질환이 아니라 복잡한 정신적 기능 장애임을 강조하는 중요한 전환점이 되었다. 그의 연구는 조현병의 임상적 이해를 확장시키는 데 기여했으며, 이후 정신분열증 개념의 발전과 현대적 치료 접근법의 기초를 제공하였다.

3. Schneider(1959)

Schneider는 Bleuler식의 진단기준에 한계를 느끼고 구체적인 행동적 특성에 초점을 맞추어 11가지의 일급 증상(First-Rank Symptoms)을 제시하였다. 그가 제시한 11가지 일급 증상은 다음과 같다.

① 사고반향 : 자신의 생각이 크게 말해지는 소리를 들음
② 환청과의 대화나 논쟁
③ 환자의 활동을 간섭하거나 논평하는 환청
④ 망상적 지각 : 지각 자체는 정상이지만 거기서 망상적 해석을 내림
⑤ 신체적 피동체험 : 외적인 힘에 의해 자신의 행동이 지배당한다는 믿음
⑥ 사고투입 : 외적인 힘에 의해 이질적인 사고가 자신에게 주입되는 느낌
⑦ 사고철수 : 외적인 힘에 의해 자신의 사고를 빼앗기는 느낌
⑧ 사고전파 : 자신의 사고가 마술적이고 불수의적으로 다른 사람에게 전달된다는 믿음
⑨ 만들어진 감정 : 외부의 힘에 의해 부여되고 조정되는 감정의 경험
⑩ 만들어진 충동 : 외부의 힘에 의해 부여되고 조정되는 충동의 경험
⑪ 만들어진 수의적 행동 : 외부의 힘에 의해 자신의 행동이 조정당하는 경험

4. DSM-IV

조현병의 이질성을 고려하여 망상형, 긴장형, 감별불능형, 해체형, 잔류형 등 좀 더 동질적인 하위 유형으로 분류하였다.

5. DSM-5

하위 유형 분류를 폐지하고, DSM-Ⅳ에서 Schneider의 일급 증상을 중시한 진단기준을 삭제하였다.

6. DSM-5-TR

진단기준은 현재의 임상가나 학자들의 잠정적 합의일 뿐 조현병의 증상과 원인에 대한 새로운 연구결과가 축척되면 언제든 변화 가능하다. 조현병의 진단기준과 하위 유형은 시대에 따라 변화할 수 있으며, 조현병 환자들은 개별적으로 매우 다양한 증상을 나타내는 이질적인 집단이다. 추후 조현병의 원인을 규명하고 효과적인 치료 방법을 찾기 위해서 조현병을 좀 더 정확하게 범주하려는 노력이 지속되어야 함을 제안했다.

조현병의 주요 증상과 임상적 특징

1. DSM-5-TR 진단기준

조현병의 진단기준 259.90(F20.9)

A. 다음 중 2가지 이상의 증상(1, 2, 3 중 하나는 반드시 포함)이 1개월 동안(성공적으로 치료되었을 경우에는 그 이하일 수도 있음) 상당 부분의 시간에 나타나야 한다.
1. 망상
2. 환각
3. 혼란스러운 언어(예 빈번한 주제 이탈이나 뒤죽박죽 표현)
4. 심하게 혼란스러운 행동이나 긴장증적 행동
5. 음성 증상들(예 감소된 정서표현이나 무의욕증)

B. 이러한 장해가 시작된 후 상당 부분의 시간 동안, 1가지 이상의 주요한 영역(직업, 대인관계, 자기돌봄)의 기능 수준이 장해의 시작 전보다 현저하게 저하되어야 한다(아동기나 청소년기에 시작될 경우에는 대인관계, 학업적 또는 직업적 기능에서 기대되는 수준에 이르지 못해야 한다).

C. 장해가 계속 진행되고 있다는 징후가 최소한 6개월 이상 지속되어야 한다. 이러한 6개월의 기간에는 기준 A를 충족시키는 증상들(즉, 활성기의 증상)을 나타내는 1개월 이상의 기간과 더불어 전구기 또는 관해기의 증상이 나타나는 기간을 포함한다. 이러한 전구기나 관해기 동안, 장해의 징후는 단지 음성 증상만으로 나타나거나 기준 A에 열거된 증상 중 2개 이상의 증상이 약화된 형태(예 기이한 신념, 비일상적인 지각 경험)로 나타날 수 있다.

D. 조현정동장애와 정신병적 특성을 나타내는 우울장애나 양극성 장애의 기능성이 배제되어야 한다. 즉, (1) 주요 우울 삽화나 조증 삽화가 활성기 증상과 함께 동시에 나타난 적이 없어야 한다. (2) 만약 기분 삽화가 활성기 증상과 함께 나타났었다면, 그것은 활성기와 잔류기의 전체 기간 중 짧은 기간 동안에만 나타난 것이어야 한다.

E. 이러한 장해는 물질(예 남용 물질, 치료약물)이나 다른 신체적 질병의 생리적 효과에 의한 것이 아니어야 한다.

F. 아동기에 시작하는 자폐스펙트럼장애나 의사소통장애를 지닌 과거병력이 있을 경우, 조현병 진단에 필요한 다른 증상에 더해서 현저한 망상이나 환각이 1개월 이상 나타날 경우에만 조현병을 추가적으로 진단하게 된다.

2. 주요 증상

1) 망상(delusion)

망상은 자신과 세상에 대한 잘못된 강한 믿음으로 외부 세계에 대한 잘못된 추론에 근거한 그릇된 신념으로서, 분명한 반증에도 불구하고 견고하게 지속되는 특징을 가지고 있다.

- 피해망상(persecutory delusion) : 흔히 정보기관, 권력기관, 단체 또는 특정한 개인이 자신을 감시하거나 미행하며 피해를 주고 있다는 믿음
- 과대망상(grandiose delusion) : 자신이 매우 중요한 능력과 임무를 지닌 특별한 인물이라는 믿음
- 관계망상(delusion of reference) : 일상적인 일들이 자신과 관련되어 있다는 잘못된 믿음
- 애정망상(erotic delusion) : 유명한 사람과 사랑하는 관계라는 믿음
- 신체망상(somatic delusion) : 자신의 몸에 매우 심각한 질병이나 증상이 있다는 믿음

2) 환각(hallucination)

환각은 현저하게 왜곡된 비현실적 자각으로 외부 자극이 없음에도 불구하고 어떤 소리나 형상을 지각하거나 또는 외부 자극에 대해 현저하게 왜곡된 지각을 하는 것이다.

- 환청(auditory hallucination) : 외부 자극이 없는 상황에서 의미 있는 소리나 사람의 목소리를 듣는 경우
- 환시(visual hallucination) : 외부 자극이 없는 상황에서 무언가 보이는 경우
- 환후(olfactory hallucination) : 외부 자극이 없는 상황에서 냄새를 맡는 경우
- 환미(tasteful hallucination) : 자극과 관련 없는 맛을 느끼는 경우
- 환촉(tactile hallucination) : 외부 자극이 없는 상황에서 피부에 무언가 접촉되어 있다고 느끼는 경우로 몸에 벌레가 기어 다닌다고 느끼는 경우가 많음

3) 혼란스러운 언어(disorganized speech)

비논리적이고 지리멸렬한 와해된 언어로 조현병의 전형적 증상 중 하나이다.

4) 심하게 혼란스러운 행동(grossly disorganized behavior)

나이에 걸맞은 목표지향적 행동을 하지 못하고, 상황에 부적절하게 나타내는 엉뚱하거나 부적응적인 행동을 하는 경우이다.

5) 긴장증적 행동(catatonic behavior)

마치 근육이 굳은 것처럼 어떤 특정한 자세를 유지한다.

- 긴장증적 강직증 : 부적절하거나 기괴한 자세로 몇 시간씩 꼼짝하지 않고 있는 모습 등 긴장된 자세를 유지한다.
- 긴장증적 혼미증 : 긴장된 자세를 취한 상태에서 환경을 전혀 인식하지 못한다.
- 긴장증적 거부증 : 긴장된 자세를 움직이게 하는 지시나 지도에 능동적으로 저항한다.
- 긴장증적 흥분증 : 목적도 없고 유발자극도 없는 상태에서 과다 행동을 보인다.

6) 다양한 음성 증상

- 감소된 정서표현 : 외부 자극에 대한 정서적 반응성이 둔화된 상태이다.

- 무의욕증 : 마치 아무런 욕망이 없는 듯 어떠한 목표지향적 행동도 하지 않고 사회적 활동에도 무관심한 채로 오랜 시간을 보내는 것이다.
- 무언어증 : 말이 없거나 짧고 간단하며 공허한 말만 하는 등 언어반응이 빈곤해진다.
- 무쾌락증 : 긍정적인 자극으로부터 쾌락을 경험하는 능력이 감소한다.
- 비사회성 : 다른 사람과의 사회적 상호작용에 대한 관심이 없다.

조현병 환자는 매우 이질적인 집단으로 동일한 진단을 받은 환자들 간에도 나타내는 증상의 양상은 매우 다른 특징을 보인다.

3. 양성증상과 음성증상

1) 양성증상

정상인들에게는 나타나지 않지만, 조현병 환자에게서 나타나는 증상을 의미한다. 주로 망상, 환각, 와해된 언어나 행동 등이 여기에 해당한다. 흔히 어떤 스트레스 사건에 대한 반응으로 급격하게 발생하며 뇌의 과도한 도파민(dopamine) 수준에 의해 발생하는 것으로 추정되고 있다. 양성증상은 약물치료에 의해 쉽게 호전되고 지적 손상이 적으며 경과가 상대적으로 좋은 편이다.

2) 음성증상

정상적인 경우에는 보이는 적응 기능들이 결핍되어 있는 상태를 의미하며, 주로 의욕, 정서, 대인관계, 언어적 측면에서 결핍 증상이 여기에 해당한다. 외부 사건과 무관하게 서서히 악화되며 뇌의 구조적 변화나 유전적 요인과 관련이 있는 것으로 알려져 있다. 음성증상은 약물치료에 잘 반응하지 않고 일반적으로 예후도 좋지 않은 편이다.

4. 조현병의 유병률

민족과 국가마다 차이가 있지만 대체로 0.3~0.7% 유병률을 보이는 것으로 알려져 있다. 우리나라의 경우, 평생 유병률은 0.2% 정도인 것으로 보고된 바 있다(조맹제, 2011). 발병 시기는 10대 후반에서 30대 중반에 발병하는 경우가 많으며, 남성이 여성보다 조금 빠른 경향 있어 남성은 15~24세, 여성은 25~34세에 주로 발병한다. 사회적으로는 사회경제적 지위가 낮은 계층에서의 발병률이 높다. 조현병의 증상 측면에서는 과거에 비해 긴장증적 증상은 감소하고 망상 증상을 호소하는 환자는 증가하는 추세이다.

조현병의 원인

조현병의 원인은 아직 완전하게 밝혀지지 않았으나 여러 연구결과를 종합하면, 유전 및 생물학적 요인과 밀접한 관련성이 있을 것으로 추정한다.

1. 유전적 요인

조현병은 강한 유전적 요인을 가진 질환으로, 연구에 따르면 조현병 환자의 부모나 형제자매가 조현병을 겪을 확률은 일반인보다 약 10배 높으며, 조현병 환자의 자녀는 일반인보다 약 15배 높은 유병률을 보인다. 특히 부모가 모두 조현병일 경우 자녀의 36%에서 발병하는 것으로 보고되었다. 또한 유전적 요인을 보다 직접적으로 확인할 수 있는 쌍둥이 연구에서는 일란성 쌍둥이의 공병률이 약 57%에 이르는 반면, 이란성 쌍둥이의 경우 동일 성별일 때 12%, 다른 성별일 때 6%로 나타났다.

이러한 결과들은 조현병 발병에 있어 유전적 요인이 강력한 영향을 미친다는 것을 시사한다. 그러나 유전자가 100% 동일한 일란성 쌍둥이의 경우에도 공병률이 57%에 불과하다는 점은 유전적 요인만으로 조현병을 완전히 설명할 수 없으며, 환경적 요인, 신경발달 과정, 출생 전후의 영향, 사회적 스트레스 등 다양한 요인들이 조현병 발병에 관여한다는 것을 의미한다. 따라서 조현병은 단순한 유전적 요인만으로 결정되는 질환이 아니라 생물학적·심리적·사회환경적 요인이 복합적으로 작용하는 다요인적 질환으로 이해해야 한다.

2. 뇌의 기능적 결함

뇌 영상 연구에 따르면, 조현병 환자는 전두엽 피질의 신진대사가 저하되어 있는 것으로 나타났다(Ingvar & Franzén, 1974). 이는 전두엽의 기능 저하가 조현병의 주요 증상인 사고장애, 감정 둔마, 실행기능 손상 등과 관련될 가능성을 시사한다. 또한 조현병 환자는 뇌반구의 비대칭성을 보이며 좌반구에서 과도한 활동이 나타난다는 연구결과도 보고되었다. 이러한 신경생물학적 이상은 조현병 환자의 언어 기능 장애, 환청과 같은 증상과 연관될 가능성이 있다.

추가적으로, 최근 연구에서는 조현병 환자의 뇌 구조적 변화도 확인되었으며, 특히 측두엽과 해마의 위축, 뇌실의 확장, 전두엽과 기저핵의 연결 이상 등이 관찰되었다. 이러한 발견들은 조현병이 단순한 신경전달물질 불균형의 문제가 아니라, 전반적인 뇌 기능과 구조의 이상이 복합적으로 작용하는 질환임을 시사한다. 따라서 조현병의 신경생물학적 원인을 이해하고 보다 효과적인 치료법을 개발하기 위해서는 지속적인 뇌 영상 연구가 필요하다.

3. 신경전달물질의 이상 등의 관련성

조현병과 관련된 신경전달물질 중 가장 주목받는 것은 도파민(dopamine)이다. 연구에 따르면, 뇌에서 도파민 생성을 자극하는 암페타민(amphetamine), L－도파(L－Dopa), 코카인(cocaine)을 다량 복용할 경우 조현병과 유사한 증상이 나타난다는 임상적 보고가 있다. 또한 조현병 치료에 효과적인 항정신병 약물들이 도파민 분비에 영향을 준다는 연구결과도 확인되었다. 조현병 환자의 뇌를 부검한 결과, 도파민 수용기 수가 증가되어 있다는 연구결과를 바탕으로 도파민 가설(Carlsson, 1977)이 제기되었다. 이 가설에 따르면, 조현병은 뇌의 도파민 활동이 과다할 때 발생한다고 설명된다. 그러나 도파민 수용기 증가가 주로 양성증상(망상, 환각)을 보이는 환자에서만 발견되었고, 음성증상(감정 둔마, 무욕증)을 보이는 환자에서는 도파민의 영향력이 불명확하다는 점에서 한계가 있다. 또한 신경전달물질의 전달은 몇 분 내에 이루어지지만, 도파민 차단제 역할을 하는 항정신병 약물의 치료 효과는 약 6주에 걸쳐 점진적으로 나타난다는 점에서 도파민이 조현병에 직접적인 영향보다는 간접적인 영향을 미칠 가능성도 제기되고 있다.

도파민 외에도 세로토닌(serotonin)이 조현병 증상과 관련된다는 세로토닌-도파민 가설(Meltzer et al., 1993)이 제시되었다. 이 가설은 세로토닌이 과도하게 활성화될 경우 조현병 증상이 나타날 수 있으며, 도파민과 세로토닌의 균형을 조절하는 클로자핀(clozapine)이 조현병 치료에 효과적이라는 점을 근거로 한다. 하지만 이러한 신경전달물질과 조현병의 관계는 여전히 가설의 수준이며, 조현병의 명백한 원인으로 단정하기 어려운 상황이다.

4. 이 밖에 생물학적 환경의 조현병 유발 영향

출생 전후의 생물학적 환경이 조현병의 원인으로 작용할 수 있다는 주장도 제기되어 왔다. 임신 및 출산 과정에서 발생하는 외상, 감염, 산소 결핍과 같은 요인들이 조현병 발병과 관련될 수 있다는 연구들이 보고되었지만, 이러한 요인들이 조현병의 직접적인 원인이라기보다는 유전적 취약성을 활성화시키는 간접적 요인으로 작용할 가능성이 크다고 해석된다.

일부 연구자들은 바이러스 감염이 조현병 발병과 관련될 수 있다고 주장하며, 이를 뒷받침하는 근거로 조현병 환자가 늦겨울에서 봄 사이에 태어난 경우가 많다는 점을 제시한다. 이는 태아가 어머니의 자궁 내에 있을 때 여름을 경험하면서 바이러스에 노출될 가능성이 높기 때문이라는 설명이다. 하지만 이러한 주장은 명확한 과학적 근거가 부족하며, 조현병 발병의 핵심 요인으로 널리 받아들여지지는 않고 있다.

5. 심리적 요인

1) 인지적 입장

인지적 관점의 연구자들(Chapman & McGhie, 1963; Neale & Cromwell, 1972)은 조현병을 기본적으로 사고장애(cognitive disorder)로 정의하며, 이러한 사고장애가 주의 기능의 손상에서 비롯된다고 주장한다. 조현병 환자들은 초기 단계에서 주의집중의 어려움과 시공간 지각의 변화를 경험하며, 이는 심리적 혼란을 초래한다. 이러한 혼란 속에서 환자들은 외부 자극을 효과적으로 필터링하지 못하고, 불필요한 정보까지 의식에 침투하게 되어 비논리적이고 와해된 사고와 언행을 보이게 된다.

조현병의 하위 유형에 따라 주의 기능 손상의 양상은 다르게 나타난다. 망상형 또는 급성 조현병 환자는 주의 폭이 확대되어 외부 자극에 과민하게 반응하는 경향이 있으며, 이로 인해 비정상적으로 높은 감각 민감도와 정보 과부하를 경험하게 된다. 반면 비망상형 및 만성 조현병 환자는 주의 폭이 협소해져 외부 자극을 제대로 포착하지 못하고, 인지 과제 수행에서 현저한 기능 저하를 보인다(Venables, 1964). 이러한 주의 기능의 이상은 단순한 인지적 어려움에 국한되지 않고, 조현병 환자들이 현실을 인식하고 해석하는 방식에도 큰 영향을 미친다.

주의 기능 손상 외에도, 조현병 환자들은 추론, 계획, 집행 기능(executive function) 등과 같은 고차원적인 인지 과정에서도 결함을 나타낸다. 이는 단순한 주의력 저하뿐만 아니라, 논리적 사고, 문제해결 능력, 감정조절과 같은 핵심적인 정신 기능에도 영향을 미친다. 이러한 점에서 일부 연구자들은 사고장애가 조현병의 주요 원인이며, 인지적 결함이 축적되면서 질병이 발병한다고 주장한다. 그러나 조현병으로 인해 사고장애가 발생하는 것인지, 혹은 사고장애가 조현병의 근본적인 원인인지에 대한 인과관계는 아직 명확하게 규명되지 않았다. 현재까지의 연구결과들은 조현병이 단순히 주의 기능의 결함이나 사고장애만으로 설명될 수 없는 복합적인 질환임을 시사한다.

2) 정신분석적 입장

정신분석적 관점에서 조현병은 초기 심리적 발달 과정에서 비롯된 장애로 설명된다. Freud(1924)는 조현병이 통합된 자아가 형성되기 이전의 단계, 즉 오이디푸스 단계 이전의 심리적 갈등과 결손에서 비롯된다고 보았다. 그는 조현병이 신경증과 마찬가지로 갈등과 방어기제에 의해 형성되지만, 조현병에서는 갈등이 훨씬 더 강력하게 작용하며, 적용되는 방어기제도 부정(denial)이나 투사(projection)와 같은 원시적인 형태가 사용된다고 주장하였다.

Federn(1953)은 조현병을 자아경계(ego boundary)의 붕괴로 설명하였다. 그의 이론에 따르면, 외부 자아경계 손상으로 인해 조현병 환자는 외부 현실과 심리적 현실을 구분하지 못하며, 그 결과 환각과 망상과 같은 증상이 나타난다. 또한 내부적 자아경계가 약화됨에 따라 초기의 미숙한 자아 상태가 다시 출현한다고 보았다. 이는 조현병 환자들이 자신과 타인의 구별이 모호해지면서 현실감을 상실하는 이유를 설명하는 데 중요한 개념으로 여겨진다.

대상관계이론에서는 조현병의 원인을 생애 초기의 발달 과정에서 찾으려 한다. Klein (1927)은 영아가 생후 1년 이내에 두 가지 인간관계 패턴을 형성하는데, 이는 정상적인 발달과 병리적 발달 모두에 중요한 역할을 한다고 보았다. 조현병의 잠재 가능성을 지닌 아동은 어머니에 대해 공격적인 충동을 지니며, 이를 어머니에게 투사하여 피해 의식적 불안(paranoid anxiety)을 경험한다. 이후 이러한 불안을 방어하기 위해 외부 세계로부터의 철수(withdrawal), 분리(splitting), 투사적 동일시(projective identification) 등의 방어기제를 사용하며, 이러한 방어기제가 고착될 경우 조현병으로 발전할 가능성이 높아진다고 설명하였다. 특히, 청소년기 이후 심한 스트레스를 경험하면 이러한 피해 의식적 불안이 활성화되면서 조현병 증상이 발현된다고 보았다.

Mahler(1952)는 조현병이 어머니와 자신을 구분하지 못하는 출생 직후의 신생아 상태로의 퇴행(regression)이라고 설명하였다. 그는 초기 발달 경험이 이후의 심리적 기능에 중요한 영향을 미친다고 보았으며, 조현병 환자들이 성장 후에도 미분화된 상태에 머물러 있으며, 현실과 자기 경계를 확립하는 데 어려움을 겪는다고 주장하였다.

이러한 정신분석적 이론들은 조현병의 발병 원인을 심리적 갈등과 초기 발달 과정에서의 결손에서 찾고 있지만, 이러한 주장들은 과학적으로 검증하기 어렵다는 한계를 가진다. 조현병의 원인에 대한 정신분석적 설명은 조현병의 심리적 측면을 이해하는 하나의 틀로써 활용될 수 있다.

6. 가족관계 및 사회환경적 요인

1) 부모의 양육태도

과거 일부 학자들은 조현병이 어머니의 부적절한 양육태도로 인해 유발될 수 있다고 주장하였다. Fromm−Reichmann(1948)은 조현병 환자의 어머니가 차갑고 지배적이며, 자녀에게 갈등을 조장하는 경향이 있다고 보았다. 이러한 개념은 조현병 유발적 어머니(schizophrenogenic mother) 이론으로 발전하였으며, 이에 따르면 조현병 환자의 어머니는 자녀의 감정에 무감각하거나 거부적인 태도를 보이며, 친밀감에 대한 두려움을 가지고 있거나, 반대로 과잉 보호적이고 자기희생적인 양육태도를 나타내는 경향이 있다고 설명된다.

그러나 이후 연구에서는 이러한 이론이 과학적 근거가 부족하다는 점이 지적되었다. 조현병은 유전적 요인, 신경생물학적 이상, 환경적 스트레스 요인 등 다양한 요소가 복합적으로 작용하여 발병하는 질환으로, 단순히 부모의 양육태도만으로 조현병을 설명하는 것은 매우 제한적이다. 실제로 어머니의 양육방식과 조현병 발병 간의 직접적인 인과관계는 실증적 연구에서 확인되지 않았다. 오히려 부모의 양육태도는 조현병의 원인이라기보다는 질병이 진행되는 과정에서 영향을 미칠 수 있는 환경적 요인 중 하나로 고려하는 것이 더 적절하다. 따라서 조현병을 이해하고 치료하는 과정에서는 단순한 부모 탓을 넘어서, 신경생물학적 기전과 심리사회적 요인을 함께 고려한 통합적 접근이 필요하다.

2) 가족 간 의사소통

조현병 환자의 가족은 이중적인 의미를 담은 의사소통 방식을 사용하는 경향이 있다는 주장이 제기된 바 있다. Bateson 등(1956)은 이중구속 이론(double−bind theory)을 통해 부모가 상반된 메시지를 동시에 전달할 경우, 자녀가 현실을 일관되게 해석하기 어려워져 조현병 발병에 영향을 미칠 수 있다고 주장하였다. 예를 들어, 부모가 자녀에게 애정을 표현하면서도 동시에 거부적인 태도를 보이는 경우, 자녀는 혼란을 겪으며 정상적인 사고 과정과 감정조절에 어려움을 겪게 된다.

Wynne과 Singer(1963)는 조현병 환자 가족의 의사소통 방식에서 두 가지 주요 문제 유형을 지적하였다. 첫째, 애매하고 불명확한 메시지를 전달하는 방식, 즉 상대방이 의미를 명확하게 이해하기 어려운 불분명한 소통이다. 둘째, 명확하지만 단편적이고 비논리적인 방식, 즉 일관되지 않은 논리를 바탕으로 전달되는 의사소통이다. 이러한 방식은 정상적이고 합리적인 사고를 방해하여 조현병 환자의 증상 악화나 질병의 경과에 부정적인 영향을 미칠 수 있다.

그러나 이러한 의사소통 문제는 조현병 환자 가족에게만 국한되지 않으며, 양극성 장애(Bipolar disorder) 가족에게서도 비슷한 문제가 발견된다는 연구결과가 있다(Goldstein & Rodnick, 1975). 따라서 가족 내 의사소통 문제가 조현병의 원인이 된다고 단정하기는 어렵다. 다만, 조현병 환자가 속한 가족의 소통 방식은 환자의 증상 관리와 회복 과정에서 중요한 역할을 할 수 있으며, 가족 내 의사소통 패턴을 개선하는 것이 환자의 치료와 재발 예방에 긍정적인 영향을 미칠 수 있다. 이에 따라 가족치료와 의사소통 훈련이 조현병 환자의 치료 과정에서 중요한 개입 요소로 고려될 필요가 있다.

3) 사회문화적 환경

조현병과 사회적 계층 간의 관계를 설명하는 두 가지 주요 가설이 제기되어 왔다. 사회유발설(sociogenic hypothesis)은 사회적 하위계층에 속하는 사람들이 경제적 어려움, 사회적 차별, 낮은 교육 수준 등으로 인해 높은 수준의 스트레스와 좌절을 경험하게 되며, 이러한 환경적 스트레스가 조현병 발병에 영향을 미칠 수 있다고 주장한다. 즉, 사회적 불리함이 조현병의 원인이 될 가능성이 있다는 설명이다.

반면 사회 선택설(social selection hypothesis)은 조현병 환자들이 발병 후 부적응적인 증상과 기능 저하로 인해 점차 사회적 하위계층으로 이동하게 된다고 본다. 조현병 환자들은 질병으로 인해 학업이나 직업 유지가 어려워지고, 경제적 불안정성이 증가하며, 사회적 고립이 심화되면서 사회적 지위가 점점 낮아지는 경향이 있다는 것이다. 이러한 과정은 '사회적 하강(social drift)' 현상으로 설명되며, 조현병이 특정 계층에서 더 높은 발병률을 보이는 이유를 해석하는 데 활용된다.

이 두 가지 가설 중 사회 선택설은 조현병으로 인한 계층적 변화 과정을 더 잘 설명하는 경향이 있다. 즉, 조현병 환자들이 질병으로 인해 점진적으로 사회적 지위가 낮아지는 현상은 실증적으로 확인된 바 있지만, 특정 사회경제적 계층이 조현병 발병을 직접 유발한다고 보기는 어렵다.

4) 취약성-스트레스 모델

취약성-스트레스 모델(vulnerability-stress model)은 조현병이 본질적으로 장애 자체가 만성적으로 지속되는 것이 아니라, 조현병에 대한 취약성이 지속되는 장애라는 개념을 바탕으로 한다. 즉, 조현병은 단순히 일정한 경과를 따라가는 것이 아니라, 개인이 가진 생물학적·심리적 취약성이 외부 스트레스 요인과 상호작용하면서 증상이 발현되거나 악화될 수 있다는 가설이다.

조현병에 대한 취약성의 정도는 개인마다 다르며, 주로 유전적 요인과 출생 직후의 생물학적·심리적 요인에 의해 결정된다. 예를 들어, 조현병 가족력이 있는 사람은 그렇지 않은 사람보다 조현병에 대한 유전적 취약성이 높을 가능성이 크다. 또한 출생 전후의 환경적 요인(예 산소결핍, 영양결핍, 바이러스 감염)이나 초기 성장 과정에서의 심리적 스트레스(예 애착 손상, 정서적 학대)도 개인의 취약성을 증가시킬 수 있다.

이 모델은 조현병이 단순한 유전적 질환이나 환경적 질환이 아니라 생물학적 취약성과 환경적 스트레스가 결합하여 발병하는 다요인적 장애임을 강조한다. 따라서 조현병의 치료와 관리에서도 증상이 발생한 이후의 대처뿐만 아니라, 스트레스 조절, 심리적 안정, 조기 개입을 통한 예방적 접근이 중요하다는 점을 시사한다.

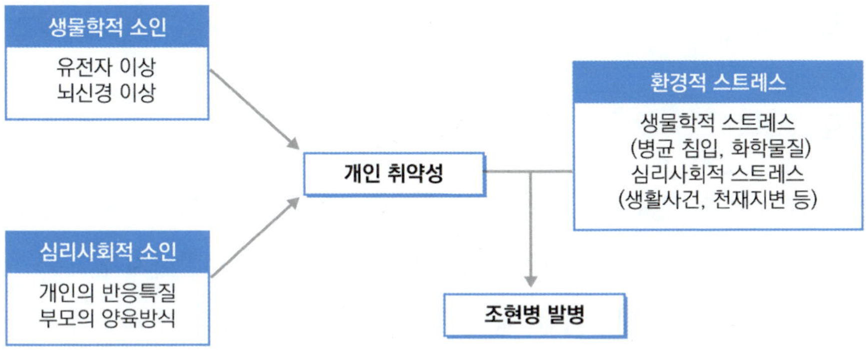

<그림 9-1> 조현병에 대한 취약성-스트레스 모델

〈조현병에서 개인의 취약성 요인〉

① 유전적 요인
- 부모나 가족의 병력

② 신경생리학적 요인
- 뇌의 구조적 결함이나 기능적 이상

③ 출생 전후의 생물학적 요인
- 태내조건(예 어머니의 임신 중 외상, 영양실조, 감염, 중독 등)
- 출생 시의 문제(예 출산 시의 외상, 산소결핍, 감염, 출혈 등)
- 출생 직후의 문제(예 출생 직후의 영양부족, 질병, 사고 등)

④ 발달적 요인
- 출생 후 3세까지의 기간 동안 주 양육자와의 밀접한 관계 부족, 입양 가정이나 보호 시설에서 성장 경험

⑤ 가족적 요인
- 부모-자녀 의사소통에서 혼란과 적대감

⑥ 인지행동적 요인
- 아동기의 산만성과 주의집중의 문제
- 언어성 지능의 상대적 저하
- 영유아기의 운동협응 부족 등

〈환경적 스트레스의 예〉

- 뇌의 감염, 학대, 방임, 강력 범죄의 피해, 사이비 종교 등

조현병의 치료

1. 치료의 목적

조현병 치료의 주요 목표는 정신적 증상의 심각도를 줄이고 환자의 심리적 안정을 돕는 것이다. 또한 증상을 유발한 사건과 관련된 기능 저하가 재발하지 않도록 예방하는 것이 중요하다. 이를 위해 지속적인 치료와 지원을 제공하여 환자가 가능한 한 독립적이고 정상적인 생활을 유지할 수 있도록 돕는다.

2. 치료의 중요성

조현병 치료에서 조기 발견과 조기 치료는 매우 중요하다. 조현병을 조기에 발견하고 약물치료를 빠르게 시작하면 정상적인 생활로 회복될 가능성이 높다. 그러나 발병 후 치료까지 오랜 기간이 지체될 경우 증상이 점점 악화되며, 치료를 받더라도 이전 상태로 회복되지 않을 위험이 커진다. 따라서 조현병은 발병 초기 신속한 진단과 적절한 치료 개입이 필수적이다.

조현병은 재발 가능성이 높은 질환으로, 치료 초기에는 증상이 호전되어 정상적인 생활이 가능해지지만, 완치되었다고 판단하여 약물치료를 중단할 경우 높은 확률로 재발할 위험이 있다. 연구에 따르면, 약물치료를 중단한 조현병 환자의 50~70%가 1년 이내에 증상이 재발하는 것으로 보고되었다. 조현병은 재발할수록 병세가 깊어지고, 치료 반응이 점점 저하되는 경향이 있다. 증상이 악화될수록 호전까지 걸리는 시간이 길어지고 회복 정도도 이전보다 떨어질 가능성이 높다.

조현병은 감기처럼 완치되는 질환이 아니라, 고혈압이나 당뇨와 같은 만성질환으로 관리가 필요한 경우가 많다. 따라서 많은 환자들은 꾸준한 약물 복용을 통해 증상이 재발하지 않도록 지속적인 치료와 관리를 받아야 한다. 조현병 치료에서 가장 효과적이며 필수적인 방법은 꾸준한 약물치료이며, 이를 통해 재발을 예방하고 안정적인 삶을 유지할 수 있다.

3. 통합치료

조현병 치료에서 발병 후 첫 5년은 질병 치료에 있어 가장 중요한 시기이다. 이 기간이 중요한 이유는 환자의 일상생활 기능 회복과 재발 예방을 통한 만성화 방지에 있다. 연구에 따르면, 조현병 재발은 주로 발병 후 첫 5년 동안 발생하며, 이 시기의 치료 경과가 환자의 장기적인 예후를 결정짓는 중요한 요인이 된다. 조기 치료와 적극적인 개입이 이루어지지 않을 경우, 조현병의 재발 가능성이 증가하고, 병이 진행될수록 약물에 대한 반응이 감소하여 더 높은 용량의 약물이 필요해질 수 있다. 또한 증상이 완화되는 데 시간이 더 걸리며, 사회적 기능 회복이 어려워지고 추가적인 재발 위험이 커질 가능성이 높아진다. 따라서 조현병 발병 초기 5년 동안 꾸준하고 집중적인 치료와 관리가 필수적이며, 이를 통해 환자의 건강과 평범한 일상생활로의 복귀를 돕는 것이 중요하다.

이러한 초기 치료 과정에서는 약물치료와 비약물치료(심리상담적 개입 등)를 포함하는 통합적인 집중치료가 필요하다. 조현병 치료에서 현재까지 어떠한 형태의 비약물치료도 약물치료의 효과를 완전히 대체할 수는 없지만, 증상의 경중에 따라 약물치료만으로는 충분한 호전을 보이지 않는 환자도 존재한다. 이러한 환자들은 비약물치료를 병행하여 치료의 효과를 극대화하는 것이 필요하며, 발병 초기부터 약물치료와 심리치료를 포함한 다각적인 통합치료를 받는 것이 가장 효과적인 접근법으로 여겨진다. 통합치료는 환자가 단순히 증상을 완화하는 것에 그치지 않고, 사회적 기능을 회복하고, 재발을 방지하며, 더 나은 삶을 살아갈 수 있도록 돕는 것을 궁극적인 목표로 한다.

4. 약물치료

조현병 치료에서 약물치료는 증상 호전과 재발 예방을 위한 가장 중요한 치료법으로 알려져 있으며, 약물치료의 유지 여부에 따라 환자의 예후가 크게 달라진다. 조현병은 뇌의 신경전달물질 불균형을 교정하는 치료제의 복용이 필요한 질환이다. 조현병의 주요 증상인 환각과 망상은 도파민과 세로토닌 등의 신경전달물질 불균형으로 인해 발생하며, 이를 조절하는 약물을 복용하면 증상이 호전될 수 있다.

약물치료를 통해 얻을 수 있는 효과는 크게 두 가지로 나뉜다. 첫째, 약물은 증상을 완화하거나 없애 정상적인 생활을 가능하게 한다. 특히 환각 및 망상과 같은 양성증상(positive symptoms)은 항정신병 약물에 대한 치료 반응이 좋은 편이다. 둘째, 증상이 호전된 이후에도 꾸준히 치료제를 복용하는 것이 재발 예방에 필수적이다. 연구에 따르면, 조현병 환자가 치료제 복용을 중단할 경우 재발 위험이 급격히 증가하며, 발병 후 최소 수년간 지속적인 약물 복용이 필요할 수 있다.

조현병 치료에 사용되는 항정신병 약물(antipsychotics)은 주로 양성증상의 완화를 위해 처방된다. 기존의 1세대 항정신병 약물은 주로 도파민 수용체 차단을 통해 효과를 나타내며, 양성증상 완화에는 효과적이지만 일부 환자에게서 운동 이상증과 같은 부작용이 나타날 수 있다. 최근에는 음성증상(negative symptoms)의 개선에도 도움이 되는 약물이 개발되고 있으며, 대표적으로 클로자핀(Clozapine), 레목시프라이드(Remoxipride), 리스페리돈(Risperidone), 설피리드(Sulpiride) 등이 있다. 이러한 약물은 도파민뿐만 아니라 세로토닌 조절에도 영향을 미쳐 음성증상과 인지 기능 저하의 개선에 효과적인 것으로 보고된다. 대부분의 항정신병 약물은 도파민 억제제로 작용하며, 이로 인해 추체외로 부작용(EPSE : extrapyramidal side effects)을 포함한 다양한 부작용이 나타날 수 있다. 다만, 클로자핀은 도파민 차단 작용이 상대적으로 적어 추체외로 부작용이 거의 없는 예외적인 약물로 알려져 있다.

추체외로 부작용에는 근긴장 이상증(dystonia), 즉 근육 긴장으로 인해 행동이 어색하고 부자연스러운 증상이 포함된다. 또한 좌불안석증(akathisia)이 나타날 수 있으며, 이는 환자가 가만히 있지 못하고 종종걸음으로 안절부절못하는 상태를 의미한다. 이 외에도 이상한 자세, 손 떨림, 무표정, 침 흘림, 입맛 다시기, 혀의 지속적인 움직임 등의 증상이 나타날 수 있다.

Bernstein(1983)은 항정신병 약물을 세 가지 유형으로 분류하였다. 진정성 항정신병 약물(thioridazine, metatrimeprazine, cyamemazine 등)은 흥분성 증상을 진정시키는 효과가 있지만, 운동조절 장애, 혈압 저하, 입 마름, 식욕 저하, 구토, 변비 등의 부작용이 동반될 수 있다. 항결핍성 항정신병 약물(fluphenazine, pimozide, sulpiride 등)은 흥미 결여나 자폐적 위축과 같은 결핍성 증상을 개선하는 효과가 있지만, 추체외로 증상, 고혈압, 다뇨증, 구강

건조증, 식욕 저하, 변비 등의 부작용이 발생할 가능성이 있다. 마지막으로, 항생산성 항정신병 약물(chlorpromazine, haloperidol, oxaflumazine 등)은 환각이나 망상과 같은 양성증상을 억제하는 데 효과적이지만, 추체외로 부작용이 빈번하게 발생할 수 있다.

조현병 치료에서 환자의 개별적인 특성을 고려하여 최적의 약물을 선택하고, 적절한 용량을 처방하는 것이 매우 중요하다. 약물의 효과를 극대화하면서도 부작용을 최소화하는 균형 잡힌 치료 접근이 필요하며, 증상의 유형과 환자의 내약성에 따라 약물 조절이 필수적이다.

5. 심리치료

조현병의 근본적인 치료와 사회적 재적응을 위해서는 심리치료가 동반되는 것이 필수적이다.

1) 정신역동적 치료

정신역동적 치료는 조현병 환자의 자아 기능 강화에 초점을 맞추며, 이를 위해 지지적인 치료적 관계를 형성하는 것이 중요하다. 조현병 환자는 현실검증력과 감정조절의 어려움을 겪는 경우가 많기 때문에, 치료자는 의미 있는 관계 형성을 통해 환자가 신뢰할 수 있는 환경을 제공하고, 심리적 안정을 도모해야 한다. 이 과정에서 치료자는 환자가 관계 속에서 경험하는 갈등과 불안을 효과적으로 방어할 수 있도록 자아의 방어 기능을 강화하는 역할을 한다. 특히, 조현병 환자의 경우 자아경계(ego boundary)가 약화되어 자신과 타인의 구분이 흐려지는 문제가 발생할 수 있으므로, 자아경계를 명확히 확립하는 작업이 치료 과정에서 중요한 목표 중 하나가 된다.

정신역동적 치료에서는 치료자와의 건강한 관계를 통해 안정적인 대상관계를 재경험할 기회를 제공한다. 이를 통해 환자는 보다 현실적인 관계 형성 방식을 익히고, 타인과의 정서적 상호작용에서 안정감을 찾을 수 있다. 조현병 환자의 치료에서 단순한 증상 완화뿐만 아니라, 심리적 성장과 대인관계 개선을 목표로 하는 정신역동적 접근은 중요한 치료적 역할을 수행할 수 있다.

2) 행동치료적 기법

행동치료는 조현병 환자의 적응적 행동을 증가시키고 부적응적 행동을 감소시키는 데 초점을 맞춘다. 행동치료적 접근은 조현병 환자의 일상생활 기능을 향상시키고, 사회적 기술을 습득하도록 돕는 데 효과적이다.

대표적인 행동치료 기법 중 하나는 토큰 경제(token economy)로, 이는 만성 조현병 환자의 적응 기능을 향상시키기 위해 정밀한 행동 관찰을 기반으로 보상 체계를 적용하는 방식이다. 환자는 특정한 긍정적인 행동을 수행할 때마다 보상을 제공받으며, 이를 통해 점진적으로 적응적인 행동을 학습하게 된다. 이 방법은 특히 일상생활 수행 능력이 저하된 환자들에게 동기를 부여하고, 독립적인 기능을 회복하는 데 유용한 치료법으로 활용된다.

또한 체계적 둔감법(systematic desensitization)은 불안과 환각의 관계를 조절하는 기법으로 적용될 수 있다. 일부 조현병 환자는 불안을 경험할 때 환각 증상이 심화되는데, 체계적 둔감법을 통해 불안 수준을 점진적으로 감소시킴으로써 불안과 환각 간의 연결을 약화시키는 것이 목표이다. 환자는 불안을 유발하는 상황을 단계적으로 직면하면서, 이완 기법을 함께 연습하여 점진적으로 불안 반응을 줄이는 과정을 거친다.

행동치료는 조현병 환자의 기능적 회복을 돕고, 증상 조절뿐만 아니라 사회 적응 능력을 향상시키는 데 효과적인 치료적 접근 방식으로 평가된다. 이를 통해 환자가 보다 독립적인 삶을 영위할 수 있도록 지원하는 것이 행동치료의 핵심적인 목표이다.

3) 사회적 기술 훈련

사회적 기술 훈련은 조현병 환자가 대인관계에서 겪는 어려움을 극복하고, 보다 효과적으로 사회에 적응할 수 있도록 돕는 치료적 접근법이다. 조현병 환자들이 사회적 관계에서 배척당하거나 고립되는 주요 원인 중 하나는 사회적 기술이 부족하여 타인에게 부정적인 인상을 주거나 적절한 상호작용을 하지 못하기 때문이다.

사회적 기술 훈련은 다양한 사회적 상황에서 적절히 대처할 수 있는 기술을 가르치는 과정으로 구성된다. 예를 들어, 대화 시작 및 유지하기, 감정 표현하기, 문제 해결하기, 비언어적 의사소통(눈 맞춤, 표정, 몸짓) 등 일상적인 사회적 상호작용에 필요한 기술을 익히도록 돕는다. 또한 환자가 이러한 상황에서 경험하는 불안을 조절하고 극복할 수 있도록 지원하며, 반복적인 연습과 피드백을 통해 점진적으로 자신감을 키우게 한다.

사회적 기술 훈련을 통해 조현병 환자는 타인과의 상호작용을 보다 원활하게 수행하고, 사회적 관계에서 긍정적인 경험을 쌓으며, 궁극적으로는 사회적 적응력을 향상시킬 수 있다. 이는 단순한 증상 관리 차원을 넘어, 환자의 삶의 질을 향상시키고 자립적인 생활을 가능하게 하는 중요한 치료적 개입이다.

4) 인지 치료적 기법

인지 치료적 기법은 조현병 환자의 부적응적인 사고 패턴을 변화시키고, 인지적 적응능력을 향상시키는 것을 목표로 한다. 조현병 환자는 종종 왜곡된 신념이나 비합리적인 사고를 가지며, 이는 망상, 환각, 사고장애 등과 연결될 수 있다. 따라서 인지 치료적 개입을 통해 보다 현실적인 사고방식을 습득하고, 문제해결 능력을 강화하는 과정이 필요하다.

대표적인 기법 중 하나는 자기 지시 훈련(self-instructional training)으로, 이는 일상적인 상황에서 무기력하거나 부정적인 자기 대화를 반복하는 환자들이 보다 건강한 자기 대화(positive self-talk)를 할 수 있도록 가르치는 방법이다. 환자는 특정한 상황에서 부정적인 사고를 인식하고, 이를 긍정적이거나 중립적인 사고로 대체하는 연습을 하게 된다. 예를 들어, "나는 절대 할 수 없어"라는 생각을 "한 번 시도해 보면 할 수도 있어"로 바꾸는 방식이다. 이러한 과정은 환자가 자신의 사고를 조절하고 감정을 보다 효과적으로 관리할 수 있도록 돕는다.

또한 문제해결 훈련을 통해 환자가 실생활에서 직면하는 다양한 문제에 보다 적절히 대처할 수 있도록 한다. 이 과정은 과제 평가, 평가된 과제에 대한 주의집중, 문제해결을 위한 자기 대화 기술 습득을 포함한다. 환자는 특정한 문제 상황을 분석하고, 현실적인 해결책을 찾으며, 해결 과정을 단계적으로 실행하는 방법을 학습한다. 이를 통해 조현병 환자는 문제해결 능력을 향상시키고, 스트레스 상황에서도 보다 적절하게 대처할 수 있는 전략을 습득하게 된다.

인지 치료적 접근은 단순히 사고 패턴을 수정하는 것에 그치지 않고, 환자가 자기 통제력과 현실 적응력을 높여 독립적인 생활을 유지할 수 있도록 돕는 데 중요한 역할을 한다. 이러한 치료 기법은 조현병 환자의 장기적인 기능 회복과 삶의 질 향상에 기여할 수 있는 효과적인 심리치료 방법 중 하나로 평가된다.

5) 집단치료

집단치료는 조현병 환자들이 동료 집단 내에서 사회적 상호작용을 경험하고 심리적 지지를 받을 수 있도록 돕는 치료적 접근이다. 조현병 환자는 대인관계에서 어려움을 겪는 경우가 많으며, 이러한 어려움을 극복하기 위해서는 안전한 환경에서 반복적인 사회적 경험을 쌓는 과정이 필요하다.

집단치료는 환자들이 동료들과의 상호작용을 통해 사회적 기술을 익히고, 서로에게 정서적 지지를 제공하는 기회를 가질 수 있도록 한다. 치료 과정에서 환자들은 자신의 경험을 공유하고, 유사한 어려움을 겪는 사람들과 교류하면서 정서적 공감과 이해를 경험할 수 있다. 이러한 경험은 환자의 사회적 고립을 줄이고, 자존감을 향상시키는 데 긍정적인 영향을 미칠 수 있다.

특히, 입원 중인 조현병 환자들에게 집단치료는 사회 적응 기능을 향상시키는 데 효과적이다. 집단 내에서 이루어지는 활동을 통해 환자들은 의사소통 능력을 향상시키고, 자신의 감정을 보다 효과적으로 표현하는 방법을 배울 수 있다. 또한 환자들은 집단 구성원들로부터 긍정적인 피드백을 받으며, 자신의 행동이 타인에게 어떻게 영향을 미치는지를 인식하는 기회를 갖게 된다.

집단치료는 단순한 사회 기술 훈련을 넘어, 환자들이 자신의 감정을 공유하고 타인과의 관계에서 보다 안정적인 역할을 형성하도록 돕는 중요한 치료적 개입으로 평가된다. 이를 통해 조현병 환자는 치료적 환경에서 사회적 상호작용을 연습하고, 궁극적으로는 실생활에서도 보다 원활한 대인관계를 형성할 수 있도록 지원받게 된다.

공소연 외(2021). 국내 조현병 스펙트럼장애 환자를 대상으로 한 집단미술치료 효과성에 대한 메타분석

- 미술치료가 조현병 스펙트럼장애 환자 개인의 증상 개선이나 회복, 삶의 질을 위한 노력뿐만 아니라 대중에게 환자와 질환에 관련된 객관적이고 합리적인 정보를 제공함으로써 사회가 온정적인 자세로 이들을 받아들이는 데 역할을 해야 함을 시사
- 조현병 스펙트럼장애 환자를 대상으로 한 미술치료의 긍정적인 효과 발견
- 조현병 스펙트럼장애 환자를 위한 중재 시에 감정표현, 정서조절, 정서행동, 주관적 행복감 등을 다루는 심리/정서적 접근이 상대적으로 안정된 중재 변인임을 시사
- 집단미술치료가 일상생활의 적응력이 필요한 조현병 스펙트럼장애 환자를 위한 예방적 접근으로도 충분히 활용될 수 있음을 시사

6. 가족치료

가족치료는 조현병 환자와 가족이 보다 건강한 관계를 형성하고, 효과적인 의사소통 및 감정표현 방식을 배우도록 돕는 치료적 접근이다. 가족은 환자의 약물 복용을 관리하고, 증상으로 인해 어려움을 겪을 때 정서적·실질적인 지지를 제공하는 일차적인 보호자 역할을 한다. 그러나 가족구성원들이 환자의 행동을 충분히 이해하지 못할 경우, 지나친 비판이나 과도한 간섭으로 인해 갈등이 심화될 가능성이 있다.

조현병은 환자뿐만 아니라 가족 전체의 심리적·정서적 부담을 증가시키며, 환자의 증상과 행동으로 인해 가족구성원들은 스트레스, 좌절감, 무력감을 경험할 수 있다. 특히, 가족이 환자의 행동을 병리적 시각에서만 바라보거나, 비합리적인 기대를 가지게 되면 관계의 긴장이 고조될 수 있다. 이러한 갈등을 완화하고 가족이 환자를 보다 효과적으로 지원할 수 있도록, 가족치료에서는 질병에 대한 이해를 높이고, 문제해결 및 대처 기술을 교육하며, 가족 내 의사소통 방식을 개선하는 과정을 포함한다.

가족치료의 핵심 목표는 환자의 재발을 예방하고, 가족이 지속적으로 지지적인 환경을 제공할 수 있도록 돕는 것이다. 연구에 따르면, 가족 내 정서적 표현이 과도하게 높거나 부정적인 경우 환자의 재발 위험이 증가할 가능성이 있다. 따라서 가족구성원들이 보다 균형 잡힌 감정표현과 효과적인 의사소통을 익히는 것이 중요하다. 가족치료는 환자와

가족 간의 갈등을 줄이고, 장기적인 치료 효과를 극대화할 수 있는 중요한 심리사회적 개입으로 평가된다.

7. 작업치료

작업치료(occupational therapy)는 조현병 환자가 일상생활 기능을 회복하고, 직업을 통해 경제적으로 독립적인 삶을 영위할 수 있도록 지원하는 치료적 개입이다. 조현병 환자는 증상으로 인해 직업 유지에 어려움을 겪거나, 사회적 기술과 직업 기술이 부족하여 경제적 자립이 어려운 경우가 많다. 이에 따라, 작업치료는 환자의 직업 능력을 향상시키고, 직장 환경에 적응할 수 있도록 돕는 실질적인 훈련 과정을 포함한다.

작업치료의 핵심 목표는 단순히 경제적 자립뿐만 아니라, 환자가 의미 있는 활동을 수행하면서 자아존중감을 회복하고, 사회적 역할을 정립하는 것에 있다. 치료 과정에서는 직업 탐색, 직무 기술 습득, 직장 내 대인관계 훈련, 시간관리, 업무 수행 능력 향상 등의 프로그램이 포함될 수 있다. 또한 개별 환자의 기능 수준에 맞추어 단순한 작업 훈련에서부터 보다 전문적인 직업 교육까지 다양한 수준의 개입이 이루어질 수 있다.

특히, 보호된 작업 환경과 직업 재활 프로그램은 조현병 환자가 보다 안전한 환경에서 직업을 경험하고, 점진적으로 사회에 적응할 수 있도록 돕는 중요한 개입 방법이다. 연구에 따르면, 구조화된 작업 환경에서 일하는 조현병 환자는 증상이 완화될 가능성이 높고, 사회적 기능이 향상될 확률이 증가한다.

따라서 작업치료는 단순히 경제적 자립을 돕는 것을 넘어, 환자의 일상생활 기능 회복, 사회적 적응력 향상, 정신건강의 안정성을 지원하는 중요한 치료적 접근으로 평가된다.

8. 전기충격치료

전기충격치료(ECT : electroconvulsive therapy)는 약물치료를 포함한 기존의 치료 방법으로도 증상이 호전되지 않는 조현병 환자에게 시행될 수 있는 치료법이다. 이 치료는 뇌에

짧은 시간 동안 적절한 전압의 전기 자극을 가하여 증상의 호전을 유도하는 방식으로 진행된다. 특히, 약물치료에 반응하지 않는 심한 정신병적 증상(망상, 환각, 심한 정신운동 흥분 상태)이나, 심각한 우울증이 동반된 경우 일부 환자에게 적용될 수 있다.

그러나 전기충격치료의 정확한 치료 기제는 아직 명확하게 밝혀지지 않았으며, 이로 인해 치료 원리에 대한 논란이 지속되고 있다. 또한 많은 환자들이 전기충격치료에 대한 공포감을 가지거나 부작용에 대한 우려(기억력 저하, 일시적 인지 기능 저하 등)를 느끼는 경우가 많아, 현대 정신의학에서는 과거보다 사용 빈도가 감소하였다.

그럼에도 불구하고, 전기충격치료는 기존 치료로 호전되지 않는 중증 정신병적 증상에 대해 신속한 증상 완화를 유도할 수 있는 치료법으로 일부 환자에게는 효과적일 수 있다. 최근에는 마취제와 근이완제를 사용하여 환자의 불편감을 줄이고, 보다 안전하게 시행하는 방식으로 개선되었으며, 치료 효과를 높이면서 부작용을 최소화하기 위한 연구가 지속적으로 이루어지고 있다.

9. 생활습관 관리

생활습관 관리는 조현병 환자의 증상 재발을 예방하고, 안정적인 사회생활 복귀를 돕는 중요한 요소이다. 음주와 흡연, 불규칙한 수면, 과도한 스트레스 노출 등은 조현병 증상을 악화시키거나 재발을 초래할 위험요인이 될 수 있다. 특히 수면장애는 정신건강에 직접적인 영향을 미치며, 불규칙한 생활습관은 신체적 건강뿐만 아니라 심리적 안정에도 부정적인 영향을 미칠 수 있다.

따라서 수면과 식사를 규칙적으로 유지하고, 정기적인 운동을 통해 신체건강을 증진시키며, 건전한 취미 활동을 통해 스트레스를 효과적으로 해소하는 것이 조현병 관리에 중요한 역할을 한다. 생활습관 조절은 단순한 건강 관리 차원을 넘어, 증상의 안정화와 장기적인 회복을 돕고, 환자가 보다 독립적인 생활을 할 수 있도록 지원하는 핵심적인 치료 전략으로 간주된다.

이러한 생활습관 관리를 돕기 위해 일상생활 관리 교육이 이루어지며, 이는 환자에게 규칙적인 생활 패턴을 형성하고, 스트레스 조절 능력을 키우며, 재발 위험을 줄이는 데 기여한다. 또한 사회적 활동을 증진하고 대인관계를 유지할 수 있는 환경을 조성함으로써, 환자가 보다 원활하게 사회생활로 복귀할 수 있도록 돕는 과정이 포함된다. 이를 통해 환자는 정신적·신체적 건강을 유지하면서도, 보다 안정적이고 의미 있는 삶을 영위할 수 있게 된다.

10. 재활 프로그램과 사회 지원 활동

재활 프로그램과 사회 지원 활동은 조현병 환자가 입원 치료 후 사회에 성공적으로 복귀할 수 있도록 지원하는 중요한 과정이다. 조현병은 만성적인 경과를 보이는 경우가 많아, 단순히 증상을 완화하는 것만으로는 충분하지 않으며, 환자가 일상생활과 사회적 역할을 회복할 수 있도록 돕는 체계적인 재활 과정이 필수적이다.

낮병원(day hospital)은 입원 치료를 통해 증상이 호전된 환자들이 밤에는 가정에서 생활하면서, 아침부터 저녁까지 병원에서 사회복귀 훈련을 받는 형태의 프로그램이다. 낮병원에서는 직업 재활, 사회 기술 훈련, 생활습관 조절, 정서적 지원 등을 포함한 다양한 치료 프로그램이 제공되며, 환자는 몇 주간의 적응 기간을 거친 후 점진적으로 사회로 복귀하는 것이 권장된다. 이러한 과정은 입원과 퇴원 사이의 과도기적 단계를 제공함으로써, 환자가 보다 안정적으로 일상생활을 회복하는 데 도움을 줄 수 있다.

그룹 홈(group home)은 회복된 조현병 환자들이 여러 명이 함께 생활하며, 정신건강 전문가의 지원을 받는 공동 주거 형태의 프로그램이다. 그룹 홈에서는 환자들이 독립적인 생활 기술을 익히고, 사회적 관계를 유지하며, 점진적으로 자립할 수 있도록 돕는 체계적인 관리가 이루어진다. 정신건강 전문가가 정기적으로 방문하여 상담과 생활 지도를 제공하며, 입원 후 갑작스럽게 사회로 복귀하는 것보다 좀 더 자연스럽게 사회에 적응할 수 있는 환경을 조성한다.

이러한 재활 프로그램과 사회 지원 활동은 환자의 재발을 방지하고, 지속적인 치료와 관리가 이루어질 수 있도록 도와줌으로써, 궁극적으로 환자의 삶의 질을 향상시키는 데 중요한 역할을 한다. 조현병 환자가 단순히 증상이 호전되는 것을 넘어 사회적 기능을 회복하고, 독립적으로 생활할 수 있도록 지원하는 것이 치료의 최종 목표이며, 이를 위해 다양한 형태의 재활 및 사회 지원 프로그램이 지속적으로 개발되고 있다.

조현병을 겪고 있는 내담자의 삶에 대한 연구

1. 조현병으로 진단받고 살아가는 사람의 삶

박미원 · 엄태완(2018). 조현병을 가진 사람의 삶에 대한 현상학적 연구

1. 연구 참여자 특성
   - 성별 : 남성 6명, 여성 4명
   - 연령 : 20대부터 50대까지(20~29세 1명, 30~39세 2명, 40~49세 6명, 50~59세 1명)
   - 유병기간 : 5년 이상 10년 미만 2명, 10년 이상 20년 미만 3명, 20년 이상 30년 미만 5명

2. 분석결과

   1) 내 인생의 나락, 정신질환

   발병 전후의 삶을 비교하며 조현병은 그들이 감당하기 버거운 절망적인 사건으로 병리적인 회복이나 현재의 생활과는 상관없이 인생의 크나큰 의미 있는 사건임과 동시에 정신질환에 얽매여 사회 속에 온전히 자신을 드러낼 수도 없었다.

   2) 어쩔 수 없는 받아들임과 내려놓음

   연구 참여자들은 조현병으로 변화된 자신의 상황을 받아들이고 새로운 도전을 하기까지 많은 혼란과 방황의 시간이 필요하였다. 이들은 내려놓음과 받아들임의 초기 과정에 부정, 분노, 거부, 회피 등의 정서적 아픔을 발병 초기와 유사하게 경험하기도 하였지만 이 과정을 통해 현재 자신에게 맞는 일과 활동을 찾아갈 수 있었다.

   3) 어둠 속에서도 나를 일으킴

   조현병 발병 이후 어떤 시점부터는 '조현병이 있어도 괜찮아, 모두 내가 생각하기 나름이야'라는 사고를 중심으로 자신의 조현병에 대한 생각을 재조정하여 자기 자신 나름의

긍정적인 '자기 개념화'를 시도하였다. 또한 사회의 다른 구성원들도 '한 명의 사람'으로 자신을 보아주기를 기대하고 희망하였다.

4) 평범한 일상 살아가기

조현병을 가진 연구 참여자들도 누구나 다 하는 일상사의 고민을 하고 인간이 경험하는 희로애락을 느끼며 누구에게나 있는 일상 속에서 살아가고 있다. 우리 사회에서 일상과 평범함에 대한 일반적 개념 규정으로 말미암아 단지 조현병을 가진 사람들이 문제시되거나 특별하게 여겨지는 것뿐이다. 하지만 연구 참여자들의 모습을 외현적으로 보는 것을 넘어 그들의 감정, 고뇌, 생각 등의 내면적인 부분을 깊이 들여다 본다면 평범한 인간의 일상이라는 사실을 알 수 있었다.

3. 결론

첫째, 조현병을 가진 사람의 감정에 대한 재발견이다.

이들은 일상생활에서 다양한 재미와 즐거움을 느끼며 살고 있으며 인간이면 누구나 가지고 있는 삶의 갈등과 고민에서 비롯된 괴로움, 고통 등의 감정을 느끼고 있었다. 즉, 인간이 가지는 기본적 욕구와 정서는 조현병을 가지지 않은 사람과 다르지 않지만, 밖으로 드러난 표현의 방식이나 왜곡에 의해 다르게 보일 뿐이라는 것이다.

둘째, 연구 참여자들은 인간이면 누구나 가지고 있는 감정, 욕구, 희망 등을 일상에서 표현하길 바라면서 살아가고 있다.

조현병을 가진 한 명의 인간에게 많은 초점을 두고 그들이 기본 욕구를 충족할 수 있도록 더 많은 사회적 지원과 서비스가 필요함을 알 수 있었다.

셋째, 조현병을 가진 사람들의 생애주기에 따른 인생과업의 재탐색이다.

조현병을 가진 사람들의 경우, 일반적인 생애주기에 따른 삶을 살아가는 것도 중요하지만 개별적 특성을 존중하고 그에 따른 사회적 규범을 재구성하고 사회서비스를 실행할 필요가 있다.

넷째, 조현병을 가진 사람에 대한 생활 속의 인권과 관련된 탐색이다.

연구 참여자들은 정신장애에 기인한 장애인 등록에 매우 민감한 반응을 보였으나 경제적 이유로 어쩔 수 없이 등록하였다. 또한 연구 참여자들은 일을 하고 싶어도 대인관계 문제, 사회적 제약, 스트레스로 인한 재발 가능성, 직업 능력 부재 등의 이유 때문에 취업 유지가 쉽지 않았다. 연구 참여자들도 이들이 나태하거나 의지가 박약해서 직업을 유지 못한 것이 아니라 자신의 증상과의 힘겨운 투쟁, 그리고 그 증상의 힘에 압도되어 어떤 일 혹은 직장생활을 유지할 수 없었다. 만성 정신장애로 어려움을 겪는 동안에는 최소한 인간다운 생활을 할 수 있는 제도적 뒷받침이 필요하다.

2. 조현병으로 인한 직장 내 차별과 낙인

Hampson et al.(2020). Impacts of stigma and discrimination in the workplace on people living with psychosis

1. 연구 참여자
   - 연구에는 조현병 환자, 보호자, 고용주, 의료 전문가, 취업 컨설턴트, 지역사회 구성원 등 137명이 참여
   - 참여자들의 고용 장벽 및 지원 필요성에 대한 견해를 끌어내기 위해 포커스그룹 인터뷰를 통해 자료 수집

2. 분석결과

1) 구직에 미치는 영향

낙인 관련 두려움으로 인해 일부 조현병 환자들은 구직을 회피한다. 이는 취업 과정에서의 공개 문제와 부정적 반응에 대한 우려 때문이다. 내면화된 낙인으로 인해, 일부는 직장을 포함한 사회적 지원 서비스도 피하며 잠재적 거부감을 우려하여 고립을 선택하는 경향이 있다.

2) 채용 과정에서의 영향

연구는 채용 관행이 종종 편향되어 있으며, 고용주들은 종종 정신건강 상태가 알려진 지원자를 부정적 고정관념에 근거해 배제한다고 밝혔다. 참여자들은 자신이 정신건강 상태를 공개할 경우 채용 과정에서 "걸러진다"라는 느낌을 받는다고 보고했다.

3) 직장 내 관계에 미치는 영향

참여자들은 다른 직원들보다 "유심히 관찰" 당하는 느낌을 받으며 차별적인 대우를 받고 있다고 자주 보고했다. 괴롭힘과 도발 사례도 일반적이었으며, 일부 상사와 동료들은 직원의 반응을 시험하며 긴장감을 조성하고, 이 때문에 때때로 고용이 중단되기도 했다.

감정의 오해 : 조현병 환자들은 자신의 감정이 긍정적이든 부정적이든 병의 증상으로만 간주되어 정당한 행동 평가를 받지 못하는 경우가 많았다.

관용 감소 : 고용주는 종종 정신건강 상태를 가진 직원의 결근이나 행동을 다른 직원에 비해 덜 관용하는 경향이 있었다.

4) 직무 역할과 승진에 미치는 영향

차별은 조현병 환자에게 부여된 직무에까지 확장되며, 이들은 종종 낮은 수준의 직무에 배치된다. 또한 이들은 승진 기회가 제한되고, 이전 경력이나 자격에 비해 낮은 임금을 받는 경우가 많다.

• 의사소통에 미치는 영향

공개의 어려움 : 조현병 환자는 자신의 정신건강 상태를 공개하는 데 있어 딜레마에 직면한다. 정신건강 상태를 공개하면 이해와 지원을 받을 수 있지만, 동시에 거절과 감시 대상이 될 위험이 있다. 이 공개의 딜레마는 직장 내 스트레스를 가중시킨다.

금기시되는 주제 : 정신건강 문제는 여전히 직장에서 "금기"로 여겨져, 직원들은 필요할 때 도움이나 지원을 요청하기 어렵다. 이 때문에 오해가 발생하기도 한다.

5) 정서적 웰빙과 스트레스

직장에서의 낙인과 비밀 유지의 필요성은 지속적인 스트레스를 유발하여 정서적 웰빙을 저하시킨다. 참여자들은 비공개 선택 시 "들통날까?" 하는 두려움을 느꼈으며, 공개한 경우 더욱 철저히 감시당하는 느낌을 받는다고 보고했다. 이 지속적인 스트레스는 증상 악화를 초래하여 업무 수행과 고용 유지에 영향을 미칠 수 있다.

4. 결론

낙인과 차별이 조현병 환자의 취업에 큰 장벽이 된다는 것을 확인했으며, 이는 조현병 환자들의 구직에서부터 유지 및 웰빙에 이르기까지 모든 단계에서 영향을 미친다.

낙인의 자기 증식적 순환 : 직장 내 낙인이 조현병 환자들 사이에 자기 낙인을 강화하며, 이러한 순환이 구직을 방해하고 사회적 고립을 지속시킨다.

〈조현병 환자의 공개에 따른 비용-편익 분석〉

공개 시 장점	비공개 시 장점
설명되지 않은 결근에 대해 고용주가 이해할 수 있도록 도움	면접 기회와 고용 확보 가능성 향상
고용 지원 서비스(ESP) 및 고용주의 지원 접근 가능	스스로 더 많은 노력을 기울여 회복력 향상 가능
고용주의 공감과 이해를 통해 휴식이 필요할 때 관대함을 기대할 수 있음	비공개 시 도전 과제를 극복하고 스스로를 더 단련할 수 있음
동료들이 더 이해할 가능성이 있음	
솔직하고 정직하게 행동하고자 하는 개인적 선호	
고용주 교육 및 필요한 경우 사례 관리자와의 연락을 통해 지속가능한 고용 촉진	
태도 변화 촉진	
약속을 위한 이유를 꾸밀 필요가 없어져 안도감 제공	

공개 시 단점	비공개 시 단점
낙인의 위험 - "다르다"라는 시선, 라벨링, 고정관념으로 분류될 위험	이력서의 설명되지 않은 공백을 채우기 위한 추가적인 노력이 필요
잠재적인 차별 - 고용 기회 제한, 더 엄격한 감시와 괴롭힘의 위험 증가	상태를 숨기기 위해 지속적인 경계를 유지하고 감출 필요가 있어 압박이 증가
고용주의 부정적 반응 - 행동이 오해될 수 있어 지원 부족으로 이어질 수 있음	약물 복용 시 "약에 취한" 것처럼 보이는 외관의 설명 어려움
사회적 관계 형성의 어려움 - 동료들로부터 거부나 배척될 위험	재발 또는 휴식이 필요할 경우 고용주가 덜 동정적으로 반응할 가능성
전문직 자격의 손상 가능성	재발 시 필요한 고용 지원에 접근하지 못할 위험
직장 내 공개 범위를 통제하기 어려움	태도에 도전할 기회가 없어 고정관념을 강화하게 됨
자기희생의 위험	비공개로 인해 거짓 신고에 의한 해고 위험

3. 조현병 환자 가족의 어려움

Tamizi et al.(2020). Caregiving burden in family caregivers of patients with schizophrenia: A qualitative study

1. 연구 참여자

- 18세 이상
- 조현병 진단을 받은 환자의 가족으로서 환자의 주 간병인이면서 연구 참여 전 최소 3개월 동안 함께 살았던 경우
- 조현병 환자의 가족 간병인 14명이 최종적으로 연구 참여자로 선정됨

2. 연구결과

1) 간병의 부담(9개의 범주)

간병은 가족 전체, 특히 정신질환을 앓고 있는 대상자의 돌봄을 담당하는 주 간병인에게 신체적, 심리적, 사회적 요소에 누적된 영향을 미친다.

(1) 신체적 자기 방치

→ 정신질환이 있는 친척을 간병하는 것은 자기 방치, 건강 악화 및 수면 부족으로 연구 참가자의 신체 상태에 영향을 미쳤다.

→ 대부분의 간병 대상자(조현병 환자)는 간단한 집안일도 수행할 수 없는 경우가 많았기 때문에 가족 간병인들은 개인적으로 자신을 돌볼 시간이 제한되었다.

(2) 건강 악화

→ 간병 스트레스로 인해 일부 사람들이 고혈압에 걸렸다.

(3) 수면 부족

→ 간병인의 대다수는 특히 가족이 입원해 있을 때 잠을 못 자는 것에 어려움을 표현하였다. 아픈 가족에게 발생할 수 있는 위험을 예방하기 위해 밤중에도 돌봐야 하는 상황이 있기 때문이었다.

(4) 심한 짜증

→ 연구 참가자들은 간병의 부담 때문에 쉽게 화를 내고 짜증을 내며 대부분의 시간 동안 울고 있다고 불평했고, 사소한 도발 행위에도 화를 참지 못하여 자신의 상황을 알지 못하는 사람들과의 관계에 영향을 미친다고 보고했다.

(5) 사회적 낙인

→ 낙인은 간병인이 겪는 또 다른 주요 부담이며, 참가자 중 한 명은 사람들이 자신의 어머니를 비하하는 발언을 하는 모습을 표현했을 때 눈물을 흘렸다.

(6) 사회적 제한

→ 연구 참가자들은 정신질환이 있는 가족을 집에 혼자 둘 수 없기 때문에 이동과 사회 활동 참여가 제한된다고 했다.

→ 보호자들은 조현병을 앓고 있는 가족의 부끄러운 행동을 피하기 위해 사교 모임이나 행사에 가는 것을 두려워했다.

(7) 유대 감소

→ 연구 참가자들은 친구를 잃었고, 새로운 친구를 사귀기가 어렵다고 말했고, 간병 활동에 몰두하고 가족에게 그러한 질병이 있다는 사실을 사람들이 알기를 원하지 않기 때문에 사람들과의 연결이 끊어졌다고 말했다.

(8) 생산성 저하

→ 가족 간병인의 설명에 따르면 조현병을 앓고 있는 가족을 돌보는 것이 직장에서의 생산량 수준에 영향을 미치는 것으로 나타났다.

2) 긍정적 측면(3개의 범주)

간병과 관련된 부담이 만연해 있음에도 간병을 제공한 가족들에게는 긍정적인 영향도 있는 것으로 확인되었다.

(1) 이해력 향상

→ 조현병을 앓고 있는 친척을 돌보는 것은 질병, 원인, 이용할 수 있는 치료법 및 전반적인 정신질환에 대한 이해를 높였다.

(2) 공감적 태도

→ 참가자들은 또한 정신질환을 앓고 있는 친척이 있기 때문에 보살핌의 부담을 이해하고 자신과 비슷한 상황에 있는 다른 사람들을 기꺼이 도와주겠다고 말했다.

(3) 유대 강화

→ 참가자들은 또한 질병의 급성기 또는 재발기(회복 후 증상 회복)에 가족을 하나로 모으기 때문에 가족관계를 강화하는 데 도움이 되었다고 한다.

3) 적응 자원(4개의 범주)

(1) 수용

→ 일부 참가자들은 간병이 언젠가는 끝날 것이라고 믿으면서 간병 과제에 부담을 주지 않고 자신의 능력에 따라 처리하기로 결정했다고 말했다.

(2) 낙관주의

→ 조현병의 만성적인 특성에도 불구하고 가족을 돌보는 사람들은 아픈 가족의 완전한 회복에 대한 희망과 그들이 사회에 다시 통합될 것이라는 강한 확신을 표명하였다.

(3) 사회적 지원

→ 간병인이 간병 업무로 인한 압박을 받고 가족의 정신 상태가 걱정될 때 친구, 친척, 이웃의 재정 지원 및 격려의 말을 듣고 힘을 얻었다.

(4) 영적 헌신

→ 연구 참가자들은 신실한 신앙생활이 어려움을 극복하는 데 도움이 되었다고 보고했다.

3. 결론

- 간병의 어려움과 돌봄 업무의 특성 때문에 일부 간병인은 어려움을 겪을 수 있으며 제대로 관리하지 않으면 소진과 고통으로 이어질 수 있다.
- 조현병 환자의 간병인과 그 가족이 겪는 치료 부담을 일상적으로 평가하고 이를 통해 간병인 및 가족을 위한 다양한 심리사회적 개입을 제공하는 것이 정신질환의 가족 체계에 미치는 부정적 영향을 완화하는 데 도움을 줄 수 있다.

홍주은(2020). 만성 조현병 환자 어머니의 감사 경험에 대한 질적연구

1. 연구방법
   - 현상학적 분석을 위해 심층면담 진행
   - 조현병 환자의 어머니 5명을 연구 참여자로 선정
   - 연령은 50대 2명, 70대 2명, 80대 1명
   - 환자와의 관계는 딸이 2명, 아들이 3명, 참여자들이 돌보는 조현병 자녀의 현재 나이는 20대 1명, 30대 1명, 40대 2명, 50대 1명으로 최소 9년에서 최대 30년간 돌봄을 이어옴

2. 연구결과(감사 경험에 대한 기술)
   - 참여자들의 진술로부터 확인한 조현병 자녀 어머니의 감사 경험은 감사할 것 없이 척박한 땅에 떨어진 씨앗 같은 나(원망)
   - 새싹처럼 움트기 시작한 감사(수용)
   - 포옹을 통해 나무로 자란 감사(용서)
   - 자족과 바람의 열매를 맺은 감사(소망)
   - 베풂으로 인해 더 풍성해진 감사(나눔)의 5가지 구성요소로 나타남

3. 논의
   - 조현병 자녀 어머니들의 집단모임과 체계적인 프로그램 운영이 그들에게 정서적 지지와 격려 및 동기부여를 제공해 줄 수 있다.
   - 자기 정서를 충분히 수용할 수 있는 관계 안에서 조현병 자녀 어머니를 전인적으로 이해하고 상담하는 중재가 필요하다.

4. 조현병 내담자에 대한 상담사의 기본 역할

1) 개인상담에서

상담사는 개인상담에서 내담자가 현재 부딪히고 있는 여러 가지 문제를 안전한 환경에서 이야기할 수 있도록 돕고, 내담자의 경험, 사고방식, 감정 상태를 깊이 이해하고 공감하는 치료적 관계를 형성하는 것이 핵심이다.

조현병 환자는 종종 현실검증력의 저하, 사고 왜곡, 정서적 불안정 등의 어려움을 경험하기 때문에, 상담 과정에서는 내담자의 왜곡된 사고 패턴을 교정하고, 보다 현실적인 사고와 적응적 대처 방식을 학습할 수 있도록 지원하는 것이 중요하다. 또한 개인상담을

통해 내담자는 자신의 감정을 보다 효과적으로 표현하고, 스트레스 관리 및 대인관계 기술을 향상시키며, 사회적 기능을 회복할 수 있는 기회를 얻게 된다. 개인상담은 단순한 증상 관리뿐만 아니라, 조현병 내담자가 삶의 질을 높이고 사회적 기능을 회복할 수 있도록 지원하는 과정으로, 장기적인 치료와 병행될 때 보다 효과적인 개입이 가능하다.

2) 가족상담에서

조현병은 환자뿐만 아니라 가족구성원들에게도 심리적·정서적 부담을 초래할 수 있기 때문에, 가족이 질병에 대한 올바른 이해를 가지고 환자를 효과적으로 지원할 수 있도록 하는 것이 중요하다. 상담사는 조현병 치료와 관련하여 가족상담에서 일종의 교육자 역할을 주로 하게 된다. 가족상담을 통해 가족구성원들은 조현병의 증상, 경과, 치료 과정에 대해 보다 깊이 이해하고, 환자에게 지지적이고 협조적인 환경을 조성하는 방법을 학습하게 된다. 연구에 따르면, 가족 내에서 과도한 비판이나 부정적인 정서표현이 많을 경우 환자의 재발 위험이 증가하는 경향이 있다. 따라서 가족상담은 건강한 의사소통 방식과 감정표현 방법을 익혀 조현병의 재발 위험을 줄이는 데 중요한 역할을 한다.

또한 가족상담은 위기 상황에서 적절한 대처 방안을 마련하고, 문제해결 능력을 향상시키는 과정을 포함한다. 조현병 환자는 급성기 증상이 심해질 경우 환각이나 망상으로 인해 충동적인 행동을 보일 수 있으며, 이때 가족이 당황하거나 비합리적인 대응을 하면 상황이 더욱 악화될 수 있다. 상담을 통해 가족은 위기 상황에서의 대처 전략, 응급 지원 체계 활용법, 환자와의 갈등을 줄이는 방법 등을 익혀, 보다 효과적으로 환자를 보호하고 지원할 수 있다.

3) 집단상담에서

집단상담에서 상담사는 조현병 환자가 대인관계를 경험하고, 자신의 행동과 언어에 대한 피드백을 통해 보다 적응적인 사회적 기술을 익힐 수 있도록 돕는 역할을 한다. 조현병 환자는 종종 사회적 상호작용에서 어려움을 겪으며, 타인과의 관계에서 위축되거나 부적절한 행동 패턴을 보일 수 있기 때문에, 상담사는 이들이 보다 효과적인 의사소통 방식과 행동 패턴을 습득할 수 있도록 체계적인 개입을 제공한다.

상담사는 집단 내에서 이루어지는 상호작용을 통해 참여자들이 자신의 언어적·비언어적 표현이 타인에게 미치는 영향을 객관적으로 인식할 기회를 제공하고, 이를 조정할 수 있도록 돕는다. 또한 상담사는 환자들이 집단 구성원들 간의 상호작용을 통해 자신의 대인관계 방식과 행동 패턴을 점검하고, 왜곡된 사고나 비적응적인 행동을 수정할 수 있도록 지도한다.

이 과정에서 조현병 환자들은 다른 구성원들의 경험을 공유하고 피드백을 주고받으며, 보다 건강한 방식으로 타인과 관계를 맺을 수 있도록 성장해 나간다. 상담사는 이러한 과정이 원활하게 진행될 수 있도록 촉진자의 역할을 하며, 환자들이 실생활에서도 보다 효과적인 대인관계를 형성하고 유지할 수 있도록 지속적인 지지를 제공한다.

| 요약 |

조현병은 현실검증력이 손상되는 정신병적 장애로, 망상, 환각, 와해된 언어와 행동, 음성증상 등을 특징으로 한다. DSM-5-TR에서는 이러한 증상이 최소 6개월 이상 지속되며, 사회적·직업적 기능 저하가 동반될 때 조현병으로 진단된다. 조현병의 원인은 유전적 요인, 신경생물학적 이상, 환경적 요인 등이 복합적으로 작용하는 것으로 알려졌지만 명확한 원인이 밝혀지진 않았다.

조현병은 양성증상(망상, 환각), 음성증상(정서 둔마, 무욕증), 인지적 결함(주의력 저하, 사고장애)으로 구분되며, 증상에 따라 예후가 다를 수 있다. 치료는 약물치료와 심리사회적 개입을 병행하는 것이 필수적이다. 항정신병 약물(1세대 및 2세대 항정신병제)은 양성증상을 완화하는 데 효과적이지만, 부작용으로 운동장애나 대사증후군이 발생할 수 있다. 심리사회적 치료로는 인지행동치료(CBT), 가족치료, 사회기술훈련(SST), 직업재활 등이 활용되며, 내담자의 기능 회복을 지원한다. 조기 개입과 꾸준한 치료가 예후를 결정하며, 치료 목표는 사회 적응과 독립적 생활을 가능하게 하는 것이며 더불어 그들의 직장과 가족에 대한 심리치료적 개입이 필요하다.

제 10 장

자살 및 비자살적 자해

제 10 장

자살 및 비자살적 자해

자살

1. 정의

자살은 스스로 자기 생명을 끊는 행위를 의미한다. 'suicide'는 라틴어의 'suicidium'에서 유래되었으며, 'sui(self)'와 'caedo(kill)'의 합성어이다. 자살이라는 현상의 결과는 하나로 단순하지만, 자살학(suicidology) 연구자인 Shneidman이 『Definition of Suicide(자살의 정의)』라는 제목으로 책 한 권 쓸 정도로 자살에 대한 정의는 생각보다 단순하지 않다(Shneidman, 1977). 그는 자살을 인간이 직접 행하고 스스로 의도하여 생명을 끝마치는 행위이며, 이 행위는 의식적이면서도 무의식적인 수많은 동기를 내포한다고 하였으며, 의식적으로 본인 스스로 초래한 죽음의 행위이며, 자살을 최선책이라고 생각하는 개인에게 있어서 다차원적 부정 정서(multidimensional malaise)로 정의했다.

2. 자살 생각

'인생이 허무하다' 또는 '살아갈 이유가 없다'와 같은 누구나 한 번쯤 살아가면서 지나가는 말처럼 되뇌는 생각부터, 자신이 정말 죽으려고 구체적인 계획을 세우는 것까지를 모두 포함하는 아주 넓은 의미의 개념이다. 자살 생각이 자살을 의미하는 것은 아니지만 자살 시도나 자살 행동에 앞서 발생하는 것이기에, 자살 생각을 감소시키면 자살 시도를 지연시키거나 억제하는 데 도움이 된다.

3. 자살자 추이

2021년 기준 우리나라 자살률은 인구 10만 명당 26.0명으로, OECD 국가 평균 자살률(인구 10만 명당) 11.1명에 비해 2배 이상 높다. 우리나라 자살 사망자는 특히 청년층에서 두드려져서, 10세부터 39세까지 청년기 사망원인 1위, 40세 이상 60세 미만 사망원인 2위로 나타났다. 우리나라 국민 중 31.8%가 가족, 친척, 친구, 선후배 등 가까운 사람의 자살을 경험하고, 이들의 67.4%가 심리적 어려움으로 전문가의 도움이 필요하다고 보고된 바 있다.

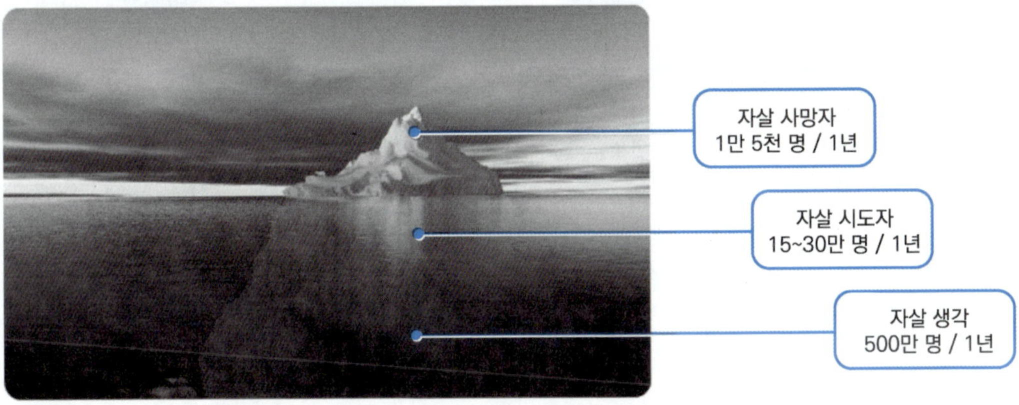

|그림 10-1| 자살 생각자의 현황

4. 자살 행동에 영향을 미치는 요인

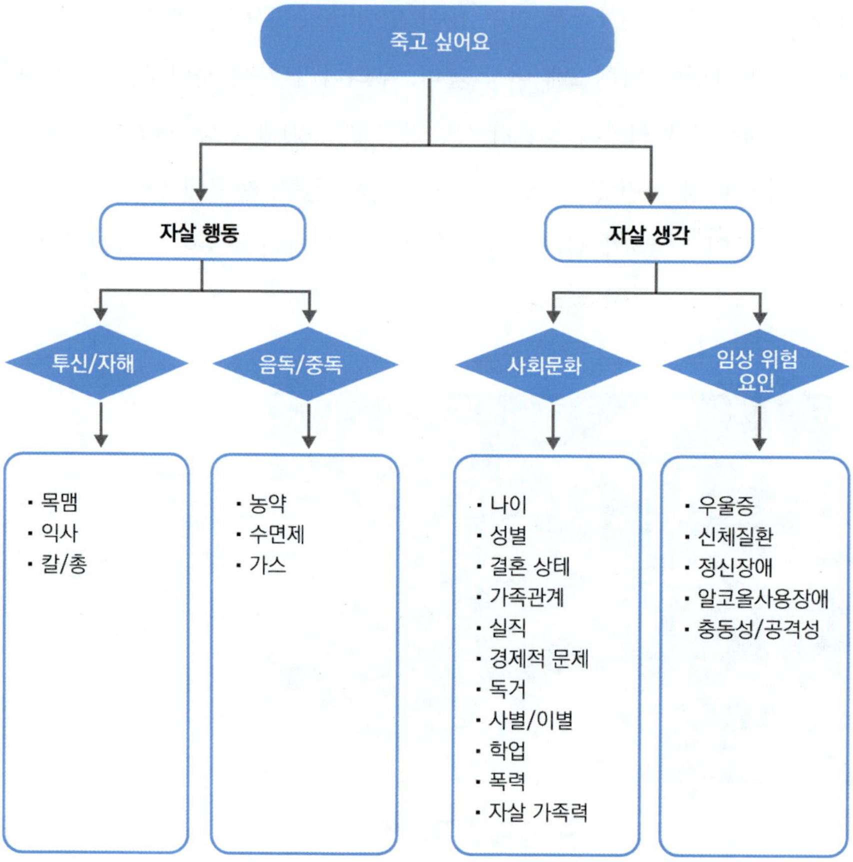

[그림 10-2] 자살 행동 및 생각에 대한 문제해결 개요

1) 생물학적 요인

대부분의 생물학적 연구에서 자살 행동을 신경생물학적 요인으로 설명하고 있으며, 특히 신경전달물질인 세로토닌의 부족과 자살 행동 간의 관계를 강조했다. 자살한 사람과 자살을 시도한 사람의 뇌척수액에서 세로토닌과 5-HIAA를 측정한 결과 다른 원인으로 사망하거나 자살 시도 경험이 없는 사람보다 수치가 낮았다.

2) 사회학적 요인

사회학적 요인은 개인이 속해 있는 사회에 통합된 정도와 자살률이 반비례한다는 Emil Durkheim의 사회통합가설(hypothesis of social integration)에서 시작된다. Emil Durkheim (1897)은 자살론에서 사회통합의 정도와 차원에 따라 자살을 이기적 자살(egoistic suicide), 이타적 자살(altruistic suicide), 아노미성 자살(anomic suicide)로 구분했다.

(1) 이기적 자살

개인이 그가 속한 사회에 통합되는 정도가 약해 개인적 자아가 사회적 자아보다 강력하여 개인주의가 지나칠 때 발생하는 자살을 의미한다. 즉, 상호유대가 형성된 사회는 정서적으로 안정감을 주고 치료적인 효과를 발휘하나 개인주의적인 사람은 이러한 사회적 지지를 받지 못하고 소외된다는 것을 의미하며, 존재의 근거를 삶에서 찾지 못하여 발생하는 자살이다.

(2) 이타적 자살

개인이 그가 속한 사회에 지나치게 통합된 나머지, 그 사회를 위해 자신을 희생하는 경우로 고대 그리스인이나 로마인들의 영웅적 자살, 일본인들의 할복, 전쟁 시 국가나 전우를 위한 희생이 이에 해당한다. 존재의 근거가 외부에 존재하기 때문에 발생하는 자살이다.

(3) 아노미성 자살

개인적 열망에 대한 사회적 영향력의 결핍으로 사회가 개인을 충분히 규제하지 못해 제동장치가 없이 방치됨으로써 일어난다. 즉, 개인의 사회적 위치가 급격히 변화하여 그 새로운 변화에 대처할 수 없게 될 때 그 결과로써 나타나는 자살이다.

3) 심리학적 요인

Baumeister(1990)는 인간은 자신의 고통으로부터 도피하는 수단으로 자살을 선택한다고 봤다.

〈자살에 이르는 과정〉

① 개인의 기대수준은 높은 데 비해 현실적인 상태는 그에 미치지 못할 때 기대와 현실과의 괴리가 발생한다.
② 괴리가 생긴 이유를 자신의 탓으로 돌려서 자기비난과 부정적인 자기평가를 한다.
③ 주의의 초점이 자기에게 돌려져서 고통스러운 자기지각이 더욱 첨예화되고 자신에 대해 더욱 부정적으로 평가를 한다.
④ 그러한 결과로 자신에 대한 부정적인 정서 상태가 초래된다.
⑤ 개인은 이런 고통스러운 생각과 감정을 없애줄 수 있는 강력한 수단을 찾게 되며, 이 과정에서 인지적 몰락(cognitive deconstruction)[1] 상태가 유발된다.

5. 스트레스 취약성 모형

대부분의 자살 모형이 자살과 관련된 개인과 사회환경과의 상호작용을 충분히 설명할 수 없는 측면을 지니고 있다. 스트레스 취약성 모형은 유전적·사회심리적 원인과 개인이 속한 환경의 상호작용 경험을 심리장애의 원인으로 본다. 즉, 유전적·사회심리적으로 취약성을 많이 가지고 있는 개인은 어떠한 사건이나 환경적 스트레스에 대하여 견디는 힘이 적어서 쉽게 심리장애를 갖거나 자살할 가능성이 높으며, 반대로 취약요인이 적은 개인은 심한 스트레스에도 잘 적응할 수 있다.

6. 자살의 주요 요인

1) 정신질환

급성 정신질환이거나 퇴원 직후(50% 이상 퇴원 후 첫 외래 방문 이전에 자살함) 또는 자살자 중 약 25%는 자살 전 정신건강 서비스 기관과 접촉한다. 자살과 연관되는 주요 정신질환은 우울증, 약물남용, 조현병, 섭식장애가 있다. 자살자의 약 60% 이상이 우울증에 기인

1) 정신기능의 협소화(mental narrowing)로 모든 사건에 대해 의미 부여하기를 거부하고 모든 것을 피상적·무가치적으로 지각하고 해석하는 정신상태를 의미한다. 이러한 상태는 자살을 저지하는 여러 가지 심리내적 억제력을 약화시키는 기제가 되어, 결국은 부정적으로 인식된 자신과 부정적인 감정으로부터 탈출하려는 수단으로써 자살과 같은 극단적이고 자기 파괴적인 행위에 이르게 된다.

하는 것으로 보고되며, 주요우울장애 환자의 2~15%가 자살로 사망하며, 일반인보다 우울증 환자의 자살 위험은 13~26배 높다.

미국의 공공보건국에서도 자살을 예방할 수 있는 가장 중요한 방법의 하나로 보고 있는 것은 우울증이나 다른 정신질환을 조기에 진단하여 적절하게 개입하는 것이다.

2) 사회경제적 요인

자살은 다양한 사회경제적 요인의 영향을 받을 수 있으며, 이혼율, 소득양극화, 실업률 등의 사회적 지표와 관련이 있는 것으로 나타나지만, 절대적인 원인은 아니다. 그렇지만 경제적 이유로 인하여 자살을 생각하는 개인이 증가하는 추세이다.

3) 자살하려는 의도

자살 의도는 자살에 대한 중요한 예측요인이다. 자살 의도는 계획과 방법을 고려하여 심각한 수준에서부터 계획 미비, 행동 은폐, 실패 등의 심각하지 않은 의도나 양가감정까지 다양하다. 자살에 대한 분명한 의도와 즉시 시행할 계획을 가지고 있고, 계획된 자살 방법의 구체성과 접근성이 높을수록 자살의 위험도 커진다.

4) 자살 시도력

과거 자살을 시도했던 적이 있는 경우 자살률이 높다. 즉, 과거의 자살 시도 경험은 자살에 중요한 예측요인이다. 자살자의 약 50%는 과거 자살을 시도한 과거력이 있으며, 약 25%는 자살 전 1년 내 자살을 시도했을 것으로 추정된다. 자살을 시도했던 개인은 그 위험성이 지속되며, 자살 시도력은 자살의 주요 예측요인이다.

5) 치명적인 수단의 사용

총기, 칼, 농약과 같이 치명적인 수단을 활용한 자살은 매우 높은 치사율을 보이는 만큼, 이러한 수단에의 접근 가능성은 자살 방지에서의 주요한 우려 요소이다. 특히 자살에 대한 명확한 의도를 표현한 경우나 과거에 자살 시도 경험이 있는 경우에는 치명적인 방법에 접근할 수 있는 상황이 자살 위험을 크게 증가시킬 수 있으므로 각별한 주의와 즉각적인 안전조치가 필요하다.

6) 성별

여성이 남성보다 자살에 대한 생각을 잘 표현하며, 자살 시도의 가능성도 남성보다 최대 2~3배 높다. 그러나 여성보다 남성이 치명적인 방법을 사용하는 경향이 있기 때문에 실제 자살자는 남성이 많다.

7) 연령

자살은 모든 연령대에서 발생할 수 있지만 주로 청소년(15~24세)과 노년층(75세 이상)의 자살 위험이 크다.

8) 심리·사회적 스트레스 요인

주변 사람의 사망이나 이혼으로 인한 대인관계 문제, 실직, 만성질환이나 장애, 법률적 소송, 대인관계 갈등 및 기타 생활사건 등이 주요한 심리·사회적 스트레스원이다. 이혼이나 별거 중인 사람은 결혼한 사람보다 2~3배 자살할 생각을 더 많이 하며, 3~5배 자살 시도의 가능성이 높은 것으로 알려져 있다.

7. 청소년 자살 위험요인

1) 인구학적 및 개인적 특성

- 성별 : 많은 연구에서 여학생이 남학생보다 자살 생각이나 시도에 더 취약하다.
- 경제적 수준 : 저소득층이나 빈곤계층 청소년은 자살 시도와 강한 연관성이 있다.
- 연령 : 연령과 자살 위험의 관계는 연구에 따라 다소 다르나, 청소년의 나이가 많아질수록 자살 생각이 구체화되어 자살 위험성이 높아질 수 있다.

- 신체건강 : 만성질환을 가진 청소년의 정신건강이 자살 위험과 관련이 있으며, 특히 비염, 천식, 비만 등과 같은 질환, 그리고 공부 중 나타나는 복통이나 메스꺼움 등 신체 증상이 자살 생각과 연관 있다.
- 기질적 요인 : 통증 민감성, 공포증 등의 기질이 자살과 관련이 있으며, 공격성이나 충동성, 부정적 정서 상태에서의 충동적 행동도 자살 위험요인이다.

2) 학교 특성

- 가정폭력 및 학대 : 부모의 학대나 방임은 청소년의 자살 생각과 행동을 유발할 수 있으며, 높은 학업 스트레스, 부모의 과잉 기대나 통제적 태도 또한 청소년의 자살 위험을 높이는 요인이다.
- 사회적 지원 : 낮은 사회적 지지, 또래와의 부정적 관계는 자살 위험요인으로 작용한다.
- 학업 성취와 스트레스 : 낮은 성적이나 학교폭력 경험, 학업에 대한 압박은 청소년의 자살 생각을 증가시키며, 자살 위험이 높은 집단일수록 학업 성취도가 낮은 경우가 많다.

3) 가족 특성

- 가족 형태 : 부모의 이혼이나 한부모 가정에서 자란 청소년은 우울증이나 자살 생각과 같은 정신건강 문제를 겪을 확률이 높으며, 가족 갈등과 부정적 가족관계는 자살 위험을 증가시키며, 가족 내 부정적 의사소통과 갈등도 자살의 중요한 위험요인이다.
- 문화적 특성 : 한국은 가족주의와 상호 의존성, 집단주의 성향을 강조하며, 이는 자녀의 정신건강 문제와 관련이 있다. 아시아 가정의 부모는 자녀에게 높은 성취와 재정적 부담을 요구하는 경향이 있어 이러한 압박이 자녀의 자살 위험과 연관이 있다.

4) 정서행동 특성

- 심리적 요인 : 우울, 무망감(절망적인 감정), 스트레스가 자살 생각과 높은 상관이 있으며, 우울이 자살 생각과 가장 강한 연관이 있다. 반면, 반사회적 행동이나 공격성 등 외현화 문제는 자살 행동과 더 밀접하게 관련이 있다.
- 진로 정체감 : 진로 성숙도는 자살 생각과 간접적으로 연관될 가능성이 있으며, 진로와 관련된 불안이나 우울이 자살사고를 유발한다.
- 음주와 흡연 : 음주와 흡연은 자살 생각과 밀접한 관련이 있으며, 자살 위험이 높은 청소년일수록 음주와 흡연 경험이 많은 것으로 나타난다.

정동희 · 심은정(2022). 대학생의 자살사고 및 행동 경험에 대한 질적 연구

1. 연구방법

한국어판 MINI(Mini International Neuropsychiatric Interview) 자살 위험 모듈을 포함한 온라인 사전평가를 실시하여 자살 시도 경험이 있는 연구 참여자를 선정하였다. 24명 대상으로 합리적 질적연구방법(CQR : Consensual Qualitative Research)을 사용하여 심층면담을 실시하였고, 자살사고 및 행동을 경험한 대학생들의 개인적 경험과 의미를 심도 있게 탐색하였다. 연구대상자의 평균연령은 21.25세로 대부분 여성이며 종교는 없었다. 지난 한 달간 죽음에 대한 욕구, 자해 욕구, 자살사고, 계획 및 시도를 질문하여 총점을 산출하였다. 참가자의 MINI 자살 위험 모듈 총점 평균은 11.67점이었으며 대부분 심각한 수준의 자살 위험(62.5%)을 보였고 29.2%와 8.3%는 각각 중등도와 경도의 자살 위험을 보였다. 크게 자살을 고민하게 된 상황, 당시의 심리적 상태, 자살을 미루거나 재고하게 만든 요건 등을 탐색하였다.

2. 연구결과

자살사고나 행동에 이르게 한 스트레스 요인 영역, 스트레스 요인에 대한 반응 영역, 스트레스 요인에 대한 대처 영역, 자살사고 및 행동의 특성 영역 등 4개의 영역에서 44개의 범주를 도출하였다.

- 자살을 고려하게 된 이유를 크게 3가지 요인으로 분류하였다.
  개인적 요인은 심리적 고통과 낮은 자존감, 무기력함이 요인으로 사회적 철회, 무가치함, 흥미/즐거움 상실.

사회적 요인은 학업적 스트레스, 가족의 기대, 경제적 압박 등이 자살사고를 부추기는 요소로 작동함.
관계적 요인은 친구나 가족과의 단절, 소외감, 주변인에 대한 부채감 등이 자살사고의 위험성을 높이는 요소로 작용.

- 또한 자살을 시도하지 않게 된 이유로는 가족이나 친구들의 지지, 종교적 신념, 정신 건강 서비스의 도움이 있었다.

3. 결론

첫 번째, 자살사고 및 행동에 이르게 한 주요 요인은 학업과 진로 결정 과정에서 경험한 거듭된 좌절임.
두 번째, 스트레스 요인에 대한 참가자들의 주요한 반응은 우울 증상임. 이는 자살의 주요한 위험요인으로 알려져 있음.
세 번째, 자살사고 및 행동에 이르게 한 주요 요인은 갈등, 대인관계 스트레스로 경험하는 소외감, 좌절된 소속감임. 또한 스트레스 요인에 대한 반응으로 자책감, 짐이 된다는 사고, 자기연민 등을 보고함.
마지막으로 스트레스나 그로 인한 부정 정서에 긍정적으로 대처하기에는 자신의 정서를 이해하고 표현하는 능력과 대처방식에 대한 지식이 부족하였는데 이는 실제 청소년 및 성인 초기 자살 시도자에게 빈번히 관찰되는 문제임.

8. 자살 신호

1) 언어적 징후

- 죽고 싶다는 직접적 표현(예 차라리 죽었으면 좋겠어, 정말 죽고 싶어 등)
- 절망감과 죄책감(예 내가 없는 편이 훨씬 낫겠어, 내가 사라지면 모든 것이 해결될 거야 등)
- 신체적 불편함을 호소(예 요즘 계속 잠을 못 자, 입맛도 없고 밥을 먹을 수가 없어 등)
- 집중력 저하(예 요즘 일이 전혀 손에 잡히지 않아, 공부에 집중할 수 없어 등)
- 감정의 변화(예 짜증이 나고 화가 나서 견딜 수가 없어, 모든 게 귀찮아, 너무 외로워 등)

2) 행동적 징후

- 자살을 준비하는 행동(예 약을 사 모음, 주변을 정리하고 선물을 나누어줌, 유서를 작성함 등)
- 자해 흔적(예 손목의 상처 등)
- 전에 없던 행동(예 음주, 흡연량이 급격히 증가, 우울증과 관련된 증상, 난폭한 운전 등)
- 외모의 변화(예 불안한 표정, 외모에 대한 관심이 감소, 체중의 변화 등)
- 일상생활 능력의 저하(예 낮에 졸림, 생산력의 저하, 학교성적 하락, 대인관계 기피 등)

3) 상황적 신호

- 극심한 스트레스 상황(예 이직 또는 실직, 시험 또는 면접의 낙방, 경제적 어려움, 파혼, 출산 등)
- 사랑하는 사람 또는 가족 상실 등

9. 자살 시도

자살 시도(Suicide Attempt)는 죽을 의도가 있는 상태에서 잠재적으로 해가 되는 행동을 스스로에게 한 것이라고 정의한다.

구 분	내 용
준자살 (Parasuicide)	고의적으로 스스로에게 손상을 입히거나, 처방받은 용량이나 일반적으로 알려진 용량보다 약물을 더 많이 복용하는 등의 비치명적인 행위
비치명적인 자살 시도 (Nonfatal Suicide Attempt)	의도적으로 자신에게 손상을 입혔으나 죽지 않은 경우를 의미
고의적 자해 (Deliberate Self-Harm)	• 치명적이지 않은 결과를 수반한 행위로써, 환자가 다른 사람의 개입 없이 고의적 비습관적인 행동 • 자신의 신체를 해하거나, 처방받은 약이나 일반적으로 치료적 용량보다 과다하게 약물을 복용
자살 제스처 (Suicidal Gesture)	• 치명성이 낮고, 자살 의도도 낮은 자기-손상행위 • 죽을 마음은 없으면서 최소한의 상처만 내는 사람들에게 경멸적으로 사용되는 용어
자살 위협 (Suicide Threat)	직접적인 자해보다 가까운 미래에 자살 행위나 다른 자살 관련 행동의 언어적, 비언어적 암시하거나 의사를 전달하는 대인관계적 행위

자살 생각 (Suicide Ideation)	자살과 관련된 생각
자해 (Self-Harm)	• 자살 의도 없이 자신의 신체 조직을 파괴하거나 변형시키는 고의적이고 종종 반복적인 행위 • 자살 의도가 없는 자살 관련 행동을 언급하기 위해 사용 • 자해로 인해 사망한 경우에는 스스로 초래한 비의도적인 죽음(Self-Inflicted Unintentional Death)
간접적인 자기파괴행동 (Indirect Self-Destructive Behavior)	자살하려는 의도가 없고 자살을 기대하거나 의식하지 않은 자기파괴적 행동(흡연, 음주, 과도한 운동, 스트레스 추구, 섭식장애 등)

10. 자살 예방의 3단계

단 계	내 용
사전예방	현시점에서 눈앞에 위험이 닥친 것은 아니지만, 원인을 사전에 제거해 자살을 예방함. 예를 들어, 자살 예방 교육 등도 넓은 의미에서 사전예방에 포함됨
위기대응	지금 바로 일어나고 있는 자살 위험에 개입하여 자살을 막음. 예를 들어, 약물자살이라고 했을 때, 위세척을 하여 목숨을 구하고, 자살을 막는 조치 등이 포함됨
사후대응	자살 예방에 온 힘을 기울여야 하겠지만, 아무리 노력해도 발생하는 자살로 인해 타인에게 미칠 심리적 영향을 최소화하기 위한 전반적인 보살핌을 의미함

11. 자살 유족

자살 유족이란 '타인의 자살에 노출된 긴 시간 동안 높은 수준의 심리적・신체적・사회적 스트레스를 지각하는 사람'으로, 자살로 인해 잠재적으로 영향을 받는 사람들까지 고려함으로써 사후 개입의 가능성을 확장시키는 데 의의가 있다. 자신에게 중요하고 의미있는 사람을 자살로 잃고 삶의 변화를 겪은 사람들을 자살 유족 혹은 자살 생존자(Suicide Survivor)라고 하는데, 자살 유족은 고인과의 친밀감 및 자살로 인한 심리적 충격 정도를 기준으로 크게 세 가지로 분류할 수 있다. 자살 1건당 최소 5명에서 10명의 자살 유족이 있을 것으로 추산된다.

1) 자살한 사람의 친인척

사랑하는 사람을 자살로 잃은 배우자 및 혈연 가족으로 가족이나 친척 중 고인과 가까운 관계일수록 자살로 인한 충격이 크다. 그러나 오랫동안 연락이 끊겼거나 생전에 관계가 친밀하지 않았다면 자살로 인한 영향이 상대적으로 적거나 거의 없을 수도 있으며, 혈연관계의 근접성이 자살 유족의 기준은 아니다.

2) 심리적으로 가깝고 친밀한 사람

친구나 동료, 이웃, 지인 등 심리적으로 가깝게 지내며 친밀함을 유지했던 관계 중 자살로 인해 영향을 받은 경우 등이다. 고인이 사망 이전에 어느 정도 주위 사람들과 밀접한 관계를 맺고 지냈는가에 따라서 잠재적인 유족이 많을 수도, 적을 수도 있다.

3) 자살로 인해 스트레스를 받은 사람

자살과 관련된 심리적 책임감이나 강한 스트레스를 경험한 사람은 고인과 직접적인 관계가 없더라도 자살 고인에 대한 심리적 부담으로 인해 위험군에 포함될 수 있다. 예를 들어, 철로에 뛰어든 사람을 치게 된 기관사처럼 자살 사건에 직접 연루된 경우나, 뉴스나 신문을 통해 자살 소식을 접한 뒤 우울감이 심해져 자살 충동이 증가한 경우 등이 이에 해당한다. 이러한 경우 심리적 충격과 책임감이 자살 위험요인으로 작용할 수 있으므로 적절한 정서적 지지와 개입이 필요하다.

4) 자살 유족을 힘들게 하는 요소

구 분	내 용
죄책감과 책임감	• 가족의 고통을 알지 못하고, 자신이 아무것도 하지 못했다는 자책, 자신이 미리 알고 말리지 못했기 때문에 자살이 일어났다는 죄의식
갑작스러운 이별	• 자살로 인한 급작스러운 이별에 대해 어떤 준비도 하지 못한 채 이별을 받아들여야 함
폭력적인 죽음의 방식	• 자살은 자신이 자신의 목숨을 버린 것이며, 스스로 이루어낸 살인임 • 가족을 잃은 유족은 더욱 격심한 고통을 겪으며, 사랑하는 사람을 평화롭게 보내지 못했다는 생각에 상처로 남게 됨

자살자에 대한 편견과 주변의 시선	• 주변에서 자신들을 비난하고 쑥덕거리는 느낌에 사람들을 피하고 스스로 고립되려는 경향을 보임 • 자살 유족은 다른 유족에 비해 자신들의 고통과 슬픔을 표현할 기회는 거의 가지지 못한다고 함
외상 후 스트레스 장애	• 가족의 자살을 목격하거나 사체를 발견하거나, 자살한 공간에서 생활해야 하는 유족은 극단적인 외상을 겪은 뒤에 오는 불안증, 공황발작, 무호흡증, 가슴 통증, 악몽 등 외상 후 스트레스 장애를 겪을 수 있음

이수정 등(2023). 상담수련생의 자살에 대한 태도에 따른 자살 위기 개입에 대한 인식

1. 연구대상 및 방법

본 연구에는 상담 관련 학사 또는 석사 재학 이상인 상담수련생 30명을 대상으로 상담수련생들의 자살에 대한 태도와 자살 위기 개입에 대한 인식을 탐구하는 질문을 고안하고, 수련생들이 자살 위험이 있는 내담자와의 상담에서 느끼는 감정, 필요한 훈련 및 교육 내용 등을 확인하기 위한 질문도 포함하여 최종 설문지를 구성함

2. 연구결과

1) 자살에 대한 태도가 개입에 미치는 영향

- **내릴 수 있는 선택으로 여겨져 개입이 어색하고 무력함** : 자살을 개인의 선택으로 보고 허용적인 태도를 보이는 경우
- **자살은 해서는 안 된다고 여겨져 공감과 개입이 어려움** : 자살을 금기시하는 태도가 내담자에게 부정적 영향을 미칠 수 있을 것 같음
- **위급 상황에서는 나의 태도를 기반으로 평가/대처할 것 같음** : 충분히 수련을 받지 않은 상태에서는 기존에 지니고 있던 자살에 대한 태도와 가치관이 내담자에게 개입할 때 영향을 미칠 수 있을 것 같음
- **자살에 대한 공감적 태도가 개입에 도움이 될 것 같음** : 자살에 대한 측은지심이나 고통에 대한 이해 노력이 실제 상담에 도움이 될 것 같음
- **상담사의 불편감을 내담자가 느껴 자기개방이 저조함** : 자살에 대해 상담사가 지니고 있는 불편감을 내담자가 느낀 경우, 자신의 어려움을 개방하기 어려울 것 같음

2) 자살 위기 상담의 어려움

(1) 정서적 측면

- **상담 후 내담자가 자살할까 봐 걱정됨** : 자살 위기 개입 경험이 거의 없는 수련생들은 자신과의 상담 후 내담자가 자살을 시도하지 않을까 하는 걱정과 불안감 등을 보고함

- **내담자 정서에 대한 압도 및 소진이 염려됨** : 정서적으로 경험하는 힘듦에 대한 내용들을 보고함
- **상담사의 개입이 어떠한 영향을 미칠지 몰라 불안함** : 내담자의 감정을 잘못 건드려 상황 악화를 초래할 것에 대한 걱정 등을 보고함

(2) 개입 측면

- **위기수준 평정이 어려움** : 내담자가 자살 위기 수준이 어느 정도인지 파악하기 어렵다는 내용들을 보고함
- **삶에 대한 동기부여가 어려움** : 상담을 통해 삶에 대한 의지를 돋아주기 위해 노력하게 될 것 같으나 어려울 것 같다는 내용들을 보고함

3. 결론

- 자살에 대한 상담사의 태도가 자살 위기 내담자에 대한 개입에 영향을 미칠 수 있음.
- 초심상담사나 수련생의 경우 기존의 개인적 태도가 자살 위기 개입에 영향을 미칠 수 있음. 따라서 자살에 대한 태도가 위기 개입 시 실제로 중요한 영향을 미칠 수 있으므로, 상담사 교육 프로그램에 자살에 대한 성찰 훈련과 위기 개입 실습이 필요함

12. 애도 반응

어떠한 죽음이든 주변 사람의 죽음 이후에는 애도 반응이 나타난다. 애도 반응은 인지, 행동, 정서, 신체적 감각 등 다양한 방식으로 나타날 수 있으나 비정상적으로 너무 오랫동안 강렬한 증상으로 나타난다면 병적 애도 반응의 전조가 될 수 있다.

<표 10-1> John Bowlby의 애도 4단계

단 계	특 징	기 간	내 용
1단계	충격, 망연자실	(사별 직후 ~3개월)	• 사랑하는 사람이 떠났다는 것을 받아들이지 못하고 저항하는 시기 • 갑작스러운 황망함에 고인이 사망하였다는 사실을 거부하고 화를 내기도 하며 절망에 빠지고 멍해지는 단계 • 급작스러운 상실로 이 시기가 더 길어질 수도 있으며, 애도 반응의 단계마다 나타날 수 있음

2단계	그리움과 갈망	(사별 3개월~1년)	• 고인이 보고 싶고 되찾고 싶어지는 단계 • 고인에 대한 생각에 과도하게 몰두하는 경향 • 고인의 목소리, 체취, 모습, 현존을 찾는 단계 • 좌절감, 분노, 죄의식을 느끼기도 하며 격렬한 슬픔을 경험하거나 통제할 수 없을 만큼 흐느껴 울기도 함 • 식욕부진, 불면증의 증상을 보이기도 하며, 해결되지 않는다면 수개월 동안 지속될 수 있음
3단계	혼란과 절망	(사별 1~3년)	• 상실의 대상이 떠남을 현실로 받아들이는 단계 • 만사가 귀찮아지고 제대로 삶을 가꾸지 못하고 실망하여 흐트러지는 모습을 보임 • 인생의 의미를 잃었다는 생각으로 위축되고 무감각해지며 냉담한 상태를 보이기도 함 • 신체적으로 주의·집중력 저하, 불면, 식욕부진, 입 마름, 피곤함 등이 나타남
4단계	재조명	(사별 3년 이후)	• 현실을 받아들이고 자신을 추스르며 이전의 생활을 회복하는 단계 • 점차 집이나 직장에서 정상적인 일상생활을 유지할 수 있으며 우울증, 수면습관을 회복함 • 상실한 대상에 대해서 생각하였을 때 슬프긴 하지만 긍정적인 기억도 함께 느낄 수 있으며, 다소 덤덤해짐

13. 자살 치료

1) 약물치료

자살 고위험군의 경우 약물치료가 도움이 될 수 있다. 조현병, 우울증, 조울증, 불안장애, 성격장애, 중독 등 여러 정신건강의학과 영역에서의 질환이 자살과 연결되어 있고 약물치료는 자살 고위험군에서 자살을 예방한다.

우울감으로 자살을 시도한 사람 중 15%가 항우울제를 처방받았다는 보고가 있으며, 자살 시도자 중 자살 직전에 약물치료의 비순응을 보이거나 약물치료를 임의로 중단한 경우도 있다.

자살과 관련된 정신건강의학과 질환은 다양하므로 우울, 불안, 충동성 등 정신질환에 맞는 약물치료가 필요하며, 진단받은 병에 대한 약물치료를 중단하거나 약물 순응도가 낮은 경우가 많아 모니터링이 중요하다.

우울증으로 인해 항우울제 복용 후 무기력감이 나아지면서 자살 시도를 하는 등의 경우가 있으므로 약물 처방 중에는 증상에 대한 면밀한 관찰이 필요하다.

2) 상담심리적 개입

상담심리적 개입으로는 행동치료, 정신역동치료, 지지정신치료 등이 있다. 행동치료는 문제가 되는 행동을 직접적으로 변화시키는 것에 중점을 두지만, 정신역동치료는 자기 이해를 증가시키는 것에 집중하게 된다. 지지정신치료는 충고, 주의, 공감 등을 내담자에게 비판단적 태도로 제공하는 것이 특징이다.

자살 고위험군에 대한 상담심리적 개입에서는 장기간 지속되는 무력감, 자존감 및 자기 효능감 저하 같은 사회－인지적인 자살 위험 인자들의 변화, 대인관계 문제해결 능력의 부족, 가정 내 폭력, 양육방식 같은 사회－환경적 위험인자 등을 다룬다.

비자살적 자해

1. 정의

자해는 순간적이고 격렬한 감정에 대한 긴장완화 및 신체 손상을 목적으로 자신의 신체에 의도적이고 반복적으로 해를 입히는 것이며(Klonsky, 2007), 정신병리학적 측면에서 가장 극단적인 형태를 말한다(Favell, 1981).

죽음에 대한 동기나 의도를 가지지 않으면서 자신의 신체 일부에 스스로 상처를 입히는 행위를 비자살적 자해(NSSI : Non Suicidal Self Injury)라고 정의한다. 비자살적 자해(NSSI) 행동은 스트레스 조절과 긴장이완 및 스트레스에 대한 적극적인 대안이나 해결 방법의 하나로 선택하고, 삶을 끝내기 위해서라기보다는 심리적 고통 혹은 정서적 불편감을 감소시키거나 회피하기 위한 일종의 대처전략으로 사용하는 경향이 있다(이동훈·양미진·김수리, 2010).

<표 10-2> 자살 시도와 비자살적 자해(NSSI)의 구분(Muehlenkamp & Kerr, 2010)

특 성		자살 시도	NSSI
의 도		• 삶의 종결 • 참을 수 없는 심리적 고통에서 벗어나고자 함	• 심리적 고통으로부터 일시적인 도피 • 자기 및 상황의 변화 추구
방법의 치명성		높음	낮음
행동 빈도		낮음(일반적으로 1~3회)	높음(때로는 100회 이상) 만성적, 반복적
시도된 방법		단일한 방법	다양한 방법
인지적 상태		• 희망 없음, 무기력함 • 문제해결이 불가능함	• 고통스럽지만 희망은 있음 • 적응적 문제해결이 어려움
결과 및 영향	개인적	좌절, 실망감, 고통의 증가	안도감, 진정효과, 고통의 일시적 감소
	대인관계적	타인의 돌봄, 관심	타인의 비난, 거절

〈자살과 자해 행동 간의 관련성에 대한 의견〉

자살과 자해에 대한 두 가지 의견은 자해를 자살과 질적으로 다른 범주의 차원으로 분류해야 한다는 것과 자해를 자살로 이어지는 연속적인 개념으로 보아야 한다는 것이다(박경은·이동훈, 2024). 자살과 자해를 질적으로 다른 범주로 보는 관점에서, 자해하는 사람들은 실제 자살할 의도는 없다고 보고 자해는 주로 스트레스 해소와 부정적 정서 완화를 위한 목적으로 시도될 뿐이라는 의견으로 자해를 자살적 자해와 비자살적 자해로 분류하여 자살 행위와 비자살적 자해 행위를 구분했다. 반면, 자해는 자살로 이어지는 연속적인 개념이라는 견해를 견지한 연구들은 비자살적 자해 또한 자살로 이어질 수 있다고 주장하며, 비자살적 자해를 했던 사람들의 약 70%가 이후 자살 시도를 했음을 보고하였다. 이동귀 등(2016)의 연구는 국내 여중생 491명을 조사하여 비자살적 자해와 자살적 자해의 차이를 알 수 있는 예측변수를 제시하였다. 자살적 자해의 예측 변수로는 가정환경의 불안정성, 자해 전 생각 기간이 긴 것, 시도한 자해 행동이 다양했던 것, 자해 행동의 '사회적 동기'가 높고 자해 행동의 '개인 내적 동기'가 낮음을 보고했다.

2. 특징

1) 충동적인 기질이나 성격적 특성

외부 자극에 대해 과활성화되어 있기 때문에 개시된 행동을 정지하는 것이 어려운 경향이 있으며, 강렬한 부정 정서 상황에서 성급하게 행동하는 경향성을 말하는 '부정 긴급성'은 자해와 관련이 있는 것으로 알려져 있다.

'부정 긴급성'을 가진 개인이 대인관계 갈등 및 좌절을 포함한 사회적 거절을 경험할 때 비자살적 자해 행동을 할 가능성이 더 높다고 본다(Anestis & Joiner, 2011).

2) 비자살적 자해의 시작 연령에 따른 차이

처음 자해 시작 연령이 어린 경우 충동적 자해 가능성이 높지만, 자해 시작 연령이 늦은 경우 자해 행동에 대해 더 오래 생각하기 때문에 충동적이거나 즉흥적이지 않고 극단적인 방법을 사용할 가능성이 높아진다.

3) 직접성 : 다른 자기파괴적 행동과의 차이점

비자살적 자해는 다른 자기파괴적 행동과 차이점이 존재하는데, 예를 들면 섭식장애는 비자살적 자해와 같이 자기를 해치는 행동이고 반복적이지만, 직접적으로 자신의 신체를 해치지 않고 즉각적인 출혈 등의 결과가 없다.

4) 반복성

DSM-5 진단 체계에 의하면 1년 중 5일 이상의 자해 시도를 비자살적 자해로 진단함에 따라 반복성에 대한 기준을 제시한다. 비자살적 자해는 개인이 경험하는 정서적 고통을 감소시키고 긴장을 완화하지만, 근본적으로는 문제해결에 도움이 되지 않기 때문에 반복되는 경향이 있다.

3. 비자살적 자해의 종류

신체를 칼로 베거나 긋는 행동을 포함하여 화상 입히기, 할퀴기, 신체 부위 때리기, 상처 난 곳 방치하기, 머리카락 뽑기, 독극물이나 이물질 마시기 등 다양한 유형으로 나타난다. Slesinger 등(2019)은 1,267명의 비자살적 자해 환자의 자해 방법, 빈도, 자해 시작 연령을 조사한 결과 몸을 커팅하는 것이 91.2%로 가장 높았고 54.2%가 몸에 스크래치를 내는 것으로 나타났다. 그 다음으로 때리는 것, 몸에 무언가를 새기는 것, 머리를 흔드는 것, 상처를 치료하지 않는 것, 피부를 태우는 것 순으로 보고되었다.

4. 유병률

자해를 시작하는 연령은 청소년기에서 초기 성인기인 12~14세에서 20세가 되기 전에 가장 많이 하는 것으로 보고되고 평생에 걸친 유병률은 12~38% 정도라고 알려져 있다. 메타분석 결과에 의하면 유병률은 청소년 16.2%, 초기 성인기 13.4%, 성인 5.5%로 나타났다(Swannell et al., 2014).

비자살적 자해는 모든 연령에서 나타나지만 청소년기에 높은 비율을 보이며 점차 감소하는 경향이 있으며, DSM-5에서는 20~29세에 자해로 입원하는 비율이 가장 높다고 보고하였다.

자살과 비자살적 자해가 다름에도 불구하고 비자살적 자해 경험이 있는 사람들 중 50~75%는 자살 시도를 한 적이 있다.

5. 비자살적 자해(NSSI)에 대한 이론적 모델

심리적 모델, 사회적 모델, 생물학적 모델, 심리역동적 모델, 기능적 모델, 경험 회피 모델, 통합적 모델, 수정된 통합적 모델로 비자살적 자해를 설명할 수 있다.

1) 심리적 모델

(1) 정서조절 곤란

자해를 하는 집단은 부정적 기질, 우울 및 불안, 정서조절 곤란 등의 어려움을 호소하는 경우가 많으며, 비자살적 자해는 이러한 부정적 정서에 대처하기 위한 행동이라고 볼 수 있다. 이러한 관점에서는 비자살적 자해를 정서조절장애의 하위 유형으로 볼 수도 있을 것이다.

(2) 자기비하

자기비하 요인은 비자살적 자해의 동기를 반영하고 비자살적 자해의 강력한 예측요인으로 간주된다. 자해를 하지 않는 사람들과 비교하면 자해를 행하는 개인은 지속적인 자기비판, 낮은 자존감이 나타나고 자기혐오의 수준이 더 높은 경향이 있다. 실제로 자해를 하는 사람들은 그 이유를 "나 자신에게 벌을 준다." 혹은 "나 자신에게 분노를 표현하는 것이다."라고 표현하기도 한다.

일반적으로 부정적 정서로 인해 곤란을 경험하더라도 모두가 비자살적 자해를 하는 것은 아니지만, 자기비하가 일반적이고 자존감이 낮으면서 자해를 하는 개인은 화가 났을 때 타인보다는 자기 자신을 비난하는 것에 더 익숙하고 편안함을 느낀다. 일부 연구에서는 정서조절 곤란과 자기비하의 공존은 비자살적 자해를 더 자주, 반복적으로 지속하게 하는 위험요인 중 하나라고 제안한다(Klonsky & Muehlenkamp, 2007).

2) 사회적 모델

(1) 사회적 지지의 부족

비자살적 자해를 하는 사람들은 일반적으로 사회적 문제해결 기술의 부족을 보고하고 지각된 고립감, 소외감과 관련이 있으며, 스트레스가 심한 사회경험에 부적응적으로 대처하는 경향이 있다(Prinstein et al., 2010).

사회적 지지의 부족과 어려움들은 부정적 정서의 빈도와 강도를 증가시킬 수 있으며, 이를 비자살적 자해를 통해 조절하려 하고, 사회적 영향을 미치는 수단으로 비자살적 자해를 사용할 수 있다. 또한 사회적 관계와 상황을 협상하기 위한 전략으로 사용하기도 한다.

(2) 사회적 영향

비자살적 자해와 사회적 영향에 대한 이론적 근거는 Walsh와 Rosen(1985)의 연구에서 시작되었다. 그들은 특정 청소년의 비자살적 자해 행동은 다른 청소년들의 비자살적 자해에도 영향을 미치며, 적어도 부분적으로 사회적 전염병처럼 청소년들 사이에서 퍼져나갈 수 있다고 주장하였다. 임상집단 대상의 연구에서도 비자살적 자해를 하는 독실 입원 환자의 행동이 다른 병실 환자의 비자살적 자해 행동에 영향을 주는 것으로 나타났다. 최근에는 청소년들 사이에서 자해 방법을 포함한 정보들이 인터넷, SNS를 통해 퍼져나가고 있는데, 이러한 정보들은 그들의 문화에서 일반화되는 효과와 상당한 전파력을 가지고 있음을 알 수 있다.

(3) 사회적 기능

사회적 기능 요인은 비자살적 자해가 관계의 갈등 혹은 상실과 같은 대인관계적인 사건들에 의해 생길 수 있다고 설명하는 것이다. 이러한 사회적 기능은 다른 사람에게 영향을 미치는 것(나의 심리적 고통을 남들이 알게 하기 위한 것)과 친구와의 유대감(다른 친구들과 어울리기 위한 것), 감각추구(극단적인 행동을 하여 자신의 감각을 충족하기 위한 것), 복수(고통을 준 당사자를 힘들게 하려는 것)로 분류할 수 있다. 특히 청소년의 경우, 사회적 기능으로 인한 자행 행위에 상당한 영향을 미칠 수 있을 것이다.

3) 생물학적 모델

(1) 내인성 마약 효과

일부 연구에서는 비자살적 자해를 하는 동안 진통제 역할을 하는 내인성 마약 성분이 분비되어 부정적 정서를 줄이고 긍정적 정서를 증가시킬 수 있다고 하였다(Bresin & Gordon, 2013). 비자살적 자해 후 경험하는 감각의 안정화 과정이 신체적 부상 후 진통 작용을 하는 엔도르핀이 분비되는 과정과 유사해서 비자살적 자해가 정서적 고통과 격한 감정을 완화시키는 효과가 있을 수 있다(이동훈 외, 2010).

(2) 세로토닌

Favazza(2011)는 비자살적 자해 집단과 비자해 집단의 세로토닌 수준의 비교 연구에서 비자살적 자해 집단이 그렇지 않은 사람들에 비해 세로토닌 수준이 낮다고 지적하였다. 세로토닌은 충동성이나 공격성을 조절하는 신경전달물질로, 자해를 하는 청소년들이 보다 충동적으로 행동하기 쉬운 것은 세로토닌의 낮은 수준으로도 설명할 수 있을 것이다.

4) 심리역동적 모델

심리역동적 모델에서는 비자살적 자해가 다양한 무의식, 부정적인 충동성 또는 분열된 자아 기능에 의해 동기화된다고 설명한다. 초기 모델에서는 비자살적 자해가 성적학대 경험을 재현하고 통제감을 발현하는 것이라 주장하기도 하였다. 최근의 심리역동적 모델에서는 경계성 성격장애(BPD)와 관련한 성격장애의 부적응적 기능 형태로 개념화하였고, 분열된 성격으로 인해 나타나는 행동이며, 강력한 원시적 방어기제로 설명하고 있다. 만약 개인이 자신과 타인의 긍정적·부정적인 내적 표현 모두를 좀 더 통합할 수 있다면 균형 잡힌 정체성을 가질 것이기 때문에 비자살적 자해는 하지 않을 것이라고 주장한다.

5) 기능적 모델

Nock과 Prinstein(2004)은 자해를 네 가지 기능 모델로 설명하면서, 이 모델에서는 자해 행동으로 생리적 변화가 일어나고 부정적인 정서로부터 주의가 전환되면서 자기 처벌 등과 같은 기제로 부정적 정서를 회피하도록 한다고 제시한다. 부정적 정서를 회피하는 과정이 보상의 역할을 함으로써 이후 유사한 스트레스 상황에서 자해 행동을 반복하게 된다고 제안한다.

Nock과 Prinstein(2004)은 생물학적 요인, 환경적 요인에 대해서는 언급하지 않고 있으나, 네 가지 기능 모델을 통해 자해 행동을 선택하고 이를 유지하도록 강화하는 과정에 대한 설명이 가능하다. 이들의 기능 모델은 자해의 원인에 대해 파악하고 이를 개입함에 있어 단순히 한 가지 요인의 작용이 아닌 심리적 요인과 사회적 요인에 대한 동시적인 파악을 통해 자해를 멈추도록 하는 데 보다 적절한 개입이 가능하도록 돕는 유용한 이론적 설명이다. 초기 자해행동의 시작은 개인 내적 요인일 수 있으나 유지·강화시키는 것은 사회적 요인일 수 있다.

	정적 강화	부적 강화
자동적 (정서적)	• 바람직한 상태를 만들기 위해 • 평정심과 통제감을 느끼기 위해 • 감정을 고양하거나 아무것도 느껴지지 않을 때 뭔가를 느끼기 위하여 * 자해를 대처할 수 있는 스트레스 대처방법과 전략 개입	• 부정적인 감정이나 생각을 제거하거나 줄이기 위하여 • 감정을 제거하기 위하여 • 엄습하는 불편한 기억이나 생각을 멈추기 위하여 * 인지적 정서조절 전략 강화 개입
사회적	• 무언가를 사회적으로 얻기 위하여 • 동료, 부모 또는 다른 사람들의 관심을 얻기 위하여 • 도와달라는 외침 * 자신의 심리적 고통에 대해 타인에게 표현, 건강한 관계 맺기	• 대인관계에서 오는 부담을 피하거나 벗어나기 위하여 • 과제나 행사를 피하기 위하여 • 충돌을 피하기 위하여 * 자신의 심리적 고통에 대해 타인에게 표현, 건강한 관계 맺기

6) 경험 회피 모델(EAM)

경험 회피 모델(EAM : The Experiential Avoidance Model)은 자해의 원인을 원하지 않는 정서적 각성상태를 회피하거나 완화시키기 위한 것으로 설명한다. 경험 회피 모델에서는 부적응적 정서조절을 유발하는 다양한 요인을 통합적으로 제시하고 있다. 스트레스 상황과 같이 부정적 정서 유발 자극에서 분노와 우울 같은 격렬한 정서적 반응을 경험할 때 회피 전략을 취하는 데 있어 미흡한 정서조절 전략, 상대적으로 낮은 수준의 고통에 대한 내성과 같은 요인들이 영향을 미치고 결국 자해 행동으로 이어진다는 것이다. 이 과정에서 자해 청소년은 순간적으로 고통이 완화되고 부정적인 정서가 감소하며 스트레스 상황으로부터 벗어난 것과 같은 경험을 한다. 이러한 부정적 정서의 완화 경험은 습관화되고 만성화되기 쉽다.

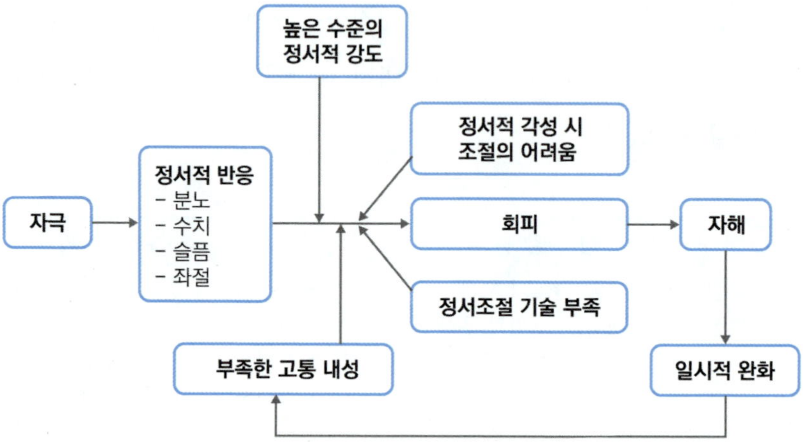

|그림 10-3| 경험 회피 모델

7) 통합적 모델(Nock, 2010)

비자살적 자해에 대한 통합적 모델은 유전적 성향, 아동기의 학대경험, 부정적인 가족 환경과 같은 간접적 위험요인이 개인의 정서적 취약성을 높인다고 본다. 이러한 정서적 취약성은 스트레스 상황에 직면했을 때 자해 행동으로 이어질 가능성을 증가시킨다. 특히 아동기 신체적 또는 성적 학대와 같은 외상경험은 자해 행동의 강력한 유발요인으로 작용할 수 있다. 또한 유전적으로 정서 반응성이 높은 개인은 동일한 스트레스 상황에서도 더 강한 부정적 정서와 심리적 고통을 경험하는 경향이 있다. 이들은 일상생활 속에서 스트레스를 더 자주 경험하거나 이에 민감하게 반응하며, 그 결과로 자해를 정서 조절의 수단으로 사용할 위험이 높아진다.

통합적 모델에서는 자해를 선택하는 이유에 대해 여섯 가지 가설을 제안한다. 사회적 학습 가설, 자기 처벌 가설, 사회적 신호 가설, 실용주의적 가설, 고통에 대한 상실과 진정의 가설, 암묵적 동일시 가설이다. 통합적 모델은 심리요인적, 생물학적, 사회・환경적 요인들을 모두 포함하고 있는 동시에 여러 가지 상호작용적인 부분을 제시하는 것과 더불어 토대가 될 수 있는 가설을 제시함으로써 비교적 구체적이고 상세하게 자해의 메커니즘에 관해 설명한다.

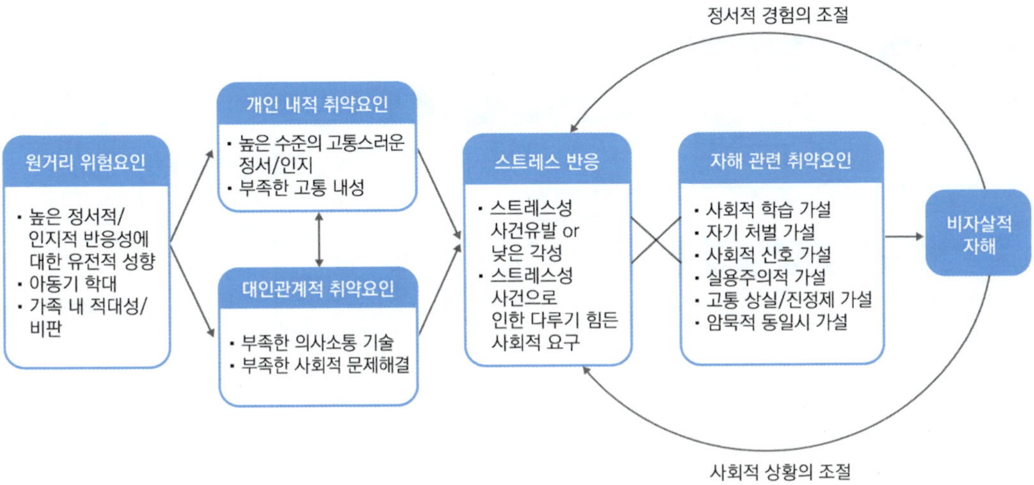

|그림 10-4| 통합적 모델

8) 수정된 통합적 모델(Jacobson & Batejan, 2014)

수정된 통합적 모델에서는 기존 통합 모델을 수정하여 간접적 요인을 환경적 요인과 유전적 요인으로 명확히 구분하였으며, 이 두 요인이 상호작용하면서 자해 행동의 위험성에 영향을 미친다고 보았다. 이 모델에서는 아동기의 학대경험이나 불안정한 가정환경과 같은 환경적 요인이 생물학적 요인에 영향을 줄 수 있으며, 반대로 생물학적으로 높은 정서 반응성 역시 학대상황에 노출될 가능성을 높일 수 있다고 설명한다. 환경적 요인에는 기존의 아동기 학대경험, 가족의 적대성과 비판뿐 아니라 아동기의 분리 경험과 중요한 인물의 상실 경험까지 포함되었다. 또한 이 모델은 자해 행동 이후에 나타나는 강화 과정을 자동적 강화와 사회적 강화로 구분하여 설명하였다. 자동적 강화에는 자해를 통해 부정적인 정서를 완화하거나 긍정적인 정서를 증가시키는 효과가 포함된다. 사회적 강화는 자해 행동을 통해 주변 사람들로부터 관심, 위로, 지지 등의 반응을 얻게 되는 과정을 의미하며, 이는 자해가 대인관계 차원에서도 일정한 기능을 수행할 수 있음을 시사한다. 이러한 강화 유형은 앞서 언급한 자해의 네 가지 기능 모델에서 제시된 이론적 틀을 기반으로 이해될 수 있다.

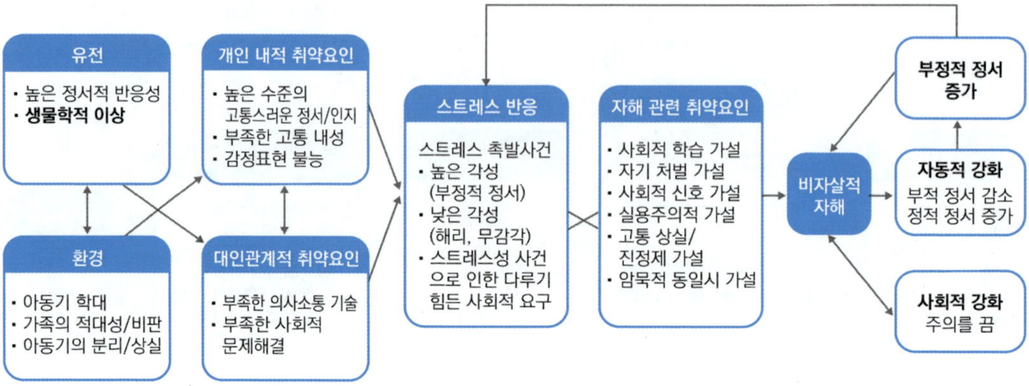

|그림 10-5| 수정된 통합적 모델

Peel-Wainwright et al.(2021). The interpersonal processes of non-suicidal self-injury: A systematic review and meta-synthesis

비자살적 자해(NSSI)는 자살 의도 없이 스스로에게 의도적으로 해를 가하는 행위로 자신을 베거나, 때리기, 태우기와 같은 행동을 포함하여 청소년의 17~18%, 성인의 4~6%로 추정된다. NSSI는 미래의 심리적 어려움과 자살 행동의 위험을 증가시키고, 감염과 잠재적 사망의 위협으로 인해 개인의 신체건강에 영향을 미칠 수 있다. 대인관계 과정이 NSSI의 발생에 관여할 수 있다고 제안되었다. 자해가 고통을 전달하거나 사회적 환경에 영향을 미치기 위한 수단으로도 발생할 수 있으며, 또래 집단에 소속되거나 유대감을 형성하는 형태로도 나타날 수 있다. 또한 자해는 자신과 타인 사이의 심리적 경계를 재확인하거나 타인에 대한 적대적인 감정을 수용하기 어렵거나 표현할 수 없는 자신에게로 돌리는 방법을 제공할 수 있다고 제안되었다.

최근 메타분석에 따르면 NSSI의 기능이 자아 내적 기능, 특히 정서조절이 가장 자주 인용되었고, 자기 처벌도 흔하게 언급되었다. 일반적이진 않지만, 대인적 요인도 높은 지지를 받고 있다.

• 연구방법 : 메타 종합은 ENTREQ 가이드라인에 따라 수행되었고, 1) 영어로 작성된 연구, 2) 질적 연구 또는 질적 요소 포함한 혼합 방법론 사용 연구, 3) 자해(NSSI)에 대한 개인적 경험을 가진 참가자를 모집한 연구, 4) 자해의 대인적 과정을 중점으로 하는 질적 주제를 최소한 하나 이상 다룬 연구를 포함한다. 자해의 표준 정의에 따라 사회적으로 허용된 형태의 상처, 섭식장애와 행동, 약물 사용은 포함하지 않았다.

• 결과 : 대부분의 연구는 미국에서 수행되었고, 연구에 포함된 참가자 수는 553명, 질적 인터뷰 28개 외에 총 30개의 연구가 사용되었다. 두 가지 주제가 발견되었으며, '강력한 관계 역학'에서는 다른 사람과의 관계에서 혐오감을 느끼거나 권한을 박탈당하는 입장에 처했을 때 이에 대한 대응으로 NSSI가 언급되었다. '내 손안에 문제해결' 하위 주제에서는 참가들이 대인관계 및 정서적 욕구를 충족시키기 위한 방법으로 NSSI가 보고되었다.

상위개념	하위 주제
강력한 관계 역학	1) 무력한 상태 참가자들은 타인보다 무력하고 종속적, 희생된 또는 취약한 위치에 있는 관계 역학을 묘사함. 타인들은 권력을 가지고 통제적, 처벌적, 거부적 또는 무효화하는 역할을 맡음
	2) 타인의 마음에서 무의미 타인이 무관심하거나 비지지적이며 단순히 듣지 않는 것으로 경험됨 관심이나 지원의 부족에 직면했을 때 자해를 의지
	3) 갈등 관계 관계 내의 반복적인 갈등이 자해에 기여하는 경험을 설명함
자신의 손으로 문제해결	1) 핵심 필요 충족하기 자해가 타인으로부터 돌봄과 지원을 찾는 방법으로 간주, 관계를 형성하거나 발전시키기 위해 다른 사람들과 함께 자해를 했다고 보고함
	2) 충족되지 않은 필요의 소통 자해는 타인이 반드시 반응할 필요 없이 자신의 감정과 필요를 전달할 수 있는 방법을 제공함
	3) 자기 및 타인에 대한 통제 자해의 사용을 통해 다른 사람에게서 통제를 회복하거나, 타인이 자신을 해치는 상황에서 감정을 통제하기 위함

• 상담적 함의 : 반복적인 관계 역학이 상담 관계 내에서 나타날 수 있으며 심리치료 경험에 영향을 미칠 수 있기에 상담사와의 관계를 신중하게 고려하는 것이 중요하다. 관계적 갈등과 어려움이 NSSI와 연결되었으므로 심리역동적 대인관계치료와 같이 관계 지향적 치료가 유익할 수 있다.

6. 비자살적 자해(NSSI)의 진단 및 평가

제안된 진단기준

A. 지난 1년간, 5일 또는 그 이상, 신체 표면에 고의적으로 출혈, 상처, 고통을 유발하는 행동(예 칼로 긋기, 불로 지지기, 찌르기, 과도하게 문지르기)을 자신에게 스스로 가하며, 이는 단지 경도 또는 중등도의 신체적 손상을 유발할 수 있는 자해 행동을 하려는 의도에 의한 것이다(즉, 자살 의도가 없음).

주의점 : 자살 의도가 없다는 것이 개인에 의해 보고된 적이 있거나, 반복적인 자해 행동이 죽음에 이르게 하지는 않을 것이라는 점을 개인이 이미 알고 있었거나 도중에 알게 된다고 추정될 수 있다.

B. 개인은 다음 중 하나 이상의 기대를 가지고 자해 행동을 한다.

1. 부정적 느낌 또는 인지 상태로부터 안도감을 얻기 위하여
2. 대인관계 어려움을 해결하기 위하여
3. 긍정적인 기분 상태를 유도하기 위하여

주의점 : 개인은 원했던 반응이나 안도감을 자해 행동 도중에 또는 직후에 경험하게 되고, 반복적인 자해 행동에 대한 의존성을 시사하는 행동 양상을 보일 수 있다.

C. 다음 중 최소한 한 가지와 연관된 고의적인 자해 행동을 시도한다.

1. 우울, 불안, 긴장, 분노, 일반화된 고통, 자기비판과 같은 대인관계 어려움이나 부정적 느낌 또는 생각이 자해 행위 바로 직전에 일어남
2. 자해 행위에 앞서, 의도한 행동에 몰두하는 기간이 있고 이를 통제하기 어려움
3. 자해 행위를 하지 않을 때에도 자해에 대한 생각이 빈번하게 발생함

D. 행동은 사회적으로 제재되는 것이 아니며(예 보디 피어싱, 문신, 종교적 또는 문화적 의례의 일부), 딱지를 뜯거나 손톱을 물어뜯는 것에 제한되지 않는다.

E. 행동 또는 그 결과는 대인관계, 학업 또는 다른 중요한 기능 영역에서 임상적으로 현저한 고통이나 방해를 초래한다.

F. 행동은 정신병적 삽화, 섬망, 물질 중독 또는 물질 금단 기간에만 일어나는 것이 아니다. 신경발달장애가 있는 개인에게는 반복적인 상동증의 일부로 나타나는 것이 아니다. 또한 자해 행동이 다른 정신질환이나 의학적 상태로 더 잘 설명되지 않는다(예 정신병적 장애, 자폐스펙트럼장애, 지적장애발달[지적장애], 레쉬-니한 증후군, 자해를 동반하는 상동증적 운동장애, 발모광[털뽑기장애], 피부뜯기장애).

1) 감별진단

(1) 경계선 성격장애

비자살적 자해장애는 종종 경계선 성격장애와 공존하지만, 비자살적 자해장애가 있는 많은 사람은 경계선 성격장애의 진단기준에 부합되는 성격 패턴을 가지고 있지 않다. 비자살적 자해장애는 경계선 성격장애 없이 발생할 뿐 아니라 우울증, 섭식장애, 물질장애 등 많은 다른 장애와 자주 함께 발생한다.

(2) 자살 행동

비자살적 자해장애와 자살 행동 사이의 구별은 행동의 명시된 목표, 즉 죽고 싶은 소망(자살 행동) 또는 안도감을 경험하는 것(비자살적 자해장애의 기준에 설명된 바와 같이)에 기초한다. 자살 행동과 대조적으로, 비자살적 자해 삽화는 단기간에 빈번한 삽화를 보인 사람들에게서 전형적으로 시작한다.

(3) 발모광(털뽑기장애)

자해 행동이 모발뽑기에 국한된다면, 비자살적 자해장애 대신 발모광으로 진단해야 한다.

(4) 상동증적 운동장애

상동증적 운동장애는 반복적으로, 이끌려지는 것 같아 보이고, 목적 없는 운동행동(예 손을 떨거나 흔들기, 몸을 흔들기, 헤드뱅잉, 자기 자신을 깨무는 행위, 자기 몸을 때리는 행위)을 포함하는데 이는 때때로 자해를 초래할 수 있다. 자해 행동이 상동증적 운동장애 기준을 충족한다면 비자살적 자해장애 대신에 이를 진단해야 한다.

(5) 피부뜯기장애

자해 행동이 피부를 뜯는 것에 국한된다면 비자살적 자해장애 대신에 피부뜯기장애로 진단해야 한다.

2) 자해 진단 척도

(1) 한국판 자해기능평가지(K-FASM)

Lloyd-Richardson 등(1997)이 비자살적 자해를 측정하기 위해 개발한 자기보고식 설문지를 권혁진과 권석만(2017)이 한국어로 번안 및 타당화한 것이다. 자해의 방법, 빈도, 위험성, 치료경험 등 자해와 관련된 요인들을 다차원적인 측면에서 평가함과 동시에 자해의 동기를 파악할 수 있게 함으로써 자해하는 개인들에게 차별적으로 개입할 수 있다는 장점이 있다. 그러나 DSM-5에서 제시한 자해기준 중 자해 전 증상, 현재 생활에 미치는 영향 등은 포함되어 있지 않아 종합적 평가에는 한계가 있다.

자해 방법의 경우 12가지를 제시하고 7점 척도로 질문한다. 자해 행동의 위험성 파악을 위해서는 1년 이내 자해 경험의 유무를 작성하고, 자해할 때 자살 의도 유무, 충동성 정도, 술/약물 복용 유무, 자해의 고통 정도, 최초 자해 경험 등을 질문한다. 마지막 파트는 자해 행동의 원인 파악을 위해 23개 문항으로 구성되어 0~3점으로 평가한다.

(2) 자해 행동 척도(SHI)

한국판 자해 척도는 2점 척도, 총 20문항으로 구성되어 있다. 자해 행동을 어떻게 하고 있는지 자해 행동의 빈도는 파악이 가능하나, 자해 동기, 자해 시점, 과거 자해 경험 등에 대한 정보는 없어 자해 경험에 대한 최소한의 스크리닝만 가능하다.

(3) 자해 척도(ISAS)

자해를 평가하기 위해 Klonsky와 Glenn(2009)에 의해 개발되었고 첫 번째 섹션은 12개의 자해 행동에 대한 기본 질문으로 자해 시기, 신체적 고통경험 유무, 자해 단독 수행 여부 등을 평가하고, 두 번째 섹션은 13개의 자해를 하는 주요 기능에 대한 질문으로 구성되어 있다. 총 39문항으로 각 문항은 3점 척도로 구성되어 있다.

<표 10-3> 자해 행동 수준 파악에 유용한 질문

• 구체적으로 자해 행동을 어떻게 하나요? • 얼마나 자주 자해 행동을 하나요?

- 자해를 하는 도구가 무엇인가요? 도구는 어디에 있나요?
- 죽고 싶어서 자해 행동을 하나요?
- 자해를 하는 장소는 어디인가요?
- 자해를 하기 전에 어떤 생각이나 감정이 드나요?
- 언제부터 자해를 했나요?
- 자해를 하고 나면 어떤 기분이 드나요?

3) 비자살적 자해의 위험성 수준 분류와 개입

자해 행동에 대한 적절한 개입은 비자살적 자해(NSSI), 자살성(sucidality), 잠재적으로 동반할 수 있는 다른 증상들, 장애에 대한 평가를 통한 위기사례마다 개입을 주의 깊게 시행해야 한다. 비자살적 자해의 위험성 수준을 평가하고 분류할 때 다음의 기준은 일반적인 기준으로서 절대적이라 할 수는 없으며, 개인적 동기와 특성, 사회적 맥락을 반드시 고려해야 한다.

(1) 경도 수준

비자살적 자해를 한 번 혹은 두 번 정도 했거나, 임상집단에서는 평생 3, 4회에서 10회 이하의 비자살적 자해 시도를 한 경우이다. 의학적으로 치명성이 낮고 정서적 고통이 그리 심하지 않은 것으로 판단할 수 있다. 자살 생각이 없고, 임상적 장애는 없는 것으로 나타난다.

적극적 치료보다는 주위에서의 지속적이고 적절한 관심과 지지가 필요하고, 필요한 경우에는 심리상담을 의뢰할 수 있다.

(2) 중등도 수준

비자살적 자해를 한 번 혹은 두 번 이상 했거나, 임상집단에서는 최근 1년간 50회 이상 시도한 경우에 해당한다. 다양한 방법을 사용하고, 비자살적 자해 행동을 정서조절이나 자기 처벌 등의 이유로 하는 경우가 많고, 혼자 있을 때 정서적 고통을 호소한다.

자살 생각을 하기도 하지만 구체적 계획이나 시도는 하지 않으며 임상적으로 유의미한 상태를 수반한다. 적극적인 치료 개입이 필요하고, 상담 및 외래치료를 권하거나 판단에 따라 입원치료 또한 신중히 고려해 볼 수 있다.

(3) 심각한 수준

비자살적 자해 생각의 빈도가 높고, 반복적이며 지속적으로 자해를 하고 치명성이 심각한 수준이다. 자해로 남은 상처들의 의학적 심각성이 높고, 장애 혹은 사망의 위험이 크다고 판단할 수 있다.

자해 행동에 다양한 도구와 방법을 사용하고, 자살 위험성 수준이 매우 높은 것으로 나타나고 정신장애를 수반, 심각한 손상이 있다. 개입은 적극적이고 즉각적인 치료가 필요하고, 생명과 관련이 있으므로 반드시 입원치료가 필요하다.

4) 비자살적 자해에 대한 개입의 태도와 지침

비자살적 자해 행동을 하는 사람에게 위기 개입을 하는 경우 '절제되고 객관적인 태도'를 최대한 유지하는 것이 좋다(Walsh, 2012). 만약 위기 개입자가 비자살적 자해에 대한 관심을 너무 많이 나타내는 경우 자해를 하는 사람은 자신에게 비난이나 비판을 하는 것으로 인식될 수 있고, 자해 행동을 승인하거나 지지하는 과도한 표현을 할 경우 비자살적 자해 행동을 용서하거나 용인하는 것으로 인식될 수 있다.

위기 개입이 끝난 후에도 비자살적 자해의 특성인 반복성으로 인해 자해 행동을 지속할 가능성이 높기 때문에 추후관리가 중요하다. 추후관리를 위해서는 위기 개입의 접근성과 유용성이 높은 지역 위기센터 전화번호, 지역 정신과 병원, 기타 연관 기관 정보를 제공하거나 연계하여 도움을 받을 수 있도록 하고, 연계 후에도 정기적인 관심을 가지고 확인하는 것이 필요하다.

(1) 위기반응을 관리하라

자해를 하고 있는 사람들 혹은 이전에 자해를 한 사람을 만난 경험이 충분하지 않은 경우에는 위기 개입자들이 자해에 대한 비수용, 편견, 혐오, 당황, 비난 등의 태도가 은연중에 나타날 수도 있다. 위기 개입자의 이러한 태도가 느껴진다면, 라포형성이 어려워지게 되고 그들로부터 정보를 얻기 힘들 가능성이 있다.

공감적이고 비판단적으로 비자살적 자해를 하는 사람을 대해야 한다. 만약 자해에 대한 편견과 부정적 혹은 강한 반응을 스스로 지각하여 객관적이거나 전문적인 개입이 어렵다고 판단되면, 다른 위기 개입자에게 의뢰해야 한다.

(2) 라포를 형성하라

비자살적 자해를 하는 사람들은 다른 사람들이 자신들의 행동에 부정적으로 반응할 것이라 생각한다. 다양한 편견과 오해들로 비자살적 자해를 하는 사람들은 위기 개입자들도 그럴 것이라 여기고 자해 행동을 드러내는 것을 불편해하고 두려워한다.

라포형성을 위해서는 편견 없이 판단하지 않는 적극적 경청, 일치성과 공감이 필요하다. 또한 '절제되고 객관적인 태도', '존중할 수 있는 호기심과 진심 어린 관심'을 적용해야 한다. 과도한 정도의 많은 관심을 표현하지 않는 것과 비자살적 자해 행동을 용인하는 것으로 인식될 정도의 과잉 지지를 나타내지 않는 적절한 수준의 관심과 염려를 전달하도록 해야 한다.

(3) 즉각적 중단 요청을 하지 마라

경험이 많지 않은 위기 개입자들은 비자살적 자해를 하는 사람에게 특정의 개입을 하는 경우 그들이 곧바로 자해 행동을 중단할 것이라 믿는다. 그러나 대부분의 경우 비자살적 자해 행동을 하는 사람들은 자해 행동의 중단에 대해 높은 양가감정을 가지고 있으며, 자해 행동을 멈추기가 힘들고, 대처방안을 생각하고 실행하기가 어렵다.

자해 행동에 대한 중단 요구는 그들에게 절망감과 좌절감을 증가시킬 수 있으므로 자해 행동이 심각하고 잠재적으로 치명적 상해를 입히는 경우가 아니라면 위기 개입자는 인내하고, 자해에 대한 수용의 태도를 취하며, 점차적으로 그 행동을 감소시키도록 작업해야 한다.

(4) 비밀유지의 한계를 이해하라

청소년의 경우 비밀유지를 보장하지 않으면 자신의 자해 행동에 대해서 말하지 않으려 하기 때문에 개입이 쉽지 않지만, 위기 개입자는 비밀유지를 보장하지 못하는 것에 대한 당위성과 이 모든 것이 자해하는 청소년 당사자의 안전과 성장을 위한 것이라는 것을 이해시키고 설득하도록 해야 한다.

주 양육자에게는 자녀가 경험하는 심리적 어려움을 이해시키고, 비자살적 자해를 이해하기 위한 교육도 제공하면서 비밀유지가 가능하지 않았을 때 나타날 수 있는 결과를 최소화시키도록 해야 한다.

개입 초기에 비밀보장의 한계를 명확히 하고, 모든 관련자들을 그 논의에 포함시키는 것이 좋은 방법일 수 있다.

(5) 공감을 표시하라

비자살적 자해를 하는 사람의 경우 자신의 행동이 부적절하고 비난을 받을 것이라고 인식하고 있기 때문에 자신의 행동을 숨기려는 경향이 강하다. 자해 행동을 인정하더라도 수치심을 강하게 느끼고, 자기비판, 우울감 등을 경험하면서 자해를 반복적으로 하게 되는 결과를 낳기도 한다.

자해 행동에 대해 공감하는 것이 아니라 행동 기저에 깔린 생각을 읽어주고 감정에 대해 이해하려고 하는 것이 중요하다.

(6) 논쟁을 피하라

위기 개입자는 행동을 바꾸려 하지 말고 그들의 행동을 유지하는 것에 대한 주장을 스스로 이야기하도록 무심히 유도하는 것이 필요하다. 찬반논쟁을 피하는 대신 그들과 협조적인 관계를 유지하고 그들이 변화하려 하거나 그렇게 하지 않으려는 선택에 공감해주고 개방적 태도를 유지하는 것이 최선이라 할 수 있다.

(7) 저항을 인정하라

비자살적 자해를 하는 사람들은 자해에 대해 논리적으로 말하고 그 행동을 유지하고자 한다. 변화에 대해 저항한다면, 위기 개입자는 저항을 인정하고 그 저항을 스스로 포기할 때까지 기다려주는 것이 중요하다.

(8) 자기효능감을 지지하라

비자살적 자해를 하는 사람들은 위기 개입 과정을 통해 그들의 자해 행동을 변화하고 중단할 필요성을 느끼고 있지만, 변화를 위한 대안이나 전략이 자신에게 도움을 주지 못할 것이라 생각하며 스스로 변화에 대한 자신감이 부족하다. 전략을 수립할 때 실현 가능한 작고 구체적인 것부터 시작하고, 성취가 누적되어 행동이 변화할 수 있는 가능성을 높일 수 있도록 도와준다.

(9) 불일치를 인식하게 하라

비자살적 자해를 하는 사람이 원하는 게 무엇인지와 현재 그것을 위해 무엇을 할 수 있는지 사이의 간극을 스스로 깨닫도록 돕고, 변화에 대한 동기를 강화하는 것에 초점을 맞춘다.

자해 위기에 처한 사람이 불일치를 인식하도록 하는 것은 강한 라포형성이 되어 있어야 하고 구체적 방법이 필요하며, 전략적으로 해야 한다. 그러나 너무 불일치를 강하게 직면하게 하거나 해석하게 되면 저항이 일어나고 신뢰가 깨지게 될 것이다.

(10) 전문성을 키워라

비자살적 자해가 자살 의도가 없다고 해도 자살 행동과의 상관관계가 높고, 반복되는 경우 자살 행동으로 이어질 수 있다. 초기에 즉각적인 판단을 하고 정확한 개입을 해야 한다.

자해 및 자살과 관련된 전문적 지식이 부족하거나 경험이 부족할 경우 위기 개입 시 불안과 소진을 경험할 수 있다. 지속적이고 정기적인 전문교육과 슈퍼비전을 받으면서 현장경험과 훈련을 쌓아갈 필요가 있다.

5) 자해 개입

(1) 인지행동치료(CBT)

인지행동치료(CBT : Cognitive Behavioral Therapy)는 비합리적인 사고를 합리적인 사고로 교정하여 문제행동을 방지하는 치료법으로 우울증과 자살행동치료에 매우 효과적인 것으로 알려져 있다. 자해 청소년 상담 개입에 있어서 CBT의 목표는 적응적 대처방안 기술을 강화시키고 협력하여 문제를 해결함으로써 비자살적 자해 행동을 감소시키는 것이라고 할 수 있다.

CBT는 다른 치료 방법과 함께 적용될 때 가장 효과적이라고 알려져 있으며, 개입의 첫 번째 단계는 비자살적 자해와 관련한 가장 최근의 사건을 탐색하고 비자살적 자해와 관련된 인지, 정서, 그리고 행동을 구체화하는 것이다.

구체적인 사건 탐색이 이루어지면, 부적응적인 인지를 수정하고 마음챙김과 감정수용과 같은 정서조절 전략을 이행하여 문제해결 기술들을 이행함으로써 목표를 달성할 수 있다.

1. 인지왜곡 명확화
- ABC 모델을 적용하여 인지적 사고 탐색
- 자동적 사고 탐색
- 인지-정서-행동에 이르는 경로 탐색

⬇

2. 부적응적인 인지 수정
- 비자살적 자해를 유지시키는 부적응적인 인지 또는 정서를 알아차리기
- "~해야만 한다" vs "현실적 사고"의 열을 유지하는 사고 흐름도
- 각각의 사고와 상황에 대한 대안적 가능성에 대한 토의

⬇

3. 정서조절 전략 실행
- 마음챙김 전략
- 정서 회피가 아닌 정서수용
- 취할 수 있는 감정 및 인지 반응의 연속성 개발

⬇

4. 문제해결 기술 이행
- 회피가 아닌 문제해결 중심에 기반한 행동을 키우는 능력
- 문제의 근본 원인을 이해할 수 있도록 내담자를 돕는 것
- 의사소통 능력
- 인지를 논박하거나 지지할 수 있는 데이터를 모으는 것

[그림 10-6] CBT 과정 모형

〈비자살적 자해 행동에 대한 상담사의 잘못된 신념〉

- 자해 행동은 해롭기 때문에 상담사들은 반드시 멈춰야 한다고 생각한다. 그러나 많은 내담자는 비자살적 자해 행동에 대해 모순적인 태도를 가지고 있다. 자해 행동이 자신에게 해가 된다고 생각하면서도 자해가 자신의 삶에 도움을 준다고 생각한다. 치료자는 내담자의 자해 행동을 무조건 멈추게 하기보다는 자해동기를 우선적으로 이해하고 공감하려는 노력이 필요하다.
- 자해를 했다면 내담자는 상담 장면에서 자해와 관련된 주제를 가져올 것이기에 상담사는 매주 내담자의 자해와 관련된 에피소드를 물어보아야 한다.
- 내담자는 자해와 관련된 보고에 대해 상담사에게 꾸중을 듣거나 거부당하거나, 통제당하거나 버림받는 것을 두려워할 수도 있다. 따라서 상담사는 내담자의 보고에만 의존하는 것이 아니라, "자해 충동이 있었느냐?" 또는 "자해 충동이 일어나지 않았다면 그러한 이유는 무엇인가?" 등 구체적으로 자해 행동에 대해 물어볼 수 있다.

(2) 변증법적 행동치료(DBT)

변증법적 행동치료(DBT : Dialectical Behavior Therapy)는 정서조절 문제 완화에 초점을 맞추고 있으며 복잡하고 다루기 힘든 경계선 성격장애를 위한 통합적 인지행동치료 방법이다. 특히 자해는 격렬하고 부정적인 감정으로 유발되는 심리적 고통을 해소하기 위한 정서조절의 수단과 고통스러운 기억을 차단하기 위해 사용되므로, DBT는 자해 행동과 같은 충동적 행동을 치료하는 데 효과적임을 알 수 있다.

DBT는 회피적이고 해로운 대처전략을 대신해서 의사소통 패턴과 대인관계 기술을 강화함으로써 개인의 정서조절을 돕는 것이 목표이다. 구체적인 목표 행동으로는 자해와 삶을 위협하는 행동 감소, 비동맹과 같이 치료를 방해하는 행동 감소, 삶의 질을 향상시키는 것과 반대되는 행동 감소(예 고위험 행동, 약물 중독, 섭식장애, 우울, 불안), 정서조절 전략 학습, 마음챙기기, 대인관계 기술과 같은 행동기술을 증가시키기 등이 있다.

DBT의 효과연구들을 살펴보면, DBT가 자살 시도를 비롯한 자살 관련 행동의 감소, 입원환자의 입원기간 감소, 분노 감소에 효과적이고, 사회적 적응력 향상, 치료 탈락률의 감소에도 효과적인 것으로 검증되고 있다.

① 마음챙김

관찰되는 대상이 아닌 주의초점을 조절하는 법을 배우는 것을 포함하며, 유용하지 않는 것에 대한 집중을 피할 수 있는 능력을 향상시킴으로써 감정경험을 조절하는 데 도움을 줄 수 있다. 예를 들어, 불쾌한 상황에 처해 있을 때 그 상황이 나에게 유발하는 불쾌한 정서에 집중하기보다 나에게 유용한 자극에 주의초점을 할 수 있게 함으로써 부정적인 영향을 경험하는 경향을 감소시킬 수 있다.

과거에 감정이나 자해 충동을 유발한 자극으로부터 주의를 다른 데로 돌릴 수 있으며, 주의집중하는 것이 반드시 진실일 필요는 없으며 '단지 생각'으로 관찰하도록 가르친다.

과거 사건에 대한 유효한 해석으로 여겨졌던 자해와 관련된 인식에 대한 믿음을 제거할 수 있고, 반복적인 마음챙김으로 심리적 고통을 중립적으로 인식하게 되고 결과적으로 자해를 통해 자신의 존재를 확인하고자 하는 욕구가 줄어든다.

② 고통감내

고통감내는 자해하려는 충동으로부터 시간을 지연시키는 것을 배우는 것으로 치료의 목표는 내담자가 경험하고 있는 감정이나 고통스러운 고통을 즉시 피하고자 하는 것이 아니라 그 감정을 조절하는 것을 배우는 것이다.

인간은 고통을 완전히 피하거나 제거할 수 없고, 현실을 있는 그대로 받아들이려고 하지 않으면 고통은 오히려 가중된다. 고통감내는 감정을 피하지 않고 오히려 불편한 감정을 수용하는 것이다(마음챙김 기술의 연장선상에서 진보된 형태).

고통감내는 즉시 자해 충동으로부터 주의를 분산시키는 것으로 내담자가 ACCEPTS 활동(표 10-4)을 통해 현재 상황이나 감정을 다른 사람, 감정 또는 이전 상황과 비교하고, 감정과 반대되는 행동을 선택하며, 다른 행동들을 경험할 수 있도록 하는 것이다.

<표 10-4> 고통감내 활동

Activities (활동)	• 스포츠 또는 운동 • 영화감상 • 해변, 공원, 동물원 가기 • 다른 사람들과 어울리기 • 취미활동
Contributing (기여)	• 자원봉사 • 이메일 또는 편지 쓰기 • 누군가를 위해 베이커리 또는 요리하기 • 다른 사람 돕기
Comparisons (비교)	• 당신보다 상황이 더 나쁜 다른 사람을 고려하기 • 당신이 최악이었던 다른 시기 또는 상황 이해하기
Opposite Emotions (정반대의 감정)	• 감정에 대해 가능한 행동을 고려하고 반대행동을 선택하기 • 화가 난다면 코미디 영화를 보거나 웃기 • 슬프다면 운동을 하거나 신나는 음악을 듣기
Pushing Away (밀어내기)	• 나중에 처리할 수 있을 때까지 감정을 밀어내기 • "선반에" 두는 것 • "박스에" 두는 것 • "볼륨을 낮추기"
Thought (사고)	• 노래 가사로 생각 변화시키기 • 열까지 세기 • 식료품 리스트 계획하기 • 다음 휴가 목적지 정하기
Sensations (감각)	• 찬물샤워 • 얼음 잡고 있기 • 누군가를 껴안기 • 편안한 옷으로 갈아입기 • 애완동물을 위로하거나 안아주기

③ 정서조절 및 대인관계 향상 기술

자해 내담자의 경우 정서적으로 긴장되어 있고 불안정하기 때문에 자주 화를 내고 극도의 좌절감을 느끼기도 하며 우울해하거나 불안해한다. DBT 관점에서의 자해 행동은, 고통스러운 감정을 조절하기 어렵기 때문에 자해 행동을 통해 고통스러운 정서를 해소하고자 하는 것이다.

정서를 조절하기 위해서 현재의 힘든 감정을 파악하고 감정의 이름을 명명화하는 작업을 할 수도 있고, 마음챙김 기술을 적용하여 내가 경험하는 감정을 판단하는 것이 아니라 있는 그대로 느껴볼 수도 있다. 이러한 방법은 고통스러운 감정을 고군분투하거나 회피하는 방법 대신에 그대로 지나가게 할 수 있다.

긍정적인 감정을 일으키는 일의 목록을 만들어서 증가시킬 수 있도록 하기도 하고, 현재의 감정 상태와 정반대되는 행동을 통해 감정을 변화시키는 방법도 있다.

대인관계 향상 기술은 자기주장 훈련이나 사회기술 훈련 등이 포함될 수 있으며, 대표적인 방법으로는 기술하기, 표현하기, 주장하기, 보상하기, 마음챙김을 유지하기, 대담한 태도 가지기, 협상 가능성을 열어두기 등과 같은 기술이 있다.

| 요약 |

자살은 개인이 자신의 생명을 끊는 행위로, 사회학적·심리학적·생물학적 요인이 복합적으로 작용하는 결과이다. 자살의 심리적 요인으로서 스트레스 취약성, 자기비하, 부정적 사고 패턴 등은 자살 위험을 높인다.

우리나라의 자살률은 OECD 국가 중 가장 높으며, 특히 자살은 청년층의 주요 사망 원인으로 나타난다. 자살 위험요인으로는 정신질환(우울증, 조현병 등), 사회경제적 요인(실업, 경제적 어려움), 심리사회적 스트레스(대인관계 문제, 만성 질병) 등이 포함된다. 자살 위험이 높은 개인을 평가할 때는 자살 의도, 과거 자살 시도력, 치명적인 수단의 접근 가능성을 고려해야 한다. 자살 예방은 사전예방, 위기대응, 사후대응으로 나뉘며, 특히 정신건강 서비스 접근성을 높이는 것이 중요하다. 또한 자살 유족은 심리적 외상을 겪을 위험이 크며, 사후 개입이 필요하다.

비자살적 자해(NSSI)는 죽음을 의도하지 않은 상태에서 자해를 반복하는 행동으로, 정서조절의 어려움과 자기 처벌의 의미 등을 가지고 있는 것으로 알려졌다. 이는 청소년기에서 빈번하게 나타나고 있으며, 스트레스 해소의 방식으로 사용될 수도 있다. 비자살적 자해는 자살과 연관될 가능성이 높아 조기 개입이 필수적이며, 정서조절 훈련과 인지행동치료가 주요 개입 방법으로 활용된다.

제 11 장

외상 후 스트레스 장애 (PTSD)

제 11 장

외상 후 스트레스 장애 (PTSD)

문명의 발전과 함께 현대인의 삶의 패턴이 점점 더 복잡해지면서, 심리적 외상을 유발하는 사건의 범위도 확대되고 있다. 과거에는 가까운 사람의 죽음과 같은 자연스러운 외상 경험이 중심이었지만, 현대에는 질병, 자연재해, 재난사고 등 다양한 사건이 심리적 외상을 초래할 수 있다. 이러한 변화는 정신장애 진단 및 통계 편람(DSM)에서 외상 후 스트레스 장애(PTSD)의 정의가 개정되는 과정에서도 반영되고 있다. DSM-Ⅲ에서는 PTSD를 전쟁, 강간, 자연재해 등과 같은 극단적인 스트레스 사건을 직접 경험한 경우로 한정하였다. 그러나 이후 개정을 거쳐 DSM-5에서는 PTSD의 범위를 확장하여, '실제적이거나 위협적인 죽음, 심각한 상해, 성적 폭력'의 경험뿐만 아니라 타인이 겪은 외상을 목격한 경우도 PTSD의 범주에 포함하였다. 이는 외상 사건이 반드시 극단적인 수준일 필요 없이, 개인이 주관적으로 경험하는 심리적 충격이 PTSD를 유발할 수 있음을 인정하는 방향으로 변화했음을 의미한다(이동훈 · 이수연 · 윤기원 · 김시형 · 최수정, 2017).

이와 함께, DSM-5-TR에서는 PTSD를 포함한 다양한 외상 및 스트레스 사건으로 인한 심리적 문제들을 별도의 장애 범주인 외상 및 스트레스 관련 장애(Trauma-and Stressor-Related Disorders)로 분류하여 제시하고 있다. 외상 사건을 경험한 사람들은 그로 인해 심각한 부적응 증상을 보이는 경우가 많지만, 반대로 외상 경험을 극복하고 긍정적인 성장을 이루는 경우도 존재한다. 1990년대 이후 긍정심리학이 주목받으면서, 개인이 외상을 경험한 후 단순히 부정적인 영향을 극복하는 것을 넘어 삶에 대한 새로운 의미를 발견하고 성장을 이루는 과정에 대한 연구가 활발히 이루어졌다(Linley & Joseph, 2004; Tedeschi & Calhoun, 2004). 이러한 개념을 가장 체계적으로 설명하는 이론이 외상 후 성장(PTG : Post-Traumatic Growth) 모델이다. 즉, 외상 후 스트레스 반응은 어떤 개인에게는 심리적 장애로 남을 수 있지만, 또 다른 개인에게는 오히려 자신의 잠재력을 발견하고 새로운 삶의 방향을 모색하는 계기가 될 수도 있다. 이 장에서는 PTSD에 대한 기본적인 개념을 이해하고, 상담사가 PTSD 내담자에게 어떻게 개입할 수 있는지 다룰 것이다.

PTSD의 개념

1. 정의

외상 후 스트레스 장애(PTSD : Post－Traumatic Stress Disorder)는 개인이 충격적인 사건을 경험한 후 나타나는 다양한 심리적 부적응 증상을 의미한다. DSM 체계에서는 PTSD의 원인이 되는 심리적 외상(trauma)을 '개인이 살아가면서 경험하는 가까운 사람의 죽음, 신체적 및 성적 폭력, 심각한 상해 또는 재해 등의 사건으로 인한 정신적 충격'으로 정의한다(American Psychiatric Association, 2013). 이러한 외상 사건(traumatic event)은 실제적이거나 위협적인 죽음, 심각한 신체적 손상, 개인의 신체적 안전을 위협하는 사건을 본인이 경험했거나 목격함으로써 극심한 공포, 무력감, 두려움을 경험하는 사건을 의미한다.

대부분의 사람들은 일생 동안 한 번 이상의 외상 사건을 경험하며(Frazier et al., 2009), 이러한 사건은 개인에게 심각하고 장기적인 부정적 영향을 미칠 수 있으며, 경우에 따라 평생 지속될 수도 있다(Siegel & Solomon, 2003). PTSD에 대한 본격적인 논의는 DSM－Ⅲ에서 PTSD가 공식적인 진단명으로 채택되면서 시작되었다.

외상은 개인이 경험한 횟수에 따라 일회적 외상(single－blow trauma)과 반복적 외상(repeated trauma)으로 구분된다(Allen, 2005). 일회적 외상은 한 번의 강렬한 경험으로 인해 심각한 심리적 상처를 남기는 사건을 의미하며, 예를 들어 자연재해(natural disaster), 기술적 재해(technological disaster : 비행기 추락), 폭력적 범죄(violent crime), 관계 상실(relational loss) 등이 이에 해당한다. 반면 반복적 외상은 지속적이고 반복적인 충격으로 인해 발생하는 심리적 상처를 의미하며, 주기적인 아동학대, 신체적・정신적・성적 학대 등이 이에 포함된다.

외상은 대인관계의 개입 정도에 따라 인간 외적인 외상(impersonal trauma), 대인관계적 외상(interpersonal trauma), 애착 외상(attachment trauma)으로도 분류할 수 있다(Allen, 2005). 인간 외적인 외상은 자연재해와 같이 인간의 개입 없이 우발적으로 발생하는 외상을 의미하며, 대인관계적 외상은 타인의 의도적인 행동으로 인해 발생한 외상을 포함한다. 또한 애착 외상은 부모나 양육자와 같이 정서적으로 의존도가 높은 관계에서 발생한 상처를 의미하며, 이는 개인의 심리적 발달과 대인관계 형성에 장기적인 영향을 미칠 수 있다.

한편 PTSD와 관련된 스트레스(stress)는 신체적 스트레스, 심리적 스트레스, 사회적 스트레스로 구분될 수 있으며, 그 영향이 긍정적인지 혹은 부정적인지에 따라 유스트레스(eustress)와 디스트레스(distress)로 나눌 수 있다. 유스트레스는 개인의 성장과 적응을 돕는 긍정적인 스트레스를 의미하는 반면, 디스트레스는 과도한 부정적 영향을 미쳐 심리적·신체적 기능을 저하시킬 수 있는 스트레스를 의미한다. PTSD는 주로 디스트레스와 관련이 있으며, 외상 사건으로 인한 극심한 심리적 충격이 지속되면서 다양한 심리적 부적응 증상을 유발하게 된다.

<표 11-1> 스트레스의 유형

<table>
<tr><th>구 분</th><th colspan="6">스트레스 유형</th></tr>
<tr><td>스트레스 상황</td><td colspan="2">신체적 스트레스</td><td colspan="2">심리적 스트레스</td><td colspan="2">사회적 스트레스</td></tr>
<tr><td rowspan="4">스트레스 방향</td><td colspan="3">유스트레스(eustress)</td><td colspan="3">디스트레스(distress)</td></tr>
<tr><td colspan="3">긍정적 스트레스(positive stress)</td><td colspan="3">부정적 스트레스(negative stress)</td></tr>
<tr><td colspan="3">좋은 스트레스(good stress)</td><td colspan="3">나쁜 스트레스(bad stress)</td></tr>
<tr><td colspan="3">바람직한 스트레스
(desirable stress)</td><td colspan="3">바람직하지 않은 스트레스
(undesirable stress)</td></tr>
</table>

2. PTSD의 역사와 명칭

PTSD의 역사는 고대 문헌에서부터 현대 정신의학에 이르기까지 오랜 기간에 걸쳐 기술되어 왔다. PTSD의 가장 초기 기록은 기원전 2000년경 수메르 문명의 점토판에 기록된 『길가메시 서사시(Epic of Gilgamesh)』에서 찾아볼 수 있다. 이 서사시에는 전투 후 두려운 기억, 불면, 불안, 분노 등의 감정이 지속되는 모습이 묘사되어 있으며, 이는 PTSD 증상과 유사한 형태로 해석될 수 있다.

고대 그리스·로마 시대에도 PTSD를 연상시키는 증상에 대한 기술이 존재한다. 기원전 700년경, 호메로스(Homer)가 저술한 『일리아드(Iliad)』와 『오디세이(Odyssey)』에는 전쟁을 경험한 전사들이 극심한 정신적 고통과 외상 후 증상을 겪는 모습이 나타난다. 이러한 문헌들은 전쟁과 외상 사건이 인간의 정신건강에 미치는 영향을 고대 사회에서도 인식하고 있었음을 시사한다.

18세기와 19세기에도 PTSD 증상과 유사한 사례들이 보고되었다. 1700년대 프랑스 나폴레옹 군대의 군의관 Dominique Jean Larrey는 전투 후 흥분, 열감, 소화기 증상, 좌절감, 우울 등의 증상을 보이는 군인들을 관찰하며 PTSD와 유사한 증상을 최초로 기록한 인물 중 하나로 알려져 있다.

19세기 후반에는 PTSD에 대한 논의가 더욱 활발해졌다. 러시아 철도 사고, 미국 남북전쟁, 제1차 세계대전과 제2차 세계대전 등의 대규모 전쟁과 재난을 경험하면서, 전쟁을 겪은 병사들 사이에서 PTSD와 유사한 정신적 증상이 더욱 두드러지게 나타났다. 이러한 시기에는 '전투 신경증(shell shock)'이라는 용어가 사용되며, 전쟁이 정신건강에 미치는 심각한 영향을 연구하는 초기 단계의 관심이 형성되었다.

현대 PTSD 개념이 확립되는 데 가장 큰 영향을 미친 사건 중 하나는 베트남 전쟁이다. 베트남 전쟁 참전 군인들 사이에서 심각한 외상 후 스트레스 증상이 광범위하게 보고되었으며, 이로 인해 PTSD의 개념이 정신의학에서 보다 체계적으로 연구되기 시작하였다. 이러한 연구들은 PTSD가 단순한 전쟁 후유증이 아니라 심리적 외상에 대한 뇌의 반응이라는 점을 규명하는 데 중요한 기여를 하였으며, PTSD가 DSM-Ⅲ에 공식적인 정신질환으로 포함되는 계기가 되었다. 이를 통해 PTSD는 단순한 전쟁의 산물이 아니라, 모든 형태의 심리적 외상에 의해 발생할 수 있는 장애로 인식되기 시작하였다.

<표 11-2> PTSD의 명칭 변화

전쟁 구분	PTSD 관련 증상 명칭
미국 남북 전쟁(1861~1865)	과민성 군인의 심장(irritable soldier's heart)
제1차 세계대전(1914~1918)	피로증후군, 포탄 충격, 전쟁신경증(war neurosis)
제2차 세계대전(1939~1945)	전투피로증, 전투 스트레스 반응(combat stress reaction)
베트남 전쟁(1965~1973)	베트남 전쟁 증후군, 외상 후 스트레스 장애(PTSD)

PTSD의 증상 및 진단기준

1. 주요 증상과 진단기준

1) ICD-11과 DSM-5-TR의 PTSD 진단기준

ICD-11			DSM-5-TR		
첫판	최신판	주요 내용	첫판	최신판	주요 내용
1893년	2018년	• 무감각이나 무딘 감성 • 타인과의 분리 • 자율신경의 과각성 • 과도한 경계상태	1952년	2022년	• 침투 증상 • 자극 회피 • 인지 및 감정의 부정적 변화 • 각성과 반응성의 변화

2) 성인용 진단기준

(1) 진단기준 A(외상 사건에 대한 세부 진단기준)

A. 실제적인 것이든 위협을 당한 것이든 죽음, 심각한 상해 또는 성적인 폭력을 다음 중 한 가지 이상의 방식으로 경험한다.

1. 외상 사건을 직접 경험하는 것
2. 외상 사건이 다른 사람에게 일어나는 것을 직접 목격하는 것
3. 외상 사건이 가까운 가족이나 친구에게 일어났음을 알게 되는 것
4. 외상 사건의 혐오스러운 세부 내용에 반복적으로 또는 극단적으로 노출되는 것
   ※전자매체, TV, 영화, 사진을 통한 것이 아님

(2) 진단기준 B(침투 증상에 대한 세부 진단기준)

B. 외상 사건과 관련된 침투 증상이 다음 중 한 가지 이상 나타난다.
1. 외상 사건에 대한 고통스러운 기억의 반복적이고 침투적인 경험 2. 외상 사건과 관련된 고통스러운 꿈의 반복적 경험 3. 외상 사건이 실제로 일어난 것처럼 느끼고 행동하는 해리 반응(예 플래시백) 4. 외상 사건과 유사하거나 그러한 사건을 상징하는 내적 또는 외적 단서에 노출될 때마다 강렬한 심리적 고통의 경험 5. 외상 사건을 상징하거나 그와 유사한 내적 또는 외적 단서에 대한 심각한 생리적 반응

(3) 진단기준 C(자극 회피에 대한 세부 진단기준)

C. 외상 사건과 관련된 자극 회피가 다음 중 한 가지 이상의 방식으로 지속적으로 나타난다. 이러한 변화는 외상 사건이 일어난 후에 시작한다.
1. 외상 사건과 밀접히 관련된 고통스러운 기억, 생각, 감정을 회피하거나 회피하려는 노력 2. 외상 사건과 밀접히 관련된 고통스러운 기억, 생각, 감정을 유발하는 외적인 단서들(사람, 장소, 대화, 활동, 대상, 상황)을 회피하거나 회피하려는 노력

(4) 진단기준 D(인지와 감정의 부정적 변화에 대한 세부 진단기준)

D. 외상 사건에 대한 인지와 감정의 부정적 변화가 다음 중 두 가지 이상 나타난다. 이러한 변화는 외상 사건이 일어난 후에 시작되거나 악화될 수 있다.
1. 외상 사건의 중요한 측면을 기억하지 못한다. 2. 자신, 타인, 세상에 대한 과장된 부정적 신념이나 기대를 지속적으로 지닌다. 3. 외상 사건의 원인이나 결과에 대한 왜곡된 인지를 지니며, 이러한 인지로 인해 자신이나 타인을 책망한다. 4. 부정적인 정서 상태(예 공포, 분노, 죄책감이나 수치심)를 지속적으로 나타낸다. 5. 중요한 활동에 대한 관심이나 참여가 현저하게 감소한다. 6. 다른 사람에 대해서 거리감이나 소외감을 느낀다. 7. 긍정 정서(예 행복감, 만족, 사랑의 감정)를 지속적으로 느끼지 못한다.

(5) 진단기준 E(각성과 반응성의 변화에 대한 세부 진단기준)

E. 외상 사건과 관련하여 각성과 반응성의 현저한 변화가 다음 중 두 가지 이상 나타난다. 이러한 변화는 외상 사건이 일어난 후에 시작되거나 악화될 수 있다.

1. (자극이 없는 상태이거나 사소한 자극에도) 짜증스러운 행동이나 분노 폭발
2. 무모하거나 자기파괴적인 행동
3. 과도한 경계
4. 과도한 놀람 반응
5. 집중의 곤란
6. 수면장해

(6) 진단기준 F, G, H(경과와 영향)

F. 진단기준 B, C, D, E의 기준을 모두 충족시키는 장해가 1개월 이상 나타난다.

G. 이러한 장해로 인해서 심각한 고통이 유발하거나 사회적, 직업적 또는 중요한 기능에 현저한 손상이 나타난다.

H. 장해는 약물이나 신체적 질병에 의한 것이 아니어야 한다.

3) 아동용 진단기준

(1) 아동의 외상 후 스트레스 장애의 상이한 양상

① 외상 관련 주제의 놀이 형식으로 재현함

② 꿈에서 괴물의 출현이나 사람을 구출함

③ 외상의 회피, 부인하지 못하는 경향으로 분리불안, 신체화 증상, 비행행동 등 나타남

④ 6세 이하 아동을 위한 별도의 진단기준 포함(DSM-5) : 재경험, 회피나 기분의 부정적 변화, 각성과 반응성

(2) 아동용 진단기준 A(외상 사건에 대한 세부 진단기준)

A. 6세 또는 그보다 더 어린 아동에서는 실제적이거나 위협적인 죽음, 심각한 부상 또는 성폭력에의 노출이 다음과 같은 방식 가운데 한 가지(또는 그 이상)에서 나타난다.

1. 외상성 사건(들)에 대한 직접적인 경험
2. 그 사건(들)이 다른 사람들, 특히 주 보호자에게 일어난 것을 생생하게 목격함
   주의점 : 목격이 전자미디어, 텔레비전, 영화 또는 사진을 통한 경우는 포함되지 않는다.
3. 외상성 사건(들)이 부모 또는 보호자에게 일어난 것을 알게 됨

(3) 아동용 진단기준 B(침습 증상에 대한 세부 진단기준)

B. 외상성 사건(들)이 일어난 후에 시작된 외상성 사건(들)과 관련이 있는 침습 증상의 존재가 다음 중 한 가지(또는 그 이상)에서 나타난다.

1. 외상성 사건(들)의 반복적, 불수의적이고, 침습적인 고통스러운 기억
   주의점 : 자연발생적이고 침습적인 기억이 고통스럽게 나타나야만 하는 것이 아니며 놀이를 통한 재현으로 나타날 수도 있다.
2. 꿈의 내용과 정동이 외상성 사건(들)과 관련되는 반복적으로 나타나는 고통스러운 꿈
   주의점 : 꿈의 무서운 내용이 외상성 사건과 연관이 있는지 아닌지 확인하는 것이 가능하지 않을 수 있다.
3. 외상성 사건(들)이 재생되는 것처럼 그 아동이 느끼고 행동하게 되는 해리성 반응(예 플래시백)(그러한 반응은 연속선상에서 나타나며 가장 극한 표현은 현재 주변 상황에 대한 인식의 완전한 소실일 수 있음)
   주의점 : 그러한 외상의 특정한 재현은 놀이로 나타날 수 있다.
4. 외상성 사건(들)을 상징하거나 닮은 내부 또는 외부의 단서에 노출되었을 때 나타나는 극심하거나 장기적인 심리적 고통
5. 외상성 사건(들)을 상기하는 것에 대한 현저한 생리적 반응

(4) 아동용 진단기준 C(자극 회피와 인지와 감정에 대한 세부 진단기준)

C. 외상성 사건(들)이 일어난 후에 시작되거나 악화된 외상성 사건(들)과 관련이 있는 자극의 지속적인 회피 또는 외상선 사건(들)과 관련이 있는 인지와 감정의 부정적 변화를 대변하는 다음 중 한 가지(또는 그 이상)의 증상이 있다.

자극의 지속적 회피

1. 외상성 사건(들)을 상기시키는 활동, 장소 또는 물리적 암시 등을 회피 또는 회피하려는 노력
2. 외상성 사건(들)을 상기시키는 사람, 대화 또는 대인관계 상황 등을 회피 또는 회피하려는 노력

인지의 부정적 변화

3. 부정적 감정 상태의 뚜렷한 빈도 증가(예 공포, 죄책감, 슬픔, 혼란)
4. 놀이의 축소를 포함하는, 주요 활동에 대해 현저하게 저하된 흥미 또는 참여
5. 사회적으로 위축된 행동
6. 긍정적인 감정표현의 지속적인 감소

(5) 아동용 진단기준 D(각성과 반응성의 변화에 대한 세부 진단기준)

D. 외상성 사건(들)이 일어난 후에 시작되거나 악화된 외상성 사건(들)과 관련이 있는 각성과 반응성의 변화가 다음 중 두 가지(또는 그 이상)에서 명백하다.

1. 전형적으로 사람 또는 사물에 대한 언어적 또는 신체적 공격성으로(극도의 분노발작 포함) 표현되는 민감한 행동과 분노폭발(자극이 거의 없거나 아예 없이)
2. 과각성
3. 과장된 놀람 반응
4. 집중력의 문제
5. 수면 교란(예 수면을 취하거나 유지하는 데 어려움 또는 불안정한 수면)

(6) 아동용 진단기준 E, F, G(경과와 영향, 해리증상 관련 사항)

E. 장애의 기간이 1개월 이상이어야 한다.
F. 장애가 부모, 형제, 또래 또는 다른 보호자와의 관계 또는 학교생활에서 임상적으로 현저한 고통이나 손상을 초래한다.
G. 장애가 물질(예 치료약물이나 알코올)의 생리적 효과나 다른 의학적 상태로 인한 것이 아니다.

다음 중 하나를 명시할 것 :

해리증상 동반 : 개인의 증상이 외상 후 스트레스 장애의 기준에 해당하고 그 개인이 다음에 해당하는 증상을 지속적으로 반복적으로 경험한다.

1. **이인증** : 스스로의 정신 과정 또는 신체로부터 떨어져서 마치 외부 관찰자가 된 것 같은 지속적 또는 반복적 경험(예 꿈속에 있는 느낌, 자신 또는 신체의 비현실감 또는 시간이 느리게 가는 감각을 느낌)
2. **비현실감** : 주위 환경의 비현실성에 대한 지속적 또는 반복적 경험(예 개인을 둘러싼 세계를 비현실적 꿈속에 있는 듯한 멀리 떨어져 있는 또는 왜곡된 것처럼 경험)

주의점 : 이 아형을 쓰려면 해리증상은 물질의 생리적 효과(예 일시적 기억상실)나 다른 의학적 상태(예 복합 부분 발작)로 인한 것이 아니어야 한다.

다음의 경우 명시할 것 :

지연되어 표현되는 경우 : 사건 이후 최소 6개월이 지난 후에 모든 진단기준을 만족할 때(어떤 증상의 시작과 표현은 사건 직후 나타날 수 있더라도)

2. 임상적 특징

미국과 한국의 평생 유병률을 비교해 보면, 미국의 경우 성인에서 PTSD의 평생 유병률은 6.8%이며, 청소년의 경우 5.0~8.1%로 보고된다(American Psychiatric Association, 2022). PTSD의 유병률은 성별에 따라 차이를 보이며, 여성이 강간이나 성폭행 등의 외상 사건에 노출될 위험성이 높아 남성보다 PTSD 발병 위험이 약 3배 높은 것으로 나타났다(Kessler et al., 2005). 이러한 성별 차이는 생물학적·심리적·사회적 요인에 의해 영향을 받는 것으로 분석된다.

PTSD의 유병률은 시대적 사건과 관련하여 변동을 보이며, 특정한 외상 사건 후에도 다양한 비율로 보고된다. 베트남 전쟁 참전 군인의 경우, 참전 후 20년이 지난 시점에서 PTSD 유병률이 15.2%로 나타났으며(Kulka et al., 1990), 강간이나 범죄 사건을 경험한 경우 7.5%(Kilpatrick et al., 1987), 댐 붕괴 생존자의 경우 사건 발생 14년 후 28%(Green et al., 1990), 9.11 테러 사건 당시 인근 주민의 경우 20%(Galea et al., 2002)가 PTSD 진단을 받았다. 일반적으로 PTSD의 증상은 사건 발생 후 3개월 이내에 나타나는 경우가 많으며, 일부는 몇 개월 혹은 몇 년 동안 지속될 수도 있다.

PTSD는 다른 정신질환과의 공병률(comorbidity)이 높은 것으로 보고되며, PTSD 환자의 50%가 주요우울장애를 동반하며, 범불안장애가 38%로 그 뒤를 이었다(Kessler et al., 1995). 성별에 따른 공병률을 살펴보면, 남성 PTSD 환자는 알코올 남용 및 의존이 51%, 주요우울장애가 47.9%, 품행장애가 43.3%로 나타났다. 반면 여성 PTSD 환자의 경우, 절반 정도인 48.5%가 주요우울장애와 사회공포증을 경험하며, 특정공포증 유병률은 29%로 보고되었다.

이러한 연구결과들은 PTSD가 단순한 외상 반응이 아니라 장기적인 심리적 영향을 미칠 수 있으며, 주요 정신질환과 높은 공병률을 나타내는 복합적인 장애임을 시사한다. 또한 외상 사건의 종류, 성별, 사회적 환경 등에 따라 PTSD 발병률이 다르게 나타날 수 있음을 보여준다.

3. 원인

1) 외상의 관점

PTSD의 발생을 설명하는 외상의 관점은 객관적 관점과 주관적 관점으로 구분될 수 있다. 객관적 관점은 실제로 위협적인 사건에 노출되는 것 자체가 PTSD를 유발하는 핵심 요소라고 본다. 반면, 주관적 관점은 동일한 외상 사건이라도 개인이 경험하는 심리적 충격의 정도에 따라 PTSD 발생 여부가 달라질 수 있다고 본다. 즉, 외상 사건 자체의 심각성과 개인이 이를 어떻게 인지하고 반응하는지에 따라 PTSD가 유발될 가능성이 결정된다. 두 관점은 상호 대립되는 개념이 아니라, PTSD 발생 여부에 영향을 주는 상호작용적 요인으로 작용한다.

2) PTSD 유발의 위험요인

PTSD를 유발하는 위험요인은 외상 전 요인(pretraumatic factors), 외상 중 요인(peritraumatic factors), 외상 후 요인(posttraumatic factors)으로 구분된다.

외상 전 요인은 PTSD 발생 이전 개인이 가지고 있던 심리적·환경적 요인을 의미하며, 정신장애의 가족력, 아동기 외상 경험, 성격 특성(예 의존성 성격) 등이 포함된다. 이 요인들은 개인이 외상 사건을 어떻게 받아들이고 반응할지를 결정하는 데 중요한 영향을 미친다.

외상 중 요인은 외상 사건의 강도, 노출 빈도, 사건의 의도성(즉, 타인의 악의에 의해 발생한 사건인지 여부), 가까운 사람의 피해 여부 등과 관련된다. 외상 사건이 강하고 반복적으로 발생하거나, 타인의 악의적인 행동으로 인해 발생할 경우 PTSD 발생 위험이 더욱 증가한다.

외상 후 요인은 외상 사건 이후 개인이 경험하는 환경적 요인으로, 사회적 지지체계의 부족, 친밀한 관계의 부재, 추가적인 생활 스트레스, 생활의 불안정성 등이 PTSD의 지속과 악화에 영향을 미친다. 외상 이후 충분한 정서적·사회적 지지를 받지 못할 경우 PTSD 증상이 더욱 심화될 가능성이 높다.

3) 생물학적·정신분석·행동주의적 입장

PTSD의 발생과 지속을 설명하는 전통적 이론의 관점은 생물학적·정신분석적·행동주의적 입장으로 구분될 수 있다. 생물학적 관점에서는 유전적 요인과 신경전달물질의 이상이 PTSD의 주요 원인으로 작용한다고 본다. 일부 개인은 선천적으로 PTSD에 취약한 유전적 인자를 가지고 태어나며, 신경전달물질 시스템(예 세로토닌, 노르에피네프린, 도파민 등)의 이상이 PTSD 증상을 유발하거나 악화시킬 수 있다고 가정한다. 정신분석적 관점에서는 PTSD를 유아기의 미해결된 무의식적 갈등에서 비롯된 것으로 해석하며, 외상 사건이 이러한 갈등을 촉발하여 퇴행, 억압, 부인, 취소 등의 방어기제를 활성화시키면서 장애의 증상을 초래한다고 본다. 한편, 행동주의적 관점에서는 PTSD를 조건형성의 원리에 의해 발생하는 학습된 불안 반응으로 설명한다. 외상 사건 자체가 무조건 자극이 되며, 외상과 관련된 특정 단서들이 조건 자극이 되어 PTSD 증상을 유발하는 조건 반응이 형성된다. 이 과정에서 외상 사건과 연관된 단서를 회피하거나 감정적 무감각 상태를 유지하려는 행동이 반복되면서, 부적 강화가 형성되어 PTSD 증상이 지속되는 경향을 보인다.

4) 스트레스 반응 이론의 5단계

Horowitz(1976, 1986)는 PTSD를 유발하고 지속시키는 심리적 과정을 설명하기 위해 스트레스 반응 이론(stress response theory)을 제안하였다. 그의 이론에 따르면 PTSD는 외상 정보가 인지적으로 처리되어 기존의 사고 체계에 통합되는 과정을 거치며, 이는 5단계로 구성된다. 1단계인 절규(outcry) 단계에서는 개인이 외상 사건을 경험한 직후 극심한 충격과 고통을 느낀다. 2단계인 회피(avoidance) 단계에서는 외상 경험을 떠올리게 하는 모든 자극을 피하려는 경향이 나타난다. 3단계인 동요(intrusion) 단계에서는 회피 반응과 침투적 증상(예 외상 기억의 반복적 떠오름)이 동시에 나타나며, 개인은 심리적 불안정성을 경험한다. 4단계인 전이(working through) 단계에서는 외상 정보가 점차 인지적으로 처리되며, 사건에 대한 새로운 의미가 형성되기 시작한다. 마지막 통합(integration) 단계에서는 외상 경험이 기존의 신념 체계와 융합되면서, 보다 확장된 사고 체계를 형성하게 된다.

5) 인지적 입장 : 박살 난 가정 이론

인지적 입장에서 PTSD를 설명하는 또 다른 접근으로 박살 난 가정 이론(theory of shattered assumptions)이 있다. Janoff-Bulman(2010)은 PTSD 환자들이 경험하는 심리적 어려움이 외상 사건으로 인해 개인의 신념 체계가 붕괴되면서 발생한다고 주장하였다. 그는 인간이 기본적으로 세상에 대한 긍정적인 신념을 가지고 있으며, PTSD 환자는 외상 경험을 통해 이러한 신념이 박살나는 경험을 하게 된다고 보았다. 여기서 핵심적인 신념으로는 ① 세상의 우호성에 대한 신념(세상은 본래 선하고 안전하다는 믿음), ② 세상의 합리성에 대한 신념(세상은 논리적이고 공정하게 작동한다는 믿음), ③ 자신의 가치에 대한 신념(자신은 의미 있고 존중받아야 하는 존재라는 믿음)이 포함된다. 외상 사건이 발생하면 이러한 신념이 파괴되며, 이는 PTSD의 발생과 지속을 촉진할 수 있다. Brewin 등(2000)의 연구에 따르면, 과도하게 경직된 신념을 지닌 사람일수록 외상 사건을 통해 기존의 긍정적 신념이 붕괴될 가능성이 높으며, 이러한 신념 변화가 우울감과 무기력감을 강화하여 PTSD 증상을 더욱 악화시킬 수 있다고 보았다.

6) 정서적 처리 이론

정서적 처리 이론(emotional processing theory)은 PTSD 치료와 관련하여 가장 영향력이 높은 이론 중 하나로, 특히 강간이나 성폭행과 같은 외상 사건을 경험한 후 나타나는 심리적 반응을 설명하는 데 중요한 역할을 한다(Foa et al., 1989). 이 이론은 PTSD가 외상 사건의 정서적 정보들이 기존의 기억 구조와 통합되지 못한 채 부정적인 방식으로 저장됨으로써 발생한다고 본다. 이에 따라 PTSD 치료의 핵심은 외상 기억을 적절히 처리하고 기존의 신념 체계와 통합하는 과정에 있다.

외상 사건이 발생하면 공포 기억구조가 형성되는데, 이는 외상 경험과 관련된 인지적·행동적·생리적 반응들이 부정적인 방식으로 연결망을 이루는 것을 의미한다. 이러한 공포 기억구조는 특정한 외상 관련 단서들에 의해 활성화되며, 이로 인해 침투적 사고, 악몽, 플래시백과 같은 PTSD의 핵심 증상이 유발된다. 이러한 증상을 경험하는 개인은 외상 경험을 떠올리는 것을 피하려 하며, 이는 회피 증상의 형성으로 이어진다. 그러나 지속적인 회피는 외상 기억이 적절히 처리되지 못하도록 만들며, 결국 PTSD 증상을 더욱 악화시키는 부적응적인 상태를 초래하게 된다.

정서적 처리 이론에서는 이러한 부적응 상태에서 벗어나기 위한 해결책으로 반복적 노출(exposure)을 강조한다. 반복적 노출은 외상 기억과 관련된 공포 반응을 점진적으로 활성화시켜, 정보의 불일치를 인식하게 하고 기억구조를 수정하며 둔감화하는 과정을 거친다. 이는 외상 기억이 더 이상 과거의 충격적인 감정과 동일한 강도로 반응하지 않도록 만들며, 결국 기억구조가 기존의 신념 체계와 통합되는 과정으로 이어진다. 이러한 과정을 통해 PTSD 환자는 외상 경험을 보다 현실적인 방식으로 받아들이고, 외상 기억이 일상적인 기억 체계 속에서 적절히 자리 잡을 수 있도록 하여 심리적 회복을 촉진하게 된다.

7) 이중 표상 이론

이중 표상 이론(dual representation theory)은 PTSD 환자들이 외상 사건을 회상하는 과정에서 나타나는 상반된 증상을 설명하기 위해 제안되었다(Brewin & Holmes, 2003). PTSD를 경험하는 사람들은 외상 경험을 의도적으로 회상해야 할 경우, 사건의 전반적인 내용뿐만 아니라 세부적인 사항까지 기억하지 못하는 경우가 있다. 반면 의도와 관계없이 플래시백처럼 외상 경험이 수시로 떠올라 심한 고통을 겪기도 한다. 이러한 현상을 설명하기 위해 이중 표상 이론은 PTSD가 두 가지 유형의 기억 체계에 의해 영향을 받는다고 본다.

첫째, 기억 체계는 언어적 접근 가능 기억(VAM : Verbally Accessible Memory)으로, 이는 개인이 외상 경험을 평가하고 해석하는 정보를 저장하는 역할을 한다. VAM은 자서전적 기억(autobiographic memory)과 통합되어 있으며, 의식적으로 통제할 수 있어 의도적인 회상이 가능하다. 둘째, 기억 체계는 상황적 접근 가능 기억(SAM : Situationally Accessible Memory)으로, 감각적 인식, 생리적 반응, 정서적 반응과 관련된 정보를 저장하며, 낮은 수준의 감각적 세부 정보로 구성되어 있다. SAM은 언어적 접근이 어렵고 의식적 통제가 불가능하며, 특정한 상황적 단서에 의해 플래시백과 같은 감각적 표상이 떠오르게 된다. PTSD는 이러한 VAM과 SAM 간의 병리적 결합으로 인해 발생하는 복합 장애로 설명된다.

PTSD 치료는 VAM과 SAM의 기능을 조정하는 방향으로 진행된다. VAM 측면에서는 외상 사건에 대한 인지적 평가를 수정함으로써 외상 경험과 관련된 부정적인 신념과 정서를 감소시키는 것이 핵심이다. 이를 통해 환자는 외상 사건을 보다 현실적이고 적응적인 방식으로 해석할 수 있게 된다. SAM 측면에서는 외상과 관련된 침습적 기억이 활성화되는 것을 방지하기 위해, 이완 상태에서 외상 기억을 반복적으로 연합시키는 과정을 통해 비의도적인 침투 현상을 감소시키는 방법이 적용된다. 이러한 치료 접근은 PTSD 환자가 외상 경험을 보다 효과적으로 처리하고, 일상생활에서 외상 기억의 부정적인 영향을 최소화하도록 돕는 데 중점을 둔다.

8) 인지 모델(Ehlers & Clark, 2000)

Ehlers와 Clark(2000)의 인지 모델은 PTSD의 다양한 문제를 가장 통합적으로 설명하는 이론 중 하나로, PTSD의 핵심 기제를 '현재 위협감(a sense of current threat)'으로 정의한다. PTSD 환자들은 외상 사건이 과거에 발생했음에도 불구하고 이를 현재의 위협적인 상황으로 재경험하는 경향을 보이며, 이러한 현재 위협감은 PTSD 증상을 지속시키는 핵심 요인으로 작용한다.

현재 위협감은 두 가지 주요 요인에 의해 유발된다. 첫째 요인은 외상에 대한 부정적 평가로, 이는 개인이 외상 사건을 지나치게 부정적이고 왜곡된 방식으로 해석하는 것을 의미한다. 예를 들어, 위험이 과잉 일반화되어 "위험한 일이 또 벌어질 거야"라는 사고로 이어지거나, 외상 경험을 자신의 잘못으로 귀인하여 "나쁜 결과를 초래한 것은 내 책임이야"라는 자책적인 사고 패턴을 보일 수 있다. 또한 타인과 미래에 대한 부정적인 평가로 인해 "앞으로 어떤 희망도 없을 거야"라는 절망적인 인식을 가지게 된다. 이러한 부정적 평가들은 PTSD 증상을 유지하고 강화하는 역할을 한다.

둘째 요인은 외상 사건에 대한 기억의 비구조화이다. PTSD 환자들은 외상 기억이 시간과 장소의 맥락 속에서 조직화되지 못하고, 자서전적 기억과 통합되지 않은 채 단편적으로 저장되는 특징을 보인다. 이러한 비구조화된 기억은 외상과 관련된 단서가 제공될 때 갑작스럽고 통제 불가능한 방식으로 떠오르며, 이는 플래시백과 같은 침습적 증상을 유발한다. 또한 기억의 회상 경로가 부재하거나 타 정보와의 연결성이 부족하여 의도적인 회상이 어렵고, 외상 사건을 보다 현실적으로 처리하는 것이 어려워진다.

Ehlers와 Clark의 인지 모델은 PTSD 치료에서 외상 기억의 조직화와 부정적 평가의 수정이 필수적임을 강조한다. 외상 사건을 보다 적응적인 방식으로 재해석하고, 기억을 체계적으로 구조화하여 현재 위협감을 감소시키는 것이 PTSD 치료의 핵심 전략이 된다.

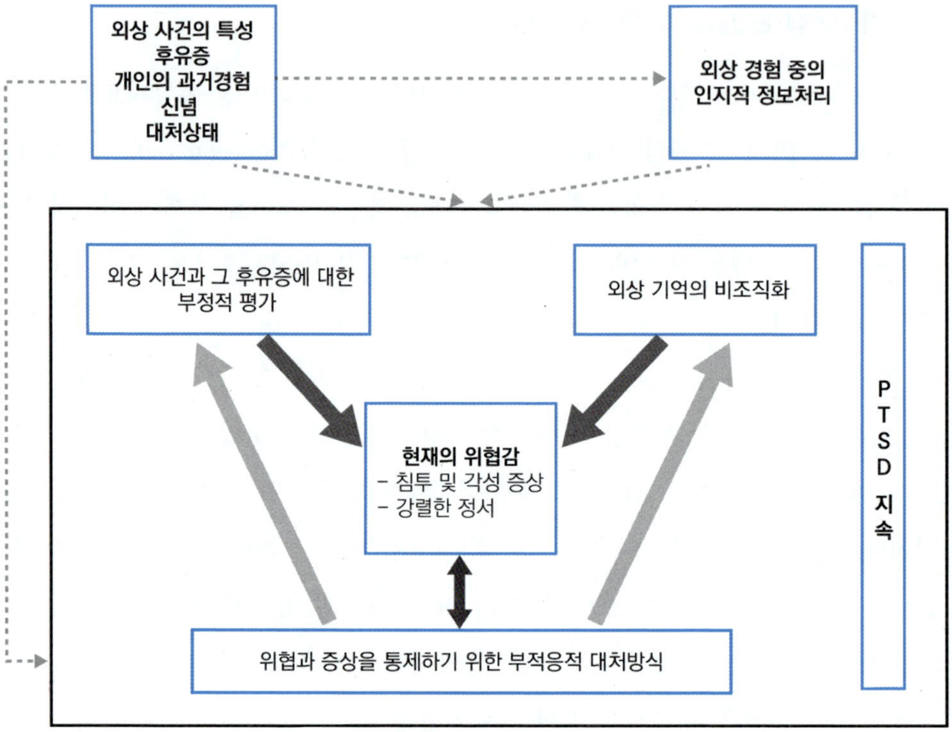

|그림 11-1| 외상 후 스트레스 장애의 인지 모델

출처 : Ehlers & Clark(2000).

4. 치료

1) 정신역동적 치료 및 약물치료

PTSD에 대한 정신역동적 치료는 외상 사건으로 인해 형성된 심리 내적 갈등을 해소하고, 외상 경험을 보다 적응적인 방식으로 재구성하는 것을 목표로 한다. 이 치료 접근은 카타르시스(정화) 과정을 통해 환자가 억압된 감정을 표출하도록 돕고, 외상 사건이 개인의 성격 구조에 미친 영향을 탐색하여 미해결된 무의식적 갈등을 해결하는 데 중점을 둔다. 이를 통해 건강한 자아 기능을 회복하고, 자아 정체감을 확립하도록 한다. 정신역동적 치료는 외상 경험이 단순한 기억의 문제가 아니라, 개인의 심리적 구조 전반에 영향을 미치는 요소로 작용한다는 점을 강조하며, 치료 과정에서 환자의 감정과 사고 패턴을 깊이 탐색하는 것이 핵심이다.

PTSD 치료에 사용되는 약물로는 주로 선택적 세로토닌 재흡수 억제제(SSRIs : Selective Serotonin Reuptake Inhibitors)와 삼환계 항우울제(TCAs : Tricyclic Antidepressants)가 포함된다. SSRIs는 세로토닌 수치를 조절하여 불안과 우울 증상을 완화하는 데 도움을 주며, TCAs는 보다 광범위한 신경전달물질의 균형을 조절하는 역할을 한다. 그러나 약물치료의 효과는 개인마다 차이가 크며, PTSD 증상을 완화하는 데 있어 확립된 치료법으로 보기에는 한계가 있다. 약물치료는 특히 심한 불안, 우울, 충동성 등의 증상을 단기적으로 완화하는 데 유용할 수 있지만, 외상 경험에 대한 근본적인 심리적 처리는 이루어지지 않기 때문에 심리치료와 병행하여 활용하는 것이 바람직하다.

2) 지속적 노출 치료(PE)

Foa와 Riggs(1993)는 강간 피해자 치료를 위해 주로 개인 상담을 기반으로 한 지속적 노출 치료(PE : Prolonged Exposure)를 제시하였으며, 이는 PTSD 치료의 표준적 접근으로 9~12회기 동안 진행된다. PE의 목표는 외상 경험에 대한 회피를 감소시키고, 공포 기억 구조를 수정하여 기존의 인지 체계와 통합하는 것이다.

(1) 치료 단계

PE 치료는 단계적으로 진행되며, 첫 단계에서는 외상과 PTSD에 대한 심리교육을 실시하여 환자가 자신의 증상을 이해하도록 돕는다. 이후 긴장 이완 및 호흡법 교육을 통해 안전한 심리적 상태를 유도한다. 본격적인 치료 과정에서는 외상과 관련된 실제 상황에 대한 노출(in vivo exposure)과 반복적인 외상 기억을 떠올리는 상상적 노출(imaginary exposure)을 시행하여 회피를 줄이고 외상 기억을 적응적으로 처리하도록 돕는다.

(2) 치료 과정 및 효과

PE 치료에서는 상상적 노출이 끝난 후 내담자와 치료자가 노출 과정에서 나타난 사고와 감정을 교류하는 시간을 가진다. 또한 각 회기에서 실제 노출 과제(in vivo exercise)와 상상적 노출이 녹음된 테이프 청취 과제를 부여하여 외상 회피를 줄이도록 한다. 치료가 진행됨에 따라 공포 기억구조가 점진적으로 수정되며, 최종적으로 기존 인지 체계와 통합된다.

(3) 실시 과정의 유의점

초기 1~2회기 동안 내담자와 강한 치료적 동맹을 형성하는 것이 중요하다. 성폭행이나 신체적 학대를 경험한 내담자들은 타인을 신뢰하는 것이 어렵고 두려움을 느낄 가능성이 높기 때문이다. 따라서 상담사는 이러한 내담자의 심리적 상태를 깊이 이해하고 공감적인 태도를 유지해야 한다.

(4) 치료적 동맹의 촉진

상담자는 PE 및 그 이론적 근거를 명확하게 설명하여 내담자가 치료 과정에 대한 신뢰를 가질 수 있도록 해야 한다. 또한 외상 경험을 회피하려는 내담자의 고통을 공감하고, 내담자에 대한 배려를 적절히 표현하며, PE 과정에서 나타날 수 있는 도전과 심리적 고통을 고려하여 세심한 지원을 제공해야 한다. 치료에 적극적으로 참여하는 내담자의 용기를 인정하고 강화하는 것도 치료적 동맹을 촉진하는 데 중요한 요소이다.

(5) PE의 이론적 근거

PE는 Foa와 동료들의 정서적 처리 이론에 기반을 둔다. PTSD에서 나타나는 병리적 공포구조(fear structure)는 외상 사건이 공포망(fear network)으로 저장될 때, 중립적인 자극이 위험과 부적절하게 연결되면서 형성된다. PE에서는 공포 상황에 점진적으로 노출함으로써 공포망을 활성화하고, 교정적 정보를 체험하도록 유도하여 외상 사건에 대한 적응적 학습을 촉진한다. 이를 통해 내담자는 자기 유능감을 회복하고, 외상 기억구조를 수정하며, 기존 신념 체계와의 통합을 이루게 된다.

이와 같이 PE는 외상 경험을 회피하지 않고 직면하도록 유도함으로써, PTSD 환자가 공포 반응을 적응적으로 처리하고 심리적 회복을 이루도록 돕는 효과적인 치료법이다.

(6) PE를 통한 공포구조의 수정 사례

① 사례 예시

1. 내담자 : 40대 여성 M
2. 병력 : 19세에 베이비 시터를 할 때 아기의 아버지로부터 성폭력을 당했다. 그 후 21년간 1주에 몇 회씩 성폭력 당하는 악몽에 시달렸다. 그 악몽은 21년 전에 겪었던 사건과 거의

똑같이 생생했다. 그리고 악몽에서 그녀는 반복적으로 성폭행을 당했다. M은 PTSD 외에도 수면장애, 우울, 범불안장애 등으로 고통을 당하고 있고 수년간 정신과적 치료와 항불안제를 복용하고 있었다. 담당 의사로부터 의뢰되었다.

3. 치료 결과
   1) 상상적 노출 : 21년 전의 성폭력 장면을 상상하고 말로써 그 장면을 상세히 묘사했다. M은 그 장면을 생생하게 떠올릴 수 있었고, 매우 고통스럽지만 세부사항을 말로 잘 표현할 수 있었다. 충분히 상상적 노출을 실시하였다.
   2) 상상적 노출-재각본(rescripting) : 21년 전의 성폭력 장면을 다시 상상하고 그 사건의 결정적 순간에 이르렀을 때, 상담사가 M에게 다르게 하고 싶은 것이 있는지 질문했다. M은 그 사람을 발로 차고 싶다고 했지만, 너무나 두려워서 그렇게 할 수 없었다. 상담사는 M에게 이 장면에서 실험을 하자고 동의를 구했고, 그녀가 할 수 있는 한 최대로 그 남자를 발로 차는 심상을 만들어보자고 요청했다. 몇 번의 과정을 거쳐 이런 심상을 반복하면서 M은 성공적으로 성폭행자를 발로 차는 심상을 떠올릴 수 있게 되었다. 나중에는 그 남자에게 그 당시의 자신의 생각과 감정, 그에 대한 생각, 그리고 얼마나 오랜 세월 동안 그 사람 때문에 고생했는지를 말로 표현하게 되었다.
   3) 실제 상황에의 노출 : 1~2회의 상상적 노출 후에, 밤에 자면서 실제 악몽에 노출되었다. 이때 M은 상상적 노출에서 했던 것처럼 다시 악몽 속의 상황과 그 남자에게 대처할 수 있었고, 그 결과 악몽이 깨끗이 사라지게 되었다. 6개월 후의 추후 면접에서도 완전히 그 악몽에서 해방되었다고 보고했다.

② PE의 회기별 요약

회 기	내 용	핵심 기법
사전 면담	• 연구 참여 동의서 작성 • 지속노출치료 및 연구 목적에 대한 간략한 소개 • 구조화된 진단 면담 및 자기보고식 검사 실시	
1	• 지속적 노출 치료의 이론적 근거 설명	심리교육
2	• 불안조절을 위한 호흡 훈련	호흡 재훈련
3	• 외상에 대한 일반적 반응 설명	심리교육
4	• 실제 노출의 근거 설명 • 실제 노출을 위한 위계설정 및 과제할당	실제 노출
5	• 심상노출의 근거 설명 및 심상노출 시행	심상노출
6	• 심상노출에 대한 경험 나누기	인지적 재구성

중간 회기	• 심상노출의 근거 설명 및 심상노출 시행	심상노출
	• 노출 경험 다시 보고	인지적 재구성
	• 실제 노출 논의 및 수행	실제 노출
마지막 회기	• 치료 과정을 통한 변화 및 학습한 기술에 대한 논의	종결 및 재발 방지
	• 치료 효과 지속을 위한 계획 논의	
	• 종결하기	

3) 인지처리치료(CPT)

인지처리치료(CPT : Cognitive Processing Therapy)는 Resick과 Schnidke(1993)가 제안한 인지행동치료(CBT)의 한 형태로, PTSD 치료에 효과적인 방법으로 널리 알려져 있다. 이 치료는 외상 사건의 원인과 결과에 대한 잘못된 신념이 부정적인 정서를 유발하고, 외상 기억의 인지적 처리를 방해하여 자연스러운 외상 회복을 저해한다는 가정에 기반을 둔다. CPT는 강간 피해자, 퇴역군인 등 다양한 PTSD 집단에서 효과적인 치료법으로 보고되었으며, 내담자가 외상 경험을 보다 적응적인 방식으로 재해석하도록 돕는 데 중점을 둔다.

CPT는 단계적으로 진행되며, 첫 단계에서 상담사는 PTSD에 대한 교육을 제공하고, 치료의 원리와 목표를 설명하여 환자가 치료 과정에 대한 이해와 신뢰를 가질 수 있도록 한다. 이후 내담자는 자신의 외상 경험을 자세히 기록하도록 격려받으며, 이는 외상 기억을 보다 명확하게 정리하고, 회피 반응을 줄이는 데 도움을 준다. 기록된 외상 경험을 직접 읽고 검토하는 과정을 통해 내담자는 외상과 관련된 감정을 보다 객관적으로 탐색하며, 기억 회피로 인해 지속되는 감정적 고통을 극복할 수 있도록 유도된다. 마지막으로, 상담사는 내담자와 함께 외상 경험을 논의하며, 외상 사건과 관련된 잘못된 신념(부정적 신념)을 탐색하고 수정하는 과정을 진행한다. 이를 통해 내담자는 외상 경험을 보다 현실적이고 균형 잡힌 방식으로 재해석할 수 있으며, 이는 PTSD 증상의 완화와 심리적 회복을 촉진하는 데 중요한 역할을 한다.

CPT는 내담자가 외상 경험을 보다 효과적으로 인지적으로 처리하고, 왜곡된 신념을 수정하며, 보다 건강한 신념 체계를 구축할 수 있도록 돕는 구조화된 치료 접근법이다.

<표 11-3> CPT 과정의 회기별 목표와 내용

회 차	목 표	내 용
1	치료 소개 및 목표 설정	• 치료의 목적과 과정에 대한 설명 • 내담자의 외상 경험에 대한 초기 평가 • 치료 목표 설정
2	PTSD 이해	• PTSD의 증상과 그로 인한 영향에 대한 교육 • 외상 경험이 개인의 사고와 감정에 미치는 영향 논의
3	인지적 왜곡 소개	• 인지적 왜곡의 개념 설명 • 내담자가 가지고 있는 부정적인 신념과 생각을 탐색
4	사고 기록	• 내담자가 일상에서 경험하는 부정적인 생각을 기록하도록 안내 • 이러한 생각이 감정과 행동에 미치는 영향 분석
5	사고 도전	• 기록된 부정적인 생각에 도전하는 방법 교육 • 보다 현실적이고 긍정적인 사고로의 전환 연습
6	감정 처리	• 외상 경험에 대한 감정을 표현하고 수용하는 방법 논의 • 감정의 중요성과 그 처리 방법에 대한 교육
7	외상 경험의 재구성	• 외상 사건에 대한 새로운 관점 형성 • 사건에 대한 개인의 해석을 재구성하는 연습
8	대처 기술 습득	• 스트레스 상황에서 사용할 수 있는 대처 기술 교육 • 문제해결 및 감정조절 기술 연습
9	사회적 지원 탐색	• 사회적 지원의 중요성 논의 • 내담자가 신뢰할 수 있는 지원 시스템을 구축하도록 돕기
10	미래 계획	• 치료 후의 삶에 대한 계획 세우기 • 목표 설정 및 이를 달성하기 위한 전략 논의
11	치료 내용 복습	• 이전 세션에서 배운 내용 복습 • 내담자의 진행 상황 평가 및 추가적인 필요 사항 논의
12	종결 및 후속 계획	• 치료의 종결 및 내담자의 성과 격려 • 향후 대처 전략 및 필요시 후속 치료 계획 논의

4) 안구운동 둔감화 및 재처리 치료(EMDR)

안구운동 둔감화 및 재처리 치료(EMDR : Eye Movement Desensitization & Reprocessing)는 Shapiro(1989)가 개발한 PTSD 치료법으로, 외상 기억의 정보 처리를 촉진하고 부정적인 감정을 완화하는 데 초점을 둔다. Shapiro는 어느 날 공원을 거닐며 눈을 좌우로 움직일 때 부정적인 기억과 감정이 완화되는 것을 경험한 후, 이러한 원리를 활용하여 치료 기법을 개발하였다. EMDR은 내담자가 외상 기억을 떠올리는 동시에 상담사의 손가락 움직임을 눈으로 따라가도록 유도하여, 외상 경험의 정서적 반응을 감소시키고 보다 적응적인 정보 처리 과정을 촉진하는 방식으로 이루어진다.

(1) 치료 단계

EMDR 치료는 단계적으로 진행되며, 첫 단계인 기초 다지기 단계에서는 내담자의 과거력, 외상 사건, 증상, 문제행동을 평가하고, 내담자의 강점을 파악한다. 또한 상담사와 내담자 간의 신뢰 관계를 구축하고, EMDR 치료법의 원리와 기대되는 효과를 설명하여 치료에 대한 이해를 돕는다.

트라우마 회기 단계에서는 내담자가 처리해야 할 목표 기억(작업해야 할 문제)을 확인한 후 이를 평가한다. 이후 양측성 자극(BLS : Bilateral Stimulation)을 활용하여 외상 기억을 활성화하고, 둔감화(desensitization) 과정을 진행한다. 이 과정에서 내담자는 외상 기억을 떠올리는 동시에 상담사의 손가락을 따라 눈을 좌우로 움직이며, 외상과 관련된 부정적인 정서를 점차 감소시키도록 유도된다.

둔감화가 이루어진 후에는 '주입(installation)' 단계를 통해 신뢰할 수 있는 긍정적인 신념과 외상 기억을 연결하여 통합하는 작업이 진행된다. 또한 외상과 관련된 신체감각이 남아 있는 경우, 추가적인 양측성 자극을 통해 신체적 불편감을 완화한다.

마지막으로, 재평가 및 일상 복귀 준비 단계에서는 이전 단계에서 다룬 내용을 점검하고, 필요할 경우 추가적인 치료 작업을 진행하여 치료 효과를 극대화한다.

(2) 치료 과정

Ford(2005)는 EMDR 치료의 과정을 ① 안정화(stabilization), ② 외상 기억 처리(processing of traumatic memories), ③ 세상과의 재통합(reintegration with world)의 세 가지 주요 단계로 구분하였다. 안정화 단계에서는 내담자가 외상 경험을 다룰 수 있도록 심리적 안정감을 높이며, 외상 기억 처리 단계에서는 둔감화와 신념 통합을 통해 외상 경험을 보다 적응적으로 재구성한다. 마지막으로, 세상과의 재통합 단계에서는 내담자가 일상으로 복귀하여 외상 경험을 극복하고 건강한 기능을 회복하도록 돕는다.

EMDR은 PTSD 치료에서 효과적인 접근법으로 인정받고 있으며, 특히 외상 기억을 신체적 감각과 인지적 수준에서 통합하는 데 강점을 가지고 있다.

<표 11-4> EMDR 단계에 따른 목표 및 치료 내용

<table>
<tr><th colspan="2">단 계</th><th>목 표</th><th>치료 내용</th></tr>
<tr><td rowspan="2">기초 다지기</td><td>1</td><td>치료관계 형성</td><td>• 초기 상담을 통해 환자의 문제와 목표를 이해
• 치료의 목적과 과정 설명
• 안전한 환경 조성</td></tr>
<tr><td>2</td><td>치료 준비</td><td>• EMDR의 기본 원리 설명
• 양측성 자극의 개념 소개
• 내담자가 편안하게 느낄 수 있도록 준비</td></tr>
<tr><td rowspan="6">트라우마 회기</td><td>3</td><td>평가</td><td>• '목표 기억(작업해야 할 문제)'의 확인
• 기억에 대한 이미지 평가
• 기억에 대한 감정 및 신체감각 평가</td></tr>
<tr><td>4</td><td>탈감작</td><td>• 내담자가 외상 기억을 떠올리도록 유도
• 트라우마 기억처리 단계로 양측성 자극으로 뇌를 활성화하여 처리함
• 감정의 변화 및 신체감각 모니터링</td></tr>
<tr><td>5</td><td>주입</td><td>• 내담자가 긍정적인 신념을 반복하도록 유도
• 긍정적인 신념과 외상 기억을 연결하는 작업 수행</td></tr>
<tr><td>6</td><td>신체감각</td><td>• 내담자가 외상 기억과 관련된 신체감각을 인식하도록 유도
• 신체감각에 대한 양측성 자극 제공
• 불편한 감각이 사라질 때까지 반복</td></tr>
<tr><td>7</td><td>마무리</td><td>• 내담자가 느낀 변화에 대해 논의
• 안정감을 느끼도록 돕기
• 일상으로의 복귀 준비 확인</td></tr>
<tr><td>8</td><td>재평가</td><td>• 여전히 불편한 감정이나 신념이 있는지 확인
• 필요시 추가적인 EMDR 세션 계획</td></tr>
</table>

(3) 치료 과정의 유의점

EMDR 치료에서 가장 중요한 요소는 내담자가 심리적으로 안전하다고 느낄 수 있도록 하는 것이다. PTSD와 같은 외상 경험을 다루는 과정에서 불안과 정서적 반응이 심화될 가능성이 있기 때문에, 상담사는 내담자가 충분한 심리적 안정감을 유지할 수 있도록 배려해야 한다. 또한 치료 과정 전반에서 신뢰할 수 있는 환경을 조성하고 내담자가 스스로 감정을 조절할 수 있도록 돕는 것이 필수적이다.

EMDR은 반드시 자격 및 경험을 갖춘 전문가에 의해 시행되어야 하는 치료법이다. EMDR 과정은 외상 기억을 활성화하고 신경학적 처리를 촉진하는 특성이 있어, 전문가가 내담자의 심리적 반응을 세심하게 모니터링하며 적절한 개입을 수행해야 한다. 훈련받지 않은 사람이 이를 시도할 경우, 외상 반응이 악화되거나 치료가 비효율적으로 진행될 위험이 있다.

EMDR의 치료적 기제는 아직 명확하게 규명되지는 않았지만, 여러 연구를 통해 효과가 검증된 안전한 치료법으로 평가받고 있다. 특히, EMDR은 외상 관련 기억의 부정적인 정서를 감소시키고 보다 적응적인 신념과 연합할 수 있도록 돕는다는 점에서 PTSD 및 트라우마 치료에 효과적인 접근법으로 자리 잡고 있다. 따라서 상담사는 내담자에게 EMDR의 원리와 치료 기대 효과를 명확히 설명하고 치료 과정에 대한 신뢰를 구축하는 것이 중요하다.

5) 외상 후 성장(PTG)

외상 후 성장(PTG : Post-Traumatic Growth)은 개인이 심각한 외상 경험 이후 긍정적인 변화나 성장을 경험하는 과정을 의미한다. 이는 단순히 외상으로 인한 고통을 극복하는 것을 넘어, 개인의 삶의 관점, 가치관, 인간관계, 자기 인식 등이 보다 긍정적으로 변화하는 것을 포함한다. 즉, PTG는 개인이 외상 사건을 겪은 후 삶에 대한 깊은 성찰을 통해 심리적·정서적·사회적으로 성장하는 현상을 가리킨다.

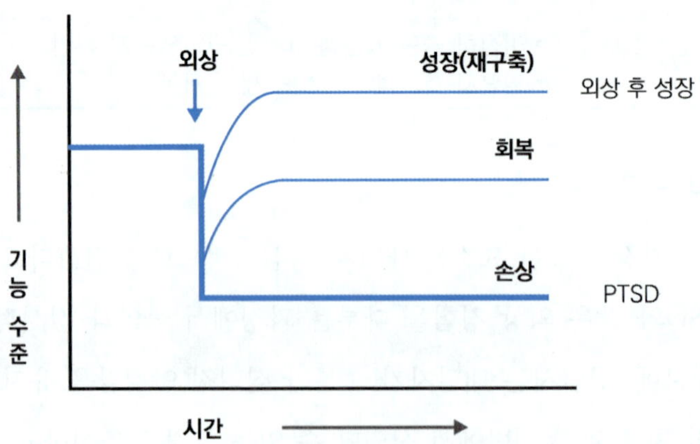

|그림 11-2| PSTD와 PTG의 시간에 따른 기능 수준 비교

출처 : O'Leany & Lckovics(1995).

외상이 PTSD와 PTG에 미치는 영향을 시간의 흐름에 따라 살펴보면, 외상 경험 직후에는 PTSD와 PTG 모두 개인의 기능 수준을 일시적으로 저하시킨다. 그러나 시간이 경과하면서 두 가지 반응은 상이한 경로를 보인다. PTSD를 경험하는 개인의 경우, 지속적인 외상 후 스트레스 반응으로 인해 일상의 기능 수준이 장기적으로 손상될 수 있다. 반면, PTG를 경험하는 개인은 점진적으로 자신의 기능을 회복하고 이를 기반으로 새로운 성장의 기회를 얻게 된다.

PTSD와 PTG는 외상 사건을 바라보는 관점에서 공통점과 차이점을 지닌다. 공통적으로, 두 개념 모두 외상 경험이 개인에게 미치는 깊은 영향을 인정하며, 외상이 심리적 변화의 계기가 될 수 있음을 시사한다. 그러나 PTSD는 외상 사건이 부정적인 영향을 미치며 개인의 기능을 손상시키는 요인으로 작용하는 반면, PTG는 외상 경험을 통해 개인이 의미 있는 변화를 이루고 보다 성숙한 삶의 방향을 모색하는 과정으로 본다.

이러한 관점에서 PTG는 외상이 반드시 부정적인 결과만을 초래하는 것이 아니라, 적절한 심리적 지원과 회복 과정을 거칠 경우 개인이 더욱 강인한 삶의 태도를 형성할 수 있는 계기가 될 수 있음을 강조한다.

<표 11-5> PTSD와 PTG의 외상 개념 비교

<table>
<tr><th>구 분</th><th>공통점</th><th>차이점</th></tr>
<tr><td>PTSD의
외상 개념</td><td rowspan="2">• 객관적인 사건
• 사건에 대한 개인의 정서적 반응
• 사건의 의미에 대한 개인의 주관적 해석</td><td>• 심리적 장애를 유발하는 사건에 초점</td></tr>
<tr><td>PTG의
외상 개념</td><td>• 개인의 주관적 반응에 더 비중 둠
• 개인과 사회적 관계 변화의 촉매 역할에 초점</td></tr>
</table>

(1) PTG의 단계 및 모형

PTG는 개인이 외상 사건을 경험한 이후 심리적 성장과 긍정적 변화를 이루는 과정을 의미하며, 이는 단순한 회복이 아닌 삶의 근본적인 변화와 성숙을 포함한다. PTG 과정은 외상 사건에 도전하는 단계, 인지적 처리 단계, 자기노출 및 지지 단계, 성장 단계의 순서로 진행된다.

첫 단계인 외상 사건에 도전하는 단계에서 개인은 심각한 스트레스를 경험하며, 기존의 신념 체계와 가치 판단 기준이 붕괴되는 상황에 직면한다. 이 과정에서 심리적 혼란, 우울감, 불안, 고립감 등의 부정적 정서 반응이 나타나며, 외상 사건에 대한 기억이 반복적으로 떠오르는 침투적 반추가 발생할 수 있다.

시간이 지나면서 개인은 외상 경험을 의도적으로 회상하며 그 의미를 이해하려는 인지적 처리 단계를 거친다. 이 과정에서 외상과 관련된 감정을 해소하려는 노력이 이루어지며, 특히 의도적 반추(intentional rumination)를 통해 경험을 재해석하고 의미를 찾으려는 태도가 강화된다. 이는 침투적 반추에 비해 긍정적인 변화를 촉진하는 요인으로 작용한다.

다음 단계는 자기노출 및 지지 단계로, 개인이 자신의 감정과 경험을 주변에 개방하면서 사회적 지지를 받는 과정이다. 가족, 친구, 상담사 등의 정서적 지지는 개인이 외상 경험을 보다 객관적으로 바라볼 수 있도록 도우며, 이 과정에서 개인의 자기 이해와 타인에 대한 이해가 확장된다.

마지막으로 성장 단계에 도달하면, 개인은 외상 경험을 새로운 인생관과 가치관으로 재구성하며, 자기 강점과 잠재력을 발견하고 보다 성숙한 삶을 지향하게 된다. 이 과정에서 개인은 삶의 의미를 확장하고, 내면적 회복력(resilience)을 강화하며, 보다 깊이 있는 인간관계를 형성하게 된다.

Tedeschi와 Calhoun(2004)은 이러한 과정을 설명하는 PTG 모형을 제시하였다. 이 모형은 외상 사건, 인지적 처리, 감정적 반응, 긍정적 변화, 사회적 지원이라는 핵심 요소로 구성되며, 개인이 외상을 극복하고 성장하는 데 있어 이들 요소가 상호작용하는 방식을 설명한다. 특히 의도적 반추는 외상 경험을 긍정적으로 전환하는 중요한 요인으로 작용하며, 이를 통해 개인은 자신의 삶을 보다 의미 있는 방식으로 재구성할 수 있다.

Colhoun과 Tedeschi의 PTG 모형은 개인의 성장 가능성을 강조하며 심리 상담 및 치료에서 활용될 수 있는 개념적 틀을 제공하며, 외상 경험이 단순히 부정적인 영향을 미치는 것이 아니라, 적절한 심리적 지원과 내적 반추 과정을 통해 개인이 더욱 강인한 삶의 태도를 형성하는 계기가 될 수 있음을 시사한다.

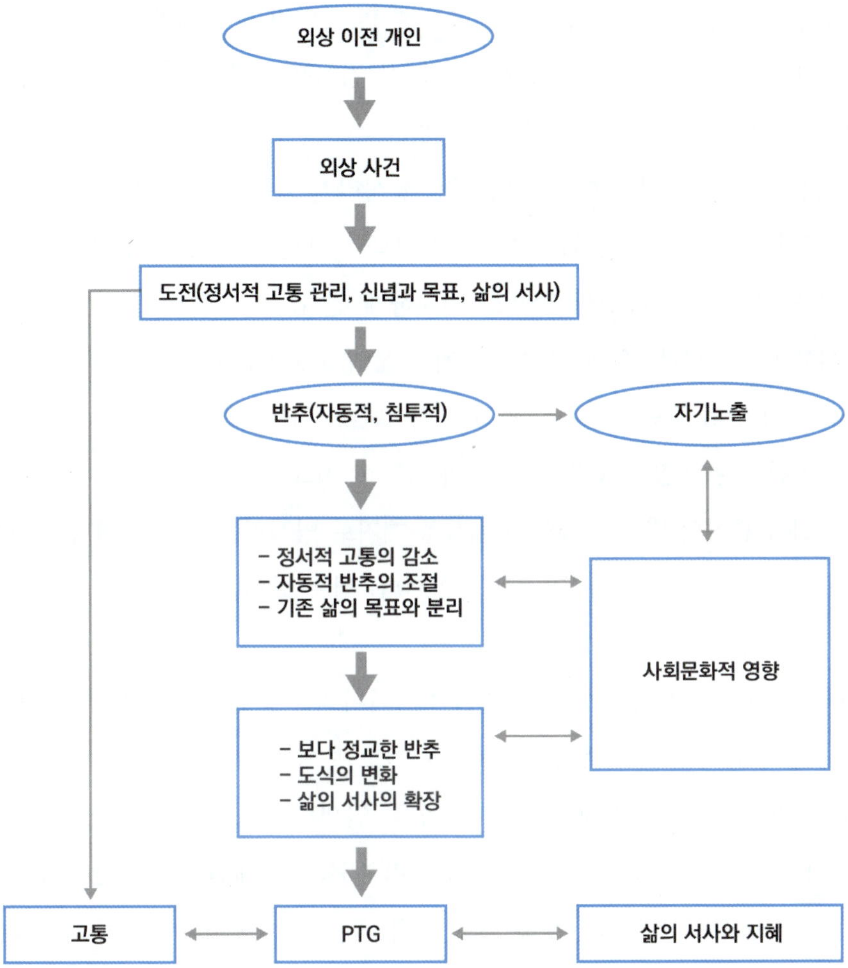

|그림 11-3| PTG 모형

출처 : Tedeschi & Calhoun(2004)에서 번역.

Calhoun 등(2000)은 PTG의 다섯 가지 하위 차원으로 새로운 가능성의 발견, 대인관계의 의미 변화, 개인 내적 감정의 변화, 삶에 대한 감사, 영적 관심의 변화를 제시하였다.

첫째, 새로운 가능성의 발견은 외상 경험을 통해 개인이 삶의 방향을 재설정하고, 이전에는 고려하지 않았던 기회나 목표를 탐색하는 과정을 의미한다. 이는 개인이 외상 이전과는 다른 방식으로 삶을 바라보고, 변화된 환경 속에서 새로운 가능성을 인식하는 데서 비롯된다.

둘째, 대인관계의 의미 변화는 외상 경험 이후 타인과의 관계가 더욱 깊어지고 공감 능력이 향상되는 과정을 가리킨다. 개인은 외상 경험을 공유하면서 사회적 지지를 실감하고, 인간관계의 소중함을 재인식하게 된다.

셋째, 개인 내적 감정의 변화는 자아 성장과 심리적 회복력을 강화하는 과정을 포함한다. 외상 사건을 겪으면서 개인은 자신의 감정과 사고를 보다 깊이 성찰하게 되고, 이를 통해 자신을 더 강하고 유연한 존재로 인식하게 된다.

넷째, 삶에 대한 감사는 외상 사건을 계기로 삶의 소중함을 다시 인식하고, 일상의 작은 행복을 더욱 의미 있게 받아들이는 과정을 의미한다. 이는 외상 경험이 삶의 가치에 대한 재평가를 촉진하는 역할을 한다는 점에서 중요한 요소이다.

다섯째, 영적 관심의 변화는 개인이 외상을 계기로 영적인 탐색을 하거나 종교적·철학적 관점을 보다 깊이 성찰하는 과정을 포함한다. 이는 삶의 의미를 찾고, 외상을 극복하기 위한 심리적 자원으로 작용할 수 있다.

Calhoun 등(2000)은 성장 단계에서 개인이 자기이해를 통해 내적인 변화를 경험할 뿐만 아니라, 타인이해를 통해 공감 능력을 향상시키고 보다 친밀한 관계를 형성할 수 있다고 주장하였다. 또한 이러한 과정에서 보다 유연한 인생관과 가치관을 확립하며, 영적인 성장으로까지 이어질 수 있음을 강조하였다. 이러한 PTG의 개념은 단순한 외상 회복을 넘어, 개인이 더욱 성숙하고 강인한 존재로 변화하는 과정을 설명하는 중요한 틀이 된다.

(2) 침습적 반추와 의도적 반추가 PTG에 미치는 영향

조한로와 정남운(2017)은 PTG에 이르는 과정을 설명하기 위해 구조방정식 모델을 활용하여 침습적 반추, 의도적 반추, 정서인식 명확성 간의 경로를 분석하였다. 연구결과에 따르면, 침습적 반추가 의도적 반추를 거쳐 PTG로 이어지는 경로는 유의미한 것으로 나타났다. 이는 외상 경험 이후 개인이 원치 않게 떠오르는 침습적 사고를 경험하더라도, 이를 적극적으로 인지적으로 재구성하고 의미를 찾으려는 의도적 반추 과정을 거칠 경우, 긍정적인 성장으로 이어질 수 있음을 시사한다.

또한 정서인식 명확성은 침습적 반추를 감소시키고 PTG로의 이행을 촉진하는 중요한 역할을 하는 것으로 나타났다. 이는 개인이 자신의 정서를 명확하게 인식하고 조절할 수 있을 때, 외상 경험이 단순한 고통으로 남는 것이 아니라 성장의 기회로 전환될 가능성이 높아진다는 것을 의미한다.

따라서 이 연구는 PTG 과정에서 침습적 반추가 반드시 부정적인 요소가 아니며, 이를 의도적 반추로 전환하고 정서인식 명확성을 높이는 것이 중요한 개입 요소가 될 수 있음을 시사한다. 이러한 결과는 외상 경험을 다루는 심리치료에서 정서조절과 사고의 재구성이 핵심적인 역할을 할 수 있음을 뒷받침하는 근거가 될 수 있다.

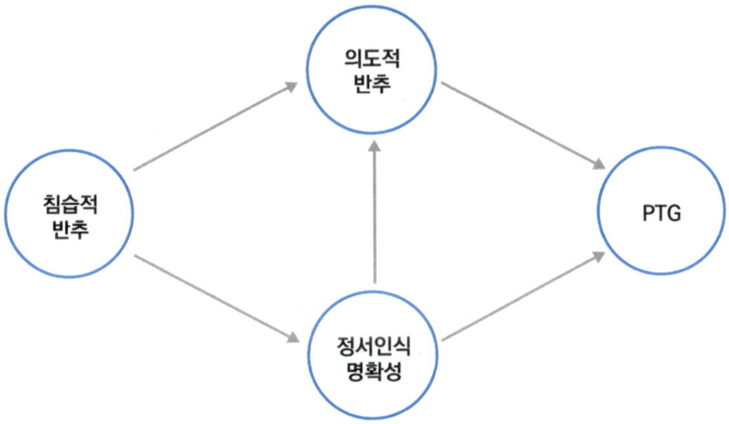

|그림 11-4| 침습적 반추 및 의도적 반추와 PTG 간의 관계
출처 : 조한로 · 정남운(2017).

| 요약 |

외상 후 스트레스 장애(PTSD)는 심리적 외상 경험 후 나타나는 부적응적 반응으로, 지속적인 침습적 사고, 회피, 과각성 증상을 특징으로 한다. 심리상담적 관점에서 PTSD는 외상 경험을 적절히 처리하지 못해 생기는 인지적 · 정서적 왜곡과 부적응적 대처 방식에서 기인한다고 본다. PTSD 치료의 핵심은 외상 기억을 안전한 환경에서 직면하고 재구성하여 감정적 · 인지적 통합을 돕는 것이다. 지속적 노출 치료(PE), 인지처리치료(CPT), 안구운동 둔감화 및 재처리 치료(EMDR) 등은 내담자가 외상 기억을 다르게 인식하고 반응할 수 있도록 도와준다.

특히 인지적 접근에서는 외상 사건에 대한 부정적 신념과 자기 개념을 수정하는 것이 중요하며, 이를 위해 상담사는 내담자의 사고 패턴을 탐색하고 교정하는 역할을 한다. 또한 PTSD 이후 개인이 긍정적인 변화를 경험하는 외상 후 성장(PTG)이 주목받고 있으며, 상담 개입을 통해 부정적 감정을 재해석하고 자기이해를 확장할 수 있도록 돕는다. 침습적 반추가 의도적 반추로 전환될 때 PTG로 이어질 가능성이 커지며, 정서조절과 대처 기술 향상이 필수적이다. PTSD 상담에서는 신체적 안정감, 정서적 지지, 인지적 재구성, 노출 치료가 균형 있게 적용되어야 한다. PTSD와 PTG는 상반된 개념이 아니라 연속적인 과정으로, 상담사는 내담자가 외상 경험을 성장의 기회로 활용할 수 있도록 지원해야 한다.

참고문헌

공소연 · 강수연 · 이지현 · 신혜진 · 박나현 · 김혜주 ... 한경아(2021). 국내 조현병스펙트럼장애 환자를 대상으로 한 집단미술치료 효과성에 대한 메타분석. **미술치료연구**, 28(1), 199－224.

권석만(2024). **현대 이상심리학**(3판). 서울 : 학지사.

김빛나(2019). 양극성 장애의 증거 기반 치료법. **한국심리학회지 : 임상**, 38(4), 427－444.

김일중 · 신민섭(2017). 강박장애에 대한 근거기반치료. *Korean Journal of Clinical Psychology, 36*(4), 509－525.

김형숙(2009). ADHD 청소년의 학교부적응에 영향을 미치는 요인에 대한 질적 연구－부모의 경험을 중심으로. **한국기독교상담학**, 17, 61－98.

박경은 · 이동훈(2024). 청소년의 비자살적 자해가 자살적 자해로 이행 및 중단된 경험에 대한 연구. **한국심리학회지 : 상담 및 심리치료**, 36(2), 607－637.

박미원 · 엄태완(2018). 조현병을 가진 사람의 삶에 대한 현상학적 연구. *Journal of Digital Convert－gence, 16*(11).

박제인 · 김수진(2016). 강박장애 환자의 인지행동치료 프로그램 참여 경험에 대한 질적사례연구. **질적탐구**, 2(1), 67－96.

유미숙(1999). 놀이치료과정에서 아동행동과 치료자반응 분석. **한국놀이치료학회지**, 2, 13－34.

이동귀 · 함경애 · 배병훈(2016). 청소년 자해행동 : 여중생의 자살적 자해와 비(非) 자살적 자해. **한국심리학회지 : 상담 및 심리치료**, 28(4), 1171－1192.

이동훈 · 양미진 · 김수리(2010). 청소년 자해의 이해 및 특성에 대한 고찰. **청소년상담연구**, 18(1), 1－24.

이동훈 · 이수연 · 윤기원 · 김시형 · 최수정(2017). 성별에 따른 외상사건 경험이 PTSD 증상 및 외상 후 성장과의 관계에 미치는 영향. **한국심리학회지 : 상담 및 심리치료**, 29(1), 227－253.

이상선 · 오경자(2005). 구조 방정식 모형을 이용한 거식 행동과 폭식 행동의 관계에 대한 이해. **한국심리학회지 : 임상**, 24(4), 791－813.

이수경 · 권현용(2019). 청소년 성장 과정에서 나타난 섭식장애 진행요인과 어머니와의 갈등에 관한 사례연구. **한국사회복지질적연구**, 13(2), 67－86.

이수정 · 변유나 · 연규진(2023). 상담수련생의 자살에 대한 태도에 따른 자살위기개입에 대한 인식. **상담심리교육복지**, 10(4), 103－120.

이영문(2021). ADHD 자녀 이해하기. 국립정신건강센터.

이영주(2024). 신경성 폭식증 경향을 지녀온 20~ 30대 여성의 먹방과 함께 살아가는 삶. **학습자중심교과교육연구**, 24(8), 281－307.

이진솔 · 김영근(2022). 섭식장애 환자들의 삶에 관한 내러티브 탐구: 게워내고 토해내는 삶. **교육인류학연구**, 25(2), 29－74.

장진우 · 손원일(2004). 청소년의 사회적 체격 불안과 정서 지능의 관계. 한국스포츠리서치, 15(4), 1137－1148.

정동희 · 심은정(2022). 대학생의 자살사고 및 행동 경험에 대한 질적 연구. *Stress, 30*(4), 204－212.

조맹제(2011). 2011년도 정신질환실태 역학조사 보고서. 보건복지부.

조한로 · 정남운(2017). 침습적 반추, 의도적 반추 및 정서인식 명확성이 외상후 성장에 미치는 영향. 한국심리학회지 : 건강, 22(2), 433－455.

홍주은(2020). 만성조현병환자 어머니의 감사경험. *Journal of Digital Convergence, 18*(1), 199-209.

Abramowitz, J. S.(1996). Variants of exposure and response prevention in the treatment of ob－sessive－compulsive disorder : A meta－analysis. *Behavior Therapy, 27*(4), 583－600.

Abramowitz, J. S.(1997). Cognitive behavioral treatments of obsessive-compulsive disorder. A sys－tematic review and meta－analysis of studies published 1993-2014. *Clinical Psychology Review, 40*, 156－169.

Allen, J. G.(2005). *Coping with trauma: Hope through understanding*(2nd ed.). American Psychiatric Association. (권정혜 등 공역, 트라우마의 치유, 학지사, 2010).

Altman, C., Sommer, J. L., & McGoey, K. E.(2009). Anxiety in early childhood : What do we know?. *Journal of Early Childhood & Infant Psychology, 5*, 157－175.

American Psychiatric Association(APA)(2022). *Diagnostic and statistical manual of mental dis－orders*(5th ed., text revision). American Psychiatric Publishing.

Anderluh, M. B., Tchanturia, K., Rabe－Hesketh, S., & Treasure, J.(2003). Childhood ob－sessive－compulsive personality traits in adult women with eating disorders : defining a broader eating disorder phenotype. *American Journal of Psychiatry, 160*(2), 242－247.

Barkley, R. A.(2013). *Defiant Children : A Clinician's manual for assessment and Parent training.* Guilford press.

__________(1990). Attention Deficit Disorders. In Lewis, M., & Miller, S. M.(Eds.), *Handbook of Developmental Psychopathology*(pp. 65－75). Springer.

Barlow, D. H., & Craske, M. G.(2022). *Mastery of your anxiety and panic : Workbook.* Oxford University Press.

Bateson, G., Jackson, D. D., Haley, J., & Weakland, J.(1956). Toward a theory of schizophrenia. *Behavioral Science, 1*(4), 251－264.

Baumeister, R. F.(1990). Suicide as escape from self. *Psychological Review, 97*(1), 90－113.

Beaton, D. M., Sirois, F., & Milne, E.(2022). Experiences of criticism in adults with ADHD : A qual－itative study. *Plos One, 17*(2), e0263366.

Beck, A. T.(1967). *Depression : Clinical, experimental, and theoretical aspects.* University of Pennsylvania Press.

Beck, J. S.(2011). *Cognitive behavior therapy: Basics and beyond*(2nd ed.). Guilford Press.

Becker, A. E., Burwell, R. A., Herzog, D. B., Hamburg, P., & Gilman, S. E.(2002). Eating behaviours and attitudes following prolonged exposure to television among ethnic Fijian adolescent girls. *The British Journal of Psychiatry, 180*(6), 509－514.

Bell－Dolan, D., & Brazeal, T. J.(1993). Separation anxiety disorder, overanxious disorder, and school refusal. *Child and Adolescent Psychiatric Clinics of North America, 2*(4), 563－580.

Bleuler, E.(1923). *Lehrbuch der psychiatrie*(4th ed.). Springer.

Bögels, S. M., & Zigterman, D.(2000). Dysfunctional cognitions in children with social phobia, sep－aration anxiety disorder, and generalized anxiety disorder. *Journal of Abnormal Child Psychology, 28*, 205－211.

Bos, F. M., Snippe, E., Bruggeman, R., Doornbos, B., Wichers, M., & van der Krieke, L.(2020). Recommendations for the use of long－term experience sampling in bipolar disorder care : A qualitative study of patient and clinician experiences. *International Journal of Bipolar Disorders, 8*, 1－14.

Bowlby, J.(1961). Processes of mourning. *The International Journal of Psycho－Analysis, 42*, 317－340.

Breggin, P., & Cohen, D.(2007). *Your drug may be your problem : How and why to stop taking psychiatric medications*. Da Capo Lifelong Books.

Bresin, K., & Gordon, K. H.(2013). Changes in negative affect following pain(vs. nonpainful) stim－ulation in individuals with and without a history of nonsuicidal self－injury. *Personality Disorders : Theory, Research, and Treatment, 4*(1), 62－66.

Brewin, C. R., & Holmes, E. A.(2003). Psychological theories of posttraumatic stress disorder. *Clinical Psychology Review, 23*, 339－376.

Brewin, C. R., Andrews, B., & Rose, S.(2000). Fear, helplessness, and horror in posttraumtic stress disorder : Investigating DSM－IV criterion A2 in victim of violent crime. *Journal of Traumatic Stress, 13*, 499－509.

Brickman, P., & Campbell, D. T.(1971). Hedonic relativism and planning the good society. In M. H. Appley(Ed.), *Adaptation－level theory : A symposium*(pp. 287-302). Academic Press.

Bruch, H.(1982). Anorexia nervosa : Therapy and theory. *The American Journal of Psychiatry, 139*, 1531-1538.

Button, E. J., Sonuga-Barke, E. J. S., Davies, J., & Thompson, M.(1996). A prospective study of self-esteem in the prediction of eating problems in adolescent schoolgirls : Questionnaire findings. *British Journal of Clinical Psychology, 35*(2), 193－203.

Calear, A. L., Batterham, P. J., Torok, M., & McCallum, S.(2021). Help－seeking attitudes and in－tentions for generalised anxiety disorder in adolescents : The role of anxiety literacy and stigma. *European Child & Adolescent Psychiatry, 30*(2), 243－251.

Calhoun, L. G., Cann, A., Tedeschi, R. G., & McMillan, J.(2000). A correlational test of the relation-ship between posttraumatic growth, religion, and cognitive processing. *Journal of Traumatic Stress, 13*(3), 521-527.

Carlsson, A.(1977). Does dopamine play a role in schizophrenia? 1. *Psychological Medicine, 7*(4), 583-597.

Carver, C. S., & Scheier, M. F.(1998). *On the self-regulation of behavior.* Cambridge University Press.

Chapman, J., & McGhie, A.(1963). An approach to the psychotherapy of cognitive dysfunction in schizophrenia. *British Journal of Medical Psychology, 36*(3), 253-260.

Clark, D. M.(1986). A cognitive approach to panic. *Behaviour Research and Therapy, 24*(4), 461-470.

Clark, D. M., & Wells, A.(1995). A cognitive model of social phobia. In *Social phobia : Diagnosis, assessment, and treatment*(pp. 69-93). The Guilford Press.

Cohen, S., & Wills, T. A.(1985). Stress, social support, and the buffering hypothesis. *Psychological Bulletin, 98*(2), 310-357.

Collins, M. E.(1991). Body figure perceptions and preferences among preadolescent children. *International Journal of Eating Disorders, 10*(2), 199-208.

Corrigan, P. W.(2004) How stigma interferes with mental health care. *American Psychologist, 59*(7), 614-625.

Cuijpers, P., Geraedts, A. S., van Oppen, P., Andersson, G., Markowitz, J. C., & van Straten, A.(2011). Interpersonal psychotherapy for depression : A meta-analysis. *American Journal of Psychiatry, 168*(6), 581-592.

Curcio C. & Corboy, D.(2020). Stigma and anxiety disorders : A systematic review. *Stigma and Health, 5*(2), 125-137.

Davis, C., & Karvinen, K.(2002). Personality characteristics and intention to self-harm : A study of eating disordered patients. *Eating Disorders, 10*(3), 245-255.

Davis, C., Kaptein, S., Kaplan, A. S., Olmsted, M. P., & Woodside, D. B.(1998). Obsessionality in anorexia nervosa : The moderating influence of exercise. *Psychosomatic Medicine, 60*(2), 192-197.

de Mello, M. F., de Jesus Mari, J., Bacaltchuk, J., Verdeli, H., & Neugebauer, R.(2005). A systematic review of research findings on the efficacy of interpersonal therapy for depressive disorders. *European Archives of Psychiatry and Clinical Neuroscience, 255*, 75-82.

Dimidjian, S., Hollon, S. D., Dobson, K. S., Schmaling, K. B., Kohlenberg, R. J., Addis, M. E., ... & Jacobson, N. S.(2006). Randomized trial of behavioral activation, cognitive therapy, and antidepressant medication in the acute treatment of adults with major depression. *Journal of Consulting and Clinical Psychology, 74*(4), 658-670.

Dittmar, H., Halliwell, E., & Ive, S.(2006). Does Barbie make girls want to be thin? The effect of experimental exposure to images of dolls on the body image of 5–to 8–year–old girls. *Developmental Psychology, 42*(2), 283.

Durkheim, E.(1897). *Suicide, a study in sociology*(1951 Edition, J. A. Spaulding, & G. Simpson, Trans.). Routledge.

Egede, L. E., Dismuke, C. E., Walker, R. J., Acierno, R., & Frueh, B. C.(2018). Cost–effectiveness of behavioral activation for depression in older adult veterans : In–person care versus telehealth. *The Journal of Clinical Psychiatry, 79*(5), 17m11570.

Ehlers, A., & Clark, D.(2000). A cognitive model of posttraumatic stress disorder. *Behavior Research and Theories, 38*, 319–345.

Eiring, K., Wiig Hage, T., & Reas, D. L.(2021). Exploring the experience of being viewed as "not sick enough" : A qualitative study of women recovered from anorexia nervosa or atypical anorexia nervosa. *Journal of Eating Disorders, 9*, 1–10.

Fairburn, C. G., Wilson, G. T., & Schleimer, K.(1993). *Binge eating : Nature, assessment, and treat–ment* (pp. 317–60). Guilford Press.

Falloon, I. R. H.(2003). Family interventions for mental disorders : Efficacy and effectiveness. *World Psychiatry, 2*(1), 20-28.

Favazza, A. R.(2011). *Bodies under siege : Self–mutilation, nonsuicidal self–injury, and body modification in culture and psychiatry.* JHU Press.

Federn, P.(1953). *Ego psychology and the psychoses.* Maresfield Reprints.

Ferster, C. B.(1973). A functional analysis of depression. *American Psychologist, 28*(10), 857–870.

First, M. B., & Wakefield, J. C.(2015). Diagnostic criteria as dysfunction indicators : Bridging the chasm between the definition of mental disorder and diagnostic criteria for specific disorders. *Canadian Journal of Psychiatry, 60*(12), 531-537.

Foa, E. B. & Riggs, D. S.(1993). Post–traumatic stress disorder in rape victims. In J. Oldham, M. B. Riba, & A. Tasman(Eds.), *American psychiatric press review of psychiatry*(Vol. 12, pp. 273–303). American Psychiatric Press.

Foa, E. B., & Kozak, M. J.(1986). Emotional processing of fear : Exposure to corrective information. *Psychological bulletin, 99*(1), 20–35.

Foa, E. B., Steketee, G., & Milby, J. B.(1980). Differential effects of exposure and response pre–vention in obsessive–compulsive washers. *Journal of Consulting and Clinical Psychology, 48*(1), 71–79.

Foa, E. B., Steketee, G., & Rothbaum, B. O.(1989). Behavioural cognitive conceptualizations of posttraumtic stress disorder. *Behavior Therapy, 20*, 155–176.

Foa, E. B., Steketee, G., Grayson, J. B., Turner, R. M., & Latimer, P. R.(1984). Deliberate exposure and blocking of obsessive–compulsive rituals : Immediate and long–term effects. *Behavior*

Therapy, 15(5), 450–472.

Folkman, S.(1997). Positive psychological states and coping with severe stress. *Social Science & Medicine, 45*(8), 1207-1221.

Folkman, S., & Lazarus, R. S.(1988). Coping as a mediator of emotion. *Journal of Personality and Social Psychology, 54*(3), 466-475.

Ford, E. S.(2005). Risks for all–cause mortality, cardiovascular disease, and diabetes associated with the metabolic syndrome : A summary of the evidence. *Diabetes care, 28*(7), 1769–1778.

Fraad, H.(1990). Anorexia nervosa : The female body as a site of gender and class transition. *Rethinking Marxism, 3*(3–4), 79–99.

Frazier, P., Anders, S., Perera, S., Tomich, P., Tennen, H., Park, C., & Tashiro, T.(2009). Traumatic events among undergraduate students : Prevalence and associated symptoms. *Journal of Counseling Psychology, 56*(3), 450–460.

Freud, S.(1963). *Introductory lectures on psychoanalysis.*(J. Strachey, Trans.). W.W. Norton & Company.(Original work published 1917).

Fromm–Reichmann, F.(1948). Notes on the development of treatment of schizophrenics by psy–choanalytic psychotherapy. *Psychiatry, 11*(3), 263–273.

Galea, S., Vlahov, D., Resnick, H., et al.(2002). Trends of Probable Post–Traumatic Stress Disorder in New York City after the September 11 Terrorist Attacks. *American Journal of Epidemiology, 158*(6), 514–524.

Gentes, E. L., & Ruscio, A. M.(2011). A meta–analysis of the relation of intolerance of uncertainty to symptoms of generalized anxiety disorder, major depressive disorder, and obsessive-compulsive disorder. *Clinical Psychology Review, 31*(6), 923–933.

Gerber, A. F.(2005). *Trauma, culture and disordered eating.* University of Massachusetts Boston.

Glasser, W.(2003). *Warning : Psychiatry can be hazardous to your mental health.* HarperCollins.

Goffman, E.(2022). *Stigma : Notes on the management of spoiled identity.* Prentice–Hall.

Gold, M. S., Blum, K., Oscar–Berman, M., & Braverman, E. R.(2014). Low dopamine function in attention deficit/hyperactivity disorder : Should genotyping signify early diagnosis in chil–dren? *Postgraduate Medicine, 126*(1), 153-177.

Goldenberg, H., Stanton, M., & Goldenberg, I.(2016). *Family therapy : An overview*(9th ed.). Cengage Learning.

Goldstein, M. J., & Rodnick, E. H.(1975). The family's contribution to the etiology of schizophrenia : Current status. *Schizophrenia Bulletin, 1*(14), 48.

González, H. M., Tarraf, W., Whitfield, K. E., & Vega, W. A.(2010). The epidemiology of major de–pression and ethnicity in the United States. *Journal of Psychiatric Research, 44*(15), 1043-1051.

Gormally, J. I. M., Black, S., Daston, S., & Rardin, D.(1982). The assessment of binge eating severity among obese persons. *Addictive Behaviors, 7*(1), 47–55.

Green, B. L., Grace, M. C., Lindy, J. D., Gleser, G. C., Leonard. A. C., & Kramer, T. L.(1990). Buffalo Creek survivors in the second decade: Comparison with unexposed and nonlitigant group. *Journal of Applied Social Psychology, 20*, 1033–1050.

Hampson, M. E., Watt, B. D., & Hicks, R. E.(2020). Impacts of stigma and discrimination in the workplace on people living with psychosis. *BMC psychiatry, 20*(1), 288.

Hart, E. A., Leary, M. R., & Rejeski, W. J.(1989). The measurement of social physique anxiety. *Journal of Sport and Exercise Psychology, 11*(1), 94–104.

Heatherton, T. F., & Baumeister, R. F.(1991). Binge eating as escape from self–awareness. *Psychological Bulletin, 110*(1), 86–108.

Hilbert, A., & Tuschen-Caffier, B.(2007). Maintenance of binge eating through negative mood : A naturalistic comparison of binge eating disorder and bulimia nervosa. *International journal of eating disorders, 40*(6), 521–530.

Himle, J. A., Rassi, S., Haghighatgou, H., Krone, K. P., Nesse, R. M., & Abelson, J.(2001). Group behavioral therapy of obsessive-compulsive disorder : Seven-vs. twelve-week outcomes. *Depression and Anxiety, 13*(4), 161–165.

Hofmann, S. G., Asnaani, A., Vonk, I. J., Sawyer, A. T., & Fang, A.(2012). The efficacy of cognitive behavioral therapy : A review of meta–analyses. *Cognitive Therapy and Research, 36*(5), 427-440.

Hollon, S. D., DeRubeis, R. J., Shelton, R. C., Amsterdam, J. D., Salomon, R. M., O'Reardon, J. P., ... & Gallop, R.(2005). Prevention of relapse following cognitive therapy vs medications in moderate to severe depression. *Archives of General Psychiatry, 62*(4), 417-422.

Holmgren, S., Humble, K., Norring, C., Roos, B. E., Rosmark, B., & Sohlberg, S.(1983). The ano–rectic bulimic conflict. An alternative diagnostic approach to anorexia nervosa and bulimia. *International Journal of Eating Disorders, 2*(2), 3–14.

Horowitz, M. J.(1976), *Stress response syndromes*. New York : Aronson.

Horowitz. M. J.(1986). Stress–response syndromes : A review of posttraumatic and adjustment disorders. *Hospital and Community Psychiatry, 37*, 241–249.

Ingvar, D., & Franzén, G.(1974). Distribution of cerebral activity in chronic schizophrenia. *The Lancet, 304*(7895), 1484–1486.

Insel, T. R., & Cuthbert, B. N.(2015). Brain disorders? Precisely. *Science, 348*(6234), 499-500.

Jacobson, C. M., & Batejan, K.(2014). 16 Comprehensive Theoretical Models of Nonsuicidal Self–Injury. In *The Oxford handbook of suicide and self–injury*(pp. 308–320), Oxford University Press.

Jacobson, N. S., Dobson, K. S., Truax, P. A., Addis, M. E., Koerner, K., Gollan, J. K., Gortner, E., & Prince, S. E.(1996). A component analysis of cognitive−behavioral treatment for depression. *Journal of Consulting and Clinical Psychology, 64,* 295-304.

Janoff−Bulman, R.(2010). *Shattered assumptions*. Simon and Schuster.

Jónsson, H., & Hougaard, E.(2009). Group Cognitive Behavioural Therapy for Obsessive-Compulsive Disorder : A systematic review and meta-analysis. *Acta Psychiatrica Scandi−navica, 119*(2), 98−106.

Joseph, S., & Linley, P. A.(2006). Growth following adversity : Theoretical perspectives and im−plications for clinical practice. *Clinical Psychology Review, 26*(8), 1041-1053.

Kabat−Zinn, J.(1990). *Full catastrophe living : Using the wisdom of your body and mind to face stress, pain, and illness.* Delacorte Press.

Kaltiala−Heino, R., Rissanen, A., Rimpelä, M., & Rantanen, P.(2003). Bulimia and impulsive be−haviour in middle adolescence. *Psychotherapy and Psychosomatics, 72*(1), 26−33.

Kendall, P. C., Flannery−Schroeder, E., Panichelli−Mindel, S. M., Southam−Gerow, M., Henin, A., & Warman, M.(1997). Therapy for youths with anxiety disorders : A second randomized clincal trial. *Journal of Consulting and Clinical Psychology, 65*(3), 366−380.

Kessler, R. C., Berglund, P., Demler, O., Jin, R., Merikangas, K. R., & Walters, E. E.(2005). Lifetime prevalence and age−of−onset distributions of DSM−IV disorders in the national co−morbidity survey replication. *Archives General Psychiatry, 62,* 593−602.

Kessler, R. C., Gillis−Light, J., Magee, W. J., Kendler, K. S., & Eaves, L. J.(1995). Childhood ad−versity and adult psychopathology. In I. H. Gotilib & B. Wheaton(Eds.), *Stress and adversity over the life course : Trajectories and turning points*(pp. 29−49). Cambridge University Press.

Kilpatrick, D. G., Saunders, B. E., Veronen, L. J., Best. C. L., & Von. J. M.(1987). Criminal victim−ization : Lifetime prevalence, reporting to police and psychological impact. *Crime & Delinquency, 33,* 479−489.

Kim, H. S., Sherman, D. K., & Taylor, S. E.(2015). Culture and social support. *American Psychologist, 73*(5), 518-526.

Kirmayer, L. J., & Bhugra, D.(2009). Culture and mental illness : Social context and explanatory models. *Psychiatric Clinics of North America, 32*(3), 435-461.

Klein, D. F.(1994). Testing the suffocation false alarm theory of panic disorder. *Anxiety, 1*(1), 1−7.

Klein, M.(1927). The psychological principles of infant analysis. *International Journal of Psychoanalysis, 8,* 25−37.

Kleinman, A.(1988). *Rethinking psychiatry: From cultural category to personal experience.* Free Press.

Klerman, G. L., & Weissman, M. M.(1994). *Interpersonal psychotherapy of depression : A brief, fo－cused, specific strategy.* Jason Aronson, Incorporated.

Klonsky, E. D., & Muehlenkamp, J. J.(2007). Self-injury : A research review for the practitioner. *Journal of Clinical Psychology, 63*(11), 1045－1056.

Knowles, K. A., Cole, D. A., Cox, R. C., & Olatunji, B. O.(2022). Time－varying and time－invariant dimensions in intolerance of uncertainty : Specificity in the prediction of ob－sessive－compulsive symptoms. *Behavior Therapy, 53*(4), 686－700.

Kraepelin, E.(1899). *Psychiatrie. Ein Lehrbuch für studierende und Ärzte*(6th ed., Vol. 2). Leipzig.

Kulka, R. A., Schlinger. W. E., Fairbank, J. A., Hough, R. L., Jordan, B. K., Marmar, C. R., & Weiss, D. S.(1990). *Trauma and the Vietnam War generation : Report of findings from the National Vietnam Veterans Readjustment Study.* Brunner/Mawel.

Lejuez, C. W., Hopko, D. R., LePage, J. P., Hopko, S. D., & McNeil, D. W.(2001). A brief behavioral activation treatment for depression. *Cognitive and Behavioral Practice, 8*(2), 164－175.

Leon, G. R., Fulkerson, J. A., Perry, C. L., & Early－Zald, M. B.(1995). Prospective analysis of per－sonality and behavioral vulnerabilities and gender influences in the later development of disordered eating. *Journal of Abnormal Psychology, 104*(1), 140－149.

Lewinsohn, P. M.(1974). A behavioral approach to depression. *The Psychology of Depression : Contemporary Theory and Research.* Winston－Wiley.

Linley, P. A., & Joseph, S.(2004). Positive change following trauma and adversity : A review. *Journal of Traumatic Stress : Official Publication of the International Society for Traumatic Stress Studies, 17*(1), 11－21.

Linley, P. A., & Joseph, S.(2005). The human capacity for growth through adversity. *American Psychologist, 60*(3), 262－264.

Locke, E. A., & Latham, G. P.(2002). Building a practically useful theory of goal setting and task motivation : A 35－year odyssey. *American Psychologist, 57*(9), 705-717.

Luhrmann, T. M., Padmavati, R., Tharoor, H., & Osei, A.(2015). Hearing voices in different cultures: A social kindling hypothesis. *Transcultural Psychiatry, 52*(1), 22-44.

Mahler, M. S.(1952). On child psychosis and schizophrenia : Autistic and symbiotic infantile psychoses. *The Psychoanalytic Study of the Child, 7*(1), 286－305.

Marrazzi, M. A., & Luby, E. D.(1986). An auto-addiction opioid model of chronic anorexia nervosa. *International Journal of Eating Disorders, 5*(2), 191－208.

Martell, C. R., Addis, M. E., & Jacobson, N. S.(2001). *Depression in context: Strategies for guided action.* WW Norton & Co.

Masten, A. S.(2001). Ordinary magic : Resilience processes in development. *American Psychologist, 56*(3), 227-238.

Masterson, J. F.(1977). Treating the borderline patient in psychotherapy. *Canadian Psychiatric Association Journal, 22*(3), 109−116.

McEvoy, P. M., Hyett, M. P., Shihata, S., Price, J. E., & Strachan, L.(2019). The impact of methodo−logical and measurement factors on transdiagnostic associations with intolerance of un−certainty : A meta−analysis. *Clinical Psychology Review, 73*, 101778.

Meltzer, H. Y., Cola, P., Way, L., Thompson, P. A., Bastani, B., Davies, M. A., & Snitz, B.(1993). Cost effectiveness of clozapine in neuroleptic−resistant schizophrenia. *American Journal of Psychiatry, 150*, 1630−1630.

Miller, W. R., & Rollnick, S.(2013). *Motivational interviewing : Helping people change*(3rd ed.). Guilford Press.

Mitrofan, O., Petkova, H., Janssens, A., Kelly, J., Edwards, E., Nicholls, D., ... & Byford, S.(2019). Care experiences of young people with eating disorders and their parents : Qualitative study. *BJPsych open, 5*(1), e6, 1−8.

Monroe, S. M., & Simons, A. D.(1991). Diathesis−stress theories in the context of life stress research : Implications for the depressive disorders. *Psychological Bulletin, 110*(3), 406-425.

Muehlenkamp, J. J., & Kerr, P. L.(2010). Untangling a Complex Web : How Non−Suicidal Self−Injury and Suicide Attempts Differ. *Prevention Researcher, 17*(1), 8−10.

Neale, J. M., & Cromwell, R. L.(1972). Attention and schizophrenia. *Annual review of the schizo−phrenic syndrome*. Brunner/Mazel.

Nelson, G., Lord, J., & Ochocka, J.(2001). *Shifting the paradigm in community mental health: Towards empowerment and community*. University of Toronto Press.

Nock, M. K.(2010). Self−injury. *Annual Review of Clinical Psychology, 6*(1), 339−363.

Nock, M. K., & Prinstein, M. J.(2004). A functional approach to the assessment of self−mutilative behavior. *Journal of Consulting and Clinical Psychology, 72*, 885-890.

Nusslock, R., & Frank, E.(2012). Interpersonal social rhythm therapy(IPSRT) for bipolar disorder. *Casebook of Interpersonal Psychotherapy*, 103−121.

O'Leary, V. E., & Lckovics, J. R.(1995). Resilience and thriving in response to challenge : An op−portunity for a paradigm shift in women's health. *Women's Health : Research on Gender, Behavior, and Policy, 1*, 121−142.

Olatunji, B. O., Davis, M. L., Powers, M. B., & Smits, J. A.(2013). Cognitive−behavioral therapy for obsessive−compulsive disorder: A meta−analysis of treatment outcome and moderators. *Journal of Psychiatric Research, 47*(1), 33−41.

Öst, L. G., Havnen, A., Hansen, B., & Kvale, G.(2015). Cognitive behavioral treatments of obsessive-compulsive disorder. A systematic review and meta−analysis of studies published 1993-2014. *Clinical Psychology Review, 40*, 156−169.

Overton, S. L., & Medina, S. L.(2008). The stigma of mental illness. *Journal of Counseling & Development, 86*(2), 143-151.

Palazzoli, M. S.(1985). Anorexia nervosa : A syndrome of the affluent society. *Journal of Strategic and Systemic Therapies, 4*(3), 12–16.

Patton, C. J.(1992). Fear of abandonment and binge eating : A subliminal psychodynamic activation investigation. *The Journal of Nervous and Mental Disease, 180*(8), 484–490.

Peel-Wainwright, K. M., Hartley, S., Boland, A., Rocca, E., Langer, S., & Taylor, P. J.(2021). The interpersonal processes of non-suicidal self-injury : A systematic review and meta-synthesis. *Psychology and Psychotherapy : Theory, Research and Practice, 94*(4), 1059–1082.

Penn, D. L., & Martin, J.(1998). The stigma of severe mental illness : some potential solutions for a recalcitrant problem. *The Psychiatric Quarterly, 69*(3), 235-247.

Prinstein, M. J., Heilbron, N., Guerry, J. D., Franklin, J. C., Rancourt, D., Simon, V., & Spirito, A.(2010). Peer influence and nonsuicidal self injury : Longitudinal results in community and clinically–referred adolescent samples. *Journal of Abnormal Child Psychology, 38*, 669–682.

Rachman, S.(2002). A cognitive theory of compulsive checking. *Behaviour Research and Therapy, 40*(6), 625-639.

Rahmani, F., Ebrahimi, H., Seyedfatemi, N., Namdar Areshtanab, H., Ranjbar, F., & Whitehead, B.(2018). Trapped like a butterfly in a spider's web: Experiences of female spousal care–givers in the care of husbands with severe mental illness. *Journal of Clinical Nursing, 27*(7–8), 1507–1518.

Rapee, R. M., & Heimberg, R. G.(1997). A cognitive–behavioral model of anxiety in social phobia. *Behaviour Research and Therapy, 35*(8), 741–756.

Rashid, T., & Seligman, M. E. P.(2018). Positive psychotherapy : Clinical applications of positive psychology. *Annual Review of Clinical Psychology, 14*, 257-287.

Reed, G. M., First, M. B., & Kogan, C. S.(2019). Innovations and changes in the ICD–11 classi–fication of mental, behavioural and neurodevelopmental disorders. *World Psychiatry, 18*(1), 3-19.

Resick, P. A., & Schnidke, M. K.(1993). *Cognitive processing therapy for rape victims : A treatment manual.* Sage.

Richard–Lepouriel, H., Favre, S., Jermann, F., & Aubry, J. M.(2020). Self–destigmatization process? Experiences of persons living with bipolar disorder : A qualitative study. *Community Mental Health Journal, 56*, 1160–1169.

Ringer, N.(2020). Living with ADHD : A meta–synthesis review of qualitative research on children's experiences and understanding of their ADHD. *International Journal of Disability, Development and Education, 67*(2), 208–224.

Rogers, C. R.(1951). *Client–centered therapy : Its current practice, implications, and theory.* Houghton Mifflin.

Rosa–Alcázar, A. I., Sánchez–Meca, J., Gómez–Conesa, A., & Marín–Martínez, F.(2008). Psychological treatment of obsessive-compulsive disorder : A meta–analysis. *Clinical Psychology Review, 28*(8), 1310–1325.

Rosenhan, D. L.(1973). On being sane in insane places. *Science, 179*(4070), 250-258.

Rossier, V., Bolognini, M., Plancherel, B., & Halfon, O.(2000). Sensation seeking: a personality trait characteristic of adolescent girls and young women with eating disorders? *European Eating Disorders Review : The Professional Journal of the Eating Disorders Association, 8*(3), 245–252.

Ryff, C. D., & Singer, B. H.(1998). The contours of positive human health. *Psychological Inquiry, 9*(1), 1-28.

Salkovskis, P. M., & Warwick, H. M.(1985). Cognitive therapy of obsessive-compulsive disorder : Treating treatment failures. *Behavioural and Cognitive Psychotherapy, 13*(3), 243–255.

Sandin, B., Sánchez–Arribas, C., Chorot, P., & Valiente, R. M.(2015). Anxiety sensitivity, cata–strophic misinterpretations and panic self–efficacy in the prediction of panic disorder se–verity : Towards a tripartite cognitive model of panic disorder. *Behaviour Research and Therapy, 67*, 30–40.

Schildkraut, J. J.(1965). The catecholamine hypothesis of affective disorders : A review of supporting evidence. *American journal of Psychiatry, 122*(5), 509–522.

Seligman, M. E. P.(2011). *Flourish : A visionary new understanding of happiness and well–being.* Free Press.

Shapiro, F.(1989). Eye movement desensitization procedure : A new treatment for post–traumatic stress disorder. *Journal of Behavior Therapy and Experimental Psychiatry, 20*, 211–217.

Sheldon, K. M., & Elliot, A. J.(1999). Goal striving, need satisfaction, and longitudinal well–being : the self–concordance model. *Journal of Personality and Social Psychology, 76*(3), 482.

Shneidman, E.(1977). *Definition of suicide.* Jason Aronson, Incorporated.

Showers, C.(1992). Compartmentalization of positive and negative self–knowledge : Keeping bad apples out of the bunch. *Journal of Personality and Social Psychology, 62*(6), 1036–1049.

Siegel, D. J., & Solomon, M. F.(Eds.)(2003). Healing trauma: Attachment, mind, body and brain (norton series on interpersonal neurobiology). WW Norton & Company.

Skinner, B. F.(1953). *Science and human behavior.* Free Press.

Slesinger, N. C., Hayes, N. A., & Washburn, J. J.(2019). Nonsuicidal self–injury : The basics. In *Nonsuicidal Self–Injury* (pp. 3–18). Routledge.

Stake, R. E.(1995). *The art of case study research.* Sage.

Stice, E.(2001). A prospective test of the dual−pathway model of bulimic pathology : Mediating effects of dieting and negative affect. *Journal of Abnormal Psychology, 110*(1), 124.

Swannell, S. V., Martin, G. E., Page, A., Hasking, P., & St John, N. J.(2014). Prevalence of non−suicidal self-injury in nonclinical samples: Systematic review, meta-analysis and meta-regression. *Suicide and Life-Threatening Behavior, 44*(3), 273−303.

Szasz, T. S.(2011). The myth of mental illness: 50 years later. *The Psychiatrist, 35*(5), 179−182.

Tamizi, Z., Fallahi−Khoshknab, M., Dalvandi, A., Mohammadi−Shahboulaghi, F., Mohammadi, E., & Bakhshi, E.(2020). Caregiving burden in family caregivers of patients with schizophrenia : A qualitative study. *Journal of Education and Health Promotion, 9*(1), 12−17.

Tedeschi, R. G., & Calhoun, L. G.(2004). Posttraumatic growth : Conceptual foundations and em−pirical evidence. *Psychological Inquiry, 15*(1), 1-18.

Tedeschi, R. G., & Calhoun, L. G.(2004). Posttraumatic growth : Conceptual foundations and em−pirical evidence. *Psychological inquiry, 15*(1), 1−18.

Torous, J., Bucci, S., Bell, I. H., Kessing, L. V., Faurholt−Jepsen, M., Whelan, P., & Firth, J.(2021). The growing field of digital psychiatry: Current evidence and the future of apps, wearables, and virtual reality. *World Psychiatry, 20*(3), 318-335.

Turner, B. J., Chapman, A. L., & Layden, B. K.(2012). Intrapersonal and interpersonal functions of non suicidal self-injury : Associations with emotional and social functioning. *Suicide and Life-threatening Behavior, 42*(1), 36−55.

Twohig, M. P., Hayes, S. C., Plumb, J. C., Pruitt, L. D., Collins, A. B., Hazlett−Stevens, H., & Woidneck, M. R.(2010). A randomized clinical trial of acceptance and commitment therapy versus progressive relaxation training for obsessive−compulsive disorder. *Journal of Consulting and Clinical Psychology, 78*(5), 705−716.

van Balkom, A. J., van Oppen, P., Vermeulen, A. W., van Dyck, R., Nauta, M. C., & Vorst, H. C.(1994). A meta−analysis on the treatment of obsessive compulsive disorder : A compar−ison of antidepressants, behavior, and cognitive therapy. *Clinical Psychology Review, 14*(5), 359−381.

Vaughan, K. K., & Fouts, G. T.(2003). Changes in television and magazine exposure and eating disorder symptomatology. *Sex Roles, 49*, 313−320.

Venables, P. H.(1964). Performance and level of activation in schizophrenics and normals. *British Journal of Psychology, 55*(2), 207−218.

Vittengl, J. R.(2017). Who pays the price for high neuroticism? Moderators of longitudinal risks for depression and anxiety. *Psychological Medicine, 47*(10), 1794-1805.

Walsh, B. W.(2012). *Treating self−injury : A practical guide.* Guilford Press.

Walsh, B. W., & Rosen, P.(1985). Self−mutilation and contagion : An empirical test. *The American Journal of Psychiatry, 142*(1), 119−120.

Watson, H. J., & Rees, C. S.(2008). Meta-analysis of randomized, controlled treatment trials for pe－diatric obsessive-compulsive disorder. *Journal of Child Psychology and Psychiatry, 49*(5), 489－498.

Watson, J. B., & Rayner, R.(1920). Conditioned emotional reactions. *Journal of Experimental Psychology, 3*(1), 1-14.

Westen, D.(1998). The scientific status of unconscious processes : Is Freud really dead? *Journal of the American Psychoanalytic Association, 46*(4), 1061-1106.

White, J. H.(1991). Feminism, eating, and mental health. *Advances in Nursing Science, 13*(3), 68－80.

Wilhelm, S., & Steketee, G. S.(2006). *Cognitive therapy for obsessive－compulsive disorder: A guide for professionals.* New Harbinger Publications.

Williamson, D. A., Davis, C. J., Duchmann, E. G., McKenzie, S. J., & Watkins, P. C.(1990). *Assessment of eating disorders: Obesity, anorexia, and bulimia nervosa.* Pergamon Press.

Williamson, D. A., Gleaves, D. H., Watkins, P. C., & Schlundt, D. G.(1993). Validation of self－ideal body size discrepancy as a measure of body dissatisfaction. *Journal of Psychopathology and Behavioral Assessment, 15,* 57－68.

Wolitzky－Taylor, K. B., Arch, J. J., Rosenfield, D., & Craske, M. G.(2012). Moderators and non－specific predictors of treatment outcome for anxiety disorders : A comparison of cognitive behavioral therapy to acceptance and commitment therapy. *Journal of Consulting and Clinical Psychology, 80*(5), 786－799.

Wolpe, J.(1958). *Psychotherapy by reciprocal inhibition.* Stanford University Press.

Wynne, L. C., & Singer, M. T.(1963). Thought disorder and family relations of schizophrenics : II. A classification of forms of thinking. *Archives of General Psychiatry, 9*(3), 199－206.

Zubin, J., & Spring, B.(1977). Vulnerability : A new view of schizophrenia. *Journal of Abnormal Psychology, 86*(2), 103-126.

찾아보기

저/자/약/력

■ **양지웅**
현) 계명대학교 교육대학원/교육학과 교수
포항공과대학교 상담센터 연구교수 역임
계명대학교 학생상담센터장 역임
연세대학교(학사, 석사)
University of Mississippi, 교육상담 전공(박사)

심리상담적 개입을 위한
이상심리학

|저자| 양지웅

|1판 1쇄| 발행 2025년 6월 30일

|발행인| 김 동 훈
|발행처| **공 동 체**

|주소| 경기도 고양시 일산동구 호수로 358-39, 동문타워 I 905호(백석동)
|전화| 031) 814-3000(대표)
|팩스| 031) 814-3100
|홈페이지| https://www.compub.co.kr
|전자우편| compub@naver.com
|출판등록| 2005년 10월 6일
|등록번호| 제396-2005-36호

|ISBN| 979-11-6725-923-3
정가 24,000원